高职高专公共基础课系列教材

人际沟通艺术

（第2版）

张岩松　主　编

清华大学出版社
北京

内 容 简 介

本书作为反映高等教育教学改革最新理念的新型实用教材,是任务驱动型职业教育课程开发的一次有益尝试。本书以实际工作和职业能力作为圈定教材范围的标准,设计了认识人际沟通、语言沟通、非语言沟通、职场沟通、日常沟通、网络沟通、行业沟通7项教学任务。每项"任务"由课程思政要求、学习目标、案例导入、知识储备、案例分析、实训项目、课后练习构成。让学生运用人际沟通基本理论知识,实施案例分析讨论,开展情景模拟、角色扮演等训练项目,做中学、学中练,不断提高学生的人际沟通能力。

本书可作为应用型本科、职业教育本科以及高职高专院校各专业学生的公共基础课教材和相关专业的沟通课程教材,还可作为各行业人员提高人际沟通能力的自我训练手册,它也是各类企业进行相关岗位培训的创新型教材。

本书封面贴有清华大学出版社防伪标签,无标签者不得销售。
版权所有,侵权必究。举报:010-62782989,beiqinquan@tup.tsinghua.edu.cn。

图书在版编目(CIP)数据

人际沟通艺术/张岩松主编. —2版. —北京:清华大学出版社,2022.6
高职高专公共基础课系列教材
ISBN 978-7-302-60874-5

Ⅰ.①人… Ⅱ.①张… Ⅲ.①人际关系学-高等职业教育-教材 Ⅳ.①C912.11

中国版本图书馆CIP数据核字(2022)第079711号

责任编辑:张龙卿
封面设计:范春燕
责任校对:李 梅
责任印制:朱雨萌

出版发行:清华大学出版社
网　　址:http://www.tup.com.cn,http://www.wqbook.com
地　　址:北京清华大学学研大厦A座　　　　邮　编:100084
社 总 机:010-83470000　　　　　　　　　　邮　购:010-62786544
投稿与读者服务:010-62776969,c-service@tup.tsinghua.edu.cn
质量反馈:010-62772015,zhiliang@tup.tsinghua.edu.cn
课件下载:http://www.tup.com.cn,010-83470410

印 装 者:三河市铭诚印务有限公司
经　　销:全国新华书店
开　　本:185mm×260mm　　印　张:15.75　　字　数:359千字
版　　次:2015年7月第1版　2022年6月第2版　印　次:2022年6月第1次印刷
定　　价:49.00元

产品编号:093001-01

第2版前言
FOREWORD

  人际沟通能力已成为个人成功的必要条件，但当今大学生最欠缺的能力之一就是人际沟通能力。一些大学生较差的人际沟通能力已经影响到其就业乃至职业生涯的良性发展，这也成为用人单位对部分大学毕业生素质不太满意的一个重要方面，因此，提高大学生人际沟通能力已成当务之急。有鉴于此，我们编写了《人际沟通艺术》一书，该教材自2015年出版以来，受到职业院校师生的欢迎和认可。此次在第1版的基础上，进一步优化内容体系，进行体例创新，更新相关案例，使其更加适合职业教育人才培养的要求。

  本书是任务驱动型高等职业教育课程开发的有益尝试。本书一改同类教材以灌输理论知识为主的做法，着力突出职业教育教学的特点，注重在典型"任务"的驱动下开展教学活动，突出教学内容的实用性和可操作性，让学生在练中学、学中练，学练结合，引导学生由简到繁、由易到难、循序渐进地完成一系列"任务"，从而得到清晰的思路、方法和知识脉络。学生在完成"任务"的过程中，可以自我培养分析问题、解决问题以及处理信息的能力，强化人际沟通各项技能，提高人际沟通能力，塑造良好的职业人形象。

  本书由张岩松主编，董丽萍、李新宇、孙小杰担任副主编。具体分工为：任务1和任务2由张岩松、李新宇编写；任务3由董丽萍编写；任务4和任务7由孙小杰编写；任务5由董丽萍、张岩松编写；任务6由李新宇编写。全书由张岩松统稿。

  本书在编写过程中，参考了大量书籍、报刊文献和网络资料，吸收了国内学者最新的研究成果，在此向各位专家、学者表示衷心的感谢。

  因编写水平所限，书中不足之处在所难免，敬请读者批评、指正。

编 者
2022年3月

第1版前言
FOREWORD

　　沟通能力已成为个人成功的必要条件,但当今大学生最欠缺的能力之一就是人际沟通能力。一些大学生沟通能力差已经影响到其就业乃至职业生涯的良性发展,这也成为用人单位对部分大学毕业生素质不太满意的一个重要方面,因此,提高大学生人际沟通能力已成当务之急。鉴于此,我们不揣浅薄编写了这本教材——《人际沟通艺术》。

　　本教材作为反映高等教育教学改革最新理念的新型实用教材,是任务驱动型高等教育课程开发的一次有益尝试。"任务驱动"是一种建立在建构主义教学理论基础上的探究式教学方法。它是指学生在学习的过程中,在密切联系学习、生活和社会实际的有意义的"任务"情境中,在教师的帮助下,紧紧围绕一个共同的任务活动中心,在强烈的问题动机的驱动下,通过对学习资源的积极主动应用,进行自主探索和互动协作的学习。通过对任务的完成,实现对所学知识的意义构建。它适用于培养学生的创新能力和独立分析问题、解决问题的能力,便于学生循序渐进地学习知识和掌握技能,让学生在一个个典型"任务"的驱动下展开教学活动,引导学生由简到繁、由易到难、循序渐进地完成一系列"任务",从而得到清晰的思路、方法和知识的脉络,在完成"任务"的过程中,培养分析问题、解决问题以及处理信息的能力。这与2500多年前我国大思想家、大教育家孔子提出的"学而时习之,不亦说乎"有异曲同工之妙,孔子的这句话可以理解为:"学到新观念后能适时实践,才能不断印证、体悟、增益能力,感受到成长的喜悦。"这正契合了"任务驱动"的教学理念。

　　鉴于以上的教学理念,我们以实际工作和职业能力作为圈定教材范围的标准,设计了认识人际沟通、语言沟通、非语言沟通、职场沟通、日常沟通、网络沟通、行业沟通7项教学任务。每个"任务"首先确立了"学习目标"和"案例导入",然后阐述完成任务的基本过程与方法等"知识储备",并加入"相关链接",以生动有趣的鲜活实例阐释理论,便于学生在教师指导下掌握人际沟通知识和方法,为下一步操作训练做准备。之后重点设计了"拓展阅读""实践训练""课后练习"等项内容。"拓展阅读"精选与本任务内容相关的文章并设计了若干思考题,它是对人际沟通基本知识与方法的深化与拓展,旨在开阔学生视野,启迪思维。"实践训练"由"案例分析"和"训练项目"构成,是教师课堂教学的主要内容,通过案例分析和讨论、设计教学情境以及模拟角色扮演等训练项目的开展,让学生"做中学,学中做,学做结合",不断提高人际沟通和交流能力。"课后练习"设计了新颖实用的若干练习题,目的是让学生课后深化对人际沟通和语言艺术的掌握,提高相关能力。

本书由张岩松、孟顺英主编,董丽萍、李新宇、刘世鹏副主编。具体分工为:任务1由张岩松、李新宇编写;任务2由孟顺英编写;任务3由董丽萍编写;任务4由孟顺英、张岩松编写;任务5由董丽萍、张岩松编写;任务6由李新宇编写;任务7由刘世鹏编写。包红君、郑瑞新、张昀、刘桂华、樊桂林、徐东闽、高琳、房红怡、李健、刘晶、刘晓燕、马乐、穆秀英、王允、凌云、刘晓燕、张铭、孙新宇、杨帆、白冰、蔡颖颖等完成了本书"课后练习"的编写及资料收集、文字录入等工作,刘世鹏完成统稿工作。

本书在编写过程中,参考了大量书籍、报刊文献和网络资料,吸收了国内学者最新的研究成果,在此向各位专家、学者表示衷心的感谢。

本书是尝试之作,对书中的疏漏之处,敬请读者不吝赐教。

编　者

2015年1月

目 录
CONTENTS

任务 1　认识人际沟通 ·· 1

　1.1　沟通 ·· 2

　1.2　人际沟通 ··· 11

　案例分析 ··· 27

　实训项目 ··· 31

　课后练习 ··· 35

任务 2　语言沟通 ·· 37

　2.1　有声语言：语言沟通的重要方式 ·· 38

　2.2　语言沟通的基本原则 ··· 39

　2.3　语言沟通技巧 ·· 45

　2.4　提高声音质量 ·· 54

　案例分析 ··· 58

　实训项目 ··· 59

　课后练习 ··· 61

任务 3　非语言沟通 ··· 62

　3.1　非语言沟通的含义 ·· 63

　3.2　非语言沟通的作用 ·· 64

　3.3　非语言沟通的表现形式 ·· 66

　案例分析 ··· 82

　实训项目 ··· 84

　课后练习 ··· 86

任务 4　职场沟通 ·· 89

　4.1　与领导的沟通 ·· 91

　4.2　与同事的沟通 ·· 97

4.3 与下属的沟通 ………………………………………………………… 101
   4.4 求职面试沟通 ………………………………………………………… 105
   案例分析 …………………………………………………………………… 114
   实训项目 …………………………………………………………………… 120
   课后练习 …………………………………………………………………… 124

任务 5 日常沟通 ……………………………………………………………… 126
   5.1 介绍 …………………………………………………………………… 127
   5.2 交谈 …………………………………………………………………… 129
   5.3 说服 …………………………………………………………………… 132
   5.4 赞美 …………………………………………………………………… 136
   5.5 拒绝 …………………………………………………………………… 140
   5.6 提问 …………………………………………………………………… 144
   5.7 回答 …………………………………………………………………… 149
   5.8 倾听 …………………………………………………………………… 154
   案例分析 …………………………………………………………………… 159
   实训项目 …………………………………………………………………… 163
   课后练习 …………………………………………………………………… 167

任务 6 网络沟通 ……………………………………………………………… 172
   6.1 网络沟通概述 ………………………………………………………… 173
   6.2 网络沟通的策略 ……………………………………………………… 180
   案例分析 …………………………………………………………………… 182
   实训项目 …………………………………………………………………… 184
   课后练习 …………………………………………………………………… 186

任务 7 行业沟通 ……………………………………………………………… 188
   7.1 护理沟通 ……………………………………………………………… 189
   7.2 导游沟通 ……………………………………………………………… 198
   7.3 主持沟通 ……………………………………………………………… 209
   7.4 营销沟通 ……………………………………………………………… 219
   案例分析 …………………………………………………………………… 225
   实训项目 …………………………………………………………………… 234
   课后练习 …………………………………………………………………… 237

参考文献 ……………………………………………………………………… 241

任务1　认识人际沟通

沟通是把一个组织中的成员联系在一起,以实现共同目标的手段。

——[美]巴纳德

课程思政要求

- 进行社会主义核心价值观教育。
- 进行爱国主义教育。
- 开展诚信教育、法律意识教育和道德意识教育。
- 塑造职业形象,提高职业素养。
- 促进学生全面发展。

学习目标

- 了解沟通的目标与类型。
- 把握沟通的原则,并能在沟通中加以运用。
- 熟悉沟通的过程。
- 了解沟通障碍产生的原因并能予以克服。

案例导入

王经理的一天

王伟是一家公司的经理,以下是他一天的工作情况。

早晨8:00来到办公室,打开计算机开始处理、收发邮件。

8:20开始批阅文件,然后开始撰写年度工作报告的提纲。

9:00浏览了一个地区经理提交的关于改变某项工作流程的备忘录,于是决定要为这件事召开一次会议。

按照约定,他在10:00就新招聘员工的相关事宜听取了人力资源部经理小宋的汇报。

11:00亲自去机场迎接来自美国的客户,并与其共进午餐。

下午1:30引导美国商客去公司参观,并就进一步合作事宜进行了磋商。

下午3:30接受了一名记者的采访。

下午4:00就与美国合作事宜召集各部门经理召开了一个紧急会议。

......

他一天中的上述事情都可称为是一种"沟通"。

(资料来源:佚名.商务沟通[EB/OL].[2014-04-18].http://www.doc88.com/p-5196829256892.html.)

1.1 沟通

1. 沟通的内涵

沟通是各种技能中最富有人性化的一种技能。社会就是由人与人之间互相沟通所形成的网络。沟通渗透于人们的一切活动之中,人们已经习惯于生活在沟通的汪洋大海中,很难设想,要是没有沟通,人们该怎样生活。美国相关机构曾经对25名优秀的管理人员进行调查,发现他们有76%的工作时间是用于沟通的。在现代信息社会,人们对信息的搜索、加工和处理能力已经成为决定其职场竞争力的关键因素。

所谓沟通,就是发送者与接收者之间为了一定目的而运用一定符号,所进行的信息传递与交流的过程。沟通过程涉及沟通主体(发送者和接收者)和沟通客体(信息)的关系以及信息发送者为影响接收者而使用的语言或非语言的行为。在沟通过程中,信息以怎样的方式被传送,又如何传递给接收者,接收者如何解读信息,信息最终以怎样的方式被理解,这都与沟通过程中主体的语言行为息息相关。具体来说,要正确理解沟通的含义,可以从下述几点来把握。

(1) 有效的沟通既要传递事实,又要传递发送者的价值观及个人态度。

(2) 有效的沟通意味着信息不仅被传递,还要容易理解。

(3) 有效的沟通在于双方能准确理解彼此的意图。

(4) 沟通是一个双向动态的反馈过程。这种反馈并非一定要通过语言表现出来,接收者也可以通过其表情或目光、身体姿势等形式将信息反馈给传递者,从而使发送者得知接收者是否接收与理解其所发出的信息,并了解接收者的感受。

土著人的最高礼节

有一天,哈佛商学院的一位教授接到非洲土著人的请柬,邀请他到非洲讲授部落的竞争力战略。

教授为了表示对土著人的尊敬,于是准备了多套西服上路。土著人为了表示对文明国度知名教授的尊敬,准备按照部落最高礼节欢迎他的到来。

讲课的第一天,教授西装革履地出现在土著人面前,讲了一整天,一直在冒汗。为什么呢?原来土著人以最高礼仪在听课——男女全部都没穿衣服,只戴着项圈,私处也只遮盖着树叶,在下面黑压压地站成一片。

第二天,教授的讲课同样也是一个冒汗的过程。为了入乡随俗,教授也不再穿衣服,只戴了一个项圈,私处也只遮盖着树叶;但是土著人为了照顾教授的感情,吸取了前一天的教训,于是着装全部变成西装革履。

直到第三天,双方做了很好的沟通,台上台下全着西装,课程才顺利地传授下去。

(资料来源:佚名.现代管理沟通[EB/OL].[2019-11-23]. https://wenku.baidu.com/view/18e5a3c52ec58bd63186bceb19e8b8f67c1cefdc.html.)

2. 沟通的种类

(1) 按照沟通的方法划分,沟通可划分为口头沟通、书面沟通、非语言沟通、电子媒介沟通等。各种沟通方式的比较如表 1-1 所示。

表 1-1 各种沟通方式的比较

沟通方式	举 例	优 点	缺 点
口头	交谈、讲座、讨论会、电话	快速传递,快速反馈,信息量很大	传递中经过层次越多,信息失真越严重,核实越困难
书面	报告、备忘录、信件、文件、内部期刊、布告	持久、有形,可以核实	效率低,缺乏反馈
非语言	声、光信号、体态、语调	信息意义十分明确,内涵丰富,含义隐含灵活	传递距离有限,界限模糊,只能意会,不能言传
电子媒介	传真、闭路电视、计算机网络、电子邮件(E-mail)	快速传递、信息容量大、一份信息可同时传递给多人、廉价	单向传递,电子邮件可以交流,但看不见表情
手机媒体	微信、QQ、短信	体积小巧,便于携带,隐蔽性好;普及率高,覆盖面广;手机功能强大,传播迅速	国内手机资费偏高,网速慢;手机用户结构复杂;手机传播中存在虚假、诈骗、色情、暴力等有害信息

(2) 按照组织系统划分,沟通可分为正式沟通和非正式沟通。

① 正式沟通包括以下类型。

- 链式沟通。在链式沟通中,居于两端的人只能与邻近的一个成员联系,居中的人则可分别与两人沟通信息。
- 轮式沟通。轮式沟通网络在组织中代表一个主管直接管理部属的权威系统。
- 圆式沟通。此形态可以看成是链式形态的一个封闭式控制结构,表示 5 个人之间依次联络和沟通,其中,每个人都可同时与两侧的人沟通信息。
- 全通道式沟通。这是一个开放式的网络系统,其中每两个成员之间都有一定的联系,彼此可随时沟通情况。此方式集中化程度很低。
- Y 链式沟通。Y 链式沟通,其中只有一个成员位于沟通的中心,成为沟通的媒介。在组织中,这一网络大体相当于组织领导、秘书班子再到下级主管人员或一般成员之间的纵向关系。

正式沟通方式如图 1-1 所示,各种正式沟通方式的比较如表 1-2 所示。

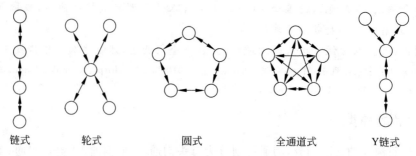

图 1-1 正式沟通方式

表 1-2 各种正式沟通方式的比较

沟通特点	沟通方式				
	轮式	链式	圆式	全通道式	Y链式
解决问题速度	快	次快	慢	快	中
正确性	高	高	低	中	高
突出领导者	非常显著	相当显著	不显著	无	中
士气	非常低	低	高	高	中

② 非正式沟通包括以下类型。
- 单线式。单线式的传递方式是通过一连串的人把信息传播给最终的接收者。
- 集中式。集中式的传播方式是把信息有选择地告诉自己的朋友或有关的人,这是一种藤式的沟通传递。
- 偶然式。偶然式的传播方式是按偶然的机会来传播信息。有些人可能未接收到信息,这与个人的交际面有关。
- 流言式。流言式的传播方式是一个人主动将信息传播给所有与他接触交往的人。

非正式沟通方式如图1-2所示。

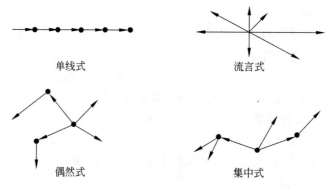

图 1-2 非正式沟通方式

(3) 按照信息传递的方向划分,沟通可分为下行、上行、平行和斜向沟通。

（4）按照是否进行反馈划分，沟通可分为单向沟通和双向沟通。单向沟通和双向沟通的比较如表1-3所示。

表1-3 单向沟通和双向沟通的比较

特 点	类 型						
	速度	准确性	传递者	接收者	干扰	条理性	反馈
单向沟通	快	低	压力小	无信心	小	有条理	无
双向沟通	慢	高	压力大	有信心	大	无条理	有

3. 沟通的准备、过程和要素

（1）沟通的准备。职场中的沟通双方需要交换信息。发送信息的时候，要准备好发送的方式、发送的内容和发送地点。为了提高沟通的效率，需做如下准备工作。

① 明确沟通目的。凡事预则立、不预则废。在与别人沟通之前，心里一定要有一个明确的目的，如想得到客户的约见，想在客户心目中留下印象，想使客户对公司的产品产生兴趣等。毫无目的的沟通只能算作闲聊天或侃大山，这不是有效的工作沟通。

② 制订沟通计划。明确了沟通的目的，就要有较为详细的计划，确定怎样与别人沟通，先说什么，后说什么。如果情况允许，最好列一个表格，把与沟通有关的诸如要达到的目的、沟通的主题、方式、时间、地点、对象和一些注意事项等都列举出来。实践证明，计划制订得越充分，沟通的效果就越好。

③ 预测可能遇到的异议和争执。俗话说，世界上没有两片完全相同的树叶，自然也不可能存在两个观点、观念完全相同的人。心心相印的至亲好友之间都会产生大大小小的分歧，何况在工作中接触的都是同事甚至是陌生人。所以，对于可能出现的异议和争执，首先要有充分的心理准备，还要根据具体情况对其可能性进行尽可能准确的预测，可以根据所掌握的沟通内容和沟通对象等具体情况自己做出预测，这也是对沟通的必要准备，有利于提升沟通的效果。著名的SWOT分析法从一定程度上明确了沟通所需确认的基本分析要素，这些要素包括：S—strength（优势），W—weakness（劣势），O—opportunity（机会），T—threat（威胁）。通过对这些要素的分析，最终较为准确地把握双方的优势、劣势，设定一个更合理的目标，或者说沟通各方都能够接受的目标。

沟通的主要目标归类情况如表1-4所示。

表1-4 沟通的主要目标归类

功 能	取向	目 标	理论及研究焦点
表达感情	感情	增加组织角色的接受程度	满足、冲突、紧张、角色
激励士气	影响	致力于组织目标的达成程度	权力、顺从、期望、行为改变、学习
信息传递	技术	供给决策所需资料的程度	决策、信息处理、决策理论
任务控制	结构	澄清任务及责任明确的程度	组织设计

（2）沟通过程。它是指发送者将信息通过一定的渠道传递给接收者的过程。沟通过程模式如图1-3所示。沟通的具体步骤如下。

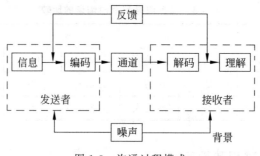

图1-3　沟通过程模式

第一步，发送者获得某些观点或事实（即信息），并且有传送出去的意向。

第二步，发送者将其观点、事实以言辞来描述或以行动来表示（即编码），力求不使信息失真。

第三步，信息通过某种通道传递。

第四步，接收者由通道接收到信息符号。

第五步，接收者将获得的信息解码转化为其主观理解的意思。

第六步，接收者根据他理解的意思加以判断，以采取不同的反应行为。

由此可见，一个看起来简单的沟通过程事实上包含着许多环节，这些环节都有可能产生沟通的障碍，从而影响沟通目的的实现。现在可以理解，为什么每天我们都有可能遇到因沟通而出现的误解、尴尬甚至是矛盾和冲突。

（3）沟通过程中的要素。要想取得沟通的最佳效果，必须首先把握沟通过程中的要素，主要包括如下方面。

① 发送者与接收者。沟通的主体是人，任何形式的信息交流都需要两个或两个以上的人参加。由于人与人之间的信息交流是一种双向的互动过程，所以，把一个人定义为发送者，而把另一个人定义为接收者，这只是相对而言，因为这两种身份可能发生转换。在信息交流过程中，发送者的功能是产生、提供用于交流的信息，是沟通的初始者，处于主动地位；而接收者则被告知事实、观点或被迫改变自己的立场、行为等，所以处于被动地位。发送者和接收者这种地位对比的特点对于信息交流的过程有着重要影响。

② 编码与解码。编码是发送者将信息转换成可以传输的信号的过程；解码就是接收者将获得的信号翻译、还原为原来的含义。编码和解码的两个过程是沟通成败的关键。最理想的沟通，应该是经过编码与解码两个过程后接收者形成的信息与发送者发送的信息完全吻合，也就是说，编码与解码完全"对称"。"对称"的前提条件是双方拥有类似的知识、经验、态度、情绪和感情等。如果双方对信息符号及信息内容缺乏共同经验，则容易缺乏共同的语言，那么就无法达到共鸣，从而使编码、解码过程不可避免地出现误差和障碍。

③ 信息。在沟通过程中，人们只有通过"符号—信息"的联系才能理解信息的真正含义，由于不同的人往往有着不同的"符号—信息"系统，因而接收者的理解有可能与发送者的意图存在偏差。

④ 通道。通道是发送者把信息传递到接收者那里所借助的媒介。口头交流的通道是声波；书面交流的通道是纸张；网上交流的通道是互联网；面对面交流的通道是口头语言与身体语言的共同表现。在各种通道中影响力最大的仍是面对面的原始沟通方式，因为它可以最直接地发出及感受到彼此对信息的态度与情感。因而，即使是在通信技术高度发达的美国，总统竞选时候选人也总是不辞辛苦地四处奔波去选民面前演讲。

⑤ 背景。背景就是指沟通所面临的总体环境，任何形式的沟通都必然受到各种环境因素的影响。沟通的背景通常包括以下几个方面。

- 心理背景：即沟通双方的情绪和态度。它包括两方面内容：一是沟通者的心情和情绪，或兴奋，或激动，或悲伤，或焦虑，不同的心情和情绪会影响沟通的效果。二是沟通双方的态度。如果沟通双方彼此敌视或关系淡漠，则其沟通常常会由于偏见而出现误差，双方都较难准确理解对方的意思。

- 社会背景：即沟通双方的社会角色及其相互关系。不同的社会角色关系有着不同的沟通模式。上级可以拍拍你的肩头，告诉你要勤奋、敬业；但你绝不能拍拍他的肩头，告诉他要乐于奉献。因为对应于每一种社会角色关系，无论是上下级关系还是朋友关系，人们都有一种特定的沟通方式，只有采取与社会角色关系相适应的沟通方式，才能得到人们的认可。

- 文化背景：即沟通者的价值取向、思维模式、心理结构的总和。通常人们体会不到文化背景对沟通的影响。实际上，文化背景影响着每一个人的沟通过程，影响着沟通的每一个环节。当不同文化发生碰撞、交融时，人们往往能较明显地发现这种影响。例如，由于文化背景的不同，东西方在沟通方式上存在着较大的差异：东方重礼仪，多数人较委婉；西方重独立，多数人较坦率。东方人多为自我交流，注重心领神会；西方人缺少自我交流，注重言谈沟通。东方人认为和谐重于说服；西方人认为说服重于和谐。这种文化差异使得不同文化背景下的管理人员在沟通时会遇到不少困难。

- 物理背景：即沟通发生的场所。特定的物理背景往往造成特定的沟通气氛。如在能容纳千人的大礼堂进行演讲与在自己的办公室高谈阔论，其气氛和沟通过程是大相径庭的。而在嘈杂的市场听到一则小道消息与接到一个电话有人特意告知你一则小道消息，给你的感受也是截然不同的：前者显示出的是随意性，而后者体现的却是神秘性。

相关链接

不同的沟通环境

一家公司由于受到全球经济危机的冲击，经营受到严重影响，最后公司决定裁员。

第一次裁员，地点选在公司的会议室，公司通知全部被裁人员到会议室开会。在会上公司宣布裁员计划，并且要求每一个人要立刻拿着自己的东西离开办公室，公司所有被裁员工感到非常沮丧，甚至包括很多留下的人也感到沮丧不已，极大地影响了员工的士气。

第二次裁员的时候，公司总结了上次的教训，不是把大家叫到会议室里，而是选择了另一种方式,在咖啡厅单独约见被裁人员,在这样的环境里公司宣布决策:由于公司的原因,致使其暂时失去了这份工作,请他谅解,并给他一个月的时间寻找下一份工作。

这次裁员的效果和上一次相比有天壤之别,基本上所有员工得知这个消息后,都能够接受,并且表示如果公司需要,随时都会毫不犹豫地再回到公司。

两次裁员,由于选择了不同的沟通环境,所得到的效果是截然不同的。

环境是沟通发生的地方。人们之间的沟通总是在特定的、自然的或人文的环境中进行的。环境能对沟通产生重大的影响,它涉及时间、空间、温度、通风、光线和色彩等外在的因素。

(资料来源:佚名.完整的沟通过程[EB/OL].[2020-05-05]. https://wenku.baidu.com/view/dca1489a74a20029bd64783e0912a21614797f39.html.)

⑥ 噪声。噪声就是妨碍信息沟通的任何因素,噪声存在于沟通过程的各个环节。典型的噪声包括以下几个方面的因素。

- 影响信息发送的噪声:表达能力不佳、词不达意;逻辑混乱、艰深晦涩;知识经验的不足,使"解码"造成局限;发送者不守信用,形象不佳等。
- 影响信息传递的噪声:信息遗失,外界噪声干扰,缺乏现代化的通信工具进行沟通,沟通媒介选择不合理等。
- 影响信息接收和理解的噪声:知觉的选择性,使人们习惯于对某一部分信息敏感,而对另一部分信息"麻木不仁""充耳不闻";接收者的选择性理解,他们往往根据自己的理解和需要对信息进行"过滤",造成信息传递的差异;信息量过于巨大,过犹不及,使接收者无法分清主次,对信息的解码处于抑制状态等。

⑦ 反馈。即将信息返回给发送者,并对信息是否被接收和理解进行核实,它是沟通过程的最后一个环节。通过反馈,信息交流变成一种双向的动态过程,双方才能真正把握沟通的有效性。如果反馈显示接收者接收到并理解了信息的内容,这种反馈称为正反馈,反之则称为负反馈。反馈可以检验信息传递的程度、速度和质量。获得反馈的方式有很多种,直接向接收者提问,或者观察接收者的面部表情,都可获得其对传递信息的反馈。但只借助观察来获得反馈还不能确保沟通的效果,将观察接收者与直接提问法相结合能够获得更为可靠、完整的反馈信息。

4. 有效沟通的条件

(1) 高情商是有效沟通的先决条件。长久以来,智商一直被视为事业和生活方面成功的先决条件,后来人们发现仅凭高智商是远远不够的,事业的发展和生活的幸福,情商在其中扮演着重要的角色。在美国,曾有人追踪过哈佛大学一些学生在中年的成就,从薪水、生产力、社会地位等诸多方面的考察来看,发现在校考试成绩高的不见得社会成就高。对于一个约40岁的中年人来说,智商与其当时的社会地位有一定的关系,但影响更大的是处理挫折、控制情绪、与人相处的能力。在社会中生存,每个人都必须面对各种纷繁复杂的关系网,情商高低决定了人一生的去向,与外界沟通的程度取决于人的情商。社会交际能力较差的人,常常感到活得很累,他们活没少干,力没少出,辛苦没少搭,却时常事与愿违,得不偿失。纵使他们获得了足够的成功机会,最后也可能因不会交际而错失良机,功败垂成。因此,沟通能力的优劣可以决定一个人的成功与否,情商又决定了沟通能力的优劣。要提高沟通能力,首先要提高情商。

（2）良好的文化素养是有效沟通的前提。沟通的信息是包罗万象的,在沟通中,我们不仅在传递信息,而且还在表达情感,提出意见。要想有效与人沟通,就必须具备一定的文化素养。沟通手段的运用,社交礼仪的展现,言语表达的技巧,处理问题在"度"上的把握,都是一个人综合素质的体现。文化素质修养决定着一个人的行为方式,决定着一个人的沟通能力的高低。

（3）语言表达能力是有效沟通的重要基础。人际沟通主要是通过语言,语言表达能力和技巧直接影响着人际沟通的效果。提高语言表达能力首先要培养自己的语感。语感是指人对语言的感知和反应能力,也叫语言的触发功夫。语感强的人具有很强的语言感知能力和语言感应能力,前者是指当一连串的线性结构的语流通过听觉或视觉传入自己大脑的时候,能迅速而准确地领会其含义和情味;后者是指当某种事物或事变呈现在眼前,或某种意念产生于脑海时,能快捷地找到准确而生动的词语,并进行语言的编码,将其连贯有序地表达出来。

 相关链接

妙　对

清末的梁启超有一次到武昌讲学,拜访当时的湖广总督张之洞。张之洞自恃位厚爵显、才高学富,想难为梁启超一番,便出了个上联,让他答对:"四水江第一,四时夏第二,先生居江夏,谁是第一？谁是第二？"这个问题很难回答,言下之意是:江淮河汉四水,长江排第一;春夏秋冬四季,夏季为第二。你梁启超来到我坐镇江夏的张总督管辖的地盘里来了,谁居首位呢？梁启超自然听出了对方的倨傲之势,却又不好说自己居于对方之上。该怎么说呢？他稍加思索,便对出了下联:"三教儒在先,三才人在后,小子本儒人,何敢在前？何敢居后？"

（资料来源:佚名.经典对联[EB/OL].[2019-07-24]. https://ishare.ifeng.com/c/s/7oZC1pyGdhk.）

如今人们日常沟通交谈,很少出题作诗对对联了,但这种对于语言的感知和反应如此之迅捷、精当和简练的智慧,确实是一个人的十分重要而又特别实用的本领。

提高语言表达能力还要注意语言表达的简洁精练,这是说话的基本功,它体现出说话人分析问题的快捷和深刻,是其认识能力和思维能力的高超表现。它能使听者在较短的时间内获得较多的有用信息,有助于博得对方的好感,也是说话人果断性格的表现。要做到这一点,头脑里必须储存一定量的材料,并且临场交流时能选用恰当的词语表达思想、思路清晰、层次分明。

提高语言表达能力还要注意语言表达的生动形象。生动形象是语言魅力的基本因素,能增强语言的感染力,吸引听众的注意力。要善于运用各种修辞方法,把深刻的道理寓于具体事实中,使之通俗易懂。语言的幽默风趣可以使你受到别人的欢迎,幽默也是一种智慧,是人的内在气质在语言运用中的外显。在人际沟通时能活跃气氛,化解尴尬。

此外，委婉含蓄这一语言技巧在交际中的作用是很大的，是人际交往的缓冲术。在自我表露时，可绕过一些难以直言的内容，在拒绝对方的要求、表达与对方不同的意见或批评对方时，可以维护对方的自尊，给对方留足面子。

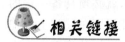

什么叫"相对论"

爱因斯坦有一次参加一个晚会，有一位老太太跟他说："爱因斯坦先生，你真是了不起啊，得诺贝尔奖了。"

爱因斯坦说："哪里，哪里。"

"爱因斯坦先生，我听说你有一篇非常著名的论文是关于相对论的，相对论是什么东西啊？"

问他这句话的是一位70多岁的老太太。爱因斯坦要怎么回答呢？爱因斯坦马上就用比喻的方法告诉她了，以下是两人的对话。

爱因斯坦："亲爱的太太，当晚上12点钟，您的女儿还没有回家，您在家里面等她，十分钟是不是太久了？"

老太太："真是太久了。"

爱因斯坦："那么亲爱的太太，如果您在纽约大都会歌剧院听歌剧《卡门》，十分钟快不快？"

老太太："真是太快了。"

爱因斯坦："所以太太，您看两个都是十分钟，相对不同，这就叫作相对论。"

老太太："哦。我明白了。"

这里爱因斯坦运用巧妙的比喻和通俗的语言，将原本深奥的科学问题用简洁通俗、生动形象的语言解释清楚了。科学家爱因斯坦高超的语言表达能力令人赞叹！

（资料来源：佚名.领导干部沟通艺术[EB/OL].[2010-03-31]. https://wenku.baidu.com/view/67a307a1284ac850ad024261.html.）

请看漫画《修铁路》，然后回答问题（图1-4，资料来源：https://heibaimanhua.com/gengtu/160429.html.）

图1-4 修铁路

【思考与讨论】
(1) 该漫画说明了什么问题?
(2) 如何避免以上问题的发生?
(3) 在生活中你有没有遇到过类似的情形?你是如何处理的?

1.2 人际沟通

1. 人际沟通的基本内涵

所谓人际沟通,就是指人与人之间进行信息传递和情感交流的过程。通过人际沟通,人们彼此交流思想、观点、情感、态度和意见,从而达到交流信息、调节情绪、增进友谊、加强团结的目的。在现代社会中,人际沟通的广度和深度不仅是人们生活质量的重要体现,也是组织沟通、团队沟通的前提和基础。可以说,有效的管理沟通都是通过有效的人际沟通来实现的。

实际上,人际沟通的内涵是涵盖广泛、错综复杂的。但它的最基本内涵却只涉及内容和关系两个方面。所谓内容是指人际沟通中的信息;所谓关系是沟通双方在互动中所建立的相互联系。两者紧密相连,不可分割,共同构成人际沟通内涵的基本框架,使每个沟通均包含着一定的内容和所确定的相应关系。因此,研究人际沟通的规律,从剖析、理解、处理其内容与关系之间的内在联系入手,是十分重要的。

(1) 内容与关系对人际沟通的作用与影响。通常任何一个交流信息都是携带着相应的内容和一定的关系并在发、收双方之间进行传递的,它的效果和稳定状况如何,则自始至终与其内容和关系的相互作用及彼此影响密切相关。事实上,同样的沟通内容可有不同的关系水平,以致产生不同的沟通效果。反之,同样的关系水平也可有不同的沟通内容,但常可以维持相对稳定的沟通。如有在某医院病房工作的护士甲和护士乙,一天护士甲对护士乙说:"请与我一起给病人送药好吗?"显然,从该信息的关系层面来看,甲向乙提出这个请求,是处在与乙平等的地位出发的,表明两人的关系为对等状态,因而易被乙接受,与甲共同为病人送药。以后如甲维持与乙的这种对称关系,那么无论请求与乙一起为病人做什么,均可得到相应的合作。倘若甲对乙的说法变为:"你想与我一起给病人送药吗?"这时尽管两种说法的内容信息均为"一起给病人送药",但后一说法所显示的甲、乙两人之间的关系是呈互补状态的,所处的地位也存在着一定的差异。于是甲的要求易被乙拒绝,结果难以达到"一起为病人送药"的目的。可见指导、帮助沟通双方正确处理彼此之间的关系,合理利用内容沟通和关系沟通的相互作用与正面影响,对客观认识人际沟通规律,掌握它的规范、准确运作技巧是大有裨益的。

(2) 内容和关系之间的实质性。所谓人际沟通,实质上就是要沟通双方建立真正的相互关系。因此,紧扣人际沟通的真实含义,以建立关系为主线,揭开表象、剖析事实、克服偏见、反复实践,是学会沟通的有效途径。具体来说,应做到以下几点。

① 确保沟通双方首先获得对方的好感,尽可能避免悖逆接收者的感情来说话。客观根据人们的气质特点(如对好友者说的话洗耳恭听,对讨厌者说的话逆反排斥等),使沟通

的对方在充满善意或好感的认知基础上,开展友好、有效的人际沟通。

② 积极建立关系、融洽感情,努力使沟通双方能自觉为对方着想,以良好的人际关系增进友谊,加强信任,弥补过失,消除误解,切实保障人际沟通的正常运转。

③ 从内容和关系双重角度,来加深对信息的正确理解。即通过在沟通双方之间构建可靠的关系,进而影响对内容的理解和认同。

2. 人际沟通的特点

由于人是有思想、有感情的高级动物,所以人际沟通与其他形式的沟通相比,具有下述特点。

(1) 沟通双方都是交流活动的积极参与者。沟通双方积极参与交流,其前提在于人际沟通的双方都有共同的动机。在人际沟通过程中,每一个参加者都是积极的主体。双方之间的沟通是一个相互作用的互动过程。

(2) 人际沟通受到人际关系的影响。俗话说"酒逢知己千杯少,话不投机半句多",人际沟通总是在一定的人际关系下进行的,人际关系的状况直接影响人际沟通的深度、广度,影响着人际沟通的方向。

(3) 人际沟通会出现障碍。人际沟通过程中,沟通双方的社会文化因素和心理因素,包括沟通双方的社会地位、文化水平、风俗习惯和社会传统,以及个人的需要、动机、情绪、兴趣、价值观、个性、经验与知识结构等,都会造成人际沟通的障碍,产生信息的过滤和曲解,从而妨碍人际沟通的正常进行,这是人际沟通过程中特有的一种现象。这样的特点在中国文化背景下显得尤为突出,中国俗语所说的"逢人只说三分话,未可全抛一片心",指的就是人际关系对人际沟通的影响。

(4) 人际沟通的主要工具是语言。除了书面语言以外,人际沟通还经常通过口头语言进行。在口头沟通过程中,除了语言符号系统外,语音、语调、停顿、重音以及语速等辅助语言符号系统也会传递大量的信息和丰富的情感,同时,表情、姿态、手势等非语言符号系统在沟通过程中也起到很大的作用,因此,在口头沟通时常常出现言外之意和弦外之音。

(5) 人际沟通信息传递迅速,交流形式与内容随意性较大。人际沟通是人与人之间直接的信息传递,不经过第三者,因此信息传递速度比较快,信息传递的数量也较少受限制。特别是当人际沟通只限于两人之间时,其传递效果往往是比较好的。但是人际沟通也有另一方面的特点,就是人际沟通的形式与内容随意性较大,双方可以根据具体情景对人际沟通的形式和内容进行调整与改变。如果人际沟通的链条过长,其信息传递效果呈明显下降趋势。据有关研究显示,第一个信息传播者将信息传递给第二个人时,信息量只有原来的70%;第二个人将信息传递给第三个人时,信息量只有原来的55%;第三个人将信息传递给第四个人时,信息量只有原来的30%。

3. 人际沟通的作用

人际沟通除信息的传递外,还包括情感、思想、知识和经验等多方面的交流,它对改善人际关系、调整和转变人的行为都具有十分重要的意义和作用。具体来说,人际沟通的作用主要表现在下述几个方面。

（1）人际沟通有助于增长知识、开阔视野、丰富经验。在人际沟通过程中，个体可从对方那里吸取对自己工作、学习和生活有意义、有价值的知识与经验，以别人的长处弥补自己的不足，借鉴别人的优势来改变自己的劣势，学习他人的成功经验，吸取他人的失败教训，以此扩充自己的知识积累，更好地提高自己对环境的适应能力。

（2）人际沟通有助于改善人际关系。有效的人际沟通可以把沟通双方的思想、情感、信息进行充分的、全方位的交换，从而达到增加共识、增进了解、联络感情的效果，有效改善人际关系。世界上最美的东西就是人与人之间的情感联结，而人与人之间的情感联结就是通过人际沟通来实现的。沟通的过程使积极的情感体验加深，使消极的情感体验减弱，从而使人际关系不断得以改善。

（3）人际沟通有助于自我定位。唐太宗说："以铜为镜，可正衣冠；以古为镜，可知兴替；以人为鉴，可明得失。"这句话道出了人际沟通有助于认识自我进行自我定位的作用和功能。因为，人在与他人的沟通过程中理解了别人的同时，也认识了别人眼中的自己。人们从他人对自己的反映、态度和评价中，发现自己的长处和短处，找到自己恰当的社会位置，为自我的设计、发展、完善创造了有利条件。离开了人际沟通，人就永远无法客观地认识他人，也无法真正地了解自己。

（4）人际沟通有助于心理健康。沟通与交往是人类最基本的社会需要之一。根据美国管理学家马斯洛的需求层次理论，每个人都有归属和社交的需要，通过彼此间的相互沟通和交往，可以诉说各人的喜怒哀乐，这样就增进了成员之间思想和情感的交流，促使其产生依恋之情。人际沟通有助于人的心理健康，正如有人所说的那样："当我们快乐时，把我们的快乐告诉朋友，会使快乐加倍；当我们痛苦时，把我们的痛苦告诉朋友，会使我们的痛苦减半。"

（5）人际沟通有助于提高团队的效率。人际沟通是组织管理的基础，离开了人际沟通，管理功能的发挥以及管理目标的实现是不可能的。良好的人际沟通能够把个人的知识、专长和经验融合在一起，更好地与他人合作，从而构建一个高效的工作团队，取得事业的成功。

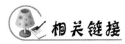

通用汽车公司的"全员决策"

通用汽车公司(GM)是全球最大的汽车公司，其核心汽车业务及子公司遍及全球，共拥有325000名员工。1981年杰克·韦尔奇接任总裁后，认为公司管理得太多，而听取职工意见太少，"职工对自己的工作比老板清楚得多，经理们最好不要横加干涉"。为此，他实行了"全员决策"制度，使那些平时没有机会发表意见的职工都能出席决策讨论会。杰克·韦尔奇开展的"全员决策"，消除了公司中官僚主义的弊端，减少了烦琐程序。实行"全员决策"后，通用公司在经济不景气的情况下取得了巨大成功。杰克·韦尔奇本人被誉为全美最优秀的企业家之一。当企业的运行或管理出现了新问题，管理者与被管理者，以及管理者与管理者、被管理者与被管理者之间必须通过良好有效的商务交流，才能找准症结,通过分析、讨论、决策,及时将管理问题解决。

(资料来源:莫文虎.商务交流[M].3版.北京:中国人民大学出版社,2018.)

4. 人际沟通的基本原则

人们在社会生活中进行人际沟通和人际交往时,不仅要有良好的、正当的动机,遵循普遍的社会道德规范,而且需要采取正确的方法并遵循一定的原则。

(1) 尊重原则。人人都有自尊心,都有受人尊重的需要,都期望得到别人的认可、注意和欣赏。这种需要的满足会增强人的自信心和上进心;反之则会使人失去自信,产生自卑,甚至影响其人际交往。因此,在沟通中首先要遵循相互尊重的原则。尊重原则要求沟通者讲究言行举止的礼貌,尊重对方的人格和自尊心,尊重对方的文化背景。这里既包括要善于运用相应的礼貌用语,如称呼语、迎候语、致谢语、致歉语、告别语、介绍语等,也包括遣词造句的谦恭得体、恰如其分,如多用委婉征询的语气;还包括平易近人、亲切自然的态度。当然,对对方的尊重不仅表现在沟通形式上,还表现在沟通中所交流的信息和思想观念上,即要把对方放在平等的地位上,以诚相待,摒弃偏见,讲真话。

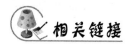相关链接

尊重每一个来访的人

尊重是不分对象的,学会善待每一个人,有时你会得到意外的收获。福斯米德先生受命为公司新落成的办公楼采购 320 台空调机。他下决心要把这件事办好,一定要让领导满意。经过充分考虑,他决定在确定供货商之前,进行一次充分的调查。除了考察价格和质量外,他认为还应该考虑供货方的售后服务情况。因为售后服务在成交之前只能靠对方的承诺来判断,可是仅凭承诺不足以规避风险。他要寻找一家真正关心顾客利益的销售商。对那些只做一锤子买卖、对顾客的利益漠不关心的销售商,坚决不与他们合作。

福斯米德先生开始走访那些空调专卖店和综合电器商场。他隐瞒了自己的身份,闭口不提购买空调机的事情。他一家一家地推开那些商家的店门,当那些满脸笑容的店员问他是否要购买空调机的时候,他就立即告诉他们说:"不,我只是想为家里那台空调机配一个空调罩,不知你们是否能够卖给我一个?"

他发现在听到这句话之后,几乎所有的人都立即将脸上的笑容冷却下来,他们对这种小买卖没有丝毫的兴趣,福斯米德对他们的态度变化早有心理准备。

后来,他只好扩大自己的走访范围。他在一家规模稍小的空调商店受到了自始至终的欢迎。那家商店的各级工作人员并没有表现出不耐烦,他们很热情地向他推荐了各种款式的空调罩,供他选择。几天之后,福斯米德把这笔巨额订单交给了那家愿意卖给他空调罩的商店,并允许商店在两个月之内把 320 台空调机分三批送到他们公司。对于那家商店,他们仅仅是因为对一位只是想购买一只空调罩的顾客热情相待,而意外地获得了一个巨额订单。

尊重每一个来访的人,是这家商店赢得福斯米德先生信任的秘诀。这是一个再简单不过的秘诀,但是世界上 90% 的商家却忽视了其中的道理。

(资料来源:尹凤芝.沟通与演讲[M].北京:高等教育出版社,2010.)

（2）简洁原则。宝洁公司对简洁作了规定,交高级经理审阅的文件每份不得超过两页。良好的人际沟通是追求简洁的,主张用最少的文字传递大量的信息。无论对谁,沟通简洁都是一个基本点。每一个人的时间和精力都是有价值的,没有人喜欢不必要的烦琐交谈和没完没了又毫无结果的会议。

（3）理解原则。理解性原则就是要求沟通者要善于换位思考,要站在对方的处境上设身处地考虑,体会对方的心理状态与感受,这样才能产生与对方趋向一致的共同语言。同时还要耐心、仔细地倾听对方的意见,准确领会对方的观点、依据、意图和要求,这既可以表现出对对方的尊重和重视,也可更加深入地理解对方。

正如《圣经·箴言》中写道:"掌握理解的人是幸福的/善于理解的人/卖掉的是银子/得到的是比金子还珍贵的东西/理解比宝石还要宝贵/……/上帝用智慧构成了大地的基础/以理解奠定天柱。"沟通不仅是信息的传递,也是对信息的理解和把握,准确地理解信息的意义才是良好的沟通。理解又是人际沟通的润滑剂,凡事一被理解就顺畅了。我们说"理解万岁",懂得理解的人,其沟通能力一定强,并且到处受欢迎。

 相关链接

理　解

一家电梯公司与某酒店订有维修合同。酒店经理不愿让电梯一次停两个小时以上,因为这样将会给客人造成不便,但这次维修起码需要 8 小时。电梯公司的代表给酒店总经理打了电话,不过他并没有开口在时间上讨价还价,而是说:"我知道你们酒店生意很好,不愿让电梯停太长时间,这样会给客人带来不方便,我理解你的忧虑,我们一定尽力使你满意。可是我们检查后发现需要大修理,否则将会带来更大的损失,那样电梯可能得停更长时间了。我想你更不愿给客人造成几天的不便吧。"最后经理同意停 8 个小时,这比停几天更可取一些。电梯公司的代表正因为对经理方便客人的立场表示理解,才能够说服经理接受他的主张,且没有引起他的不悦。

（资料来源:尹凤芝.沟通与演讲[M].北京:高等教育出版社,2010.）

（4）宽容原则。人际沟通的双方要心胸开阔、宽宏大量,把原则性和灵活性结合起来,只要不是原则性的重大问题,应力求以谦恭容忍、豁达超然的风度来对待各种分歧、误会和矛盾,以诙谐幽默、委婉劝导等与人为善的方式,来缓解紧张气氛、消除隔阂。事实证明,沟通中心胸开阔、态度宽容、谦让得体、诱导得法,会使沟通更加顺畅并赢得对方的配合与尊重。

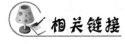 相关链接

特殊的房子

贝聿铭是著名的华裔建筑设计师。在一次正式的宴会中,他遇到这样一件事:当时的宴会嘉宾云集,在他邻桌坐着一位美国百万富翁。在宴会中这个百万富翁一直在喋喋不休地抱怨:"现在的建筑师不行,只想着赚钱,他们总骗我,根本没有技术水准。我要建一座正方形的房子,其实很简单,可是他们造不出来,他们不能满足我的要求,却只顾着要

工钱。"贝聿铭听到后,没有直接反驳这位百万富翁,而是很有风度地问:"那你提出的是什么要求呢?"百万富翁回答:"我要求这座房子是正方形的,房子的四面墙全朝南!"贝聿铭微笑着说:"我就是一名建筑设计师,你提出的这个要求我可以满足,但是我建出来的这座房子你一定不敢住。"这个百万富翁说:"不可能,你只要能建出来,我肯定住。"贝聿铭说:"好,那我告诉你,我的建筑方案是将房子建在北极,因为在北极的极点上建这座房子,各个方向一定都是朝南的。"

(资料来源:佚名.中层管理人员如何沟通[EB/OL].[2017-09-04]. http://www.oh100.com/ahsrst/a/201509/54657.html.)

(5)准确原则。良好的人际沟通是以准确为基础的。所谓准确,是指沟通所用的符号和传递方式能被接收者正确理解。在沟通中典型的不准确信息有:数据不足,资料解释错误,对关键因素无知,存在没有意识到的偏见,以及对信息的夸张等。如果传递的信息不准确、不真实,不仅会给沟通造成极大的障碍,还会失去对方的信任和理解。因此,为了保证沟通的准确性,在信息收集过程中应注意选择可靠的信息来源,用准确的语言或精确的数字客观地记录原始信息;在信息加工过程中,应采用科学的方法,尽可能排除人为因素(如加工者的主观偏见、智力或技术水平的不足)对信息内容及其价值的客观性的干扰。

(6)及时原则。坚持沟通的及时性原则,就是要求在信息传递和交流过程中一定要注意信息的时效性,既要注重传递信息的主要内容,又要注意传递信息产生与发生作用的时间范围及条件,做到信息及时传递及时反馈,这样才能使信息不因时间问题而失真。

(7)坦诚原则。坦诚就是以诚相待。"精诚所至,金石为开。""诚"的核心是为人处世讲究忠诚老实、光明磊落。做到说话办事要实事求是,襟怀坦荡;不隐瞒自己的思想观点,有什么讲什么;是非分明,在与人相处中敢于坚持真理,伸张正义,主持公正;言而有信,遵守诺言,实现诺言,说到做到。

 相关链接

真　诚

日本企业之神、著名国际化电器企业松下电器公司的创始人松下幸之助有句名言:"伟大的事业需要一颗真诚的心与人沟通。"松下幸之助正是凭借这种真诚的人际沟通艺术,驾轻就熟于各种职业、身份、地位的客户之中,赢得了他人的信赖、尊重和敬仰,使松下电器成为全球电器行业的巨人。

有人做过一个统计,从描述人品的词语中选出你认为最重要的几个,真诚被排在了第一位。崇尚真诚是时代的主旋律。真诚既然是人心所向,在沟通中我们就应该坚持它。沟通最基本的心理保证是安全感,没有安全感的沟通交往是难以发展的,只有抱着真诚的态度与人沟通,才会得到意想不到的效果。一个人尽管不善言辞,但有真诚就足够了,没有什么比真诚更能打动人。

记得在西方经济萧条时期,有个女孩子好不容易找了份工作,在一家首饰店做销售员。一天早晨清扫时,她不小心打翻了首饰盒,六枚戒指只找回了五枚。这时她发现有位男青年匆匆向门口走去,女孩凭直觉断定准是他捡走了,因为早晨商店里人很少。女孩子赶上去叫住了他,很真诚地说:"你知道现在工作很难找,这是我的第一份工作,家里还有母亲等我赡养。"男青年顿了一会儿,跟她握了一下手(戒指在手里),说:"祝你好运!"女孩子用真诚打动了他。

(资料来源:尹凤芝.沟通与演讲[M].北京:高等教育出版社,2010.)

(8) 谦虚原则。谦虚是我国的传统美德,也是搞好人际关系的一条重要法则。在与人沟通交往时,切不可自以为是,认为自己比别人强,摆出一副高高在上、盛气凌人的面孔,否则,不仅得不到别人的好感,而且很难与他人合作共事。

(9) 灵活多变原则。人际关系是一个复杂的系统,沟通和交往的形式和方法也要以变应变,即对不同的人和事要采取不同的对待方法。为人处世无定法,不能信守教条,要具体问题具体分析,灵活多变,讲究策略。

(10) 渐进原则。人际交往一般都有一个逐步发展的过程,即初交、常交和深交三个阶段。在三个不同的交往阶段里,应该把握不同的交往尺度。在初交阶段,常常有些拘谨、别扭等不自然的感觉。此时要注意消除不安、紧张和胆怯情绪,但不能无休止地说个不停,防止初次交往就给人留下不好的印象。进入常交阶段后,随着交往的增多和友谊的增进,应注意观察和了解对方的情况,特别是性格、兴趣和爱好方面的情况,寻找和发现双方的共同点、共鸣点,加固友谊的基础。到了深交阶段,双方感情在长期接触中深化发展了,双方建立起深厚的友谊,一旦有了这种友谊,应该倍加珍惜。

(11) 互动原则。沟通是互动的,不是一方的事,需要双方共同参与。有传递有反馈,有说有听,才有双方意见的交流,在来来回回互动中达成共识。那么,如何实现互动呢?共享说话权利是互动的前提。在与人交谈时口齿伶俐固然是件好事,但是用之过度,独自一人滔滔不绝地大发议论,可就不识趣了。谈话是不该一个人唱独角戏的,每个人都有表达的欲望,所以共同支配谈话时间对沟通尤为重要。尽可能要长话短说,言简意赅。给别人时间,听听他人的高见,既是对对方的尊重,也会让你有所收获。克林顿就说过,他在倾听别人说话时能学到很多东西。还有在交流时,不可自我吹嘘,这种炫耀会影响你的形象,必要的神秘感反而会增加你的魅力。

沟通从"你"开始。不要尽谈论自己,尤其在众人聚会的场合里,最糟的莫过于将所有话题集中在自己身上。只要场合及语法恰当,尽可能用"你"做每个句子的开头,这样会立刻抓住听者的注意力,同时能得到他人正面的回应。

要想得到对方的反馈,需要有一定策略。罗斯福的方式很简单,就是在与人接触的前一个晚上,花点时间研究一下客人的背景,于是一见面,共同的话题就源源不断,谈话自然让对方兴趣盎然。在这种氛围中,沟通就能更顺畅。

将自己的愿望变成对方的,就能达到双赢。威森为一家画室营销服装设计草图,他经常去拜访一位著名的服装设计师,设计师从不拒绝接见,但也从来不买他的东西。威森一次次失败后,改变了思路。他把未完成的草图带到买主的办公室。"如果你愿意,希望你帮我一个小忙,"他说,"这是一些尚未完成的草图,能否请你告诉我,我们应该如何把它们完成才能对你有所帮助?"这位买主默默看了那些草图一会儿,然后说:"把这些草图留在我这儿几天,然后再回来见我。"三天以后威森又去了,获得了他的某些建议,取了草图回到画室,按照买主的意思把它们修饰完成。结果是这些服装设计草图全部被设计师接受了。

5. 人际沟通的影响因素

人际沟通是一个连续、动态的变化过程,始终受到沟通者生理的、心理的和社会的多重因素的影响。因此,正确认识这些复杂的因素及其对人际沟通产生的各种作用,对激发沟通动力,克服沟通障碍具有积极的意义。这些影响因素主要如下。

(1) 移情效应。所谓移情是指沟通者从对方的角度来感受、理解和分享其情感的过程。它是人际沟通的一个最重要的影响因素,对沟通双方取得理解可发挥关键作用。实际上,站在对方角度理解对方,并及时向他们表达这种理解,既是移情的具体表现,又是有效人际沟通的基本前提,应当引起我们在沟通时的重视和应用。

(2) 信任程度。人际沟通效果还取决于沟通双方的信任程度。在现实生活中,凡是自己信任的人所传送的信息就比其他渠道来源的信息容易被相信和认同。这种对沟通者的信任程度,主要与对方的权威性、信誉、领导才华、语言魅力以及目的一致性(即判断是否与自己的目的和价值观存在一致)等因素有关。

(3) 控制能力。这是指一个人引导和确定与沟通对象某种人际关系的支配力度。它所建立的关系包括互补关系、对称关系和平等关系三种。在互补关系中,由于沟通双方地位不平等,一方常以支配方式要求另一方顺从,显然,此时支配方的控制能力最强。在对称关系中,沟通双方因地位平等,导致以竞争方式争夺控制权,结果是谁也不能控制谁,两者的控制能力呈动态平衡状。在平等关系中,沟通双方的控制能力介于上述两种关系之间,任何一方能否取得控制地位,应机动灵活地根据当时的沟通状况来确定。

(4) 自我显示。在人际沟通过程中,自我显示是沟通者有意地向他人叙述自己真实情况的一种沟通行为,它有利于双方深入沟通了解,促进和发展双方的人际关系,常以主动性、有意性、真实性和独特性等特点来影响人际沟通的效果。

(5) 沟通者状况。主要是指沟通者自身所造成的影响因素。

① 生理因素。如沟通者过度疲劳、身患疾病或聋哑、失语等,均可直接妨碍人际沟通。

② 情绪因素。由于情绪是一种具有感染力的感情因素,因而它对沟通的有效性可产生直接影响。一般轻松愉快的情绪,能增强一个人的沟通能力;而紧张忧虑的情绪,可干扰一个人传递或接收信息的本能。故在人际沟通过程中,应注意保持平和、良好的情绪。

相关链接

奇葩的求救电话

"救火!救火!"电话里传来了紧急而恐慌的呼救声。

"在哪里?"消防队的接线员问道。

"在我家!"

"我是说失火的地点在哪里?"

"在厨房!"

"我知道,可是我们怎么去你家呀?"

"你们不是有救火车吗?"

(资料来源:佚名.最郁闷的火警电话[EB/OL].[2009-03-15]. https://www.gushi365.com/info/2931.html.)

③ 智力因素。若沟通双方接受教育程度、知识水平、使用语言和对事物的理解等均存在明显差异,则会造成明显的沟通障碍。

④ 性格因素。通常,性格内向的人因经常独思单处、孤身只影,与其他人沟通的动机薄弱,不善于人际沟通。但有时可与少数知心人建立稳定、有效的沟通渠道,从而形成深厚的情感和友谊。性格外向的人由于机敏活泼、乐于表现,与其他人沟通的动机强烈,往往善于沟通,并易获得社会信息和在公共社交场合中产生较大的影响,但其沟通程度并不一定都很深。

⑤ 感觉和态度因素。沟通时,传送者因需保密或对接收者缺乏信任而将信息删掉、更改或保留,常可导致接收者对所传信息拒收或无法理解,造成沟通困难。其次,当沟通双方因生活经验、社会阅历、价值观念、理解方式存在较大差别时,往往会对传送的信息难以形成准确、恰当的共识,进而使沟通无法继续进行。

6. 人际沟通的障碍

人际沟通的过程也就是人与人之间的信息沟通、思想感情交流和行为互动的过程。在现代社会中,人际沟通范围的不断扩大,人际沟通的频率不断增加,人际沟通的水准不断提高,因而人际沟通的障碍因素也比以往更复杂。分析和研究人际沟通的障碍因素,对于调节人们的沟通行为,搬掉沟通过程中的"绊脚石",克服障碍,具有重要意义。

1) 心理障碍

人际沟通中有很多因素成为人际沟通的障碍。在这些障碍中,表现最为突出的是人际间的心理障碍。人的兴趣、态度、情绪、思想、性格、价值观等因人而异,这些差异使人们在沟通中很容易带上主观成分,自觉不自觉地用自己的观点对信息加以"过滤",从而有意无意地使信息发生歪曲,给人际沟通造成不同程度的危害。

(1) 知觉障碍。人际沟通中,我们认知对象时,经常会出现不同的心理障碍,最常见的有:第一印象、晕轮效应和刻板印象。

① 第一印象。心理学家做过这样一个实验,让被试者看两种性格类型。

性格 A:聪明,勤奋,易冲动,爱批评,顽固,嫉妒心强。

性格 B:嫉妒心强,顽固,爱批评,易冲动,聪明,勤奋。

实验结果表明,人们对性格 A 有好印象。其实性格 A 和性格 B 的内容完全一样,只是顺序不同罢了。这表明:当不同信息结合在一起时,我们总是倾向于前面的信息,而忽视后面的信息;即使人们同样也注意到了后面的信息,但也会认为后面的信息是非"本质的""偶然的",这就是第一印象作用的缘故。所谓第一印象,是指在人际沟通中,人们对第一次经历的事件,往往留下深刻的印象,成为一种心理定式而难以改变。

第一印象是有层次的。当人们在商店受到某个营业员的热情接待时,他所得到的第一印象不仅是对这个营业员的印象,还包括对整个商店的印象;当人们千挑万选地购回一台洗衣机,刚一使用就发现有毛病时,那么他对这台洗衣机、这一牌号、这一生产厂家的不良印象也许就再也无法挽回了。第一印象有层次性、广泛性、拖延性,因此难免会以偏概全,妨碍人们准确地、全面地认识事物。当然,第一印象也不是不能改变的,随着人与人相互交往的加深,还可以修正第一印象,最后给予对方客观的、公正的评价。

② 晕轮效应。所谓晕轮效应,是指从对象的某种特征推及对象的总体特征,从而产生美化或丑化对象的印象这样一种心理定式。称为"晕轮效应",是因为它像月晕一样,会在真实的现象面前产生一个更大的假象:人们隔着云雾看月时,在月亮外面有时还能看到一个光环,这个光环是虚幻的,只是月亮的光通过云层中的冰晶所折射出的光现象,事实上并不存在这样一个物质的、真实的光环。晕轮效应也和第一印象一样普遍。人们走进礼品店,选购的往往是包装精美、价格偏高的礼品,因为精美的包装、偏高的价格往往使人产生晕轮效应,认为里面的东西会像精美的包装一样好,会和偏高的价格相一致。在商务交际中,名片越印越精致,花式品种越来越多,出现了所谓"名片效应",有些人甚至对它产生了迷信,这其实是晕轮效应的典型范例。

晕轮效应是一种以偏概全的主观心理臆测,其错误在于:第一,它容易抓住事物的个别特征,习惯以个别推及一般,就像盲人摸象一样,以一点代替全面;第二,它把并无内在联系的一些个性或外貌特征,联系在一起,断言这种特征必然会有另一种特例;第三,它说好就全面肯定,说坏就整体加以否定,这是一种受主观心理影响很大的认知障碍。

③ 刻板印象。所谓刻板印象,是指在人际沟通中,人们对某个群体或事物形成的一种概括而固定的看法。生活在同一地域和同一文化背景中的人们,常常表现出许多的相似性,如同一个民族和国家的人有着大致相同的风俗习惯。职业、年龄、性别、党派一样的人,在思想、行为等方面也都较为接近。例如:商人大多是较为精明的;知识分子一般是文质彬彬的;山东人直爽、乐于助人,而上海人灵活、善于应酬。以上这些相似的特点被概括地反映到人们的认识当中,并被固定化,便产生了刻板印象。

刻板印象一旦形成,具有非常高的稳定性,很难被改变。即使碰到与其相反的事实出现,人们也倾向于坚持它,而不是去否定或"修改"事实。刻板印象具有一定的消极作用,它使人们的认识僵化和停滞,阻碍人们接近新事物、开拓新视野。持有刻板印象的人在判断他人时把群体所具有的特征都附加到他身上,也常常导致过度概括的错误。显然知识分子未必个个都文质彬彬,上海人也不见得个个都善于应酬。

(2) 心理素质或品质问题。这包括自卑心理、害羞心理、嫉妒心理等。

① 自卑心理。自卑是指个人由于某些生理或心理缺陷及其他原因(如智力、记忆力、判断力、气质、性格、技能等欠佳)而产生的轻视自己,认为自己在某个方面或几个方面不如他人的心理。具有自卑心理的人往往缺乏自信,自己看轻自己,在交往活动中想象成功的经验少,想象失败的体验多。这种情绪在与权威、长者、名人交往时,表现更为突出。自卑是一种消极的心理状态,它在人与人交往中起着严重的阻碍作用,往往使沟通双方难以形成一种平等的对话,进而影响彼此真情实感的交流。严重者,会失去交往的愿望,成为一个孤独者。

自卑心理一般表现为一种自我否定的心理定式,包括对自身的否定和对社会组织的否定，认为样样比不过别人，自暴自弃，不能正确地评估、判定自己所代表的社会组织，对人际沟通的期望值很低，把需要沟通的对象限定在狭小的范围里，以与熟悉的公众交往为满足，而不想去开辟新的交往渠道，建立新的交往空间，扩充新的公众队伍。

自卑心理形成的原因是多方面的。从主观方面讲，有两个原因：一是自己的期望值不高，把自己的交往局限在小圈子里，行动上畏缩不前，当遇到新的交往情景时，总是害怕失败，担心遭到别人的耻笑和拒绝；二是某些生理上的短处容易导致自卑，如患有残疾、长相不佳等。从客观方面讲，家庭背景、社会地位较差也易导致自卑，四处碰壁，挫伤了积极性，而产生自卑心理。

怎样克服自卑心理呢？一要正确认识、恰当评论自己和组织的优势，树立自己代表社会组织所特有的自豪感和自信心。要善于发现自己的长处，肯定自己的成绩，不要把别人看得十全十美，把自己看得一无是处，应认识到他人的不足；经常回忆那些经过努力做成功的事情，对一些做得不好的事情进行自我暗示——不要紧，别人也不见得就能做好，自己再努力一把也许就能把事情做好。另外，注意发现他人对自己好的评价。每个人总是以他人为镜子来认识自己的，不会所有的人都对自己做较低的评价，赏识、理解、了解自己的人总是有的，关键是要自己去捕捉，将捕捉到的好的评价作为自我评价系数，以增强自信心，克服自卑。二要塑造自己坚强的性格。一个人被自卑心理所困扰，丧失进取心，通常与其性格怯懦、意志薄弱有关，而那些自信心强、勇于进取的人，往往性格比较开朗、大胆，意志坚强。对于已露出自卑苗头的人来说，要注意通过锻炼、自我教育等方法，培养自己坚强的性格，增强性格的独立性，摆脱人们尤其是权威人士对自己的成见，使自己在交往中日益成熟起来。三要积极诱发沟通对象给予必要的反馈信息，从反馈中体验成功。

② 害羞心理。害羞是常见的心理障碍之一。虽然未必人人都像古诗中说的那样，"千呼万唤始出来，犹抱琵琶半遮面"，但对初涉人际沟通领域的人来说，害羞是家常便饭。这种心理会产生腼腆的感觉，感到紧张不安，扭扭捏捏，丧失认识公众的良机。

为什么会害羞呢？从心理学角度分析，有三个方面的原因：一是认识性害羞。这是由于人们认识自己时过分注重"自我"，总是担心和怀疑自己的言行是否得到别人的承认，生怕自己的言行不对而被人耻笑。这种心理状态加上缺乏临场经验，就使得一些人在人际沟通中，特别是在自己不熟悉的环境中往往表现出害羞胆怯。二是挫折性害羞。有的人以前并不害羞，他们活泼、开朗、善于交际，但由于种种主客观原因，连遭挫折，结果变得害羞、胆怯、消极被动。三是气质性害羞。害羞还与个人的气质类型有关，一般来说，属于内向性格和抑郁气质的人，较多地出现害羞。

怎样克服害羞心理呢？一要多一些自信心。一个人一旦失去了自信，他便在沟通中显得手足无措。因此，要克服害羞心理，就要找回丢掉的自信心。在沟通中，即使遇到比自己强的人，也不要缩手缩脚，不敢将自己的能量释放出来。尺有所短，寸有所长，你的长处可能正是别人的短处。如果你能对自己有一个全面客观的评价，提高自信心，你就会在公众面前落落大方、潇洒自如。二要锻炼解决复杂问题的能力。怕沟通，主要是怕缺乏处理棘手问题的能力。因此，不妨主动地寻求外部刺激，鼓起勇气，向自己提出挑战，敢说第一句话，敢于迈出第一步，在沟通实践中发展自己的交往技能，把可交往的沟通对象视为自己的重要工作对象。当迈出第一步后，你就会感到，这道障碍不过如此，很容易超越。

三要注意成功的积累。要善于从小事做起,总结成功的经验。哪怕是小小的成功,对克服自卑心理也是十分有益的。为此,要不断分析、总结以往沟通工作的经验教训,挖掘出富有积极意义的正面材料,激发交往成功的愉快体验,从而强化自身的沟通意识,增强沟通的勇气和信心。四要在沟通前做好充分准备。由于自卑心理的作用,人在沟通过程中,自己说什么、做什么等社交行为没有构成简明清晰的印象,导致焦虑、恐慌随之产生。克服的根本办法是:准备充分,不断收集社会组织与公众两方面的信息;在沟通过程开始之前,将如何开场、如何发问、发问的具体内容、解决的核心问题、可能出现的障碍、解决的办法等一系列问题,在心里预演一遍,直至滚瓜烂熟、如数家珍;另外,与陌生人接触以前,可以阅读有关材料,听介绍,看影片、录像等,这样"知己知彼",与公众交谈时就会踏实、自然、轻松自如、情绪稳定、侃侃而谈了。

③ 嫉妒心理。古人把嫉妒这一消极心理状态视若"灾星"。嫉妒古已有之,"既生瑜,何生亮"的故事就是突出的一例。三国时期,周瑜面对诸葛亮的足智多谋和超人的军事才能,没有把嫉妒之情化为自己奋起的雄心,而是将熊熊的烈火喷射出来,伤害他人,屡屡失策,终于在"既生瑜,何生亮"的悲鸣中倒下,断送了自己的宏伟业绩。简单地说,嫉妒心理就是当个人的愿望得不到满足时对造成这种不满足的原因的一种怨恨行为。嫉妒心理是社交的大敌,它打击别人,贻误自己,腐蚀风气;以损人开始,以害己告终。由于嫉妒心理的作祟,一定范围内的人际关系可能因此而失去和谐,变得紧张起来。

在人际沟通过程中,嫉妒心理主要表现在三个方面:一是嫉妒他人利益上的满足;二是嫉妒他人各方面的进步;三是嫉妒他人的独创与改革。在嫉妒心理作用下,唯恐对方超过自己,因此,采用消极保守的方法对待对方,人为地阻止了相互间交往关系的发展。

怎样克服嫉妒心理呢?一要心胸开阔。加强个人思想品质的修养,驱除以自我为中心的团体主义和个人主义,努力使自己成为胸怀宽阔、心底无私的人,"大肚能容,容天下难容之事",显现出具有"大家风度"的社交风范,以胸阔之海淹没嫉妒之舟。二要端正认识。嫉妒心理的产生常常是因为一种错误的认识造成的,即你取得了成绩,便是说明我没有成绩;你成功了便是对我的威胁、对我利益的侵占。要注意摒弃这一不良认识。三要学会比较。善于从比较中学习别人的长处,从而克服自己的短处,而不是以己之长比人之短。四要自我反省。嫉妒时常在我们不知不觉中产生,故时常反省一下,看看自己是否染上不良情绪,是大有好处的。如果你能够意识到自己在嫉妒,你就会控制或消除这种处于萌芽状态的情绪。

2) 文化障碍

文化障碍是人们由于言语谈话、举止行为、风俗习惯等不同,在相互沟通时所产生的各种分歧和冲突。随着世界性市场的形成,人们在沟通中十分重视文化因素,因为正如美国的《公共关系手册》所指出的那样:"对外关系的交恶,十有八九不是出于利益的冲突,而是语言文化、传统等方面的隔阂。"文化障碍包括如下方面。

(1) 语言障碍。人与人之间的信息沟通主要是借助语言来进行的(包括口头语言和书面语言),而语言只是作为交流思想的工具,它并不是思想本身,它只是用以表达思想的符号系统。由于人们的语言修养不同、表达能力不同,对同一种思想观念或事物,有的表达得很清楚,有的表达得不清楚。同样,对同一组信息,有人听后马上理解了,有人听来听去不知其所以然;有人听后做这样的解释,有人听后又做那样的解释。用语言,特别是用各种不同的语言或者文字表达思想、表达事物,往往产生听不懂、曲解或断章取义的现象,形成语言障碍。例如,一位非洲国家的朋友准备入住中国民航的一家宾馆,用法语要求住一个单间客房,并说"我是部长"。我们的服务员只懂几句常用的法语,对"我是部长"这一关键的词语不熟悉,因而闹得很不愉快。可见,不同国度、不同民族之间的沟通会遇到语言上的障碍。实际上,在同一国度里的同一民族,因地区的不同造成语音、语义的不同,也往往使人备尝语音、语言不通之苦。侯宝林说的相声中有过这样的描述:外地人到上海理发店理发,理发师说要"打打头"(理发的意思),把顾客弄得莫名其妙,从而闹出笑话。

 相关链接

灾难性差错

第二次世界大战后期,日本的败局已定。1945年的7月26日《波茨坦公告》发表,日本当局一看盟方提出的投降条件比他们原先想象得要宽大得多,便高兴地决定把公告分发各报刊登载。7月28日铃木首相接见新闻界人士,在会上公开表示他将予以考虑同盟国的最后通牒。可惜日文中对应的词选得非常不好。首相原意是说他的内阁准备对最后通牒"予以考虑",可是他选的词还有一个意思,就是"置之不理"。事也凑巧,日本的对外广播机构恰恰选中了这个词的第二个意思并译成对应的英语词语"take no notice of"。此条消息一经播出,全世界都听到了日本已拒绝考虑最后通牒,而不是正在考虑接受。消息播出后,美方认为日本拒绝公告要求,便决定予以惩罚。

8月6日,美军在广岛投下了威力巨大的原子弹。这真是一场灾难性差错。

(资料来源:佚名.首相出错[EB/OL].[2010-06-08]. http://www.chinadaily.com.cn/hqjs/2010-06/08/content_9953114.htm.)

要克服语言障碍,必须注意以下"三忌"。一忌夸夸其谈。不分对象、不分场合的夸夸其谈,极易造成语言障碍。二忌涉及敏感话题。对男士不问收入,对女士不问年龄。向公众提出敏感话题,极易造成对方的不快,甚至中止交谈。三忌一知半解,特别是用外语。日本前首相森喜朗的英语水平不高,他在接见来访的美国前总统克林顿时闹出了笑话。森喜朗与克林顿相见时,他马上向克林顿问好:"How are you?"(你好!)结果由于他蹩脚的发音说成了"Who are you?"(你是谁?),克林顿不禁一愣,以为这是森喜朗的幽默,就也幽默地说:"I'm Hilary's husband."(我是希拉里的丈夫),但是森喜朗的英语听力较差,他不假思索地回答:"Me too."(我也是),真是南辕北辙,令人大跌眼镜。

有些人不懂外语词语的背景和使用场合,随便拿来就用,很容易造成误解。例如,法国巴黎某服装店在门口用英文写道:"Have a fit."(请进来大发脾气)其实这不过是想请顾客进店试穿一下,但由于对英语一知半解,所以生造了这个句子,句子意思就变成"大发脾气"了。

(2)观念障碍。观念属于思想范畴,由一定的经验和知识积累演化而成,是一定社会条件下人们接受、信奉并用以指导自己行动的理论和观点。不同年龄、不同阅历、不同社会背景的人,会有不同的观念,这种观念上的差异会成为他们之间沟通的障碍。例如,青

年人认为老年人保守僵化,老年人认为青年人幼稚轻浮;售货员认为自己的职业是"伺候"顾客、低人三分,顾客认为拿钱买货理应被"伺候"。

怎样克服观念障碍呢?一要了解他人的思想观念,正视分歧,然后再设法加强沟通,改变公众的思想观念;二要从自身角度消除一些消极的跟不上时代潮流的旧的思想观念,如封闭观念、极端观念等;三要克服思想僵化、故步自封的毛病,善于接纳进步的新观念;四要多站在沟通对象的立场上考虑问题,如要消除组织公共关系人员在与公众沟通时,报喜不报忧,夸大成绩,缩小缺点,维护组织利益的褊狭观念,可开展"假如我是一名顾客(公众)"的活动,通过角色互换来消除双方的交往障碍。

(3) 习俗障碍。习俗即风俗习惯,是在一定文化历史背景下形成的具有固定特别的调整人际关系的社会因素,如礼节方式、审美传统等。习俗世代相传,是经过长期重复出现而约定俗成的习惯法,虽然不具有法律的强制力,但对人们的行为和思想有相当大的约束和影响作用,不可忽视。

忽视习俗因素往往会造成误解,导致沟通失败,甚至会使沟通对象大受伤害,再也不愿往来。曾有这样一件事:一天,6位外国海员来北京某饭店用餐。海员们胃口很好,豪饮之际,那一盘盘端上来的菜肴如风卷残云,被一扫而空。唯有那条大黄鱼,只吃了上面的一半,下面的一半却没动。笑盈盈的服务员小姐见此情景,便热情地拿起公筷,把鱼翻了过来。想不到这几位海员勃然大怒,把筷子一摔,离席而去。这位服务员小姐一片好心,为什么反而触怒了海员呢?原来,海员长年在海上工作,最担心的是翻船,而把鱼翻个身,"翻"这个动作是他们最忌讳的。"忌讳"也是风俗习惯的一个部分。

怎样克服习俗障碍呢?一要知俗。在与各类沟通对象,尤其是同外国人打交道,营销产品时要注意了解他们的社会文化环境,了解其民情风俗、生活习惯、兴趣爱好、忌讳、节日等,掌握沟通对象的这些信息,使自己成为适应不同风俗的行家里手。二要随俗。当与沟通对象,特别是外地、外国人交往时,要尊重服从其特有的风俗习惯,做到入乡随俗,切不可把自己的习俗作为通行标准,强加于人。入乡随俗是对沟通对象的尊重,一定会赢得其好感的。

(4) 文化程度障碍。沟通双方的受教育程度、经验水平、文化素质和文明程度差距过大,信息接收者对信息的内涵不理解或不接受,也会造成沟通障碍。

秀才买柴

有一个秀才去买柴,他对卖柴的人说:"荷薪者过来!"卖柴的人听不懂"荷薪者(担柴的人)"三个字,但是听得懂"过来"两个字,于是把柴担到秀才面前。秀才问他:"其价如何?"卖柴的人听不大懂这句话,但是听得懂"价"这个字,于是告诉秀才价钱。秀才接着说:"外实而内虚,烟多而焰少,请损之(你的木柴质量不好,燃烧起来会浓烟多而火焰小,请减些价钱吧)。"卖柴的人因为听不懂秀才的话,于是就担着柴走了。

(资料来源:莫林虎.商务交流[M].3版.北京:中国人民大学出版社,2018.)

3) 社会障碍

社会系统方面的沟通障碍因素很多,这里主要探讨一下空间距离和组织结构,因为它们在诸多社会系统方面的交往障碍因素中是最主要的。

(1) 空间距离障碍。发送者与接收者空间距离过远、中间环节过多,就有可能使信息失真或被歪曲;传递工具不灵,通信设备落后,造成接收者不了解信息内容的思想观念;信息在传递过程中还会受到自然界各种物理噪声的干扰,更加重了沟通障碍。

怎样消除空间距离障碍呢?一要缩短距离。一方面从缩短物理距离入手,尽可能地与沟通对象面对面地沟通,从而减少空间距离障碍;另一方面从心理距离入手,运用各种媒介,表达情意,打动沟通对象。如有的企业公关人员每到新年到来或客户过生日时都寄贺卡,以示祝贺,这就缩短了双方的心理距离。二要改善信息交流工具,实现信息传递的现代化。随着社会的发展,人们会不断改善交流工具,开辟新的沟通渠道。如:对讲机、声像电话、录音邮件、各种信息机构的建立,以及航空、航海、铁路、公路交通事业的发展,为人们进行远距离交往提供了方便。

(2) 组织结构障碍。组织结构障碍主要表现在以下几个方面。

① 传递层次过多造成信息失真。让我们看一个有名的故事。

据说历史上某部队一次命令传递的过程是这样的。

- 少校对值班军官:今晚8点左右,哈雷彗星将可能在这个地区看见,这种彗星每隔76年才能看见一次。命令所有士兵穿野战服在操场上集合,我将向他们解释这一罕见的现象。如果下雨就在礼堂集合,我会给他们放一部关于彗星的影片。
- 值班军官对上尉:根据少校的命令,今晚8点,76年出现一次的哈雷彗星将在操场上空出现。如果下雨,就让士兵穿着野战服列队前往礼堂,这一罕见现象将在那里出现。
- 上尉对中尉:根据少校的命令,今晚8点,非凡的哈雷彗星将身穿野战服在礼堂出现。如果操场上有雨,少校将下达另一个命令,这种命令每隔76年才出现一次。
- 中尉对上士:今晚8点,少校将带着哈雷彗星在礼堂出现,这是每隔76年才有的事。如果下雨,少校将命令彗星穿上野战服到操场上去。
- 上士对士兵:在今晚8点下雨的时候,著名的76岁的哈雷将军将在少校的陪同下,身着野战服,开着他那"彗星"牌汽车,经过操场前往礼堂。

经过五次传递,少校的命令已经变得面目全非,信息失真率达到90%以上。同理,如果组织结构庞杂、内部层次过多,每经过一个层次,往往就会产生差异,使信息失真或流失,积累起来,便会对沟通效果带来很大影响。

② 沟通渠道单一造成信息量不足。这种沟通中的组织障碍主要是指信息的传递基本上是单向的——上情下达。组织结构的安排不大便于从下往上提建议、商讨问题,因而送到决策层的信息量明显不足。

③ 机构臃肿造成沟通缓慢。市场竞争要求组织迅速决策,迅速占领市场,而机构臃肿却造成组织与沟通对象沟通慢,极不适应市场经济的要求。

消除组织结构方面的沟通障碍,对于形成健康的社会舆论和风尚具有重要作用。我们应从自身做起,从每件小事做起,为消除组织结构方面的障碍做出脚踏实地的努力。

(3) 社会角色障碍。这包括社会地位不同造成的障碍、社会角色不同造成的障碍、年龄差异造成的障碍和性别差异造成的障碍。

① 社会地位不同造成的障碍。居高位、掌实权者如果官僚主义作风严重,下属就会敬而远之,由此便阻塞了上下沟通的渠道。克服社会地位障碍的有效方法是发扬民主,干群广泛接触,经常对话,相互听取意见。

② 社会角色不同造成的障碍。在管理过程中,如果管理者不能以平等的态度对待下属和同事,总喜欢用教训人的口吻与下属和同事说话,那么他与下属和同事之间就会产生隔阂,导致管理沟通的障碍。解决的办法是管理者发扬民主作风,对下属和同事要尊重,有事一起商量,共同寻求解决问题的途径,这样才能达到有效沟通。

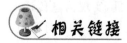

一次武断专横的交流

老板:"这项工作你到现在都没有完成?"
雇员:"我一直都在想办法,只是……"
老板:"不要强调客观原因,耽误工作造成的损失,从你本月的薪水中扣除!"
雇员:"对不起,老板,我尽快吧。"

这里老板借助他的社会地位优势在交流中貌似占据了有利地位,但实际上这次武断专横的交流,使双方都失去了开诚布公地探讨工作中出现的问题和寻求较好解决方案的机会。老板最后以扣薪水作为威胁,从完工时效上可能会有一定的督导效果,但从人性化管理的角度看,却大大打击了雇员的积极性和忠诚度,很可能导致这项工作仓促敷衍了事,影响了工作的内在质量和实际效果。

(资料来源:莫林虎.商务交流[M].北京:中国人民大学出版社,2008.)

③ 年龄差异造成的障碍。年龄是人的阅历的体现和反映,是时代的年轮和缩影。由于不同年龄的人所处的时代不同、环境不同,这就决定了每个年龄段的人无不带着所处时代的烙印,因此其思想观点、行为习惯甚至世界观也有所差别,这正是人们所说的"代沟"。可以说,在不同的年龄阶段,"代沟"是人际沟通的主要障碍。

④ 性别差异造成的障碍。由于性别的差异,男性和女性有着不同的语言表达方式和习惯。有研究表明:男性通过交谈来强调自己的身份;而女性通过交谈来改善人际关系。也就是说,男性的说和听是一种表达独立意识的行为;而女性的说和听是一种表示亲密的行为。因此,对于许多男性而言,交谈主要是保持个体独立和维持社会等级秩序与身份;而对于许多女性来说,交谈则是为了亲近而进行的活动,女性通过交谈寻求认同和支持。例如,男性经常会抱怨女性一遍又一遍地谈论她们的困难;女性则批评男性没有耐心听她们说。实际情况是,当男性听女性谈到问题和困难时,他们总是希望通过提供解决方案来表现他们的独立和对问题的控制。相反,女性则将谈论困难看作是拉近彼此距离的一种方法。女性谈到困难是为了获得支持和理解,而不是想听取男性的建议。

7. 克服人际沟通障碍的策略和技巧

尽管在人际沟通中会遇到各种各样的障碍,但只要人们树立正确的沟通理念,采用科学的沟通渠道和方法,就能克服沟通中的障碍,实现有效沟通。具体来说,克服人际沟通障碍的总体策略与技巧主要有以下几种。

（1）明确沟通目的。沟通双方在沟通之前必须弄清楚沟通的真正目的是什么，动机是什么，要对方理解什么。确定沟通目标，沟通内容就容易理解和规划了。

（2）保持积极的态度。态度对人的行为具有非常重要的影响。在人际沟通中要尽可能保持乐观、积极、向上的态度，避免消极、悲观的态度，在沟通中保持平和的心态，这样才能达到沟通的预期效果。

（3）尊重别人的观点和意见。在沟通中，无论自己是否同意对方的意见和观点，都要学会尊重对方，给对方说出意见的权利，同时将自己的观点更有效地与对方进行交换。

（4）坚持实事求是，以理服人。在人际沟通过程中，不仅说话办事要实事求是，言论行为也要符合社会规范，相处交往要体谅他人。与人交往发生矛盾时，最好的办法是避开对方最有力攻击，寻找对方薄弱环节有理有力地进行反击，以理服人。如果与人交往中发现自己确实错了，切不可强词夺理，不妨主动认错，赔礼道歉，这样显得诚恳而又豁达，更易赢得别人的谅解、同情和赞许。

（5）以情动人。在人际沟通中要善于驾驭自己的感情，根据不同的人、事以及环境、气氛，恰当地、情真意切地表达自己的喜、怒、哀、乐，以打动对方。只有真正的感情才具有力量，才能够感染和打动人。

（6）正确地运用语言。在人际沟通过程中，语言是必不可少的工具。正确地运用语言，选词造句准确恰当，中心鲜明突出，逻辑思维严密，语言流畅，语气语调依人依事合理选择，恰到好处，就能够保证人际沟通获得更大的成功。

（7）保持积极健康的心态，进行换位思考。在人际交往过程中，做到"己所不欲，勿施于人"，经常进行心理换位。同时，还要保持良好的心态，积极主动与他人进行沟通，做到不卑不亢、平等真诚，这样才能避免自卑和自负造成的沟通障碍，赢得他人的尊重。

（8）用非言语信息打动人。非言语信息往往比语言信息更能打动人。因此，如果你是发送者，你必须确保发出的非语言信息能够强化语言的作用。如果你是接收者，则要密切注意对方的非语言信息的提示，以便全面理解对方的意思、情感。

（9）选择恰当的时间和地点进行沟通。一定要选择对方清醒的时间传递信息，并且传递信息时有张有弛，疏密得当，让接收信息的人感到轻松愉快；在地点上，要尽量减少干扰因素，使沟通双方感到轻松自然。

（10）针对沟通对象进行沟通。发送者要根据接收者的心理特征、知识背景等状况，调整自己的谈话方式和措辞，要避免以自己的职务、地位、身份为基础去进行沟通。

小训练

请同学们自我检查一下，你在与同学、老师或朋友的沟通过程中，自身存在的沟通问题有哪些？与同桌交流，并互相商讨一下解决的策略。

案例分析

1. 杨瑞该怎么办

杨瑞是一个典型的北方姑娘，在她身上可以明显地感受到北方人的热情和直率，她非常坦诚,有什么说什么,总是愿意把自己的想法说出来和大家一起讨论。正是因为这个特点,她在上学期间很受老师和同学的欢迎。今年,杨瑞从西安某大学的人力资源管理专业毕业,她认为,经过四年的学习,自己不但掌握了扎实的人力资源管理专业知识,而且具备了较强的人际沟通技能,因此她对自己的未来期望很高。为了实现自己的梦想,她毅然只身去广州求职。

经过一个月的多次投简历和面试,在权衡了多种因素的情况下,杨瑞最终决定去东莞市的一家研究生产食品添加剂的公司。她之所以选择了这家公司,是因为该公司规模适中、发展速度很快,最重要的是该公司人力资源管理工作还处于尝试阶段。如果杨瑞加入,她将是人力资源部的第一个人,因此她认为自己施展能力的空间很大。但是到公司实习一个星期后,杨瑞就陷入了困境。

原来该公司是一个典型的小型家族企业,企业中的关键职位基本上都是由老板的亲属担任,其中充满了各种裙带关系。尤其是管理者给杨瑞安排了他的大儿子做杨瑞的临时上级,而这个人主要负责公司的研发工作,根本没有管理理念,更不用说人力资源管理理念。在他的眼里,只有技术最重要,公司只要能赚钱,其他的一切都无所谓。但是杨瑞认为越是这样就越有自己发挥能力的空间,因此在到该公司的第五天杨瑞拿着自己的建议书走向了直接上级的办公室。

"王经理,我到公司已经快一个星期了,我有一些想法想和您谈谈,您有时间吗?"杨瑞走到经理办公桌前说。

"来来来,小杨,本来早就应该和你谈谈了,只是最近一直扎在实验室里就把这件事忘了。"

"王经理,对于一个企业尤其是处于上升阶段的企业来说,要持续企业的发展必须在管理上狠下功夫。我来公司已经快一个星期了,据我目前的了解,我认为公司主要的问题在于职责界定不清;雇员的自主权太小,致使员工觉得公司对他们缺乏信任;员工薪酬结构和水平的制定随意性较强,缺乏科学合理的基础,因此薪酬的公平性和激励性都较低。"杨瑞按照自己事先所列的提纲开始逐条向王经理叙述。

王经理微微皱了一下眉头说:"你说的这些问题我们公司也确实存在,但是你必须承认一个事实——我们公司在赢利,这就说明我们公司目前实行的体制有它的合理性。"

"可是,眼前的发展并不等于将来也可以发展,许多家族企业都是败在管理上。"

"好了,那你有具体的方案吗?"

"目前还没有,这些还只是我的一点想法而已,但是如果得到您的支持,我想方案只是时间的问题。"

"那你先回去做方案,把你的材料放这儿,我先看看然后给你答复。"王经理说完,注意力又转回到了研究报告上。

杨瑞此时真切地感受到不被认可的失落,她似乎已经预测到自己第一次提建议的结局。

果然,杨瑞的建议书石沉大海,王经理好像完全不记得建议书的事。杨瑞陷入了困惑之中,她不知道自己是应该继续和上级沟通,还是干脆放弃这份工作并另找一个发展空间。

(资料来源:佚名.管理沟通案例分析[EB/OL].[2019-11-17]. https://wenku.baidu.com/view/ae0d92b415791711cc7931b765ce050876327590.html.)

【思考与讨论】

（1）杨瑞沟通失败的原因是什么？

（2）杨瑞到底应该怎么办？请你帮她出出主意。

（3）请写下你从本案例中获得的启示，并上传至群共享。

2. 拿破仑·希尔亲身经历的故事

拿破仑·希尔叙述过一个自己的亲身经历。

有一天，有位老妇人来到我的办公室，送进来她的名片，并且传话，她一定要见到我本人。我的几位秘书虽然多方试探，却无法诱使她露出她来访的目的及性质。因此，我认为，她一定是位可怜的老妇人，想要向我营销一本书。同时，我想起了母亲，也是一位女人，于是我决定到接待室去，买下她所营销的书；不管是什么书，我都决定买下来。

当我走出我的私人办公室，踏上步道时，这位老妇人——她站在通往会客室的栏杆外面——脸上开始露出了微笑。

我曾经见过许多人微笑，但从未见过有人笑得像这位老妇人这般甜蜜。

这是那种具有感染力的微笑，因为我受到她的精神影响，自己也开始微笑起来。

当我来到栏杆前时，这位老妇人伸出手来和我握手。一般来说，对于初次到我办公室访问的人，我一向不会对他太友善，因为如果我对他表现得太友善了，当他要求我从事我所不愿做的事情时，我将很难加以拒绝。

不过，这位亲切的老妇人看起来如此甜蜜、纯真和善良，因此，我也伸出手去。她开始握住我的手，这时我才发现，她不仅有迷人的笑容，而且还有一种神奇的握手方式。她很用力地握住我的手，但握得并不太紧。

她的这种握手方式向我的头脑传达了这项信息：她能和我握手，令她觉得十分荣幸。在我的公共服务生涯中，我曾经和数千人握过手，但我不记得有任何人像这位老妇人这般深通握手的艺术。当她的手一碰到我的手时，我可以感觉到我自己"失败"了。我知道，不管她这一次是要什么，她一定会得到，而且我会尽量帮助她达成这项目标。

换句话说，那个深入人心的微笑，以及那个温暖的握手，已经解除了我的武装，使我成为一个心甘情愿的聆听者。

这位老妇人十分从容，好像她拥有了整个宇宙一般（而我当时真的相信，她拥有这种力量）。她开始说："我到这儿来，只是要告诉你（接着，就是一个在我看来十分漫长的停顿），我认为你所从事的，是今天世界上任何人都比不上的最美好的工作。"她在说出每一个字时，都会温柔但紧紧地握一握我的手，用以强调。她在说话时，会望着我的眼睛，仿佛看穿了我的内心。

在我清醒之后（当时的样子仿佛昏倒了，这已经成为我办公室助手之间的一大笑话），立即伸手打开房门的小弹簧锁，说道："请进来，亲爱的女士，请到我的私人办公室来。"我像古代骑士那般殷勤而有礼地向她鞠躬，然后请她进去坐一坐。

在以后的45分钟内，我静静聆听了我以前从未听过的一次最聪明而又最迷人的谈话，而且都是我的这位客人在说话。从一开始她就占了先，而一路领先，直到她把话说完之前，我一直不想去打断她的话。

她一坐在那张大椅子上之后,立刻打开了她所携带的一个包裹,我以为是她准备向我营销的一本书。事实上确实是书,是我当时主编的一本杂志的合订本。她翻阅这些杂志,把她在书上做了记号的部分都一一念出来。同时,她又向我保证说,她一直相信,她所念的部分都有成功哲学的基础。

在她这次访问的最后3分钟内,在我处于一种完全被迷惑,而且能够彻底接受别人意见的状态下,她很巧妙地向我说明了她所营销的某些保险的优点。她并没有要求我购买,但是,她说明的方式,在我心理上造成了一种影响,驱使我主动想要购买。虽然我并未向她购买这些保险,但她仍然卖出了一部分保险。因为我拿起了电话,把她介绍给另一个人,结果她后来卖给这个人的保险金额,是她最初打算卖给我的保险金额的5倍。

(资料来源:拿破仑·希尔.成功魔梯:令财富进阶的17条魔力法则[M].长沙:湖南文艺出版社,2016.)

【思考与讨论】

(1) 拿破仑·希尔与老妇人的人际沟通成功吗?为什么?

(2) 请写下你从本案例中获得的启示,并上传至群共享。

3. 午餐

有一位叫培洛的美国人,曾是IBM排名第一的营销员,创造过17天完成全年销售任务的奇迹。后来培洛决定自己创业,公司叫作EDS。当公司发展到几万名员工后,他把这个公司以30亿美元的价格卖给了美国通用汽车公司。卖之前,美国通用汽车公司的总裁到培洛的EDS总部实地考察,他看了之后很满意。这位总裁对培洛说:"你的公司管理得不错,我们应该有很多合作的空间和机会。"到了午餐时间,他问培洛:"贵公司主席用餐的餐厅在哪里?"培洛说:"我们公司没有啊!"总裁问:"那贵公司有没有高级主管用餐区?"培洛说:"对不起,总裁,我们公司没有。"总裁问:"那我们今天中午怎么吃饭啊?"培洛说:"就排队跟员工一起吃自助餐好了。"美国通用汽车公司的总裁到了他即将收购的公司,连一个主管的餐厅都没有,还要排队吃自助餐?这位总裁觉得不可思议。排队取餐之后,他问培洛:"我们坐在哪里?"培洛说:"就跟员工一起坐呀!"于是那位总裁一边吃一边与员工聊天。吃到一半的时候,培洛说"我们换一张桌子吧。"这位通用汽车的总裁觉得更不可思议了。吃完之后,通用汽车的总裁说:"培洛呀,虽然你这个公司没有什么高级主管餐厅,但你公司的菜是我吃过的自助餐里最好的。"原来培洛在企业里天天排队吃自助餐,是在监督厨房;而他每餐中间换一桌跟基层的员工聊天,是为了时刻了解公司的营业状况。

(资料来源:佚名.商务沟通案例分析[EB/OL].[2020-05-27]. https://wenku.baidu.com/view/afd88b6985c24028915f804d2b160b4e767f81e0.html.)

【思考与讨论】

(1) 你同意培洛的做法吗?为什么?

(2) 请写下你从本案例中获得的启示,并上传至群共享。

4. 通天塔

《圣经》上说:人类的祖先最初讲的是同一种语言。他们在底格里斯河和幼发拉底河之间,发现了一块异常肥沃的土地,于是就在那里定居下来,修起城池,建造起繁华的巴比伦城。后来,日子越过越好,他们决定在巴比伦修一座通天的高塔,作为集合的标记,以免分散。因为大家语言相通,同心协力,通天塔修建得非常顺利。上帝耶和华得知此事,又惊又怒:因为上帝不允许凡人达到与自己同样的高度。他看到人类这样统一强大,心想,人类讲同样的语言,就能建起这样的巨塔,日后还有什么办不成的事情呢?于是,上帝决定让人世间的语言发生混乱,使人们相互言语不通。人们各自操起不同的语言,感情无法交流,思想很难统一,就难免出现互相猜疑、各执己见、争吵斗殴,这就是人类之间误解的开始。修造工程因语言纷争而停止,团队的力量消失了,通天塔也就半途而废了。

【思考与讨论】
(1) 请结合实际分析该寓言的含义。
(2) 请写下你从本案例中获得的启示,并上传至群共享。

实训项目

1. 测试:你是否是一个善于沟通的人

你是一个善于沟通的人吗?通过下面的测试,你会对自己的沟通能力有更深入的了解。
(1) 你刚刚跳槽到一个新单位,面对陌生的环境,你会怎样做?
    A. 主动向新同事了解单位的情况,并很快与新同事熟悉起来
    B. 先观察一段时间,逐渐接近与自己性格合得来的同事
    C. 不在意是否被新同事接受,只在业务上下功夫
(2) 你一个人随着旅游团去旅游,一路上你的表现是怎样的?
    A. 既不请人帮忙,也不和人搭话,自己照顾自己
    B. 游到兴致处才和别人交谈几句,但也只限于同性
    C. 和所有人说笑、谈论,也参与他们的游戏
(3) 因为你在工作中的突出表现,领导想把你调到你从未接触过的岗位,而这个岗位你并不喜欢,你会怎样做?
    A. 表明自己的态度,然后听从领导的安排
    B. 认为自己做不好,拒绝
    C. 欣然接受,有挑战才更有意义
(4) 你与爱人的性格爱好颇为不同,当产生矛盾的时候,你怎么做?
    A. 把问题暂且放在一边,寻找你们的共同点
    B. 妥协,假意服从爱人
    C. 非弄明白谁是谁非不可
(5) 假设你是一个部门的主管,你的下属中有两人因为不合常到你面前互说坏话,你怎样处理?
    A. 当着一个下属的面批评另一个下属
    B. 列举他们各自的长处,称赞他们,并说明这正是对方说的

C. 表示你不想听他们说这些,让他们回去做事

(6) 你认为对于青春期的子女的教育方式应该是怎样的?
　　A. 经常发出警告,请老师协助
　　B. 严加看管,限制交友,监听电话
　　C. 朋友式对待,把自己的过去讲给孩子听,让他自己判断,并找些书来给他看

(7) 你有一个依赖性很强的朋友,经常打电话与你聊天,当你没有时间陪他的时候,你会怎样做?
　　A. 问他是否有重要事,如没有,告诉他你现在正忙,回头再打给他
　　B. 马上告诉他你很忙,不能与他聊天
　　C. 干脆不接电话

(8) 因为一次小小的失误,在同事间产生了不好的影响,你怎么办?
　　A. 走人,不再看他们的脸色
　　B. 保持良好心态,寻找机会挽回影响
　　C. 自怨自艾,与同事疏远

(9) 有人告诉你某某说过你坏话,你会怎样做?
　　A. 从此处处提防他,不与他来往
　　B. 找他理论,同时揭他的短
　　C. 有则改之,无则加勉,如果觉得他的能力比你强,则主动与他交往

(10) 看到与你同龄的人都已小有成就,而你尚未有骄人业绩,你的心态如何?
　　A. 人的能力有限,我已做了最大努力,可以说问心无愧了
　　B. 我没有那样的机遇,否则……
　　C. 他们也没有什么真本领,不过是会溜须拍马

(11) 你虽然只是公司的一名普通员工,但你的责任心很强,你如何把自己的意见传达给最高领导?
　　A. 写一封匿名信给他
　　B. 借送公文的机会,把你的建议写成报告一起送去
　　C. 在全体员工大会上提出

(12) 在同学会上,你发现只有你还是个"白丁"(平民百姓),你的情绪会是怎样的?
　　A. 表面若无其事,实际心情不佳,兴趣全无
　　B. 并无改变,像来时一样兴致勃勃,甚至和同学谈起自己的宏伟计划
　　C. 一落千丈,只顾自己喝闷酒

(13) 在朋友的生日宴会上,你结识了朋友的同学,当你再次看见他时你会怎样做?
　　A. 匆匆打个招呼就过去了
　　B. 一张口就叫出他的名字,并热情地与之交谈
　　C. 聊了几句,并留下新的联系方式

(14) 你刚被聘为某部门的主管,你知道还有几个人关注着这个职位,上班第一天,你会怎样做?
　　A. 把问题记在心上,但立即投入工作,并开始认识每一个人

B. 忽略这个问题,让它消失在时间中
　　C. 与个别谈话,以确认关注这个职位的人
(15) 你和小王一同被领导请去吃饭,回来后你会怎样做?
　　A. 比较隐晦地和小王交流几句
　　B. 同小王热烈谈论吃饭时的情景
　　C. 绝口不谈,埋头工作

评分标准如表1-5所示。

表1-5　评分标准

选择	题号														
	1	2	3	4	5	6	7	8	9	10	11	12	13	14	15
A	2	0	1	2	0	1	2	0	1	2	0	1	0	2	1
B	1	1	0	1	2	0	1	2	0	1	2	2	2	1	0
C	0	2	2	0	1	2	0	1	2	0	1	0	1	0	2

下面进行结果分析。

0~10分:在与人沟通方面你还很欠缺,你基本上是个我行我素之人,即使在强调个性的今天,这也是不可取的。你性格太内向,这使你不能很好地与人沟通。在与人沟通的过程中,内向的性格是你的一大障碍,你应该在认识到自己的不足的同时尽量改变这种性格,跳出自己的小圈子,多与人接触,凡事看看别人的做法,这样,你就有希望成为一个受欢迎的人。

11~25分:你的沟通能力比上不足比下有余,再加把劲儿,就可以游刃有余地与人交流了。你的缺点是,做事追求完美,总希望问题能解决得两全其美,而实际是不可能的。不管别人,你就想这样。提高你的沟通能力的法宝是主动出击,这会使你在人际交往中赢得主动权,这样,你的沟通力自然会迈上一个新的台阶了。

26~30分:你可以大声地对别人说:与人沟通,我行。因为你知道如何表达自己的情感和思想,能够理解和支持别人,所以,无论是同事还是朋友,上级还是下级,你都能和他们保持良好的关系。但值得注意的是,你不可炫耀自己的这种沟通能力,否则会被人认为你是故意讨好别人,是虚伪的。尤其在不善于与人沟通的人面前,要隐而不要显,以真诚去打动别人,你的好人缘才会维持长久。

(资料来源:张文光.人际关系与沟通[M].2版.北京:机械工业出版社,2021.)

2. 技能训练

目的:体会沟通的方法有很多,当环境及条件受到限制时,你怎样去改变自己,用什么方法来解决问题。

形式:将全体学员分成14~16人一组。

类型:问题解决方法及沟通。

时间:30分钟。

材料：摄像机、眼罩及小贴纸。

场地：教室。

操作程序：

(1) 让每位学员戴上眼罩；

(2) 给他们每人一个号，但这个号只有本人知道；

(3) 让小组根据每人的号数，按从小到大的顺序排列出一条直线；

(4) 全过程不能说话，只要有人说话或摘下眼罩，游戏结束；

(5) 全过程录像，并在点评之前放给学员看。

【思考与讨论】

(1) 你是用什么方法来通知小组你的位置和号数的？

(2) 沟通中都遇到了什么问题？你是怎么解决这些问题的？

(3) 你觉得还有什么更好的方法？

(资料来源：惠亚爱.沟通技巧[M].2版.北京：人民邮电出版社,2013.)

3. 沟通游戏：找到合适的距离

游戏目的：让游戏者知道沟通应该需要合适的距离；使双方通过沟通确定他们的最佳距离。

游戏人数：10人。

游戏场地：不限。

游戏时间：30分钟。

游戏用具：无。

游戏步骤如下。

(1) 两人一组，让其面对面站着，间隔2米。让两个人一起向对方走去，直到其中有一方(如A)认为是比较合适的距离(即再往前走，他会觉得不舒服)再停下。

(2) 让小组中的另一个人(如B)继续往前走，直到他认为不舒服为止。

(3) 现在每个小组都至少有一个人觉得不舒服，事实上，也许两个人都不舒服，因为B觉得他侵入了A的舒适区，没有人愿意这样。

(4) 现在请所有人都回到座位上去，给大家讲解四级自信模式(见后面)。

(5) 将所有的小组重新召集起来，让他们按照刚才的站法站好，然后告诉A(不舒服的那一位)，现在他们进入自信模式的第一阶段，即很有礼貌地劝他的同伴离开他，例如："请你稍微站远一点好吗？这样让我觉得很不舒服！"注意，要尽可能地礼貌，面带微笑。

(6) 告诉类似B的人，他们的任务就是对类似A的人笑一笑，然后继续保持那个姿势，原地不动。

(7) 类似A的人中现在有很多人已经对他的搭档感到恼火了，他们进入第二级，有礼貌地重申他的界限，例如："很抱歉，但是我确实需要大一点的空间。"

(8) B仍然微笑不动。

(9) 现在告诉类似A的人，他们下面可以自由选择怎么做来达成目的，但是一定要依照四级自信模式。要有原则,但是要控制你的不满,尽量达成沟通和妥协。

(10) 如果你们已经完成了劝服的过程,就回到座位上。

下面介绍一下四级自信的模式。

第一级:通过有礼貌地提出请求,设定你个人的界限。你可以使用下面的表述:"你介意往后退一步吗?""我觉得我们距离有点近。"

第二级:有礼貌地再次重申你的界限或边界。你可以使用下面的表达:"很抱歉,我真的需要远一点的距离。"

第三级:描述不尊重你的界限的后果。你可以使用下面的表述:"这对我很重要,如果你不能往后退一点,我就不得不离开。"

第四级:实施结果。你可以使用下面的表述:"我明白,你选择不接受,正如我刚刚所说的,这意味着我将不得不离开。"

【思考与讨论】

(1) 当被人跨越到你的区域时,你是否会觉得很不舒服?如果别人不接受你的建议,你会有什么感觉?

(2) 是不是每一组的B都退到了让A满意的地步,是不是有些是A和B妥协以后的结果?

(3) 有多少人采用了全部的四级自信模式?有没有人只采用了一级,对方就让步了?有没有人直接使用了第四级或直接转身离开?

(资料来源:邹晓春.沟通能力培训全案[M].3版.北京:人民邮电出版社,2014.)

培训师语录:

只要大家心平气和地沟通,总会找到双方的合适距离。

人与人之间要保持合适的沟通距离,距离太远,不利于及时沟通和深入沟通;距离太近,会让人产生紧张和压迫感,影响沟通效果。

课后练习

(1) 沟通的内涵是什么?沟通有哪些种类?

(2) 人际沟通有何特点?人际沟通应遵循哪些原则?

(3) 你通过电子邮件联系国外的朋友,请你说出在这一沟通过程中沟通的各个要素是什么。

(4) 你认为跨国企业中,沟通最大的障碍来自哪里?为什么?

(5) 就你的组织而言,你认为目前存在着哪些沟通问题?应如何解决?

(6) 你认为以下关于沟通的描述正确吗?为什么?

① "沟通不是太难的事,我们每天不是都在做沟通吗?"

② "我告诉他了,所以我已和他沟通了。"

③"只有当我想要沟通的时候,才会有沟通。"

(7) 请回忆和分析自己沟通失败的例子,以书面的形式提交并复印十份,同学之间相互传看、借鉴交流。要求:

① 具体描绘那次沟通事件的情景;

② 逐条分析导致沟通不成功的原因;

③ 指出学习本任务内容后,自己以前遇到的事该怎样做才会取得好的沟通效果。

(8) 阅读以下文字,然后回答问题。

黑色幽默

有三个人要被关进监狱三年,监狱长允许他们三个人每人提一个要求。

美国人爱抽雪茄,要了三箱雪茄。

法国人最浪漫,要一个美丽的女子相伴。

而犹太人说,他要一部与外界沟通的电话。

三年过后,第一个冲出来的是美国人,嘴里及鼻孔里塞满了雪茄,大喊道:"给我火,给我火!"原来他忘了要火了。

接着出来的是法国人。只见他手里抱着一个小孩,那个美丽的女子手里拉着一个小孩,肚子里还怀着第三个。

最后出来的是一位犹太人,他紧紧握住监狱长的手说:"这三年来我每天与外界联系,我的生意不但没有停顿,反而增长了200%。为了表示感谢,我送你一辆劳斯莱斯!"

【思考与讨论】

三个囚犯的不同结果说明了什么?

任务2 语言沟通

谈话,和作文一样,有主题,有腹稿,有头尾,不可语无伦次。

——梁实秋

 课程思政要求

- 进行社会主义核心价值观教育。
- 进行爱国主义教育。
- 开展诚信教育、法律意识教育和道德意识教育。
- 塑造职业形象,提高职业素养。
- 促进学生全面发展。

 学习目标

- 明确有声语言的特性和要求。
- 能够运用语言沟通的基本原则开展人际沟通。
- 熟练掌握并运用语言沟通的技巧。
- 能够以良好的声音质量进行人际沟通。

案例导入

妙 答

在南朝时期,齐高帝曾与当时的书法家王僧虔一起研习书法。有一次,高帝突然问王僧虔说:"咱们俩谁的字更好?"这问题比较难回答,说高帝的字比自己的好,是违心之言;说高帝的字不如自己,又会使高帝的面子挂不住,弄不好还会将君臣之间的关系弄得很糟糕。王僧虔的回答很巧妙:"我的字臣中最好,您的字君中最好。"皇帝就那么几个,而臣子却不计其数,王僧虔的言外之意是很清楚的。高帝领悟了其中的言外之意,哈哈一笑,也就作罢,不再提这事了。在人际沟通中,有时候运用委婉的说法能更容易或更好地达到目的。

(资料来源:许玲.人际沟通与交流[M].3版.北京:清华大学出版社,2013.)

2.1 有声语言：语言沟通的重要方式

1. 有声语言的特性

有声语言是用语音表达或接受思想、感情，以说、听为形式的口头语言。从语言运用看，有声语言在传情达意的过程中最直接、最普遍、最常用。有声语言具有如下特性。

（1）有声性。有声语言是靠语音来表情达意的，其中各个语言单位均有声音。有声语言根据表达的需要对声音的高低、升降、快慢做语调变化。有声性是有声语言的本质属性。

（2）自然性。有声语言通俗、平易、自然。它保留了生活中许多语音、词汇和语法现象，如方言、俚语、俗语、儿话、象声、叠音等词汇以及省略、易位现象，表达时生动、自然。

（3）直接性。有声语言的传达和交流以面对面为主要形式，信息传递直接、快捷。有声语言还以丰富的态势语和类语言来支配，使之更完美。

（4）即时性。有声语言突发性、现场性强，现想现说，可舒缓，可急迫，可重复，可更正，可补充。

（5）灵活性。有声语言的表达可根据所处的语言环境随时调整、变化。表达者在不同的地点、场合，面对不同的任务对象，对谈论的话题、选择的角度、切入的深度等都可以随机应变。

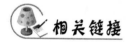相关链接

恰当的语言

法国皇帝路易十四的御用画师雷布洪在为路易十四画像时，路易十四突然问他："你看我是不是老了？"雷布洪不愿说谎，也不宜说真话，于是他婉转地说："陛下额上不过多了几道胜利的痕迹而已。"

敢讲真话是一种精神，而会讲真话则是一种智慧。雷布洪用"胜利的痕迹"代表皱纹，表示"老了"，让对方不但接受，而且很满意。

（资料来源：佚名. 言语交际［EB/OL］.［2014-07-01］. https://wenku.baidu.com/view/4b3d5faa910ef12d2bf9e711.html.）

2. 有声语言的基本要求

有声语言表达的目的是实现人与人之间思想和感情的交流，表达者都希望对方能明白、理解和接受自己的意思。这就要求有声语言要符合口语表达的基本要求。

（1）准确流畅。说出的有声语言如果词不达意、前言不搭后语，很容易被人误解，达不到交际的目的。因此在表达思想感情时，应做到口音标准、吐字清晰，说出的语句应符合规范，避免使用似是而非的语言。应去掉过多的口头语，以免语句割断；语句停顿要准确，思路要清晰，谈话要缓急有度，从而使交流活动畅通无阻。语言准确流畅还表现在让人听懂，因此言谈时尽量不用书面语或专业术语，因为这样的谈吐让人感到太正规、受拘

束或是理解困难。

（2）词汇丰富。要想把话说好说贴切，充分发挥有声语言的表意功能，还要有丰富的词汇储备，只有在这个基础上才能精心选择最确切、最恰当的词汇，正确地反映客观事物，真切地表达自己的思想感情。为此就要努力学习词汇，掌握丰富的词汇以及成语、格言、歇后语、惯用语、谚语等，并以它们为原料，根据不同场合的需要，精心加以选用，增强说话的艺术效果。试想一说起话来就没词，颠来倒去就是那几句话，没有一点生动活泼的语言，难免让人觉得枯燥无味，味同嚼蜡。

（3）清亮圆润。有声语言音色优美，如黄莺般清亮、朝露般晶莹圆润，善于变化，富有磁性，富有艺术魅力，令人心情舒畅。这是针对有声语言运用提出的进一步要求，是使日常用语艺术化，从而达到最佳的表达效果。为此首先要注意声音的情感变化，说话内容庄重，应用严肃的声音；内容平和，应用舒缓的声音；情感悲切，应用沉郁的声音；情感亢奋，应用高亢的声音；情感急骤，应用短音；情感惬意时，则用长音。其次要自觉克服大喊大叫、漏气、带有喉音、鼻音太重和发音抖动等毛病，正确使用呼吸器官和共鸣腔，加强对声音的控制能力，使呼吸、声带闭合与咬字协调起来，从而达到声音和谐、适度、清亮、圆润的目的。

（4）热情自然。热情是对表达内容的兴奋之情或激情，使声音听起来富有表现力。表现力是热情的最大的信号，通过改变音高、音量、语速等使声音与语言内容、思想情感相吻合，使听众更容易理解，哪怕是表达者语义上的细微差别。而完全缺乏热情则会造成声音单调，这会使交流的气氛沉闷压抑，使听众昏昏欲睡。热情的声音就好像是一盆火，听众即使是一块冰也会被烤融化。自然意味着当我们在讲话时对语言的内容和意图要有回应，使语言富有活力、真实。要想做到声音自然，对语言内容的熟悉非常重要，还有不要死记硬背语言内容，要学会自然地表述语言内容，使它听起来好像讲话者在用心考虑语言内容和他的听众。"宁要自然的雅拙，也不要做作的乖巧。"卡耐基认为，演讲时声音自然，才能把意念表达得更为清楚，更为生动；否则，难以引起听众的共鸣。

2.2 语言沟通的基本原则

语言沟通的基本原则是人际交往活动中运用语言表情达意、进行信息交流时所必须遵循的准则，它贯穿于交际语言运用的一切方面和每个过程的始终，是一种制约性的因素。在人际交往过程中，只有自觉遵守语言交际原则，才能有效地增加语言交际信息的传递量，融洽人与人之间的关系；反之，如果背离了这些原则，就会削弱甚至破坏交际语言传播的效果，难以达到人际交往的目的。归纳起来，语言沟通的基本原则主要有以下几个方面。

1. 礼貌待人

礼貌是对他人尊重的情感外露，是谈话双方心心相印的导线。人们对礼貌的感知十分敏锐。有时，即使是一个简单的"您""请"字，都可以让他人感到一种温暖和亲切。在人际交往中，可以从以下几个层次达到礼貌待人、沟通情感的目的。

（1）语言表达要满足交际对象对自尊的需求。其目的在于利用礼貌文明的语言艺术与技巧，达到快速消除隔阂、沟通感情、拉近距离的作用。在人际交往中，初次见面的恰当称呼，寒暄中的礼貌用语，交谈中的言语分寸，分别时的告别祝词等，都应当体现出尊重对方的主观意向。

在词语的选用方面，使用得体的敬辞和谦辞可以体现出对他人的尊重，也是一个人有教养的重要表现。比如，与客人初次见面时说"您好"；与客人久别重逢时说"久违了"。求人解答问题时说"请教"；请人协助时说"劳驾"；要帮助别人时说"我能为您做些什么"；看望别人时说"拜访"；等候别人时说"恭候"；陪伴别人时说"奉陪"；不能陪客人时说"失陪"；有事找人商量时说"打扰"；让人不要远送时说"请留步"；表示歉意时说"抱歉"；表示感谢时说"谢谢"。像"后会有期""祝您好运""一路顺风""万事如意"等告别用语也都体现出对他人的尊重。

（2）要根据具体环境选择使用富有亲和力的词语，拉近彼此的交往距离，沟通相互之间的情感，使与交际对象的合作成为可能。在人际交往中，渴望受到尊重是每个人的基本心理需求，你想要得到他人的尊重，自己先要善于主动接近对方，缩短人际距离，沟通相互情感。其实，做到尊重别人并不难，有时只需一个微笑、一句问候、一声敬称、一对善于倾听的耳朵，就会给别人的心情带来阳光和温暖，当然也会为您自己带来真挚的友谊与和谐的交际。

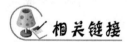 相关链接

祝您生日快乐

美国有位著名的女企业家，想在24岁生日那天为自己购买一辆福特牌小轿车。当她向福特轿车经销店的售货员询问轿车情况时，售货员见她衣着普通，认定她无意购买，便随意应付几句，又借口用午餐离去。女企业家只得出门闲逛，准备等售货员用完午餐后再登门。在闲逛时，她发现在附近另有一家轿车经销店，就顺便入内询问。这家经销店的售货员十分热情，不仅认真解答她的询问，还和她聊天及拉家常。当得知她是为自己24岁生日购买轿车后，又非常客气地请她稍等片刻。出门不一会儿，这位售货员拿着一束玫瑰花回来，真诚地说："您好，您在生日之际光临本店，是本店的荣誉，我代表本店赠您一束玫瑰花，祝您生日快乐！"这位女企业家十分感动，在进一步询问了该店经销的轿车的类别、性能后，用稍高的价格购买了一辆该经销店的轿车。不久，她周围的许多朋友也在她的推荐下购买了这家经销店的轿车。

（资料来源：佚名.商务礼仪［EB/OL］.［2017-08-08］. https://www.xuexila.com/liyi/shangwu/jianmian/2930640.html.）

（3）欣赏、赞美他人，说话人在语言交流过程中，要肯定他人的优点，尊重他人的人格，尽量减少对别人的贬损，增加对别人的赞誉。希望得到别人的注意和肯定，是人所共有的心理需求，而欣赏正是满足这种需求的一种交际方式。人际关系大师卡耐基说："避免嫌弃人的方法，那就是发现对方的长处。"因此，在交际中，我们应抱着欣赏的心态来对待每一个人，时时留心身边的人和事，多发现别人的优点和长处。赞美是欣赏的直接表

达。有道是"良言一句三冬暖",真诚的赞美不仅能激发人们积极的心理情绪,得到心理上的满足,而且可以给别人也给自己带来好心情,还能使被欣赏、被赞美的人产生一种交往的冲动。托尔斯泰说得好:"就是在最好的、最友善的、最单纯的人际关系中,称赞和赞许也是必要的,正如润滑油对轮子是必要的,可以使轮子转得快。"利用心理上的相悦性,要想获得良好的人际关系,就要学会不失时机地赞美别人。

2. 坦诚真挚

在语言交际中,说话人的感情直接影响表达的效果,也影响着听话人的理解和接受。待人真诚,给人以充分的信任,可以激励他人的工作热情,提高工作效率。其实,感情本身就是一种教育力量,最有效的手段是以情感人,以理服人。唯有入情入理、坦诚真挚、充满信任的话语,才能够深入人心,引起别人的共鸣,受到他人注意。人际交往中要做到坦诚真挚,需要注意以下方面。

(1)说真话,以坦诚的心取信于人。"言必信,行必果",这是沟通时收到良好谈话效果的重要前提。例如,深圳蛇口工业区负责人,在国外和一个财团谈判,由于对方自认为技术设备先进,漫天要价,使谈判陷入僵局。正在这时候,这个财团所在的商会请他去发表演说。他讲道:"中国是个文明古国。我们的祖先早在一千多年以前就将四大发明,指南针、造纸、印刷术和火药的生产技术,无条件贡献给人类。而他们的后代子孙,从来没有埋怨他们不要专利权是一种愚蠢的行为。相反,却称赞祖先为世界科学的进步做出了杰出贡献。现在,中国在与各国的经济活动中,并不要求各国无条件出让专利,只要价格合理,我们一个钱也不少给……"这番发自蛇口工业区负责人内心的讲话,在外国人心目中引起了巨大的震动和强烈的反响,他们的许多先进技术正是从中国导入的。蛇口工业区负责人的讲话,引起了与会者的热烈掌声,而且使谈判对手终于愿意降低专利费,双方达成了近3亿美元的合作项目。"心诚能使石开花",这段发自内心的讲话,借助历史事实,寓意深刻,语气直率,不仅没有因此影响到谈判合作项目的达成,反而让人们更深层地感受到了中国人的诚心与诚信,取得了谈判对手的理解与支持。

(2)感情真挚,态度诚恳。与人交流沟通中,诚恳而真挚的态度是语言交往目的得以实现的基础。"善大,莫过于诚",热诚的赞许与诚恳的批评,都能使彼此间愿意了解;信任、倾诉、交心,正如《庄子·渔父》中所说的"不精不诚,不能动人""真在内者,神动于外,是所以贵真也"。只要肯尊重对方的特殊能力,高度地给予信任和肯定,任何人都会乐于将其优点表现得淋漓尽致。如果你希望某人懂得自尊自爱,你就该率先表现出你对他的信任和尊重。

相关链接

陈毅妙答

新中国成立初期,陈毅任上海市市长时,一天他来到一家纺织业经理家里,笑道:"×老板,我冒昧来访,欢迎不?"这位老板正在为一件事发愁,就发起牢骚来,说:"陈市长,今天工会又来要我废除'搜身制'。不当家不知柴米贵。工人下班有抄身婆搜身,还经常

丢纱呢,如果取消搜身制度,纱厂还不被偷光!"陈毅品口茶道:"×老板,我在法国当过工人,那个工厂大得很,老板也比你厉害得多。厂子四周筑起高墙,拉上电网,还雇了一帮带枪的警察。对每个下班的工人,从头搜到脚,那过细的劲头,身上硬是一根针也藏不住。但结果呢?原料、零件还是大量丢失,为什么呢?老板把工人只当成会说话的工具。劳动很苦,工资很少,工人实在无法养家糊口。工厂赚了钱对工人毫无好处,他为什么不拿呢?现在中国不同,工人翻身当主人了,他们懂得工厂生产搞得好,新中国才能富强起来,工人才能改善待遇。你们虽然是私营企业,但也是新民主主义经济的一个组成部分,一样可以有利于国,有利于民。所以,依我之见,你应该在纺织业带个头,用我的办法试试看,废除搜身制,关心工人的利益,待工人如朋友、如兄弟,有困难多与他们商量着办,我相信眼前的困难会克服得顺利一点。"陈毅的这番语言,既替"老板"着想,又为工人撑腰。他的话以情动人,以理感人,从外国说到中国,从旧社会说到新社会,分析入情入理、客观具体,并给予对方充分的信任,收到了良好的谈话效果。

(资料来源:佚名.历史故事[EB/OL].[2020-05-13].https://lishi.7139.com/4871/07/111225.html.)

3. 平等友善

在人际交往中,我们不仅要尊重他人的人格、他人的个性习惯、他人的权力地位、他人的情感兴趣和隐私,还要尊重彼此存在的外显或内在的心理距离,要有人人平等、一视同仁的谈话态度,切忌给人居高临下、自以为是的印象。只有在人际交往中保持自尊而不盲目自大,受人尊敬而不傲慢骄横,才能得到对方对你个人、对你的组织甚至对你的国家的尊重,才能谈得上真诚合作、平等合作。例如:"演员是人民给养活的,有艺无德可对不住观众啊。"被誉为"平民艺术家"的赵丽蓉,在她所追求的艺术事业中,始终把"观众"放在首位,对来自他人的关爱之情,也常以自己真挚独特的谐趣表达出来。一次大年初一,中央电视台开招待酒会,每个参加者都得一个大西瓜。赵丽蓉一眼瞥见旁边的记者没有,便将自己的那个西瓜放在记者座位底下,说:"你大老远赶到北京来采访,不能在家里过年,这西瓜你就带回家去孝敬父母吧。"这实在真诚的语言比那些虚情假意的关怀更能打动人心。在她身上没有矫情、虚饰与浮躁,而是多了几分质朴、风趣与豁达。难怪她平等友善的态度和语言中的缕缕真情,至今仍令人难以忘怀。

在人际交往中,尽管人与人之间身份、地位等方面的情况可能不同,但是,交际双方在人格上是平等的,在心理上是对等的,平等是建立良好人际关系的前提。我们绝不能把自己高抬一寸,把别人低放一尺,有意与对方"横着一条沟,隔着一堵墙",给别人一种"拒人于千里之外"的感觉。

 相关链接

女 王 敲 门

英国女王维多利亚与其丈夫阿尔伯特相亲相爱,感情和睦。阿尔伯特喜欢读书,且不大爱社交,也不太关心政治。有一天深夜,女王办完公事,回到卧室,见房门紧闭,便敲起

门来。"谁?"里面问道。女王回答:"我是英国女王。"门没有开。"我是维多利亚。"再敲,门还是未开,敲了几次之后,女王突然感觉到了什么,又敲了几下,用温和的语气说:"我是你的妻子,阿尔伯特。"这时,门开了。即使身为一国之君,但在家里,面对丈夫阿尔伯特,"女王"的生活角色也要发生改变,此时作为妻子的她更应保持夫妻双方平等相待的心态,才会为丈夫所接纳,因此,最后的一次敲门达到了目的。

(资料来源:佚名.女王敲门[EB/OL].[2018-08-31].https://www.sohu.com/a/251247575_100008397.)

4. 区分对象

在人际交往中,对于交际主体来说,最重要的莫过于研究交际对象,根据交际对象的性别、年龄、生活背景、心理特征等因素的差异来选择恰当的语言,以求明晰地表达自己的思想,达到正常的语言交际的目的。也就是所谓"到什么山上唱什么歌""见什么人说什么话"。如果不考虑对方的实际情况,信息流通渠道就会因此而出现偏差,甚至"阻塞",交际也会随之而停止。例如,1954年,周恩来总理出席日内瓦国际会议,为了向外国人宣传中国,表明中国爱好和平的愿望,决定为外国嘉宾举行电影招待会,放映越剧艺术片《梁山伯与祝英台》。为此,工作人员准备了一份长达16页的说明书。周恩来看后笑道:"这样看电影岂不太累了?我看在请柬上写上一句话就行,即请您欣赏一部彩色歌剧电影:中国的《罗密欧与朱丽叶》。"果然,一句话奏效,外国嘉宾都知道了这部电影要讲述的故事。

5. 换位思考

韩非子在《说难》中写道:"凡说之难,在知所说之心。"在现实社会,随着人们日常交往的日益频繁,摩擦、矛盾也会随之增多,很多人只强调他人对自己应该承认、理解、接受和尊重,却忽视对等地去理解和尊重他人;只注重自己目的实现,却无视他人的利益和要求。在这种倾向支配下,他们常常不顾场合和对方心情,一味地由着自己的性子去交往,致使在交往中由于语言使用缺乏得体性而出现尴尬的局面。所以,在很多时候,注意交际场合的特点,多进行换位思考,灵活应变,将心比心,以诚换诚,才能达到心灵的沟通和情感的共鸣。

相关链接

老局长退居二线

某局新任局长宴请退居二线的老局长。席间,端上一盘油炸田鸡。老局长用筷子点点说:"喂,老弟,青蛙不能吃,是益虫!"新局长不假思索,脱口而出:"不要紧,都是些老田鸡,退居第二线,不当回事了。"老局长闻听此言,顿时脸色大变,连问:"你说什么?你刚才说什么?"新局长本想开个玩笑,不料说漏了嘴,触犯了老局长的自尊,顿觉尴尬万分,席上的友好气氛顿时被破坏。此时,一旁的秘书连忙接口说:"老局长,他说您已经退居二线,吃点田鸡不当什么事。"老局长听此言觉得有道理,才又重提筷子,你敬我让,气氛开始回升。宴席上,新局长对那位退居二线的老局长的处境和心理未能予以充分的理解,缺乏换

位思考的意识,使用了不当语言犯了忌讳,如果不是这位秘书灵活应变,差点酿成无法挽回的局面。

(资料来源:佚名.就餐礼仪经典故事[EB/OL].[2010-05-28]. http://3g.959.cn/news/show.php?newsid=4369.)

所以,在语言交际时,必须换位思考,无论是话题的选择、内容的安排,还是语言形式的采用,都应该根据特定场合的表达需要来决定取舍,做到灵活自如。

6. 切合情景

运用语言进行信息传递、情感交流,离不开一定的时间、地点和场合,要使这种传递活动获得好的效果,语言运用不仅要符合特定的时代背景和此时此地的具体情景,还要恰当地利用说话时机,把握时间因素,力求切情切境,入旨入理。

  相关链接

在杭州的"美食家"餐厅,一对新人在举行婚礼时,正赶上滂沱大雨下个不停。新人和客人们被大雨淋得很懊丧,婚礼气氛很不愉快。这时,餐厅经理来到100多位客人面前微笑着高声说:"老天爷作美,赶来凑热闹。这是入春以来的第一场好雨。好雨兆丰年,这象征着今天这对新人的未来是十分幸福的。雨过天晴是艳阳天,象征着今天在座的所有客人都将迎来更加灿烂的明天。我提议:为了创造和迎接雨过天晴的明天,大家干杯!"话音刚落,整个餐厅的情绪和气氛发生了180°的转变,沉寂的婚礼场面,气氛一下子变得热烈起来。

7. 明确目的

交际语言是一种为了实现一定的交际目的而进行的双向交流的传播活动,无论是与他人拉家常、叙友情,或是进行学术报告、演讲、谈判、采访乃至解说、寒暄、拜访、提问等,都是为了实现信息传递,沟通情感,增进了解,阐明观点等特定的交际目的而进行的。当与他人说话时,需要针对交际对象的特点和语言环境做出必要的调整,还要根据语言交流的主题,选择和使用恰当的语言,做到有的放矢,取得缓解气氛,增进友情的作用。如,瑞士厄堡村有一块要求游客不要采花的通告牌,上面分别用英、德、法三种文字写着:"请勿摘花""严禁摘花""喜爱这些山峦景色的人们,请让山峦身旁的花朵永远陪伴着它们吧!"由此不难看出瑞士旅游业人士对不同游客的民族心理特点的充分考虑。英国人讲面子、崇尚绅士风度,因此,用"请";德国人严守律令,故采用"严禁";法国人浪漫且重感情,所以用了富有激情的语句。这样就与不同交际对象的民族心理特点相吻合了。又如,曾有一位营业员向外国顾客介绍商品时,因为不了解外国顾客的情况,而按照对中国顾客的方式来接待,结果就把顾客赶跑了。事情是这样的:有一位英国客人在商店里表示出对一件工艺品感兴趣时,该营业员取出该工艺品,然后对客人说:"先生,这件不错,又比较便宜。"顾客听了她的话后,丢下商品,转身而去。为什么这些话会把这位顾客赶跑呢?原来是"便宜"二字,因为在英国人心目中,买便宜货有失身份,所以这桩买卖没有做成。

2.3 语言沟通技巧

在沟通过程中,常常会遇到一些矛盾、顾此失彼、难以两全的情况,使你处于两难的境地。例如,我们常会碰到下列情景:既想拒绝对方的某一要求,又不想损伤他的自尊心;既想吐露内心的真情,又不好意思表述得太直截了当;既不想说违心之言,又不想直接顶撞对方;既想和陌生的对方搭话,又不能把自己表现得太轻浮和鲁莽……凡此种种,不再一一列举。但概而言之,都是一种矛盾:行动和伤害对方的矛盾,自己利益和他人利益的矛盾,自己近期利益和长远利益的矛盾。

为适应这些情况,产生了各种各样的语言表达艺术,它缓解了这些矛盾。这种表达的语言艺术从表面上看,似乎违背了有效口头表达的清晰、准确的要求,但实际上是对清晰、准确原则的一种必要的补充,是在更全面考虑了各种情况之后的清晰和准确,是在更高阶段上的清晰和准确。

语言艺术的具体方法因人、因事、因时、因地而异,没有绝对的适用任何情况的方法。这里介绍一些沟通技巧,供参考。

1. 积极表达期望

心理学中的"皮格马利翁效应"启示我们:赞美、信任和期待具有一种能量,它能改变人的行为,当一个人获得另一个人的信任、赞美时,他便感觉获得了社会支持,从而提高了自我价值,变得自信、自尊,获得一种积极向上的动力,并尽力达到对方的期待,以避免对方失望,从而维持这种社会支持的连续性。语言沟通中,积极的语言反应表达出积极的心理期望。皮格马利翁效应也验证了积极的心理期望和暗示所产生的强大影响。要做到评议表达的积极,可从以下几个方面来把握。

其一,避免使用否定字眼或带有否定口吻的语气。如双重否定句不如用肯定句来代替,必须使用负面词汇时,则尽量使用否定意味最轻的词语。"我希望""我相信"这两种说法有时表明你没有把握,或者传递出有些盛气凌人的信息;而赞扬现在的行为可能暗示对过去的批评。

其二,强调对方可以做的而不是你不愿或不让他们做的事情,以对方的角度讲话。如说"我们不允许刚刚参加工作就上班迟到"(消极表达)就不如说"刚刚参加工作的人保证按时上班很重要"(积极表达)。

其三,把负面信息与对方某个受益方面结合起来叙述。可以说"你可免费享用20元以内的早餐"(积极表达),而不是说"免费早餐仅限20元以内,超出部分请自付"(消极表达)。

其四,如果消极方面根本不重要,干脆省去。如对方决策时不需要这方面的信息,信息本身也无关紧要,或者以前已经提供了这方面的信息。

其五,低调处置消极面,压缩相关篇幅。篇幅大,表明在强调信息。既然不想强调消极信息,就尽量少用篇幅,出现一次即可,不必重复。

2. 注意推论与事实

通常在观察外界的时候，人们在获得所有的必要事实之前就开始进行推论，推论的形成相当快，以致很少有人仔细考虑它们是否真的代表事实。"他未完成工作，因为偷懒"，"如果您听了我的建议，您就了解我的意思了"，这些语句表示的并非事实，而是推论。因此不良的沟通就产生了。徐丽君、明卫红主编的《秘书沟通技能训练》（科学出版社，2008年出版）中对此进行了分析。有6种基本方法可以分辨事实陈述和推论陈述（见表2-1）。

表 2-1 事实陈述和推论陈述

事 实 陈 述	推 论 陈 述
（1）根据第一手资料下断言	（1）在任何时间下断言——根据事前、事后、事情发生时的经验
（2）根据观察下断言	（2）根据任何一人的经验下断言
（3）必须根据所经历的经验	（3）超出自己所经历的经验之外
（4）根据经验的陈述	（4）无界限地根据经验推论陈述
（5）达到最大的可信度	（5）仅有很小程度的可信度
（6）得到具有相同经验的人士的认同	（6）有此经验的人士不认同

为了避免妄下推论，在与人沟通过程中应当注意以下情况。

（1）学会区分哪些是事实，哪些是推断。

（2）当根据从别人那里得到的信息做出决策时，要评估推断的准确性，并获得更多信息。

（3）听取别人的汇报时，让其陈述事实而不是听取他人的评价。

（4）在说服别人时要使用具体的事实而非个人的价值判断。

（5）使用文字沟通时，要表明自己的推断以便别人了解自己的看法。

（6）意识到事情的复杂性，不要将其简单化。

（7）当只看到两种选择结果时，有意识寻找第三种甚至更多种可能出现的情况。

（8）意识到自己所得的信息是经过过滤的，自己并没有得到所有的事实。

（9）尽量向别人提供背景信息，以便别人能够准确地解释自己的观点或看法。

（10）以具体的证据、事实和事例来支持笼统的陈述与评价，避免诸如"这个人的素质不高"这样的论断。

（11）检查自己的反应，保证自己的决策建立在合理的证据之上。

3. 进行委婉表达

"委婉"一词人们并不陌生，它在修辞学中，又是修辞格的一种。但"委婉"并不仅指修辞的方法。在书面语中，它主要表现为一种语言的表达方式；在沟通中，它又是一种处理问题的态度和方法。恰当地运用委婉，能够鲜明地表明人们的立场、感情和态度。这样做，既使对方乐于接受，达到说话的目的，又可增强语言的形象性和生动性。

（1）直意曲达。语言总要表达某种意思，即说话者要达到表明自己态度和感情的目的。但这个意思是通过迂曲委婉的说法来表达的，这也是利用了人们思维的曲折性和复杂性来达到的。

 相关链接

"人 中"

传说汉武帝晚年时很希望自己能长生不老。一天，他对侍臣说："相书上说，一个人鼻子下面的'人中'越长，命就越长；'人中'长一寸，能活一百岁。不知是真是假？"东方朔听了这话，知道皇上又在做长生不老的梦了，不禁呵呵一笑。皇上见东方朔的表情，喝道："你怎么敢笑话我？"东方朔脱下帽子，恭恭敬敬地回答："我怎么敢笑话皇上呢？我是在笑彭祖的脸太难看了。"汉武帝问："你为什么笑彭祖呢？"东方朔说："据说彭祖活了800岁，如果真像皇上刚才说的，'人中'就有8寸长，那么他的脸不是有丈把长吗？"汉武帝听了，也哈哈大笑起来。

东方朔要劝谏皇上不要做长生梦了，但又不好直言去规劝，只能用旁敲侧击的方法，委婉地表达自己的意思。这种批评使汉武帝愉快地接受了。

（资料来源：佚名.一故事一窗口［EB/OL］.［2019-09-05］. https://zhuanlan.zhihu.com/p/81327730.）

要达到沟通的最佳效果，不一定都用直言不讳的说法，用委婉的说法可能会达到意想不到的效果。

（2）易于接受。人们总是希望对方能够接受自己所发出的信息，并做出相应的反应。这就首先要让对方能够接受你发出的信息。委婉的语言可以帮助你达到这个目的。

 相关链接

聪明的蚊子

美国小说家马克·吐温到某地旅馆投宿，人家早告诉他此地蚊子特别厉害。他非常担心晚上是否能安稳睡觉，想要事先向服务员打招呼，又觉得这样做未必效果好，服务员不一定乐意接受。他在服务台登记房间时，一只蚊子正好飞过来。马克·吐温灵机一动，马上对服务员说："早听说贵地蚊子十分聪明，果然如此，它竟然会预先看我的房间号码，以便夜晚光临，饱餐一顿。"服务员听了不禁大笑起来，结果就记住了他的房间号码，并相应地采取了一系列防蚊子措施，使马克·吐温这一夜睡得很好。马克·吐温如果生硬地告诉服务员要怎样赶蚊子，就不一定能达到这种效果。马克·吐温的话很委婉，让服务员易于接受，当然也就乐意尽心服务了。

（资料来源：佚名.马克·吐温的笑话［EB/OL］.［2018-05-26］. http://fanwen.geren-jianli.org/520897.html.）

在日常生活中也常有这样的例子：当你要求别人做一件事，或者指责别人哪里有过失的时候，你要尽量选择让对方感到有回旋的话，仿佛把主动权送给了对方。例如，某一员工衣帽不整，有碍企业形象，作为管理者可以说："这样还挺好的，但如果能够把这个颜色换一下，会更好些。"这样的话语会使员工乐于接受，也会心悦诚服地改正。

委婉的语言是曲折地表达自己的意思,听话者感到你是为他着想,或者感到合情合理,这就容易达到自己的目的,也给人以教育和启迪。

(3) 言简意赅。委婉的语言表现形式是婉转温和,这就形成了它隐约、含蓄的特点,也就使委婉的语言容量较大,语言虽然很简洁通俗,含义却是相当深刻的。

请看下面一段对话。

问:"你有过感叹吗?"

答:"感叹是弱者的习气,行动是强者的性格。"

问:"扬州大明寺一进门有尊大肚佛,两侧有副对联。上联是'大肚能忍忍尽人间难忍之事',下联是'慈颜常笑笑尽天下可笑之人'。你能做到吗?"

答:"我如果能做到我就成佛了"。

问:"你有烦恼与痛苦吗?"

答:"越有追求的人,烦恼与痛苦越多。成功之后将是快乐。"

可以看出,答话者回答问题时,总是用迂曲的方式作答,语言浅显通俗,含义却值得深思。

(4) 手法新颖。委婉表达产生于人际沟通中出现了一些不能直言的情况。一是总会存在一些因为不便、不忍或不雅等原因而不能直说的事和物,只能用一些与之相关、相似的事物来烘托要说的本意。二是总会存在接受正确意见的情感障碍,只能用没有棱角的软化语言来推动正确意见被接受的过程。还有一些其他类似的情况。黄漫宇在其编著的《商务沟通》(机械工业出版社,2010年出版)中列举了如下新颖的委婉手法,值得我们在人际沟通中一试。

① 用相似、相关的事物取代本意要说的事物。如恩格斯《在马克思墓前的讲话》中说"3月14日下午两点三刻,当代最伟大的思想家停止了思想……他在安乐椅上安静地睡着了——但已经是永远地睡着了。"恩格斯用"停止思想""睡着了""永远地睡着了"来取代"死"的概念。又如在餐厅中人们谈到上厕所,一般都用"洗手间"来取代"厕所"这一概念。

② 用相似、相关事物的特征来取代本意事物的特征。在一次记者招待会上,一位美国记者问周总理:"请问中国人民银行有多少资金?"周总理说:"中国人民银行现有18元8角8分"——直接回答,涉及国家机密;拒绝回答损害招待会和谐气氛;不予回答,有损总理个人风度。借用人民币面值总额取代资金总额这一特征,真可谓三全其美,妙不可言。

③ 用于相似、相关事物的关系类推与本意事物的关系。《人到中年》的作者谌容访美时,用"能与老共产党员的丈夫和睦生活了几十年"来间接回答关于她与共产党关系的提问。有人问:"听说你至今还不是中共党员,请问您对中国共产党的私人感情如何?"谌容回答:"你的情报很准确,我确实还不是中国共产党党员。但是我的丈夫是个老党员。而我同他共同生活了几十年尚无离婚迹象,可见……"

④ 用某些语气词如:"吗、吧、啊、嘛"等来软化语气,这样可以使对方不感到生硬。比较下列两组句子。

别唱了! 今天别去了! 你不要强调理由!

别唱了好吗？今天别去了吧！你不要强调理由嘛！

无疑每组中的第二句都显得比较客气婉转，会使对方易于接受，有更大的说服力。

⑤ 用个人的感受取代直接的否定。例如，把"我认为你这种说法不对"用"我不认为你这种说法是对的"，把"我觉得你这样不好"用"我不认为你这样好"来取代。

⑥ 以推托之词行拒绝之实。例如，别人求你办一件事，你说办不到会引起对方不快。你最好说："这件事目前恐怕难以办到，今后再说吧，我留意着。"——以将来和困难推脱。再如，别人请你去他家玩，你要说没空，来不了，会令人扫兴，你最好说："今天恐怕没有时间，下次一定来。"——以将来和没空推脱。又如，别人向你借钱，你手头也不宽裕，你可以说："这件事我需要同我的爱人商量商量。"——以将来和爱人推脱。

⑦ 以另有选择行拒绝之实。例如，有人向你营销一件产品，你不想要，可以说："产品还可以，不过我更喜欢另一种产品。"又如，有人要求下星期一进行下次洽谈，你不想在这天洽谈，可以说："定在星期五怎么样？"

⑧ 以转移话题行拒绝之实。例如，甲问："星期天去不去工厂参观？"乙答："我们还是先来商量一下下次营销的安排怎样准备吧。"又如，甲问："我们明天去展销大厅再见面好吗？"乙答："好吧，不过我想时间定在展销前不如定在展销后。"

4. 使用模糊语言

我们在客观世界里所遇到的各种各样的客观事物，绝大多数都没有一个明确的界限。作为客观世界符号表现的语言也必然是模糊的。巧妙地利用语言的模糊性，使语言更能发挥它神奇的效用，是人际沟通追求的目标之一。

（1）化难为易。"化难为易"也称"化险为夷"。在人际沟通中，常会遇到难以应付的棘手场合，也会有非说不可却难以启齿的局面，怎么办？成功的沟通者往往会用模糊语言，使自己摆脱这种尴尬的处境。

 相关链接

机智的售货员

在某商场，有一位顾客拿了几个西红柿，然后混杂在已经称好重量并交款的蔬菜中转身就走。这时，售货员发现了这一情况，如果她说对方偷窃，就会影响商场的秩序，损伤商场的声誉，还可能会导致对方大吵大闹一番。富有经验的售货员冷静地说："请您慢走一步。我刚才不注意，可能把蔬菜的价格算错了，您再回来查查看。"这位顾客无奈只得回来，售货员把蔬菜重新称过，随手将西红柿拣了下来。售货员此时说的"可能""查查看"都是模糊词语，却收到了神奇的效果。

（资料来源：刘烨. 学会说话[ENB/OL]. [2019-06-13]. http://dushu.qq.com/read.html? bid=25129767&cid=2.）

（2）缓和语气。在某些情况下，对方可能故意损害你，使你怒发冲冠、情绪激动，气氛顿时紧张起来。在这种情况下，注意使用模糊语言，易于控制自己的情绪，缓和气氛，使事态朝好的方向发展。

 **相关链接**

司机下车

在我国南方一个城市,正值下班时间,乘车的人特别多,车已爆满。乘客们把车堵得严严的,车内乘客不容易看到车已行驶到哪一站。尽管司机报告站名,但车内人声嘈杂,总有乘客没听清,错过站。有一位错过站的乘客慌慌张张地擂门大叫:"司机下车!"司机也非常生气,正要酝酿几句奚落挖苦的话,这时一位乘客及时地插嘴说:"司机不能下车。司机下车了,谁来开车?"这时,不仅那位错过站的乘客情绪缓和下来,连司机也和颜悦色起来。

这位聪明的乘客就是利用"司机下车"这句话的模糊性来为司机解了围,剑拔弩张的气氛缓和了,一场争吵避免了。可见,如果我们用模糊语言来淡化紧张气氛,就可以控制情绪。它能使我们与他人交往时不致紧张,即使在一触即发的关键时刻,也可以使我们从容地脱身出来,离开不愉快的窘境或矛盾旋涡。

(资料来源:佚名.经典语录大全[EB/OL].[2018-06-21]. http://www.88ylu.com/youmo/84894/.)

(3)点到为止。模糊语言要有分寸,要点到为止。不该说的不说,能把自己意思表达明白,却不伤害别人,不能直言不讳,要把自己的意思曲折地表达出来,并且要让对方明白。

 **相关链接**

精神病院的采访

我国一位著名的播音员到精神病院采访,采访提纲中原先写的是:"您什么时候得的精神病?"这位播音员感到这种话会刺激病人,就临时改口问道:"您在医院待多久了?住院前感觉怎么不好呢?"委婉含蓄的提问,采取的是模糊语言,使对方易于接受,不致产生反感。

在采访结束时,这位播音员说:"您很快就要出院了,真为您高兴。"

精神病患者对于"精神病"这个词十分忌讳,播音员在采访时自始至终注意回避这个词。

(资料来源:佚名.说话技巧[EB/OL].[2021-02-07]. https://kuaibao.qq.com/s/20210207A00XRW00.)

模糊语言的运用要掌握分寸,过于模糊,对方不了解自己的意思,就失去了交际的作用;过于直露,又会伤害别人。只有既模糊又适度,在模糊语言中透露出自己真实的语意,才能达到公关的目的。

(4)增大容量。模糊语言的一个重要特征在于它能把难以表述的道理表达出来,大大地丰富了表达效果。模糊语言是"犹抱琵琶半遮面",这样更能引起人们联想推断,包含着广博的内容。

例如,我国某城市一个广播电台的直播节目中,一位女性听众误把听众点给别人的歌曲认为是点给自己的歌,在直播节目中向播音员询问。播音员明知不是点给这位听众的,但又不好直截了当地指出来。聪明的播音员急中生智地说道:"可能是点给您的吧?其实人间是一个温暖的大家庭,人人都应该友好相处。只要以诚相待,以友善之心相待,我们的朋友遍天下,又何必非要去计较是哪一位朋友呢?"播音员随机应变,从听众询问点播节目一事引申出一番处世人生哲学。播音员使用了模糊语言,深化了节目的内容。

(5)手法新颖。语言沟通的模糊法就是使输出的信息"模糊化",以不确定的语言进行交往,以不精确的语言描述事物,以达到既不伤害或为难别人,又保护自身的目的。除了上述模糊方法外,以下方法值得我们借鉴。

① 以大概念取代小概念。例如,苏联驻加拿大商务贸易代表在加拿大进行间谍活动,加拿大政府发出通令,限令他们10日之内离开加拿大,因为他们进行了与其身份不符的活动。出于外交礼仪上的需要,用与其身份不符的活动来代替间谍活动这一概念。

② 以弹性概念取代精确概念。例如,一位外国领导人辗转到中国。当一名英国记者问他何时到达北京时,他要回避到中国有多久和还要住多久的问题,便回答:"我到北京的时间距今天不久。"用"不久"这一有伸缩性的概念取代精确的时间长短描述,既回避了敏感的问题,也没有失去真实性。

③ 回避。例如,有人问你:"你说广州产品好还是上海产品好?"你并没有这种经验,也不宜表现自己无知,可以答:"各有各的特点。"例如,一个法国人问一个中国女孩:"你喜欢中国人还是喜欢外国人?"因为是社交场合,女孩回答:"谁喜欢我,我就喜欢谁。"避免了说喜欢外国人可能遭到不爱国的指责,回答喜欢中国人会导致让外国友人扫兴的难堪。

④ 运用答非所问。电影《少林寺》中,觉远对法师不近色、不酗酒的要求都以"能"作答。法师:"尽形寿,不杀生,汝今能持否?"觉远难以回答。法师高声再问:"尽形寿,不杀生,汝今能持否?"觉远:"知道了。"这样模糊的回答,既能在法师面前过关,又不违背自己要惩治世间恶人的决心和本意,真正做到了两全其美。

⑤ 以选择式代替指令式。1944年毛泽东同志致信丁玲、欧阳山:"……除了谢谢你们的文章之外,我还想知道一点,如果可能,今天下午或傍晚拟请你们来我处,不知是否可以?""还想知道""可能""拟请""是否可以"等多个词语,充分体现了毛泽东主席谦和的作风。

使用模糊法时,一定要注意不同民族对模糊意义的理解各有不同,在跨民族、跨国界使用时要慎重。例如,在1972年9月,周总理为田中角荣首相举行的招待会上的一幕就是很典型的事例。田中角荣致答谢词:"……过去的几十年间,日中关系经历了不幸的过程。期间我国给中国国民添了很大的麻烦,我对此再次表示深切的反省之感。"周恩来看到田中角荣不了解"麻烦"这一模糊用语在汉语中语气太轻了,不了解在中国人看来,这是对日本过去的侵犯罪行所采取的一种轻描淡写的态度,就问道:"你对日本给中国造成的损失怎么理解?"田中角荣不得不再次表白:"给您添麻烦这句话包含的内容并不那么简单。我们是诚心诚意地表达自己赔罪的心情,这是不加修饰的,很自然地发自日本人内心的声音……我认为,前来赔罪是理所当然的。"由这精彩的一幕,我们可以得出一个有益的教训:在社交中运用模糊法仍然需要准确地运用模糊语言。

(资料来源:黄漫宇.商务沟通[M].2版.北京机械工业出版社,2019.)

5. 不妨幽默表达

幽默一词在古代汉语中已有,它的含义是寂静无声。现在人们早已不在原意上使用幽默一词,它倒成了一个外来词语,是英语 humor 的音译。

幽默这一手法显得比其他手法更为复杂。关于幽默很难下一个全面而准确的定义,事实上也没有出现一个这样统一的认识。运用幽默的具体技巧也难以像其他手法一样,予以大致的分类罗列。

应该特别指出的是,幽默手法的运用必须自然,切忌强求。第一,幽默只是手法,而非目的;第二,幽默是一种精神现象,不只是简单的笑话或滑稽所能描述。幽默是一种风格、行为特性,是智慧、教养、道德处于优势水平下的一种自然表现。

幽默可以化解难堪。20世纪50年代社会主义改造运动中,上海的一位老教授因基层干部作风粗暴而投河自杀,幸被人救起。陈毅市长知道后,采取多种行动挽回影响,一是狠狠地批评了那位基层干部;二是亲自去老教授家赔礼道歉,同时在一次高级知识分子大会上,用幽默的手法批评了老教授。"我说你呀,真是读书一世,糊涂一时。共产党搞思想改造,难道是为了把你们整死吗?我们不过想帮大家卸下包袱,和工农群众一道前进。你为何偏要和龙王爷打交道,不肯和我陈毅交朋友呢?你要投河也该先打个电话给我,咱们再商量商量嘛!"

幽默可以化解矛盾,缓和气氛。例如,一个小孩看到一个陌生人,长着很大的鼻子,马上大叫:"大鼻子。"小孩的父母感到非常难为情。陌生人却幽默地说:"就叫我大鼻子叔叔吧!"对方一句幽默的回答化解了大家的尴尬。

一个人在车上不小心踩了别人一脚,忙连声道歉。被踩的这个人风趣地说:"不,是我的脚放错了地方。"这人大度地认为,事情发生了,已无可挽回,又不是故意的,也没有什么损失,何不一笑了之呢。

一个顾客在餐厅吃饭,米饭中沙子很多,服务员歉意地问:"仅是沙子吧?"顾客大度地回答:"不,其中也有米饭。"既批评了餐厅,也免除了尴尬局面。

幽默也可以用来含蓄地拒绝。例如,一位好友向罗斯福问及美国潜艇基地的情况。罗斯福问道:"你能保密吗?"好友回答:"能。"罗斯福笑着说:"你能我也能。"好友也就知趣地不再问了。

幽默可以针砭时弊。例如,领导问:"你对我的报告有什么看法?"群众:"很精彩。"领导:"真的?精彩在哪里?"群众:"最后一句。"领导:"为什么?"群众:"当你说'我的报告完了',大家都转忧为喜,热烈鼓掌。"这段对话讽刺了一些领导讲话空洞、啰嗦的作风。

使用幽默,可以在轻松的气氛下进行严厉的批评。例如,某商店经理在全体职工大会上说:"要端正经营作风,加强劳动纪律,公私分明,特别是那'甜蜜的事业'——糖果柜台。"

幽默可使你获得有力的反击武器。例如,德国大文豪歌德有一次在公园散步,遇到了一个恶意攻击他的批评家。那位批评家不肯让路,并傲慢地说:"我从不给傻瓜让路。"歌德立刻回答:"我却完全相反!"说完,立即转到一边去了。

幽默是人的思想、学识、智慧和灵感的结晶,幽默风趣的语言风格是人的内在气质在语言运用中的外化,幽默风趣的语言风度固然有先天成分的影响,但更有后天的习得。应掌握一些构成幽默的方法,并在语言表达中注意加以运用。

(1) 歪解。俗话说:"理儿不歪,笑话不来。"说咸鸭蛋是盐水煮的不是幽默,说咸鸭蛋是咸鸭子生的才是幽默,前者是常规,后者是歪解。歪解就是歪曲、荒诞的解释,它以一种轻松、调侃的态度,随心所欲地对一个问题进行自由自在的解释,硬将两个毫不沾边的东西粘在一起,这样才能造成一种不和谐、不合情理、出人意料的效果。在这种因果关系的错位与情感和逻辑的矛盾之中,幽默也就产生了。如有人问鲁迅:"先生,你为什么鼻子塌?"鲁迅笑答:"碰壁碰的。"这个回答里面,既有对社会现实的不满,又有对自己生活坎坷经历的嘲讽,这样丰富的具有社会意义的内容与"塌鼻梁"这样一个具有丑的因素的自然生理特征结合在一起,便产生了无法言喻的幽默感。

(2) 降用。故意使用某些"重大""庄严"的词语来说明一些细小、次要的事情的表达技巧,谓之"降用"。恰当地运用降用,可暗示自己的思想,启发对方思考,令语言风趣生动。毛泽东主席就是一位极喜欢运用降用的行家。毛泽东的卫士封耀松连续两次失恋后,他感到极为沮丧郁闷。毛泽东见状,笑着对封耀松说道:"速胜论不行吧!也不要有失败主义,还是搞持久战好。""速胜论""失败主义"是抗日战争时期在对日寇入侵这一问题上所持的两种政治、军事观点,而"持久战"则是毛泽东为此而提出的著名论断。这里毛泽东巧妙地用"降用"劝诫卫士在婚姻问题上不要急于求成,而应耐心选择和了解,另外失恋后也不可有悲观失望的情绪,于调侃、戏谑之中,委婉地提醒封耀松在对待婚姻问题上应有正确的态度。

(3) 仿拟。故意模仿现成的词、语、句、调、篇及语句格式,临时创造新的词、语、句、调、篇及语句格式,谓之"仿拟"。它是幽默诸多构成法中最常用的一种,往往借助于某种违背正常逻辑的想象和联想,把原来适用于某种语境、现象的词语用于另一种截然不同的新的环境和现象之中,而且模拟原来的语言形式、腔调、结构甚至现成篇章,造成一种前后不协调、不搭配的矛盾,给人以新鲜、奇异、生动的感受。毛泽东在一次报告中批评某些干部为评级而争吵、落泪时说:"有一出戏,叫《林冲夜奔》,唱词里说:'男儿有泪不轻弹,只因未到伤心处。'我们现在有些同志,他们也是男儿,他们是'男儿有泪不轻弹,只因未到评级时'。"这里运用的就是局部改动名句的仿拟之法,显得俏皮成趣、批评有力。

(4) 自嘲。自我嘲讽,是指运用嘲讽的语气来嘲笑自己的缺陷和毛病,以取得别人的共鸣,引起别人会心一笑的方法。笑的规律是优笑劣、智笑愚、美笑丑、成熟笑幼稚。因此,如果公关人员善于显示自己比别人劣、愚、丑或幼稚,就会引人发笑,赢得公众的好感。自嘲还可嘲讽自己做过的蠢事、自己的生活遭遇等。

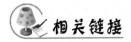相关链接

陈嘉谟的自嘲

陈嘉谟是清朝乾隆年间的举人,他的门生众多,可以称得上是桃李满天下。陈老先生80多岁时,身体还十分硬朗,并且与结发妻子恩爱如初,每晚同床而眠。

一年新春，许多门生一道前来为恩师拜年，谁知老先生贪睡，门生们来了之后还没有起床。听说客人来了，便匆匆忙忙穿衣上堂，同众门生寒暄叙礼。他见众门生笑个不停，才发现由于着急，误穿了妻子的衣服。陈老先生自己也觉得好笑，便自我解嘲地说："我已经80多岁了，你师母也80岁了，今天我的做法正中了乡间的俗语'二八乱穿衣呀'。"众门生听了之后，都觉得老头子风趣幽默，大家一笑了之。

（资料来源：佚名.诙谐幽默[EB/OL].[2014-09-08]. https://www.haoib.com/read/2014/0908/200059.html.）

（5）辨析。辨析就是对字形、数字、姓名或其他常用的词组作巧妙的拆卸、组合、分辨、解析。这种"辨析"是一般人预想不到的，极具机智巧妙的动力，听者先深感"出乎意外"，一经思考，又觉得在"情理之中"，在豁然顿悟之中，幽默便油然而生。如在人际交往中，富有幽默感的人，自己介绍姓名或听人介绍时，往往都感到亲切自如，又找出了姓名中的特点，便于记忆。如薄一波初次见到毛泽东，当自己介绍姓名后，毛泽东紧握他的双手，嘴里连声说道："好啊，这个字很好！薄一波，薄一波，如履薄冰，如临深渊嘛！"说得周围的同志都笑了起来，毛泽东风趣的"析姓辨名"，使初次会面的客人顿消紧张情绪，并感到他十分和蔼可亲。

2.4 提高声音质量

1. 认识声音

有人把人的发声器官比作一架管风琴。肺是风箱，由它提供发声的原动力。气流从肺中自下而上，通过气管上升到喉头，声音就由喉部产生。当人们呼气时，使保护气管开端的肌肉（即声带）紧密地挨在一起，以使空气通过声带时能够产生振动。这种振动产生了微弱的声音，然后该声音再穿过咽部（喉咙）、口，以及在某些情况下上升到鼻腔时被抬高产生共振。在这里，口和鼻腔就成了管风琴的两个管，它们不但可以起到扩大音量的作用，还可以任意变换音色。这样，共振后的声音被舌头、嘴唇、腭和牙齿这些发音器官改造，从而形成了语言体系中的声音。

我们认识发声器官，了解声音如何产生，目的是要在有声语言的训练中遵循其活动规律，正确发挥其功能和作用，从而有效地利用它来发出富有表现力和感染力的声音，增强语言表达的效果。

2. 发声练习

我们已经知道，声音的产生并不是单靠哪一个器官完成，而是呼吸器官、消化器官相互协同完成了发声。发音效果的好坏，与呼吸、声带、共鸣器官等有直接的关系。因此，要想提高声音的质量，使自己发出的声音更加富有表现力和感染力，就要从以下几个方面多加练习。

（1）控制气息。气乃声之源。一个人气量的大小、能否正确用气，对语音的准确、清晰度和表现力都有直接影响。唐代文学家韩愈说过："气，水也；言，浮物也。水大而物之浮者大小毕浮。气之与言犹是也,气盛则言之短长与声之高下者皆宜。"因此我们必须学会控制好气息,这样才能很好地驾驭声音。在语言交流中要想使声音运用自如、音色圆润、优美动听,就要学会控制气息,掌握呼吸和换气的技巧。

呼吸的紧张点不应放在整个胸部,而应放在丹田,以丹田、胸膛、后胸作为支点,即着力点。使力量有支点,声音才有力度。

① 吸气。吸气时,要双肩放松,胸稍内含,腰腿挺直,像闻鲜花一样将气息吸入。要领是:气下沉,两肋开,横膈降,小腹收。这样随着吸气肌肉群的收缩容积立体扩张,有明显的腰部发胀、向后撑开的感觉,注意不要提肩,也不要让胸部塌下去。当气吸到七八成时,利用小腹的收缩力量控制气息,使之不外流。

小训练

抬重物时,必须把气吸得较深,憋着一股劲,后腰膨胀,腰带渐紧。这正是正确的呼吸方法。多抬几次重物,找出以上感觉。

② 呼气。呼气时,要保持吸气时的状态,两肋不要马上下塌。小腹始终要收住,不可放开,使胸、腹部在努力控制下,将肺部储存的气息慢慢放出,均匀地向外吐。呼气要用嘴,做到匀、缓、稳。在呼气过程中,语音随之一个接一个地发出,从而使有声语言富有节奏。

小训练

假设桌面上有许多灰尘,要求吹而又不能吹得尘土飞扬。练习时,按吸气要领做好准备,然后依照抬重物的感觉吸足一口气,停顿两秒钟左右,向外吹出气息。吹气时要平稳、均匀,随着气息的流出,胸腹尽量保持吸气时的状态。尽量吹得时间长些,直至将一口气吹完为止。

③ 换气。在语言表达过程中,人们不可能一口气将所要说的内容说完,常需要根据不同内容和表情达意的需要作时间不等的顿歇。许多顿歇之处就是需要换气或补气之处,以保证语气从容、音色优美,防止出现气竭现象。换气有大气口和小气口两种换气方法。大气口是在类似于朗读、演讲这样的表达时,在允许停顿的地方,先吐出一点气,马上深吸一口气,为下面要说的话准备足够的气息。这种少呼多吸的大气口呼吸一般比较从容,也比较容易掌握。小气口是指表达一段较长的句子时,气息用得差不多了,但句子未完而及时补进的气息。补气时,可以在气息能够停顿的地方急吸一点气,或在吐完前一个字时不露痕迹地带入一点气,以弥补底气不足。无声、音断气连,这是难度较大的换气方法。

小训练

练习下面的绕口令,开始做练习时,中间可以适当换气。练到有了控制能力时,逐渐减少换气次数,最后要争取一口气说完。

五组的小组长姓鲁,九组的小组长姓李。鲁组长比李组长小,李组长比鲁组长老。比李组长小的鲁组长有个表姐比李组长老,比鲁组长老的李组长有个表姐比鲁组长小。小的小组长比老的小组长长得美,老的小组长比小的小组长长得丑。丑小组长的表姐比美小组长的表姐美,美小组长的表姐比丑小组长的表姐丑。请你想一想:是鲁组长老,还是鲁组长的表姐老?是李组长小,还是李组长的表姐小?是五组小组长丑,还是九组小组长丑?是鲁组长表姐美,还是李组长表姐美。

(2)训练共鸣。气流从肺部上升到喉头冲击声带发出的声音本来是很微弱的。但经过喉腔、咽腔、口腔、鼻腔的共鸣,声音就扩大了,这不需经过训练,人人都可以做到。但是,要想使声音洪亮、圆润、悦耳,就需要进行特殊的训练了。

① 鼻腔共鸣。鼻腔共鸣是由"鼻窦"实现的。鼻窦中的额窦、蝶窦、上腭窦、筛窦等,它们各有小小的孔窦与鼻腔相连,发音时这些小孔窦起共鸣作用使声音响亮、传得更远。运用鼻腔时,软腭放松,打开口腔与鼻腔的通道使声音沿着硬腭向上走,使鼻腔的小窦穴处充满气,头部要有振动感。这样,发出的声音才会振荡、有弹力。但要注意,鼻腔色彩不能过量,过量就会形成"鼻囊鼻音"。

小训练

词组练习:妈妈　光芒　中央　接纳　头脑

蓝蓝的天上白云飘,白云下面马儿跑,挥动鞭儿响四方,百鸟齐飞翔。

② 口腔共鸣。口抬起,呈微笑状,使整个口腔保持一定张力,口腔壁、咽腔壁的肌肉处于积极状态。这样,声带发出的声音随气流的推动流畅向前,在口腔的前上部引起振动,形成共鸣效果。共鸣时要把气息弹上去,弹到共鸣点。声音必须集中,同时还要带上感情,兴奋起来。这样才会达到一个好的共鸣效果。

小训练

词组练习:澎湃　冰雹　拍照　平静　抨击　批评　哗啦啦　啪啪扑　哽咽

绕口令:山上五株树,架上五壶醋,林中五只鹿,柜中五条裤,伐了山上树,取下架上醋,捉住林中鹿,拿出柜中裤。

③ 胸腔共鸣。胸腔是指声门以下的共鸣腔体,属于下部共鸣腔体,它可以使声音结实浑厚、音量大。运用胸腔共鸣时,声带振动,声音反着气流的方向通过骨骼和肌肉组织壁传到肺腔,这时胸部明显感到振动,从而产生共鸣。有了这个底座共鸣的支持,声音才会真实,不飘。

小训练

第一,胸腔共鸣训练。元音"a"直上、直下、滑动练习。

词组练习:百炼成钢　翻江倒海　追悔莫及

小柳树,满地栽,金花谢,银花开。

第二,发声练习。口腔打开,使下面一组音从胸腔逐渐向口腔、鼻腔过渡。要求放慢、拖长、找准共鸣位置。

a-mai-mao-mi-mu

第三,朗读共鸣练习。朗读《七律·长征》(毛泽东),要求放慢速度,有意识地夸张,尽量找出最佳共鸣效果。声音适当偏后些,使之浑厚有力。注意防止"囊鼻音"。

红——军——不怕——远——征——难,
万——水——千——山——只——等——闲。
五岭——逶迤——腾——细——浪,
乌蒙——磅礴——走——泥——丸。
金沙——水拍——云——崖——暖,
大渡——桥横——铁——索——寒。
更喜岷山——千——里——雪,
三军过后——尽——开——颜。

第四,假设分别向1个人、10个人、50人、1000人,在教室、大礼堂、体育场等地朗诵或喊口令,十分准确地运用声音。

在进行共鸣训练时,扩大共鸣腔要适度,不能无限制,要以不失本音音色为前提。同时,应该学会控制共鸣腔肌肉的紧张度,保持均衡的紧张状态。另外共鸣腔各部位包括肌肉要协同动作,这样声音的质量才能真正提高。

(3) 吐字归音。吐字归音是汉语(汉字)的发声法则,即"出字"和"收字"的技巧。我们把一个字分为字头、字腹和字尾三部分,"吐字"是对字头的要求;"归音"是对字腹尤其是对字尾的发音要求。

① 吐字。吐字也叫咬字。一是注意口型,口型该大开时不能半开,该圆唇的时候不能展唇,尽量使声音立起来;二是注意字头,字头是字音的开始阶段,要求叼住弹出。要做到吐字清晰,发音有力,摆准部位,蓄足气流,干净利落,富有弹性。只有这样才能使声音圆润、清楚。

小训练

读下面的绕口令。先慢读,注意分辨声母,发好字头音,读准声调,读几遍后再加速。

- 白石白又滑,搬来白石搭白塔。白石塔,白石塔,白石搭石塔,白塔白石搭。搭好白石塔,白塔白又滑。
- 四和十,十和四,十四和四十,四十和十四。说好四和十,得靠舌头和牙齿。谁说四十是"细席",他的舌头没用力;谁说十四是"适时",他的舌头没伸直。认真学,常练习十四、四十、四十四。

② 归音。字尾是字音的收尾部分,指韵母的韵尾。归音是指字腹到字尾这个收音过程。收音时,唇舌的动作一定要到位,字腹要拉开立起,即在字腹弹出后口腔随字腹的到来扯起适当开度,共鸣主要在这儿体现。然后收住,要收得干净利落,不拖泥带水,但也不能草草收住。如"天安门"三个字收音时舌位要平放,舌尖抵住上齿龈,归到前鼻韵母"n"音上。只有这样归音才到位,才能使声音饱满,富有韵味。

小训练

请读下面的绕口令，注意"n"和"ng"的收音。

梁家庄有个梁大娘，梁大娘家盖新房。大娘邻居大老梁，到梁大娘家看大娘，赶上梁大娘家上大梁，老梁帮着大娘扛大梁，大梁稳稳当当上了墙，大娘高高兴兴谢老梁。

案例分析

1."我请诸君笑一笑"

1956年，当时的印尼总统苏加诺到清华大学操场演讲，台下除了清华大学的学生还有北京大学的学生，陪同的有戴着墨镜和白手套的外交部部长陈毅。苏加诺是世界名人，步入操场时，学生队伍的秩序一度有些骚乱，在台上的陈毅显然不悦，气氛有点紧张。有经验的苏加诺总统当然看出来了。他在演讲一开头就说了两句题外话："我请诸君向前移动几步，我愿更靠近你们。"话一说完，学生队伍活跃了，很快往前移动了几步。接着苏加诺又说："我请诸君笑一笑，因为我们面临着一个光辉的未来。"青年们轻松地笑了起来，气氛变得十分和谐，在接下来的演讲中不断有热烈的掌声。

（资料来源：孙绍振.口吐莲花［EB/OL］.［2020-11-11］. https://m.zhangyue.com/readbook/11321043/3? p2=1040ZZ89.）

【思考与讨论】

（1）如何运用语言沟通拉近与听众的心理距离？

（2）请写下你从本案例中获得的启示，并上传至群共享。

2. 三位应聘者

刘同学在简历中列出了曾发表过一篇关于汇率稳定的文章，以期在银行面试时有所帮助。结果在中国银行面试时，当主考官问起她对汇率稳定的观点时，她结结巴巴，不知该怎么说。事实上身为会计专业的她对金融问题根本没有研究，只是托自己学习金融专业的同学在其发表的文章上加入了自己的名字，因此，这次面试毫无悬念地以失败告终。

王同学一心想进入国际性的咨询公司，在遭到拒绝后，转而将目标锁定于国际会计师事务所。最后，只有安永公司给了她面试邀请。原本此机会已是弥足珍贵，但面试中，考官问到她还投递了哪些单位时，王同学将她投递过的单位如数家珍般一股脑地说出，并表现出极强的兴趣，但就是没有表现出对安永公司的兴趣。结果可想而知，安永公司将她拒之门外。

张同学在面试毕马威公司时，向主考官强调她特别想进入该公司。在解释原因时，她指出毕马威公司的良好背景有利于她以后再次跳槽。最后，毕马威没有给她这个可以再次跳槽的机会。事后，张同学懊恼地表示她当时头脑发晕，不该这么回答问题。

（资料来源：佚名.求职面试［EB/OL］.［2020-0511-17］. https://wenku.baidu.com/view/f1b7acbe1fb91a37f111f18583d049649a660e96.html.）

【思考与讨论】
(1) 请运用所学的知识针对三位应聘者出现的问题进行分析和评价。
(2) 请写下你从本案例中获得的启示,并上传至群共享。

3. 善语言沟通的肉店老板

一位看起来有些沉默、个子矮小的老板经营着一家不起眼的小肉店。当一位顾客走进来时,他那张面色红润、神情和蔼、饱经沧桑的脸上立刻绽放出友好的、灿烂的笑容,带着浓厚的乡下口音,招呼那位顾客说:"早上好啊!亲爱的太太,您想要点什么?"

"请给我来一磅腊肉,史密德斯先生。"

"是给我们尊敬的琼斯先生当早餐的吧?琼斯太太?"

"是啊。"

"告诉你一个好消息,我刚刚进了一批顶呱呱的五香蔡柏拉特香肠,今儿早上我自己就吃了一些,味道真是好极了,而且是事先蒸熟了的。怎么样,称几磅回去吧?亲爱的太太。"

"行,那好吧。"琼斯太太回答。

他一边熟练地把香肠包好,一边又说:"还有呢,我碰巧有个机会,从自由放牧区进了一批肉鸡,要不要我替您留下一只周末吃?"

事实上,一般的营业员如果能做到把腊肉递过去,收下钱,报以微笑,就已是难能可贵了。但是,这位老板在做生意的过程中却进一步激发了顾客的购买欲,用一流的沟通能力取得了强行性推销无法达到的结果。

(资料来源:黄漫宇.商务沟通[M].北京:机械工业出版社,2010.)

【思考与讨论】
(1) 这位肉店老板的语言沟通技巧如何?请予以评价。
(2) 请写下你从本案例中获得的启示,并上传至群共享。

实训项目

1. 口头语言沟通训练

实训目的如下。
(1) 通过实训掌握书面语言及口头语言沟通中的各种技巧要领;
(2) 提高运用相关知识解决实际问题的信心和能力;
(3) 养成良好的沟通习惯和风格,形成得体的沟通综合能力。
实训情景如下。
职业情景1:你是公司办公室主任,公司曾向某家饭店租用大舞厅,每一季用20个晚上举办员工培训的一系列讲座。可是就在即将开始的时候,公司突然接到通知,要求必须付高出以前近3倍的租金。当你得到这个通知的时候,所有的准备工作已经就绪,通知都已经发出去了。单位领导派你去说服对方不要违约,你怎么办?请模拟场景扮演角色。

职业情景 2：于雪的上司吴总是公司负责营销的副总，为人非常严厉。吴总是南方人，说话有浓重的南方口音，经常"黄"与"王"不分。他主管公司的市场部和销售部，市场部的经理姓"黄"，销售部经理又恰好姓"王"，由于"黄"和"王"经常听混淆，于雪非常苦恼。这天，于雪给吴总送邮件时，吴总让她"请黄经理过来一下！"是让王经理过来还是让黄经理过来？于雪又一次没听清吴总要找的是谁。面对这种情况，于雪该怎样处理？

实训内容如下。

(1) 根据职业情景 1，模拟演示陈主任的沟通协调过程。

(2) 根据职业情景 2，为秘书于雪找出一个两全其美的办法，并演示沟通过程。

实训要求如下。

(1) 本实训可在教室或情景实训室进行。

(2) 先分组讨论，再进行角色模拟演示。

(3) 分组进行，每组 3～5 人，一人扮演对方公司经理；一人扮演秘书于雪；一人扮演公司吴副总经理。分角色轮流演示，每组分别演示以上两个情景。

(4) 要求编写演示角色的台词与情节，用语规范，表达到位。

实训提示如下。

(1) 利用口语交流的技巧；

(2) 注重沟通的目的与策略。

实训总结：个人畅谈沟通体会，教师总评，评选出最佳口头语言沟通者。

(资料来源：徐丽君,明卫红.秘书沟通技能训练[M].北京：科学出版社,2008.)

2. 实训：答记者问演练

苹果公司公共关系部为宣传公司产品，于 2021 年推出了 iPhone13，拟举行一次新闻发布会。关于这款 iPhone13 新产品的特点、性能等信息请从网络搜集整理。

假如你是苹果公司公共关系部的工作人员，请为 iPhone13 上市组织一次模拟新闻发布会。具体要求如下。

实训地点：模拟会议实训室。按新闻发布会要求进行现场布置。

实训步骤如下。

(1) 全班同学分为 3 组，每组指定一个组长。由组长扮演苹果公司公共关系部的部长，其他同学扮演苹果公司公共关系部的成员。

(2) 请各公共关系部分别制定新闻发布会的程序，并挑选主持人和发言人；拟写发言提纲。

(3) 其他各组扮演受邀的各新闻单位，并挑选记者，准备提问。

(4) 由其中一组担任苹果公司公共关系部，举行新闻发布会，其他各组的成员担任记者。进行现场演练。

(5) 各组对本次活动进行总结，指导教师进行点评。

训练要求：本项目也可选择在教室进行，但应对环境作适当的布置；每组进行演练的时间应控制在 20 分钟以内；条件允许的情况下可以将新闻发布会的过程制作成录像，在训练结束后进行讨论。

课后练习

（1）运用语言沟通的知识和技巧，由 3～4 名同学自由组成小组，其中一人为讨论组织者，任选以下问题进行讨论，5～8 分钟完成讨论，并派一人当众综述沟通结果。

① 你们几位同学都是电影爱好者，打算成立一个校内影迷协会，作为发起者请讨论它的可行性方案。

② 你们几个同学是超级数码影迷，一直想自导、自拍、自演一部 DV，现在商量实施方案。

③ 如果你们班有一名同学因经济困难假期无钱回家，几个好朋友想帮助他，但他的自尊心很强，讨论一个最得体的办法。

④ 假设你们班得到优秀班集体的奖金 1000 元，你们几个是班干部，现在商议一下这笔奖金的处置方案。

（2）结合实际分析如何成为一个口才较好的人。

任务3　非语言沟通

有许多隐藏在心中的秘密都是通过眼睛泄露出来的,而不是通过嘴巴。

——[美]爱默生

课程思政要求

- 进行社会主义核心价值观教育。
- 进行爱国主义教育。
- 开展诚信教育、法律意识教育和道德意识教育。
- 塑造职业形象,提高职业素养。
- 促进学生全面发展。

学习目标

- 明确语言沟通与非语言沟通的联系和区别。
- 了解非语言沟通的作用。
- 运用非语言沟通的表现形式做好非语言沟通。

案例导入

一个微小举动

某城市电台的一位主持人时常经过一个地下通道,见到一个男孩坐在通道的一角弹着吉他唱歌。男孩总是戴着一副墨镜,显然是个盲人。他的歌唱得很好,并且唱的大多是一些人们喜欢的歌曲。主持人为了听他唱歌,常常走得很慢,等他一曲唱完,便走到他跟前放下一点零钱再离开。

有一天下雨了,男孩唱的是主持人很喜欢的《光辉岁月》。她就站在那里倾听,男孩唱得很投入,她也被他的投入打动了。他唱完的时候,她像往常一样,在他的琴袋里放下零钱。这时,男孩突然抬起头说:"谢谢你,谢谢你多次给我的帮助。我还要谢谢你,你每一次经过的时候,都是蹲下来往我的琴袋里放钱。我在这里唱了3年的歌,你是唯一一个蹲下来放钱的人。我听得出你走路的声音,你总是轻轻地蹲下来,轻轻地离去,虽然我的眼睛看不到你。"主持人听完很吃惊。男孩摘下墨镜,一双很大的眼睛,却没有光泽。他又说:"我就要离开这座城市了,今天我在这里就是为了等你来。我想在我临走的时候唱一首歌给你。"

男孩子调了一下琴弦,轻轻地唱起了《我的眼神》。歌曲很优美,令人感动。

一点点小事,一个微小举动,孤立地看起来微不足道,不算什么,但在人际沟通中所带来的刺激和影响却并不小。

(资料来源:刘康声,张喜春,刘雨霏.人际交流艺术[M].2版.北京:清华大学出版社,2014.)

3.1 非语言沟通的含义

据研究,高达93%的沟通是非语言的,其中55%是通过面部表情、身体姿态和手势传递的;38%是通过声调传递的。

所谓非语言沟通,是指不通过口头语言和书面语言,而是通过其他的非语言沟通技巧,如声调、眼神、手势、空间距离等进行沟通。因为非语言沟通大多通过身体语言体现出来,所以通常也叫身体语言沟通。在沟通过程中,非语言沟通与语言沟通关系密切,而且经常相伴而生。

首先,通过非语言信息,使语言信息得到补充与强化。如一位经理敲击桌子或者拍一下同事的肩,或通过声调来强调相关信息的重要性。当谈到某个方向,伴随手指的指示,可以加深印象。在语言和非语言信息出现矛盾的时候,非语言信息往往更能让人信服。当某人在争吵中处于劣势时,嘴里却颤抖地说道:"我怕他?笑话!"事实上,从说话者颤抖的嘴唇不难看出,他的确感到恐惧和害怕。

其次,非语言信息可以代替语言信息,有效地传递许多用语言都不能传递的信息,而且作为一种特定的形象语言,它可以产生语言沟通所不能达到的交际效果。在日常工作中,我们也都在自觉或不自觉地使用非语言沟通,来进行信息的传递和交流,既省去不少口舌,又能达到"只可意会,不可言传"的效果。比如,当经理走进办公室,显出一副伤脑筋的样子,不用说,他与上司的见面很糟糕。

但是,语言沟通和非语言沟通也有很大的区别。

(1) 沟通环境。在非语言沟通中,我们只需运用到眼睛,因此可以不必与人直接接触。比如,你可以通过一个人的着装、动作判断他的性格与喜好;可以通过他的收藏品判断他的业余爱好;也可以通过他的表情看出他与朋友的关系程度;通过约会的地方可以看出他对约会的重视程度。非语言沟通可以不为被观察者所知,而语言沟通一般要面对面进行。

(2) 反馈方式。除了语言外,对于对方所给予的信息,我们给予大量的非语言反馈。我们的很多感情反应是通过面部表情和形体位置的变化表达的,例如,通过微笑和点头来表示对别人说的内容感兴趣;通过坐立不安或频频看手表来表示缺乏兴趣。

(3) 连续性。语言沟通从词语开始并以词语结束,而非语言沟通是连续的。无论对方在沉默还是在说话,只要他在我们的视线范围内,他的所有动作、表情都传递着非语言信息。比如在一家商店里,一个妇女在面包柜台旁徘徊,拿起几样,又放下,还不时地问面包的情况,这表明她拿不定主意。一位客户在排队,他不停地把口袋里的硬币弄得叮当响,这清楚地表明他很着急。几个小孩试图确定自己的钱能买收款处附近糖果罐中的多少糖果,收款员皱着眉头叹了口气,可以看出她已经不耐烦了。商店中所有人都向我们传递非语言信息,并且是连续的,直到他们从我们的视线中消失。

（4）渠道。非语言沟通经常不止利用一条渠道。例如,想象在观看一场足球赛时你所发送的信息:你穿有某队代表色的衣服,或者举着牌子,别人就能判断你喜欢哪支球队;当该队得分时,你跳起来大声喊叫。这样,在你非语言沟通中,你既使用了视觉渠道,又使用了声音渠道。又比如一次会议,地点在五星级饭店,配有最好的食物,高层领导出席,着装正式。这些都表明此次会议非常重要。

（5）可控程度。我们很难控制非语言沟通,其中控制程度最低的领域是情感反应。高兴时你会不由自主地跳起来,愤怒时会咬牙切齿。我们的绝大多数非语言信息是本能的、偶然的,这与语言沟通不同,在语言沟通时,我们可以选择词语。

（6）结构。因为非语言沟通是无意识中发生的,所以它的顺序是随机的,并不像语言沟通那样有确定的语言和结构。如果坐着与人交谈,你会计划你要说的话,但不会计划什么时候跷腿、从椅子上站起来或看着对方,这些非语言动作对应着交谈期间所发生的情形。仅有的非语言沟通规则是一种行为在某种场合是否恰当或被容许。例如,在一些正式场合,即使你遇到再不高兴的事,也不能跳起来,而要喜怒不形于色。

（7）掌握。语言沟通的许多规则,如语法、格式,是在结构化、正式的环境中得以传授的,如学校。而很多非语言沟通没有被正式传授,主要是通过模仿学到的,例如小孩子模仿父母、兄弟姐妹和同伴,下属模仿上司。

(资料来源:惠亚爱.沟通技巧[M].北京:人民邮电出版社,2013.)

3.2 非语言沟通的作用

非语言沟通作为沟通活动的一部分,在完成信息准确传递的过程中起着重要的作用。据研究,在沟通中,55%的信息是通过面部表情、形体姿态和手势传递的。非语言沟通在交际活动中的作用是丰富多彩的,它能使有声语言表达得更生动、更形象,也更能真实地体现心理活动状态。

1. 代替语言

我们现在使用的大多数非语言沟通经过人类社会历史文化的积淀而不断地传递、演化,已经自成体系,具有一定的替代有声语言的功能。许多用有声语言所不能传递的信息,通过非语言沟通却可以有效地传递。另外,非语言沟通作为一种特定的形象语言,它可以产生有声语言所不能达到的交际效果。在日常工作中,我们也在自觉或不自觉地使用各种非语言沟通来代替有声语言,进行信息的传递和交流。在传递和交流信息的过程中,既省去过多的"颇费言辞"的解释和介绍,又能达到"只可意会,不可言传"的效果。

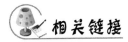 **相关链接**

毛主席的挥手之间

方纪的《挥手之间》描述了在抗日战争时期,毛泽东去重庆谈判前与延安军民告别时的动作。"机场上人群静静地站立着,千百双眼睛随着主席高大的身影移动。""人们不知道怎样表达自己的心情,只是拼命挥着手。""这时,主席也举起手来,举起他那顶深灰色盔式帽,举得很慢,很慢,像是在举一件十分沉重的东西,一点一点地,一点一点地,等举过头顶,忽然用力一挥,便在空中一动不动了。""举得很慢很慢"体现了毛泽东在革命重要关头作重大决策时严肃认真的思考过程,同时,也反映了毛泽东和人民群众的密切关系和依依惜别之情。"忽然用力一挥"表现了毛泽东的英明果断和一往无前的英雄气概。毛泽东在这个欢送过程中一句话也没有讲,但他的手势和动作却胜过千言万语。

非语言沟通代替有声语言在舞台表演中的作用最为突出。在表演时,完全凭借手、脚、体形、姿势、表情等身体语言,就能够准确地传递特定的剧情信息。需要指出的是,在管理工作中所采用的非语言沟通与舞台表演时的身体语言应当有所区别。在商务沟通中运用非语言沟通,要尽量生活化、自然化,与当时的环境、心情、气氛相协调;如果运用舞台表演时过分夸张或矫揉造作的表演方式,只会给别人造成虚情假意的印象,影响沟通的质量,甚至会起到反作用。

(资料来源:http://www.bwchinese.com/Chapter/2000.html.)

2. 强化效果

非语言沟通不仅可以在特定的情况下替代有声语言,发挥信息载体的作用,而且在许多场合,还能强化有声语言信息的传递效果。如当领导在会上提出一个远大的计划或目标时,他必须用准确的非语言沟通来体现这个目标的重要性。他应该用沉着、冷静的目光扫视全体人员,用郑重有力的语调宣布,同时脸上表现出坚定的神情。在表达"我们一定要实现这个目标"时,要有力地挥动拳头。在表达"我们的明天会更好"时,要提高语调,同时,右手向前有力地伸展等。这些非语言沟通大幅增强了说话的分量,体现出决策者的郑重和决心。

3. 体现真相

非语言沟通大多是人们的非自觉行为,其中所包含的信息往往都是交际主体在不知不觉中显现出来的。它们一般是交际主体内心情感的自然流露,与经过人们的思维进行精心提炼的有声语言相比,非语言沟通更具有显现性。非语言沟通在交际过程中可控性较小,其所传递的信息更具有真实性。正因为非语言沟通具有这个特点,因而非语言沟通所传递的信息常常可以印证有声语言所传递信息的真实与否。在现实交际中常出现"言行不一"的现象。正确判断一个人的真实思想和心理活动,要通过观察他的身体语言,而不是有声语言。因为有声语言往往会掩饰真实情况。日常工作中,同事之间的一个很小的助人动作,就能验证谁是你的真心朋友。在商务谈判中,可以通过观察对方的言行举止,判断出对方的合作诚意和所关心的目标等。

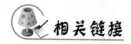 **相关链接**

麻将后面的政治新闻

我国新闻界的前辈徐铸成先生有一次谈到他早年采访中的一段经历。1928年阎锡山和冯玉祥曾经酝酿联合推反蒋介石,可是当冯玉祥到达太原时,阎锡山却把他软禁起来,借此行动向蒋介石要钱要枪。后来冯玉祥的部下尽了很大努力,才逐步扭转危局。那天徐铸成到冯玉祥驻太原的办事处采访,看到几个秘书正在打麻将,心里一动,估计冯玉祥已经脱身出走了,因为冯治军甚严,如果他在家的话部下是不敢打牌的。徐铸成赶紧跑到冯玉祥的总参议刘志洲家采访,见面就问:"冯玉祥离开太原了?"对方大吃一惊,神色紧张地反问:"啊?你怎么知道?"这个简短的对答,完全证实了徐铸成的判断。徐铸成就这样通过一桌麻将和采访对象的神色语气,获得了冯玉祥脱身出走的重要信息。以后他又经过深入地访谈,摸清了冯玉祥、阎锡山将再度联合的政治动向,在当时这是一条极其重要的政治新闻。

(资料来源:http://news.jschina.com.cn/gb/jschina/news/xzzj/node1484/userobject1ai58625.html。)

4. 表达情感

非语言行为主要起着表达感情和情绪的作用,例如,相互握手表示着良好人际关系的建立,父母摸摸小孩子的脑袋表示爱抚,夫妻、恋人、朋友间的拥抱表示着相互的爱恋和亲密。在历史上,管宁通过"割席"这个无声行动拉开了同不专心学习的伙伴华歆的距离;汉文帝垂询贾谊时,"夜半虚前席"则缩小了君臣之间的距离。最典型的是吴敬梓的《儒林外史》有一回写严监生病入膏肓,弥留之际已不能说话,但是还不咽气,这时,"赵氏分开众人走近上前道:'爷,只有我能知道你的心事。你是为那灯盏里点的是两茎灯草不放心,恐费了油。我如今挑掉一茎就是了。'说罢忙走去挑掉一茎。众人看严监生时,点一点头把手垂下,登时就没了气。"这段描写固然是夸张地刻画了严监生吝啬的性格特点,但更说明了人在不能说话的情况下能用体态语言来表情达意。

3.3 非语言沟通的表现形式

1. 副语言[①]

副语言又称类语言,是有声音而没有固定语义的语言。有声是相对于无声而言的。从发声的角度讲,人类的交际活动主要分为无声语言交际和有声语言交际两类。无声类主要包括体态语言,如表情、眼神、动作等;有声类主要包括常规语言和副语言。常规语言是指我们平时交谈时运用的分音节语言。副语言与常规语言的区别在于:其一,常规语言是分音节的语言,而副语言的语音形式诸如重音、语调、笑声、咳嗽等都不是正常的分音节语言;其二,常规语言绝大多数有较为确定的语义,而副语言本身没有固定的语义,只有

[①] 马志强.语言交际艺术[M].北京:中国社会科学出版社,2006.

在具体的语境中才能表达特定的意义。正因为副语言语义的不确定性,所以,在交际过程中适当地运用副语言能产生特殊的表达效果。

副语言主要包括两类:一是伴随有声语言而出现的声音特性,如停顿、重音、语速、语调等;二是功能性发声,如笑声、哭声、呻吟、叹息、咳嗽等。前者往往与常规语言同时发生,表现为常规语言的表达方式;后者可以单独使用,在具体的语境中有相对独立的语义。相比常规语言,副语言更加依赖语境,脱离语境,副语言只剩下了一些功能性的发声,是纯粹的语音形式而没有确切的语义。副语言在不同语境中的运用使其丰富的语义信息由此产生,副语言的交际功能就是由其丰富的语义信息决定的。概括起来,副语言主要有以下几个方面的交际功能。

第一,强调功能。副语言借助重音、停顿或语速、语调的变化等形式强调所要表达的内容。

第二,替代功能。在交际过程中,副语言有时能直接替代常规语言并产生特别的表达效果。比如,当甲问乙:"你家儿子考上大学没有?"乙一声"叹息",就等于回答了甲"没有考上,别提了。"

第三,暗示功能。副语言的声音里有特定的含义,常充作一种"声音暗示"。例如,咳嗽声可以表示默契、暗中提醒;打哈欠声可以表示厌烦;打喷嚏声可以表示嗤之以鼻;笑声可以表示蔑视等。

第四,否定功能。同样的语句因说话者的语调、语气或重音运用的不同,可能会有截然不同的语义。比如,"你来得真早!"既可以是直接肯定对方早来的事实,也可以是对对方迟到的讽刺。这句话的否定意义就是通过加重"真"字的语音并放慢其语速而表达的。

副语言主要有以下声音特性。

(1)音质。音质也叫音色,是声音的特色,是一种声音与其他声音相互区别的根本标志。每个人都有独一无二的音质,我们可以根据声音判别其人。比如,隔壁房间有几个熟悉的人在大声说话,我们就可以根据各人的音质的不同来判断是张三还是李四在说话。或者即使是自己不认识的一群人在隔壁说话,也能大概知道是什么样的人在说话。作为声音的自然特性,音质虽然没有区分语义的功能,但它在语言交际中却产生特别的表达效果。试想一下,如果我们拿起话筒,听到的是一个明亮、清脆、音调谐美的女性声音,或者是一个带有磁性的浑厚的男中音时,都会感到特别悦耳、动听。相反,如果女的声音宽厚,男的声音尖细,则让我们感到不舒服。

正因为音质是一个人的声音特征,所以音质有时能够透露出一个人的性格和个性。有学者研究得出:说话带呼吸声的男性年轻且富有艺术感;说话带呼吸声的女性则可能长相漂亮。声音细弱的男性普普通通,没有什么特殊能力,无足轻重;声音细弱的女性则不够成熟。声音紧张的男性年龄较大,不易屈服;声音紧张的女性大多年龄较轻,容易动感情,智商稍低。声音清晰、有活力的男性身心健康,富有热情;声音清晰、有活力的女性则富有朝气,态度随和,人缘好。声调富于变化的男性充满活力,富有同情心和爱美之心;女性声调富有变化则能较好地体贴人,善于与人沟通等。

音质有时会发生"性别错位"和"年龄错位"。成熟的男性如果说话声音尖细,被认为是"娘娘腔";女性发音厚重,则被认为没女人味,这是"性别错位"。如果年少而声音苍老,或者年长而声音稚嫩,则属于音质的"年龄错位"。音质错位会给交际带来消极影响,因此,我们要注意自己的音质,并改善自己的发声。虽然音质是由一个人发声器官的生理特征决定的,但如果注意自己的发音方法和习惯,有意改变自己的发音弱点,音质是可以得到一定改善的。

(2)音调。音调是指语句的语调。语调是指说话者为了表达意思和感情而表现出来的抑扬顿挫的语句调子。在普通话里,最常见的语调有升调和降调两种。升调是句尾升起的调子,一般疑问句用升调。降调是句尾降低的调子,陈述句、祈使句、感叹句一般用降调。同样的句子,因语调不同,其语义大不相同。如"你们能赢"这句话,如果是用来鼓励对方,或相信对方一定能赢,则用降调表达肯定的语气。反过来,对方已经赢了,但说话者对此表示怀疑,说"你们能赢?"用的是升调,则令对方不愉快。

语调的升降同句义的表达有密切的关系,如果把特定的语义和说话者的感情变化包括在内,句子升降的类型实际上并不止两种。比如:你好啊(平直调,表示说话者平常地问候对方);你好啊(升调,表示说话者关切地询问对方的身体或其他情况的变化);你好啊(高升调,表示说话者夸赞对方做出了令人惊讶的事情);你好啊(曲折调,表示说话者厌恶或讽刺对方)。同样的语句因语调的不同而有多种不同的语义,这一特点说明,在语言交际中,要重视语调的作用,善于运用不同的语调来表达确切的语义和情感。

小训练

根据括号内的提示,用恰当的语调说出下面的话。

"你到这里来过?"

① 高兴(这太好了!)
② 惊讶(真没有想到。)
③ 怀疑(这可能吗?)
④ 责怪(你不应该来呀!)
⑤ 愤怒(真是太不像话了!)
⑥ 惋惜(唉!无可挽回的过失。)
⑦ 轻蔑(这种地方你也来,你是什么东西。)
⑧ 冷漠(是否来过与我无关。)

(3)语速。语速是指说话的快慢。每个人说话都有一个比较恒定的语速,有人说话语速较快,有人说话语速较慢,这与说话者的个性有关。一般来说,性子比较急的人说话速度偏快,慢性子的人说话速度偏慢。语速在交际中的作用在于说话者可以利用语速来调整感情,更好地表情达意。人在激动、兴奋、喜悦、愤怒时语速较快,在悲伤、沉郁、忧郁、疑虑时语速较慢。在演讲或说话时,为了强调某些特定信息,讲话者有意放慢语速,并加重语气。对于不太重要的信息,则快速带过。比如,我们常在电影或书本中看到革命者面对敌人的拷问,一字一句地回答:"不—知—道!"或者自豪地说:"我是共—产—党—员!"

同样的句子因不同的语速而表达不同的语言信息。如召唤某人时,他回答:"来啦!"这两个字如果拉长语气即放慢语速说的话,则表示高兴、欢快的情绪;如果是快速的语气,则表示他不情愿、不耐烦的态度。演讲和说话时,讲话者可通过调整语速,调节和控制现场气氛,以达到更好的表达效果。例如,林肯会以很快的速度说出几个字,当他希望强调哪个单字或句子时,他会让他的声音拖长,并一字一句,说得很重,然后就像闪电一般,迅速把句子说完……他会把他说出他所要强调的单字或句子的时间尽量拖长,几乎和他在说其余五六句不重要句子的时间一样长。相反,如果讲话者一直以没有变化的语速和平直的语调发言,听者会感到乏味,气氛也会沉闷,这时则可以加快或放慢语速,并结合语调的变化,来引起听者的注意。

(4) 停顿。停顿是语流中声音的暂时中断,这是副语言中特殊的一种类型。因为副语言是一种有声的语言,对通过声音传达信息,人们早已认识;停顿虽然没有声音(这里我们可以理解停顿是一种音量值为零的语言),但在语言交际中,适当地运用停顿,也可传达信息,并产生较好的表达效果,正所谓"此时无声胜有声"。我们这里所讲的停顿是副语言范畴中的停顿。停顿分为常规停顿和超常规停顿。常规停顿是指语法停顿和逻辑停顿,这种停顿并没有产生特殊的语义;副语言中的停顿是一种违反常规的停顿,停顿能传达特殊的信息,并产生特别的表达效果。进行口语交际时,适当地运用停顿可调节言语的节奏,并能控制语速,这样有利于讲话者迅速地调整思维,对自己的言语进行编码,也便于对方的接受,使谈话达到最佳效果。比如,提出问题以后的停顿,不管是让人回答还是自问自答,都可以提供思考的时间;在句群和段落之间,适当的停顿可提示对方谈话层次的转换。

停顿作为一种辅助性的交际手段,它的作用主要表现为对语言信息的强调。马克·吐温说:"停顿经常产生非凡的效果,这是语言本身难以达到的。"例如,英国政治家赖白斯有一次在伦敦发表一个关于劳工问题的演讲,他讲到中间,突然停顿了27秒之久,正当听众不可思议时,赖白斯突然大声说:"诸位适才所感觉到的局促不安的27秒的时间,就是普通工人垒起一块砖所用的时间。"赖白斯的停顿使得听众对停顿之后的话特别注意。停顿在演讲开场白之前运用能"压场";而演讲即将结束时较长时间的停顿,往往会产生铿锵有力的效果。

(5) 重音。重音是指说话和朗读时把句子里的某些词语念得比较重的语言现象。语言学中的重音有语法重音和逻辑重音两种。根据语法结构的特点把句子的某些部分重读的,叫语法重音。一般短句中的谓语部分以及句子中的修饰、限制成分如定语、状语、补语部分常常要重读。例如,春天到了("到"是谓语,读重音)。她是个很漂亮的姑娘("很漂亮"是定语,读重音)。月亮慢慢地升起来了("慢慢"是状语,读重音)。屋里打扫得很干净("很干净"是补语,读重音)。根据表情达意的需要,对句子中需要突出和强调的词语重读,叫逻辑重音。例如,我知道你会唱歌("我"读重音,表示别人不知道你会唱歌)我知道你会唱歌("知道"读重音,表示你不要瞒着我了)。我知道你会唱歌("你"读重音,表示别人会不会我不知道)。我知道你会唱歌("会"读重音,表示你怎么说不会呢)。我知道你会唱歌("唱歌"读重音,表示会不会唱戏我不知道)。重音主要通过增加声音的强度来体现。语法重音是一种常规性的重读,其语音强度并不很强;逻辑重音具有突出强调的作用,其强度比语法重音要强。

此外,在谈话或演讲时,讲话者对所讲的内容充满特殊的感情,用重音来表达,有人称之为感情重音。比如,京剧《智取威虎山》一段,当杨子荣问小常宝的父亲在深山老林里住了多久时,小常宝父亲满腔悲愤,重重地吐出六个字"八年了,别提它。"再如,《生的伟大,死的光荣》一文中刘胡兰面对敌人铡刀的威胁,铁骨铮铮地回答道:"怕死不当共产党员!"这句话用饱含强烈感情的重音,表现了刘胡兰对党的无限忠诚和大无畏的英雄气概。

小训练

说出下面的话,注意重音。

他吃了一块蛋糕。
·

他吃了一块蛋糕。
　·

他吃了一块蛋糕。
　　·

他吃了一块蛋糕。
　　　·

(6) 笑声。笑声是一种功能性发声。因为笑声是有声音的传出,且声音本身有一定的含义。功能性发声大多都有相应的文字符号,如哈哈大笑、咯咯地笑等。笑声既是一种生理现象,也是一种心理现象,是人们内心情感的外部显示,同时它还是传递信息的手段。人类的笑多种多样,文字中对笑的形容也丰富多彩,诸如开怀大笑、哈哈大笑、放声大笑、捧腹大笑、笑弯了腰、笑出了眼泪、笑得肚子痛、笑得发抖、狂笑、欢笑、嬉笑、傻笑、耻笑、噬笑、憨笑、奸笑、干笑、冷笑、阴笑、苦笑、哭笑、嘲笑、皮笑肉不笑、怪笑、媚笑、浪笑、假笑等。每一种笑声里都有特定的信息,并且通过面部表情表现出来,当然,笑容是一种表情,属体态语言。

笑声在交际中的作用是显而易见的。首先,无论是爽朗的笑声还是清脆的笑声都能给人带来愉快的情绪,活跃交际的气氛。其次,人们从各种不同的笑声中能解读出不同的语义,体察笑者真实的情感,比如,面对敌人的威逼利诱,革命者哈哈大笑,那是对敌人极大的蔑视,表明了革命者坚定的信念和开阔的襟怀,同时笑声里传达出革命者讽刺和愤怒的情绪。最后,由于笑声是一种生理和心理复合的现象,即笑声可以是一种条件反射,情不自禁的情绪反应,也可以是一种自觉意识的表现,亦即人们可以故意地发出笑声并通过笑声来传情达意。比如,在听了别人一个并不可笑的笑话故事后,人们用笑声来鼓励和安慰讲故事者。此外,诸如假笑、干笑、冷笑、阴笑以及嘲笑等都是有意为之的笑,能传达出特殊的信息。

(7) 咳嗽声。咳嗽本来只是一种生理现象,嗓子发痒或因呼吸系统病变就会引起咳嗽。但它有时候也是一种功能性发声,人们有意发出咳嗽声并借此传达特定的信息。如在发言之前,讲话人习惯咳嗽一两声,一为镇定自己的情绪;二为提示别人安静下来。咳嗽声还可以用来填补语空,如果在说话时出现因一时的思维障碍而可能导致讲话突然中断,说话人习惯用咳嗽声来填补语言间隙,从而使说话显得连贯。

(8) 叹息声。叹息首先是一种生理性的反应,当人们伤感、郁闷时,常不由自主地发出叹息,借以排解内心苦闷的情绪。同时又是一种功能性的发声,它可以作为信息传递的一种方式,在具体的语境中,有其较明确的含义。比如,当别人向你诉说令人悲伤的事情时,你适时地叹息一声,这叹息是表示同情予以安慰的意思。当恰逢生活或工作遇到不如意时,面对别人的问询,你的一声叹息也等于回答了别人,不愿多说也无须多说。一个经常性地长吁短叹的人,似乎总是在向别人诉苦,时间久了,别人的同情也会转成厌烦。正因为叹息是负面情绪的外化形式,所以,在交际中要注意其使用。当别人高兴之际,你的叹息会引起别人的不快;而当别人悲伤之时,你无动于衷,不作一声,有悖于常情,也会令人不满。

(9) 嘘声。嘘声表示语义的功能是非常明显的,而且情绪化色彩很强,在公众场合用得较为普遍。嘘声常常表现为观众的一种否定、对抗甚至是反抗的激烈情绪。比如,演员和球员在台上或场上不令人满意时,观众常发出一片嘘声,促其下台或下场。在交际过程中,嘘声作为交际主体单方面发出的声音信号,虽然传达了特定的语义和情绪,但对交际客体来说是一种伤害,是交际客体主观上不愿意接受的。这样,嘘声就违背了交际中合作、礼貌和协调的基本原则,从这个意义上来讲,它不应该参与到交际过程中来。严格地说,嘘声表现的是一种不文明的行为。

(资料来源:马志强. 语言交际艺术[M]. 北京:中国社会科学出版社,2009.)

2. 沉默

沉默即言词、话语间的短暂停顿。沉默常常出现在高信息内容或低概率词项之间,是超越语言力量的一种高超的传播方式。因此,恰到好处的沉默也是一种艺术。

所谓"沉默是金"是深刻的至理名言。例如,在舌战中适当沉默一会儿,是自信和有力的表现,是迫使对方说话的有效方法。只有缺乏自信、忐忑不安的人才会用喋喋不休来掩饰,只有愚人才不给对方以改变的机会。例如,青年男女之间倾心相爱,双眸含情脉脉,无言而对,这种沉默所传递的信息量要比言语大上几十倍,这绝对可以称得上是"此时无声胜有声"。

沉默所表达的意义是丰富多彩的,它以言语形式上的最小值换来了最大意义上的交流,显示了精彩的艺术美。它可以是无言的赞许,也可以是无声的抗议;它可以是欣然的默认,也可以是保留己见;它可以是威严的震撼,也可以是心虚的无言;它可以是毫无主见,附和众议的表示,也可以是决心已定,无须多言的标志。

在一定的语境中,沉默是相对明确的,就像乐曲中的休止符一样,它不仅是声音上的空白,更是内容的延伸与升华。沉默确实是沟通中很厉害的武器,但是必须有效使用。否则,无论是在平时的日常生活还是商务沟通中,很容易让另外一个沟通者无法判定行为者的真实意图而产生惧怕心理,从而不能达到有效的沟通。

3. 时间

时间作为非语言表现形式,主要是因为我们可以根据沟通者对待时间的态度来判定沟通者的性格、观念和做事的方式,从而达到有效的沟通,准确地了解沟通者,做出符合自己利益的决策。

(1) 不同民族、社会、文化对时间感受不同。我们往往容易做出人人都以同样的方式感受不同时间的假定。毕竟一小时就是一小时,不是吗?然而不同的民族、不同的社会和不同的文化对时间的感受是不同的。

在西方人们信奉基督教,故而将复活节、感恩节、圣诞节这样一些宗教节日视为民族大节,非常重视并开展大型庆典活动。而在我国历史上,老百姓比较喜欢按照农历计算日子和节日,因此诸如中秋节、春节等才是中国老百姓喜欢过的传统节日。

(2) 在某种文化之内,不同社会团体将时间分为不同时段。工商界关注从周一到周五的工作日,而零售店的经营者则更多关心周末的工作日;像宾馆、酒店等从事第三产业的经营者会把黄金销售期订在两个黄金周和双休日;而农村可能不怎么关心工作日和周末,他们会根据农业活动和季节(如耕作季节、播种季节和翻晒季节)安排时间。

(3) 人们对时间有不同估价。由于监管并不总是明确的,所以更重要的或许是每个人都有不同的时间划分。根据他们的地位和所处的环境,人们对时间有不同的估价。如一个大公司的总经理和退休老夫妻对于时间的态度会有很大区别。

对人际沟通产生明显的影响也包括使用时间的方式。如果你在上午 10 点安排一个约会,却在上午 10:30 露面,那么你可能在传递着某些信息:你对约会的态度、对那个人的态度或对自己的态度和时间对你的重要性。如果你提前出席一个讲座,可能说明你的兴趣和热情。你可能在利用时间表达你的热心。

(4) 人们在时间的使用上有不同文化。在中国,很多人并没有时间观念。在北美国家,"时间就是金钱",他们会记录约会日程并按日程计划和安排生活,因此准时和及时对于北美国家是很重要的。在欧洲一些国家的时间观念会比北美国家差一点,但是准时也是他们的特征。在德国,公共交通工具从来都是按照时刻表准确运行的,一旦因为晚点而给乘客造成损失,相关部门会给予适当的赔偿。在南美洲的国家中,人们在参加宴会或者谈判时迟到是很普遍的现象。因此,和不同文化背景的沟通者进行沟通时,要了解和尊重对方的文化。

(资料来源:黄漫宇.商务沟通[M].北京:机械工业出版社,2010.)

4. 着装打扮

在现代生活中,人们的着装打扮已远远超越了最基本的遮羞避寒的功能,其更重要的功能是能向别人传递属于个人风格的信息。服装、饰物及化妆都作为沟通手段发挥着重要作用。

(1) 服装。服装对非语言沟通极为重要。衣服的颜色、款式和风格等能够传递许多信息,其不仅可以表示一个人的社会地位、身份和职业性质,而且能够反映人的心理特点和性格。服装能够透露人的感情信息,常常是你如何感觉的就会如何穿着,而穿着如何又会影响着你的感觉。

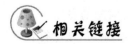 相关链接

你代表不了公司

一个炎热的下午,一位销售钢材的专业推销员走进了一家制造公司的总经理办公室。这个推销员身上穿着一件有泥点的衬衫和一条皱巴巴的裤子。他嘴角叼着雪茄,含糊不清地说:"早上好,先生,我代表森筑钢铁公司。"

"你也早上好!你代表什么?"这位总经理问,"你代表森筑公司?听着,年轻人,我认识森筑公司的高层领导,你不能代表他们——你的形象和外貌代表不了他们。"

(资料来源:佚名.成功素养[EB/OL].[2016-03-13]. http://blog.sina.cn/dpool/blog/s/blog_5faa6fd30102w6ty.html?vt=4.)

(2) 饰物。饰物在人的整体装饰中至关重要,一件使用得当的饰物好似画龙点睛,能使你气质出众。佩戴饰物有以下四点要求。

① 在选择饰物的种类及选择佩戴方法时,首先要做到恰到好处,然后再考虑锦上添花,绝不可画蛇添足。例如,在黑色羊毛衫上面佩戴一枚闪光的彩色胸花,是很别致的。但如果再配上一条项链,就显得烦琐。

② 饰物的佩戴要与自身的体型、发型、脸型、肤色及所穿服装的款式、面料、颜色保持协调一致。例如,夏天,穿一身飘逸的连衣裙,背一个精巧的浅色双肩小包的女孩看上去就很协调,如果挎一个黑色皮包就不搭调。

③ 由于现代饰物品种繁多,各种质地的饰品琳琅满目,在选择时首先要考虑自身所处的环境及身份,绝不可乱戴。例如,上班时,闪闪发光的手链、奇形怪状的戒指与身处的工作环境会很不相配。有一定身份的人,绝不可只图好看而选戴劣质饰品。

④ 饰物的色彩、款式要与季节相配,这一点多用在皮包、眼镜、领带的选择上。例如,夏季和春季,女士应选择色彩亮、体积小的皮包,男士应选戴以浅色为主的领带;冬季,着装比较厚,皮包相应要大一点才能与穿着协调。

(3) 化妆。化妆跟衣服一样,是皮肤的延伸。常见的化妆品有眉笔、胭脂、粉、唇膏、指甲油、香水等。化妆的目的在于重整面部焦点的特征,例如单眼皮变双眼皮、细小的眼睛变大的眼睛、扁平的鼻子显得高耸、青白的面色变得红润等。化妆是一种身体语言,一位女士精心打扮,除了令自己更好看,还"告诉"人们三点:一是我肯花时间在化妆上,而时间就是金钱,所以我的社会地位不低;二是我的化妆品是贵重的,这反映了我的财富;三是我与其他同样精心化妆的人是特别的一群,与你们不同。

5. 环境布置

环境布置不仅影响人的工作效率和效果,而且也反映出许多信息。在管理过程中,环境布置的重点主要集中在办公室设计、房间颜色搭配及办公室陈设等方面。

(1) 办公室设计。办公室设计主要有两种模式,即传统式与开放式。传统式办公室设计的特点是:四周设有若干办公室,中间有大厅。周边的大办公室供老板使用;有两扇窗户的办公室属于资深主管;而转角办公室——两面墙上带有窗户的房间,通常是高级主管或合伙人的办公室;建筑物内侧的办公室是资历较浅的主管的,那里没有窗户,但有一扇门,因此这里还是一个可以称为自己小天地的地方;中间大厅是属于低层职员和临时工的地方,在这里你的桌子就好像放在走道里,没有隐私可言。近年来,开放式办公室的概念已获得大部分公司的青睐。20世纪90年代半数以上的美国公司都采用开放式、大部分空间为员工而非经理所用的办公室。开放式办公室的拥护者声称,开放式办公室有助于建立民主的气氛,增加同事之间的沟通。甚至有研究认为,开放式的办公环境提高了员工的生产力。

(2) 房间颜色搭配。研究显示,办公环境的颜色影响着员工和顾客的心理与感情。颜色能被看见,也能被感受到。红色、橙色、黄色会产生侵略性刺激,人们所处房间的地板、墙壁、天花板和家具如果是鲜艳的色彩,会使人血压增高,心跳加快,并增加脑部活动。清凉的色彩使人的生理器官正常活动,如蓝色具有镇静的效果,而淡绿色则让人觉得安详平和。

(3) 办公室陈设。办公室陈设的摆放能够影响人们在此停留的时间。另外,办公桌的大小、外形也能影响来访者对主人的印象,而且能决定这个办公室开放性沟通的程度如何。

(资料来源:王建民.管理沟通实务[M].北京:中国人民大学出版社,2012.)

6. 态势语言

人们说话时,态势语言又称为"行为语言""人体语言""动作语言",是一种伴随着自然有声语言而实现交际功能的辅助性无声语言。当然,要完成交际任务,应以自然有声语言为主,态势语言只起强调、修饰、渲染的作用,但在某种特殊情况下,态势语言不但可以单独使用,甚至还可表达出有声语言难以表达的思想感情,直接替代自然有声语言。成功的语言交际者就在于能将有声语言和态势语言配合得非常默契,将它们有机地协调起来。反之,如果在日常交际中,忽略了态势语言的选择和运用,不仅会直接影响有声语言的表达效果,而且还会给别人留下不良印象,有损本身和代表组织的形象。

(1) 面部表情语。在人体语言中,面部表情是最丰富、最具有感染力的。"体语学"创立者雷·伯德惠斯特尔指出:"光人的脸,就能做出大约25000种不同的表情。"美国一位著名记者在《回忆罗斯福》中写道:在20分钟里,罗斯福的面部表情呈现出诧异、好奇、焦虑、同情、坚定、幽默、尊严和无可抵挡的魅力等不同的变化,而在这一段时间里他几乎没有说一句话。人类的面部表情还具有一致性。1957年,美国心理学家艾斯曼做了一个心理学实验,在这个实验中,他从美国、日本、巴西、阿根廷、智利五个国家选择了受试者,让这些受试者辨认分别表现喜悦、厌恶、惊奇、悲哀、愤怒和恐惧六种情绪的照片。结果,绝大多数的辨认趋向一致。实验结果证明,人类的面部表情有较为一致的表达方式,面部表情可以说是一种"世界语"。下面我们从眼神和微笑与眉、嘴两个方面来分析。

① 眼神。在人类的面部表情中,眼神无疑是最具交流能量的了。有研究证明,在信息交流中,人们用30%~60%的时间与他人眉目传情。因此,有"眼睛是心灵的窗口""目成心许""一见钟情"等说法。

王建民教授在其《管理沟通理论与实务》(中国人民大学出版社,2005年出版)中对眼神的功能有如下归纳:一是专注功能。反映一个人的注意程度和感兴趣程度。因此进行商务交流时,要特别注意交流对象的眼神的变化,当我们在向交流对象介绍某项业务或产品时,对方眼神无光,可能说明对方对我们的业务、产品没兴趣,或者对我们的介绍方式不感兴趣,此时就要做及时地调整,重新激发对方的兴趣。二是说服功能。在劝说过程中,为了使被劝说者感到真诚可信,必须与对方保持较亲密的视线接触。三是亲和功能。与尽可能多的人保持友善的视线接触,是一个人建立良好人际关系的必要前提。我们很多人际关系的建立,正是从眼神交流开始的。四是暗示功能。眼神交流的暗示功能最典型的例子,就是《国语·召公谏厉王弭谤》中的"道路以目"。暴虐的厉王严禁百姓议论朝政,违者处斩。于是"国人莫敢言,道路以目"。老百姓在路上不敢再用语言交流了,而是用眼神来暗示内心的不满。除了在这种特殊时期外,我们在一些特殊场合也会用到这种功能,如谈判、重要会议等。五是表达情感功能。人的眼神可以很准确地表现出喜悦、厌恶、愤怒、悲伤、嫉妒等感情。在进行商务交流时,我们一定要高度关注交流对象眼神中的情感表现,并及时调整自己的交流内容和方式。同时,在用语言传递信息时,我们的眼神所表现出的感情内涵一定要与之密切配合。六是表示地位与能力功能。人的眼神可以表现出他的社会地位、在工作单位的地位,以及其领导能力。地位高的人、自信的人往往目光坚定有力;反之则目光暗淡、散乱。街头卜卦算命者之所以常常能令接受服务的人信服,就是因为他们通过对对方眼神的探究进行推测的。

眼神交流的方式主要由视线交流的长度、方向和瞳孔的变化三部分组成。视线交流的长度是指说话时视线接触的时间长短。一般来说,除关系特别密切的以外,视线交流的长度为1~2秒。视线交流的方向表示着不同的含义:视线向下(俯视),表示"爱抚、宽容",也可以表示"轻视";视线平行接触(正视),表示"平等",也可以表示"欣赏";视线向上(仰视),表示"景仰、期待";视线侧面接触(斜视),表示"厌恶、轻视"等。要想对视线交流方向做系统的感觉和体会,我们不妨仔细观看电影中镜头的拍摄角度,在平拍、俯拍、仰拍等镜头中,都会或隐或显地表现出拍摄者的隐含之意。在古汉语中,有"青眼""青睐""白眼"等说法,其实说的就是视线交流的方向,"青眼""青睐"就是正眼相看的意思,"白眼"当然就是斜视之意。瞳孔的变化是指视线接触时瞳孔的放大和缩小。交流者在产生共鸣时会兴奋、愉悦,此时瞳孔就会放大,眼睛就会有神采,"神采奕奕""炯炯有神"说的就是这样的眼神。而当痛苦、厌恶时,瞳孔就会缩小,眼神就会黯然无光。

小训练

a. 向同桌讲一段自身经历的故事,要求恰当运用眼神,训练时长10分钟。

b. 请对着镜子和自己说话,进行眼神练习。

② 微笑。著名画家达·芬奇的杰作《蒙娜丽莎》是文艺复兴时期最出色的肖像作品之一。画中女士的微笑给人以美的享受,使人们充满对真善美的渴望,至今让人回味无穷。

微笑,是一种特殊的语言——"情绪语言"。它可以和有声语言及行动相配合,起"互补"作用,沟通人们的心灵,架起友谊的桥梁,给人以美好的享受。工作、生活中离不开微笑,商务交往中更需要微笑。微笑是世界通用的体态语,它超越了各种民族和文化的差异。微笑是人人都喜爱的体态语,正因为如此,无论是个人还是组织,都充分重视微笑及其作用。美国有一个城市被称为微笑之都,它就是爱达荷州的波卡特洛市,该市通过一项法令,该法令规定全体市民不得愁眉苦脸或拉长面孔,违者将被送到"欢容遣送站"去学习微笑,直到学会微笑为止。波卡特洛市每年都举办一次"微笑节",可以想象,"微笑之都"的市民的微笑绝不比"蒙娜丽莎"逊色。近年来,日本许多公司员工都在业余时间参加"笑"的培训,他们认为这样可以增强企业内部凝聚力,改善对外服务,提高企业效益。根据日本传统，无论男人还是女人，在高兴、悲伤或愤怒时，都必须学会控制情绪，以保持集体和睦，因为日本人认为藏而不露是一种美德。但自从日本经济进入衰退期后，生意越来越难做，商家竞争日趋激烈。于是乎，为招揽顾客，日本商家，特别是零售业和服务业，新招迭出，其中之一就是让员工笑脸迎客。在今日的日本，数以百计的"微笑学校"应运而生。日本一些公司的员工一般在下班后去学校接受培训，时间为90分钟，连续受训一个星期。据称，经过微笑培训，日本不少公司的销售额"直线上升"。日本许多公司招工时，都把会不会"自然地微笑"作为一个重要条件。

微笑是有规范的，一般要注意四个结合：一是口眼结合。要口到、眼到、神色到，笑眼传神，微笑才能扣人心弦。二是笑与神、情、气质相结合。这里讲的"神"，就是要笑得有情入神，笑出自己的神情、神色、神态，做到情绪饱满，神采奕奕；"情"，就是要笑出感情，笑得亲切、甜美，反映美好的心灵；"气质"就是要笑出谦逊、稳重、大方、得体的良好气质。三是笑与语言相结合。语言和微笑都是传播信息的重要符号，只有注意微笑与美好语言相结合，声情并茂，相得益彰，微笑方能发挥出它应有的特殊功能。四是笑与仪表、举止相结合。以笑助姿、以笑促姿，形成完整、统一、和谐的美。尽管微笑有其独特的魅力和作用，但若不是发自内心的真诚的微笑，那将是对微笑语的亵渎。有礼貌的微笑应是自然的坦诚，内心真实情感的表露。否则强颜欢笑，假意奉承，那样的"微笑"则可能演变为"皮笑肉不笑""苦笑"。比如，拉起嘴角一端微笑，使人感到虚伪；吸着鼻子冷笑，使人感到阴沉；捂着嘴笑，给人以不自然之感，这些都是失礼之举。

 **相关链接**

卢舍那大佛

龙门石窟的卢舍那大佛（图3-1）造像微胖，衣裙简单，璎珞之类的繁饰略去，神采全集于眉宇嘴角。造型兼具庄严与世俗。微微上扬的嘴角，流露出淡淡的笑意。远观时，卢舍那大佛的这种微笑貌尤为明显。当距离逐渐拉近时，卢舍那的笑意会逐渐消退。近身仰视卢舍那大佛，只见她的庄严。从两侧观，笑意比正面要多一些。而从左侧看，笑意又比右侧的要多一些。从左侧45°角观看，卢舍那大佛还流露出一丝妩媚。正是她那永恒的微笑，使人看上去总觉得舒服、愉快，这就是经典的微笑魅力的实例。

图3-1 卢舍那大佛

③ 眉。眉和目相连，眉目常联合传情。如眉目低垂表示冷漠；眉目骤张表示恼怒；双眉紧锁表示忧愁；眉飞色舞表示兴奋等。在运用表情语时，眉的动作变化，必须和眼睛变化协调配合。

④ 口（嘴）。口形变化能够表情达意。具体情况有以下几个方面：口角向上表示"高兴""愉快""谦逊"；口角向下表示"忧愁""失望"；嘴唇紧闭、口角向下表示"厌恶""不满"；嘴唇微开、口角向下表示"悲哀""痛苦"；口大张表示"畏惧""恐怖"；口角平直而嘴紧闭表

示"警惕""坚定";口角平而嘴唇颤抖表示"气愤""激动"等。上述口形与脸面、眼神要协调配合,不能截然分开。

⑤ 鼻。鼻子这个身体语言,大部分用来表示厌恶、愤怒等情感。例如,鼻孔张大、鼻翼翕动表示非常愤怒。在生活中,人们常见"摸鼻子"这个身体动作。从潜意识的角度,摸鼻子表示很犹豫,可能是在说谎。因为,人们知道自己在撒谎,所以就下意识地去摸自己的鼻子,潜意识上说,其正在遮住自己的嘴。所以,当看到别人在摸鼻子的时候,你一定要注意了,其很有可能是在说谎。

小训练

① 播放优秀节目或优秀演讲片段,指出在节目或演说过程中,主持人使用了哪些面部表情,试着解释每个表情所表达的意义。

② 请列举出用"眉""眼""目""鼻"表示内心情感的成语,并且试着通过面部表情表现出来。

(2) 肢体语言。肢体语言是指躯干和四肢语言。在沟通中比较重要的有头部语言、手部语言、腿部语言等,莫文虎先生在其《商务交流》(中国人民大学出版社,2008年出版)中对此进行了专门的阐述。

① 头部语言。法国舞蹈教师萨尔特说:"作为表现媒介的人体可以分为三个区域:头部和颈部为精神区域,躯干为精神—情感区域,臀部和腹部为物质区域……"这个说法很有见地。头部处于人际沟通最上端的位置,也是交流时对方比较关注的部位,头部语言是否得体,对交流的成功与否起着重要作用。头部微微抬起,表示自信、自豪;但抬得太高,则容易让人产生骄傲自负的感觉;头部低垂,往往表示情绪低落、沮丧;头部正对着交流者,表示对对方的关注;在谈话中,忽然将正对对方的头部转向其他方向,可能表示对对方话题的回避。《孟子·梁惠王下》中"王顾左右而言他"说的就是这种情况。点头,既可表示同意,也可表示理解,还可表示礼貌、问候,依据场合不同而各有变化;摇头则多表示拒绝、否定之意。头部作为精神性区域,它比较容易受到理智的控制。我们在沟通中要考虑交流场合、目的,设计适宜的头部语言。

② 手部语言。手部是人类肢体中最灵活的部位,手和手臂相互配合,可以产生许多姿态和动作,形成丰富多样的手部语言。

手部语言很重要的表现形式是手势语,不同文化的手势语种类、含义都有较大差别。美国人面对开过来的车辆,右手竖起大拇指向右肩晃动,表示要求搭便车。在其他时候,竖起大拇指,可表示友好、赞赏。但这一手势在澳大利亚和新西兰,则被认为是淫荡之意。前任美国总统布什由于不了解这一文化差异,结束了对澳大利亚的访问,在机场与澳大利亚欢送者告别时,竖起大拇指,就引起了澳大利亚人的误会。此外不同民族的手势的使用频率也不一样,美国人、北欧人对手势的使用比较节制,而中东、南欧和南美人使用得比较多。西欧有一句谚语:"意大利人的双臂如果被截去,他们宁可不说话",说的就是这种情况。美国心理学家麦克·阿尔基对各国手势语的使用进行了调查,结果发现,在1个小时的说话中,意大利人做手势80次,法国人120次,墨西哥人180次,而芬兰人只有1次。

手部语言种类繁多,在人际沟通中使用最频繁的是握手。握手是现代社会常见的见面礼仪,根据握手的力量、姿势和时间的长短,可以传递出不同的信息。一般来说,主人、身份高者、女性、年长者先伸手,客人、身份低者、男性、年少者后伸手。在握手时,用力过大、软弱无力、用指尖和手背握手、戴着手套握手都是不礼貌的。手势语言在各国有不同的类型和各自的含义,我们在进行跨国文化交流时,要特别注意了解我们与之交流的国家的手势语知识,以避免误会。1959 年,赫鲁晓夫访问美国时,把双手举过头鼓掌,这个手势在俄罗斯表示友谊,可是在美国,通常是在战胜对手后表示骄傲的意思。苏、美在 20 世纪五六十年代本来就是"冷战"的对手,赫鲁晓夫这一举动使许多美国人感到十分不快。

③ 肩部动作。耸肩这一动作在外国常见,含义是无可奈何、随你便、放弃等。假如有人求你办件事,你做了耸肩这个动作,那么对方就明白你的意思了。举个小例子,同事对你说:"嗨,老板想安排你去机场接一位贵宾。"你不好意思说你不想去,你就做出耸肩的动作,意思就是:没办法啊,碰到了呗。

④ 腿部语言。腿部语言也能表现出情绪、情感。站立时双腿交叉,给人以自我保护或封闭防御的感觉;相反,说话时双腿和双臂张开,脚尖指向谈话对象,则是友好交谈的姿势。架腿而坐,表示拒绝对方并保护自己的势力范围;不断变换架腿的姿势,或者无意识地抖动小腿、脚后跟,是情绪不稳定、焦躁的表现。

在人际沟通中,我们首先要控制好自己的身体语言,使我们的身体语言的表现与交流目的相一致。同时要注意观察对方的身体语言的表现,"观其言察其行",由身体语言的表现,探究其内心情绪、性格等,为确定合适的交流策略提供信息基础。

小训练

请思考以下有关身体语言的描述,并回答问题。

① 你与老板谈到加薪的事,当你解释加薪的理由时,你的老板歪着头,两眼注视着你,两手托腮。他在告诉你什么信息?

  A. 他赞成加薪

  B. 他不会给你加薪

  C. 他正在左右为难,难下决定

② 你在公司向管理层汇报工作,其中一位委员心不在焉地听着,她的脚不断地打着拍子,眼睛看着她的手表。她正在告诉你什么?

  A. 她不相信你所说的

  B. 她对你所说的内容兴奋不已

  C. 她不耐烦了

③ 你被安排与一家公司的董事长会面,你希望能在该公司工作。当你进入他的办公室时,他抓住你的手,用双手与你握手,请你坐下,然后拍你的肩膀。这位董事长在告诉你什么?

  A. 他嘉许你的机敏

  B. 他想雇用你

  C. 他正在强调他的身份和地位

7. "空间"语言

空间语言也叫界域语。从生物学的角度看,每一个生命都有自己的领空,人们叫它"生物圈"。一旦异物侵入这个范围,就会使其感到不安并处于防备状态。美国心理学家罗伯特·索默经过观察与实验认为,人人都具有一个把自己圈住的心理上的个体空间,它像生物的"安全圈"一样,是属于个人的空间。一般情况下每个人都不想侵犯他人空间,但也不愿意他人侵犯自己的空间。双方关系越亲密,人际距离就越短。

美国人类学家和心理学家霍尔将人类的交往空间划分为四种区域,这就是所谓社交中的空间语。一是亲密距离(0~45cm),又称亲密空间。其语义为亲切、热烈,只有关系亲密的人才可能进入这一空间,如夫妻、父母、子女、恋人、亲友等。亲密距离又可分为两个区间,其中(0~15cm)亲密状态距离,常用于爱情关系、亲友、父母、子女之间的关系;16~45cm为亲密疏远状态,身体虽不接触,但可以用手相互触摸。二是个人距离(46~120cm),其语义为"亲切、友好",其语言特点是语气和语调亲切、温和,谈话内容常为无拘束的、坦诚的。比如个人私事,在社交场合往往适合于简要会晤、促膝谈心或握手。这是个人在远距离接触所保持的距离,不能直接进行身体接触。个人距离的接近状态为46~75cm,可与亲友亲切握手,友好交谈;个人距离的疏远状态为76~120cm,在交际场所任何朋友、熟人都可自由进入这一区间。三是社交空间(120~360cm),其语义为"严肃、庄重"。这个距离已超出了亲友和熟人的范畴,是一种理解性的社交关系距离。社交距离的接近状态为120~210cm,其语言特点为声音高低一般、措辞温和,它适合于社交活动和办公环境中处理业务等;社交距离的疏远状态为210~360cm,其语言特点为声音较高、措辞客气。它适用于比较正式、庄重、严肃的社交活动,如谈判、会见客人等。四是公共距离(360cm以上),这是人们在较大的公共场所保持的距离,其语义为"自由、开放"。它适用于大型报告会、演讲会、迎接旅客等场合。其语言特点为声音洪亮,措辞规范,讲究风格。在人际沟通中要讲究如下界域规范:

(1) 保持距离。距离产生美感,在与人交谈的时候,要注重远近适当,太远了使人感到傲慢,架子大;太近了,又显得不够重视。在行进中不但要保持距离,而且要适当地变换,比如不要以2m左右的距离尾随在陌生人的后面,以免引起误会;骑自行车或开车时,不要离前面的车太近,不要强行超车。看到别人围成一个圈形成封闭式的交谈,就要绕开行走,不要从中穿越。公园的长椅上,如果已经有人,就不要再去挤座位。

(2) 变换体位。体位是指身体所处的位置,根据交际的目的和场合,我们还要经常改变自己身体所处的位置。如从前往后,从左到右,由坐而站等。

① 移动位置。这是我们向对方表示诚意的界域行为。如我国对外国国家元首的迎送仪式中就有这方面的规定:"国宾抵达北京首都机场(车站)时,陪同团团长等赴机场(车站)迎接并陪同来访国宾乘车前往宾馆下榻。国宾离京回国,我方出面接待的领导人到宾馆话别,由陪同团团长前往机场(车站)送行。"对一般的来访者也是如此:"对应邀前来访问的来访者,无论是官方人士、专业代表团还是民间团体、知名人士,在他们抵离时,均安排相应身份的人前往机场(车站、码头)迎送。"

美国学者莫里斯把这种移动称为"不便的展示"。他说:"客人前来和主人去接的距离也是一种不便。不便越大，表示诚意越高。国家元首去机场迎接重要客人，这种移位的举动，是主人所能表现的最大的不便。由于各种不同层次相对缩减，要看主人的距离而定，因此，有的去当地车站，有的候在门前，有的等门铃响了再去。有的干脆就在他自己的房内等候，让仆人或小孩去开门……分别时，不便的展示再度重演。"

移位可以表示尊重，也可表示妥协或服从。比如当你开汽车或骑自行车违章被交通警察拦住时，就应马上下车，赶快主动撤到指定地点，然后在警察接近车子之前走近警察，因为警察离他的岗位越远，不信任和敌意就会越强烈。总之，主动迅速地向警察靠近，表示出对他的服从态度，可以避免相应的处罚。

② 改变高度。这是变换体位的另一种方式。比如降低身高，表示对对方的尊重，能获得好感。降低身高要看场合，有的时候降低了，反而不尊敬了。比如晚辈在一起聊天，长辈到场，晚辈需站起来；如果仍旧保持低位，或坐，或躺，那么就说明他对来者蔑视。莫里斯是这样分析原因的："弯身表示服从动作，主要作用是要使行礼的人感到不便和不舒服，让居高位的人舒舒服服地坐着，不会因为降低高度就丧失他的威严。"从历史的发展变化来看，古代的皇位设于高处，君主坐在那里当然要比站在下面的臣子还要高。现在不设高位了，大家在一张桌子旁议事，地位低者站立的习惯却仍旧保留下来，或用于高位者到场的一种礼节性动作。

总之，无论是横向的移动，还是纵向的升降，我们都应根据不同的交际目的，以及当时的情景，随时变换我们的界域行为。一个坐下后就不知起来的人，会给人留下傲慢至少是懒惰的印象，进而影响交际的顺利进行。

（3）尊重他人的领域权。首先不乱动他人物品。主人不在场时，不要私自动用其领域内的物品。未经许可，一般不要翻动亲友，甚至是子女的抽屉、书包、信件等，因为这种揭人隐私的行为会伤害对方的自尊。其次不随意进入他人领域。在进入他人领域之前，一定要征得同意和允许。比如到朋友家做客，进门先按铃或敲门，经主人允许后方可进入。不经主人邀请，或没有获得主人同意，不得要求参观主人卧室。即使是较熟悉的朋友，也不要去触动他的个人物品和室内陈设，对家庭成员也应尊重。在公众场合，要尽量避免侵犯他人的空间。有一些人往往不注重自己的界域行为。在无意之中，伤害了他人，也损害了自己的形象。比如在公共汽车上，横着站，两手抓两边的把手，使别人无法通过。坐着时跷起二郎腿，让路过的人给他擦皮鞋。在剧场里，或趴在前面的背椅上，或把脚蹬在前排的座椅上。

目光侵入也属于侵犯空间。孔子说："非礼勿视。"我们现在有的地方却无视这个问题，有这样的旅馆，每个客房门上都开着一个玻璃窗口，窗帘安在外边，管理人员可以随时监控，真让客人们哭笑不得。还有些人喜欢在地铁里面看旁边人的报纸。主人看正面，他看反面，主人翻报纸时，他甚至干涉说先别翻，我还没看完呢。这种界域行为中国人还可以容忍，西方人是不可以接受的。

最后不污染他人的界域。一是空气污染，比如当众抽烟，对着人打喷嚏，张着嘴出气，在餐桌上端起碗来用嘴吹等。国家之间比如核电站泄漏事件，都属于污染别人的界域，因为虽然没有侵入别人的身体，但是空气被污染了。二是噪声污染，比如音乐会时，手机、呼机此起彼伏。在北京国际音乐节上，把指挥大师都气坏了，他停下来，以示抗议。如在楼道里大声喧哗,影响邻居们休息。

 相关链接

扔 靴 子

相声表演艺术家苏文茂的相声《扔靴子》讲了这样一件事:有一小伙子,下了夜班,上楼的脚步特别重,吵得楼下的老先生神经衰弱,每天夜里都要等小伙子噔噔噔上楼,开门,脱下皮鞋,噔——噔两声一摔之后,才能心跳渐趋正常,再慢慢入睡。有一天,老先生给小伙子提了个意见,小伙子满口答应,但下班后,他已经忘记了这事,又噔噔噔上楼。进门之后,脱了一只鞋往地上一摔之后,突然想起老先生的意见,于是第二只鞋就轻轻地放在了地上。第二天,他问老人:"昨天睡得好点吗?"老人说:"我昨天一夜都没有睡!""怎么了?""我等你那第二只鞋呢!心一直悬着!"

可见,讲究界域礼貌,不污染他人的界域是非常重要的。

此外,在空间距离的处理上还应注意交往对象生熟、性别、性格等方面的差异。俗话说,"亲则近,疏则远",空间距离与交际对象陌生还是熟悉是有一定区别的。交往的双方,互相认识,又是亲朋好友,可以近些,以至拍肩、碰肘、抚摸、拥抱、依偎等都没有什么不好,有时反而能促进关系的密切。相反,交往双方是初次见面,要做上述举动,会引起对方的不快和反感。

交往对象的性别不同,交往时空间距离也是有明显区别的。心理学家做实验发现:男子挤在一间小屋子里,容易引起相互的怀疑,甚至发生争斗;女子在这种环境中,更友善、更亲密、更容易找到共鸣。如果给女子换一个大些的房间,她们会感到不大理想。正由于男女间的这种心理差别,男子与男子交谈的距离不宜太近,近则有不和谐之感;女子与女子交谈的距离不易太远,远则有不投机之嫌。

在交往中对不同性格的人,在空间距离上应有不同的区别。与内向型的人交往,空间距离可稍远些,因为距离太近,性格内向的人会感到不自在;与性格外向的人交往,距离可近些。若与性格外向的人相遇,可老远打招呼,以表示热情;与内向型的人相遇,若老远打招呼,不一定会得到回应,往往是用微笑或点头来代替回答。

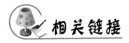 相关链接

外交中的空间距离运用

1972年美国总统尼克松访华时,鉴于中美当时特殊的外交关系,周总理制定了"不冷不热、不卑不亢、以礼相待"的外交方针。以礼相待,就是要在机场悬挂两国国旗,党政要员到机场迎接,在机场检阅三军仪仗队,军乐队奏两国国歌。不卑不亢,就是要求所有接待人员既要表现出中华民族特有的尊严,不自卑,又要热情,不失礼节,充分显示我们从来都是礼仪之邦。不冷不热,就是不组织群众欢迎,但要加大仪仗队阵容。为了凸显中美两国政府领导人第一次握手这一历史性时刻,美国方面刻意安排尼克松的随行人员暂缓下飞机,并委派一名身材高大的保安人员把住舱门。美方保持随行人员与总统之间的距离、尼克松总统快步迎上前来与周总理握手等就是对空间距离的很好运用,凸显了对此次访

问的重视;中方等到尼克松总统下到舷梯一半时才开始鼓掌欢迎,体现的是不失礼节、不卑不亢的接待原则,这也是空间距离的良好运用。

(资料来源:佚名.尼克松访华[EB/OL].[2020-12-30]. http://www.shnczq.org/detail.php?id=20403.)

案例分析

1. 管理沟通与闲聊

时间:星期五下午3:30。

地点:宏达公司经理办公室。

经理助理李明正在起草公司上半年的营销业绩报告。这时公司销售部副经理王德全带着公司销售统计材料走进来。

"经理在不在?"王德全问。

"经理去开会了。"李明起身让座,"请坐。"

"这是经理要的材料,公司上半年的销售统计材料全在这里。"王德全边说边把手里的材料递给李明。

"谢谢,我正等着这份材料呢。"李明拿到材料后仔细地翻阅着。

"老李,最近忙吗?"王德全点燃一支烟,问道。

"忙,忙得团团转!现在正忙着起草这份报告,今晚大概又要开夜车了。"李明指着桌上的文稿回答道。

"老李,我说你啊,应该学学太极拳。"王德全从口中吐出一个烟圈说道,"人过四十,应该多多注意身体。"

李明闻到一股烟味,鼻翼微微翕动着,心里想:"老王大概要等抽完了这支烟才离开,可我还得赶紧写这篇报告。"

"最近,我从报上看到一篇短文,说无绳跳动能治颈椎病。像我们这些长期坐办公室的人,多数都患有颈椎病。你知道什么是'无绳跳动'吗?"王德全自问自答地往下说,"其实很简单……"

李明心里有些烦,可是碍于情面不便逐客,他瞥了一眼墙壁上的挂钟,已经16:00了,李明把座椅往身后挪了一下,站起来伸了个懒腰说:"累死我了。"然后开始动手整理桌上的文稿。

"'无绳跳动'与'有绳跳动'十分相似……"王德全抽着烟,继续着自己的话题……

(资料来源:王建民.管理沟通实务[M].北京:中国人民大学出版社,2012.)

【思考与讨论】

(1)王德全的行为是管理沟通还是聊天?为什么?

(2)李明用哪些非语言行为暗示了自己的繁忙或是不耐烦?如果你是王德全,遇到这种情况会怎么办?

(3)你认为李明该怎么做才能更明确地传递信息?

(4)请写下你从本案例中获得的启示,并上传至群共享。

2. 审讯

以下是第二次世界大战时期著名反间谍专家奥莱斯特·平托上校审讯一个纳粹间谍的故事。

当时盟军部队已经进入比利时,德军仓皇溃退。一天,两名士兵在驻地附近逮捕了一个叫艾米里约·布朗格尔的人。平托上校感觉到:这个人的穿着和谈吐虽然是典型的北方农民,口音也是地道的当地土音,但他粗壮的颈部和魁梧的运动员体型,与当地人截然不同,于是决定对他进行首次审讯。

问:你是农民吗?
答:过去是,现在不是。德国鬼子抢走了我的牲畜,杀死了我的家人。
问:会数数吗?
答:数数?
问:对,把桌上这盘豆子数一数吧。
答:1、2、3……(慢慢地用法语数)

在第一次审讯中,上校并未发现任何破绽,但他不气馁,决定进行第二次审讯。这次审讯换用了特殊的方式:他派人在布朗格尔的住处放了几捆草,一个士兵点着火后,烟从门的下面进到了屋里,值勤的士兵用德语大喊:"着火了!"布朗格尔惊醒,动了动,又睡了。接着平托上校用法语大声喊道:"着火了!"布朗格尔一下子跳了起来,绝望地敲打着门。这一次,上校仍未发现破绽。

第三次审讯,上校又用了新的方案。在布朗格尔被带来时,上校拿起一支从他身上搜出的铅笔。

问:你带这个干什么?
答:不就是支铅笔吗?
问:用它来写情报?
答:(流露出不屑回答的样子)

"可怜的家伙"上校用德语向身边的军官说,军官也用德语反问:"为什么?"上校说:"他还不知道自己明天上午就要被绞死,已经21点了。他肯定是个间谍,不会有别的下场。"

平托上校一边说一边用眼睛斜视着布朗格尔,特别注意他的眼睛和喉头。但布朗格尔没有任何表示,他以神态证明自己不懂德语。很明显,第三次审讯仍没有结果,到此为止,上校几乎绝望了,他开始怀疑自己以前的判断。但直觉让他进行最后一次审讯——第四次审讯。如果再没有突破,就决定立即释放了。

最后一次审讯是这样进行的:当布朗格尔像平时一样走进平托上校的办公室时,上校装作正看一份文件,看完后拿起铅笔在上面签了字,然后抬起头突然用德语对布朗格尔说:"好啦,我满意了,你自由了,现在就可以走了。"布朗格尔长长地出了一口气,动了动肩膀,像是卸下了一个沉重的包袱,他仰起脸,眼睛放着光,愉快地呼吸着自由空气。当他发现平托上校嘲笑的眼光时,一切都已经晚了,身后的士兵已紧紧地抓住了他。

(资料来源:佚名.商务礼仪案例[EB/OL].[2016-02-27]. https://wenku.baidu.com/view/0809a30b3186bceb18e8bbac.html.)

【思考与讨论】

(1) 此案例反映了非语言沟通的哪些特点？

(2) 请写下你从本案例中获得的启示，并上传至群共享。

3. 曾国藩识人术

有一次，李鸿章带来3个人，想让曾国藩考察一下。曾国藩便让这3个人站成一排在庭院里等候，自己在旁边暗暗观察。

其中一个人不停地四处张望；另外一个年轻人则低着头规规矩矩地站在庭院里；还有一个人神情镇定，目视前方，气宇轩昂。过了一会儿，前两个人显得有些焦急，而第三个人则依然很平静。

曾国藩把李鸿章叫过来说："面向厅门、站在左边的那位是个忠厚人，办事小心，可以做些后勤供应一类的工作；中间那位是个阳奉阴违、两面三刀的人，不能重用；而右边那位是个将才，可以委以重任。"

李鸿章感到很惊奇，问是如何看出来的。曾国藩笑道："左边那个低头不敢仰视，行为拘谨，是一个小心谨慎的人；中间那位见我时很恭敬，可等我走过之后，就左顾右盼，可见此人是个阳奉阴违的人；而右边那人始终站立，前后一致，不卑不亢，当是一位将才，但其结局可能不好。"

果不其然。第三个人就是后来鼎鼎有名的淮军名将刘铭传。

（资料来源：薛峰.曾国藩察人术：确认过眼神[EB/OL].[2020-03-29]. https://www.sohu.com/a/383926613_766119.）

【思考与讨论】

(1) 曾国藩是靠什么来识人的？

(2) 请写下你从本案例中获得的启示，并上传至群共享。

实训项目

1. 沟通游戏

游戏目的：证明沟通有时完全可以通过肢体动作完成，而且同样行之有效；证明通过手势和其他非语言的方法完全能够实现人与人之间的沟通。

游戏形式：全体学员，2人一组。

游戏时间：10分钟。

游戏要求如下。

(1) 向对方介绍自己。一方先通过非语言的方式介绍自己，3分钟后双方互换。

(2) 在向对方进行自我介绍时，双方都不准说话，整个介绍必须全用动作完成，大家可以通过图片、标识、手势、目光、表情等非语言手段进行沟通。

(3) 请大家通过口头沟通的方式，说明刚才通过肢体语言所表达的意思，与对方的理解进行对照。

【思考与讨论】

(1) 你用肢体语言介绍自己时,表达是否准确?

(2) 你读懂了多少对方用肢体语言表达的内容?

(3) 对方给了你哪些很好的线索使你了解他?

(4) 我们在运用非语言沟通时存在哪些障碍?

(5) 我们怎样才能消除或削弱这些障碍?

(资料来源:王建民.管理沟通理论与实务[M].北京:中国人民大学出版社,2005.)

2. 人际沟通自测——你了解身体语言吗

(1) 当一个人试图撒谎时,他的眼睛会尽力避免与你的视线接触。(对/错)

(2) 眼睛是传达感情状态的关键线索之一。(对/错)

(3) 所有的运动和身体行为都有其含义。(对/错)

(4) 大多数身体语言交流是无意识行动的结果,因此是个人心理活动的最真实流露。(对/错)

(5) 在下面哪种情况下,一个人最可能采用身体语言的交流方式?

  A. 面向 15~30 个人发表演讲

  B. 与另外一个人进行面谈

(6) 当一位母亲严厉斥责她的孩子而又面带微笑时,孩子将会:

  A. 相信语言信息

  B. 相信身体语言信息

  C. 同时相信两种信息

  D. 两种信息都不相信

  E. 变得迷惑不解

(7) 如果你坐在如图 3-2 位置 1 的时候,那么另外一个人坐在哪个位置能够最充分显示出合作的姿态,并最有利于非言语交流?

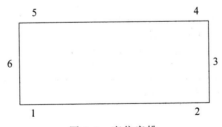

图 3-2 座位安排

(8) 如果你想表示要离开,那你将采用什么样的动作?请写下来。

(9) 别人对你的反应取决于你通过交流留给他们的印象。(对/错)

(10) 下面哪些举动能使你给人留下更好的印象?

  A. 谈话中不使用手势

  B. 避免较长时间的视线接触

C. 仅偶然地露出微笑

D. 上述所有动作

E. 不包括上述任何动作

(11) 身体语言交流相对于口头交流或局面交流有许多优势,你能列举出一些吗?

参考答案及说明见表 3-1。

表 3-1 答案及说明

题号	答案	说明
(1)	错	因为人们已变得更加难以预料。"撒谎者不敢看他人的眼睛"已成为一般常识,所以狡猾的撒谎者常常能够在双目直视你的情况下撒谎。要识别谎言,我们需要捕捉其他更能说明问题的信号
(2)	对	我们的眼睛是最能表达内心活动的面部因素之一,另一个则是嘴唇
(3)	对	我们可能并没有每一个姿势都有意地去传达某种信息,但这些动作和姿势却不可避免地落在对方眼里并产生一定的想法
(4)	对	通过身体语言,可以发现别人的心理活动,这一点获得了专家共识
(5)	A	当面对 15～30 个人讲话时,你需要对 15～30 双眼睛和嘴唇做出反应。这将比只与一个人面谈更能刺激你使用身体语言进行交流
(6)	E	尽管身体语言信号(微笑)比语言信号(责骂的语句)有更强的作用,但两者的混合将使孩子迷惑不解
(7)	6	位置 1 和位置 6 之间有桌角相隔,两个人可以随时调整自己与桌角的距离,从而改变两个人之间的距离。因此,在谈判中,坐在位置 1 和位置 6 的两个人会较少地受空间环境的影响,更易于非语言交流
(8)		最好的信号是有意无意地用眼睛扫一下你的手表、站起身来、在慢慢站起来时拍拍大腿、慢慢地挪向门附近或是靠在门框上等
(9)	对	因为我们总是根据别人给我们的整体印象做出反应,其他人对我们的反应也是同样的
(10)	E	当你自然地使用手势、目光接触、微笑等身体语言时,会给别人留下好的印象
(11)		身体语言给你的印象更深刻,它们有助于传达真诚、真信等评议交流所达不到的效果;它们能够传达更微妙的言下之意;身体语言信息有助于我们洞察他人的真情实感。当然,身体语言信息也存在一些严重的缺陷:它们可能会泄露我们的秘密;它们很容易被误解;它们的含义因不同的文化背景而不同;它们可能需要长时间地重复进行才能被人理解

(资料来源:张喜春,刘康声,盛暑寒.人际交流艺术[M].北京:北京交通大学出版社,2014.)

课后练习

1. 请读以下素材,体会不同重音、语调的表达效果差异

(1) 体会不同重音的表达效果差异。

- 明天公司准备进一批二手笔记本电脑。(不是今天)
- 明天公司准备进一批二手笔记本电脑。(强调是本公司)

- 明天公司准备进一批二手笔记本电脑。(不是两批或三批)
- 明天公司准备进一批二手笔记本电脑。(不是新的笔记本电脑)

(2) 体会不同语气语调的表达效果差异。
- 那个客户走了吗?(高兴地说。表示可能因为不好对付,终于打发走了。)
- 那个客户走了吗?(惋惜地说。表示可能因为自己迟到,没有赶上见一面。)
- 那个客户走了吗?(质疑地说。表示他怎么不等我回来就走了呢?)
- 那个客户走了吗?(愤怒地说。表示你们怎么不留住他呢?)
- 那个客户走了吗?(平淡地说。表示走了就走了吧。)

2. 请根据语句的内容给出相应的手势语和表情语

(1) 请大家安静,安静!

(2) 什么是爱?爱,不是索取,而是奉献!

(3) 他转身朝着黑板,拿起一支粉笔,使出全身的力量,写了五个大字:"法兰西万岁!"然后他站在那儿,头靠着墙壁。话也不说,只向我们做了一个手势:"散学了——你们先走吧!"

(4) 在过去的一年中,在座各位,各位将我们的销售额不可思议地提高了17.17%!这在公司的整个历史上还从来没有过,从来没有! 由此我们的利润不只是提高了5%或10%,而是13%,整整13%!

(5) 大家不要慌,请跟我来!

(6) 我现在要明确地告诉对方辩友,你们犯了一个严重的逻辑错误!

(7) 现在,请让我们大家在此,心平气和地交换一下对这个问题的看法。

(8) 现在,摆在我们面前的有两条道路:一是勇往直前奋战下去,有成功的可能,但也有失败的风险;二是原地踏步,坐以待毙。

(9) 这几天,大家知道,在昆明出现了历史上最卑劣最无耻的事情!李先生究竟犯了什么罪,竟遭此毒手?他只不过用笔写写文章,用嘴说说话,而他所写的、所说的,都无非是一个没有失掉良心的中国人的话!大家都有一支笔、一张嘴,有什么理由拿出来讲啊!有事实拿出来说啊!

(10) 我要感谢我的竞选伙伴。他发自内心地投入竞选,他的声音代表了那些在他成长的斯克兰顿街生活的人们的声音,代表了那些和他一道乘火车上下班的特拉华州人民的声音。现在,他将是美国的副总统,他就是乔·拜登!

3. 态势语设计

(1) 熟读下面一段独白,设计相应得体的态势语。

当 我 老 了

当我老了,不再是原来的我。请理解我,对我有一点耐心。

当我把菜汤洒在自己的衣服上时,当我忘记怎样系鞋带时,想一想当初我是如何手把手地教你。

当我一遍又一遍地重复你早已听腻的话语时,请耐心地听我说,不要打断我。你小的时候,我不得不重复那个讲过千百遍的故事,直到你进入梦乡。

当我需要你帮我洗澡时,请不要责备我,还记得小时候我千方百计哄你洗澡的情形吗?当我对新科技新事物不知所措时,请不要嘲笑我,想一想当初我怎样耐心地回答你的每一个"为什么"。

当我由于衰老而无法行走时,请伸出你年轻有力的手搀扶我。就像你小时候学习走路时,我扶你那样。当我忽然忘记我们的谈话主题时,请给我一些时间让我回想。其实对我来说,谈论什么并不重要,只要你能在一旁听我说,我就很满足。当你看着老去的我,孩子,你不要悲伤。理解我,支持我,就像你刚开始学习如何生活时我对你那样。当初我引导你走上人生之路,如今请陪伴我走完最后的路程。给我你的爱心和耐心,我会报以感激的微笑,这微笑中凝结着我对你无限的爱。

(2)学生自己选择感兴趣的内容,用五分钟时间做准备,做一次简短的讲话,要求使用得体的态势语。通过录像回放,首先让训练者进行自评;然后教师与学生再给予评价。

4. 观摩演讲或电影

有目的地观察别人的手势、表情,仔细研究,博采众长,并经常对镜练习、矫正。多积累,烂熟于心,形成自己的动作。

5. 案例分析与训练

有一位华侨到国内洽谈公司业务,洽谈了好几次,最后一次来之前,他对朋友说:"这是我最后一次洽谈了,我要跟他们的最高领导谈,谈得好,就可以拍板。"过了两个星期,他和朋友偶遇,朋友问:"谈成了吗?"他说:"没谈成。"朋友问其原因,他回答:"对方很有诚意,进行得也很好,就是跟我谈判的这个领导坐在我的对面,他跟我谈判时,时不时地抖动他的双腿,我觉得跟这样的人合作会很不舒服,好像我的财富都被他抖掉了。"

【思考与讨论】
(1)根据文化背景分析非语言的含义,怎样理解案例中这位华侨的看法?
(2)搜集身边某些人不正确的非语言表达,设置情景,将它们集中展示出来并作出点评。

6. 请阅读下面的古文,然后回答问题

魏武将见匈奴使,自以形陋,不足雄远国,使崔季珪代,帝自捉刀立床头。既毕,令间谍问曰:"魏王何如?"匈奴使答曰:"魏王雅望非常。然床头捉刀人,此乃英雄也。"
(资料来源:(南朝·宋)刘义庆《世说新语·容止》)

【思考与讨论】
(1)匈奴使者为什么能看出假扮后的曹操非同寻常?
(2)本案例对你有何启发?

任务4　职场沟通

与人相处的学问在人的所有学问中应该是排在前面的,沟通能够带来其他知识所不能带来的力量,它是成就一个人的顺风船。

营销自己是一种才华,是一种艺术。有了这种才华,你就能安身立命,使自己处于不败之地。一旦你学会了营销自己,你就可以营销任何有用的东西。

——[美]戴尔·卡耐基

课程思政要求

- 进行社会主义核心价值观教育。
- 进行爱国主义教育。
- 开展诚信教育、法律意识教育和道德意识教育。
- 塑造职业形象,提高职业素养。
- 促进学生全面发展。

学习目标

- 明确职场沟通的重要意义。
- 掌握职场沟通的基本原则和语言艺术。
- 灵活运用职场沟通的技巧,提高职场沟通的效果。
- 求职面试之前做好充分的准备。
- 求职面试中成功进行自我介绍。
- 求职面试中得体地进行"问"与"答"。
- 求职面试讲究语言艺术。
- 求职面试中成功运用无声语言。

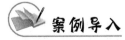

案例导入

"张开你的嘴巴"

约翰所在的公司要进行人事调动,负责人罗伯特对约翰说:"把手上的工作放一放去销售部工作,我觉得那里更适合你,你有什么意见吗?"

约翰撇了撇嘴说:"意见?您是负责人,我敢有意见吗?"实际上他的意见大得很,因为当时销售部的状况特别糟糕。

来到销售部后,约翰的消极情绪非常严重,总是板着一副面孔,对同事爱搭不理,别人主动跟他打招呼,他也只是应付地点点头,一来二去,同事们也渐渐疏远了他。

一天,一个客户打来电话,请约翰转告罗伯特,让罗伯特第二天务必到客户那里参加洽谈会,有非常重要的生意要谈。约翰认为这是绝好的报复机会,就当什么事也没有发生一样,吹着口哨回家了。

第二天,罗伯特将他叫进办公室严厉地说:"约翰,客户那么重要的电话怎么不告诉我?你知道吗,要不是客户早晨打电话给我,一笔1000万美元的大生意就白白溜走了!"

罗伯特看了看约翰,见他一副毫不在乎的样子,根本没有承认错误的迹象,便说:"约翰,说实在的,你的工作能力还不错,但在为人处世方面还不够成熟,我本来想借此机会锻炼你一下,可你却让我大失所望。我知道你心里对我不满,可你非但不与我沟通,反而暗中给我使绊子。你知道吗,部门的前途差一点儿毁在你手里。你没能通过考验,所以现在我只能遗憾地宣布:你被解雇了。"

鉴于此案的教训,这家公司高管阶层专门召开了一次名为"张开你的嘴巴"的会议,强调并鼓励所有员工要与上级多多进行沟通。

(资料来源:李晓.沟通技巧[M].北京:航空工业出版社,2006.)

人在职场,必然要与领导、同事、下属等进行交往,交往的效果将直接影响个人的职业生涯乃至发展前途。因为,我们每天至少有1/3的时间是在职场度过的,能否从工作中获得快乐与满足,能否敬业、乐业并最终成就一番事业,领导、同事和下属均扮演着很重要的角色。讲究职场沟通艺术,不仅可以减少矛盾与冲突,还能使职场人际关系更加和谐融洽,大大提高工作效率。所以,有专家认为,一个职场人士必须具备三项基本技能,即沟通技巧+管理才能+团队合作意识。世界上很多著名的大公司也都以此来要求员工。

职场沟通的对象主要包括上司、同事和下属等。对象不同,沟通的技巧也有所不同。但是,无论与谁沟通均应遵循以下基本原则:一是真诚。在沟通过程中,只有坦诚相见,言必由衷,才能促进理解和信任,才能化解矛盾与隔阂。二是自信。成功者就是那些拥有坚定信念的普通人。在沟通中,只要充满自信,就能从容不迫,应对自如,就能赢得对方的尊重与认可。三是友善。即从他人的立场看事情,从对方的角度想问题,以友善的态度与人沟通。四是理性。沟通一定要清醒、理智,明确沟通的目的,预知沟通的效果,采取可行的沟通方法。不信口雌黄、口无遮拦,不一时冲动、说"过头话",不无谓争执、伤了和气,不斤斤计较、耿耿于怀。五是尊重。沟通的主体之间都是平等的,只有互相尊重,平等交流,沟通才能顺利进行。在职场沟通中切记要不责备、不抱怨、不攻击、不谩骂、不说教。六是互动。沟通是双向性的,不是洗耳恭听、默不作声;也不是口若悬河,夸夸其谈。沟通始终是两个维度之间平等、融洽的互动交流。恪守互动原则,才能在沟通中有说有听,有问有答,对等交流,实现共赢。

本任务除了介绍与领导、同事、下属沟通之外,还要谈谈求职沟通,这也是职场沟通很重要的组成部分。

4.1 与领导的沟通

与领导沟通,指的是团队成员通过一定的渠道和方式,与管理者或决策层所进行的信息交流。

上下级之间的有效沟通,无论对于组织还是个人,都具有十分重要的意义。仅就下级而言,通过与上级主动有效的沟通,既能准确了解信息,提高工作效率,又能及时表达自己的意愿,形成积极的双向互动。

1. 与领导沟通的基本原则

与职场其他交际对象相比,"上级领导"这个群体往往具有以下基本特征(见图4-1),在沟通过程中尤需注意遵循一些基本原则。

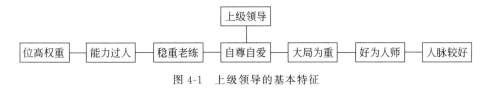

图 4-1　上级领导的基本特征

(1) 不卑不亢。与领导沟通,要采取不卑不亢的态度,既不能唯唯诺诺,一味附和,也不能恃才傲物,盛气凌人。因为沟通只有在公平的原则下进行,才可能坦诚相见,求得共识。

在社交过程中,每个人都有一种心理期待,希望得到别人的尊重、帮助,希望自己应有的地位和荣誉得到肯定与巩固,没有人愿意在一个群体中被孤立和冷落。如果这种愿望得不到满足,就会与周围的人产生隔膜,进而拒绝合作。因此,尊重别人,是每个职场人士必备的一种修养。在工作中,尊重领导的意见,维护领导的威信,理解领导的难处和苦衷,即使提出不同的意见,也要讲究适当的时机,选择易于对方接受的方式,无论是对工作,还是对沟通双方的感情、建立融洽的心理关系,都是很有益处的。

尊重与讨好、奉承有着质的区别。前者是基于理解他人、满足他人正常心理和感情的需要,而后者则往往是为了满足一己之私。现实生活中,的确有一些人为了达到自己不可告人的目的,不惜降低人格,曲意迎合、奉承、讨好领导,不仅屏蔽了领导的耳目,降低了领导的威信,还造成了同事之间心理上的不和谐。绝大多数有主见的上司,对于那种一味奉承、随声附和的人都是比较反感的。

(2) 工作为重。上下级之间的关系主要是工作关系,因此,下属在与领导沟通时,应从工作出发,以做好工作为沟通协调之要义。既要摒弃个人的恩怨和私利,又要摆脱人身依附关系,在任何时候、任何问题上都要为工作,为整个团队的利益着想;都要作风正派,光明磊落。切忌对领导一味地讨好谄媚,阿谀奉承,百依百顺,丧失理性和原则,甚至违法乱纪。

(3) 服从至上。上级居于领导地位,掌握全盘情况,一般来说考虑问题比较周全,处理问题能从大局出发。在与上级沟通时坚持服从原则,是一切组织通行的原则,是组织获得巩固和发展的基本条件。事实证明,如果下属与上级沟通时拒不服从,那么这样就无法形成统一的意志和严密的整体,组织就会像一盘散沙,不可能顺利发展。当然,服从不是盲从,下属一旦发现领导有某些错误,就应抱着对工作高度负责的态度,及时向领导反映,并请求领导予以改正。

（4）非理想化。在与领导沟通中,下属不能用自己头脑中形成的理想化模式去要求现实中的领导,从而造成对领导的过分苛求。坚持非理想化原则,就必须全面地看待领导,既要看到其优点和长处,又要看到其缺点和短处,同时还要能够包容领导的一般性错误和缺点,克服求全责备的思想。

2. 与领导沟通的方法

（1）主动沟通。有人说:"要当好管理者,就要先当好被管理者。"作为下属要时刻保持主动与领导沟通的意识,因为领导工作比较繁忙,不可能经常深入员工中去寻求沟通。但在实际工作中,很多下属都害怕直面自己的上司,不敢积极主动地与上司沟通交流,这是一种职场通病。我们应该消除对上司的恐惧感,上司也是人,也有情感,而人与人之间如果没有了交流和沟通,那么情感也会因此而疏离。

 相关链接

小丽与领导的沟通

小丽在一家化妆品公司做财务,一直以来,她踏实肯干,工作能力也很强,但一直没有得到提升。原因是她不善于主动与老总沟通,许多事都等着老总亲自来找她。后来由于工作上的竞争,她被同事冷落。

小丽吸取失败的教训,辞职后以全新的面貌到另一家公司上班。一个月后她接到一份传真,说她花了两个星期争取到的一笔业务出了问题,她马上去找老总。老总正准备用电话同这位客户谈生意,她就将情况做了汇报,并提出具体的建议和意见。老总掌握这些材料后,与客户交谈时顺利地解决了这一问题。

此后,小丽经常主动向老总汇报工作,及时进行良好的沟通,并在销售和管理方面提出了一些不错的意见和建议,不断得到老总的认可。不久,她被提升为业务主管。

(资料来源:李晓.沟通技巧[M].北京:航空工业出版社,2006.)

那么,怎样消除对上司的恐惧感呢?

首先,要抛弃"不宜与上司过多接触"的观念。合理的沟通观念应该是:和上司沟通是一个职场人士的基本职责之一,因为领导是决策者和管理者,而下属则是执行者和完成者。在决策执行和目标实现过程中,必须借助沟通了解上司意图,争取上司支持,获得上司认可。

其次,不要害怕在上司那里"碰钉子"。当上司反馈的意见不理想时,要从沟通态度、方式等方面进行自我反省;同时,要仔细揣摩领导的态度和意见,并通过换位思考去寻求对领导处理方法的理解。

最后,要用改进沟通技能的方法增强自信。在沟通内容上,尽量做到观点清晰,有理

有据,层次清楚。在沟通方式上,采用易被对方接受的沟通频率、语言风格和态度情绪;刚开始时最好采取面对面这种直接交流的方式,相互熟悉之后可借助电话、短信、电子邮件等方式。

(2)适度沟通。所谓适度,是说下属与领导的关系要保持在一个有利于工作、事业及二者正常关系的适当范围内,形成和谐的工作环境,沟通既不能"不及",也不可"过分"。

目前,下对上的沟通存在两大弊端:一是沟通频率过高。有些下属为了博得领导的赏识和信任,有事没事经常往领导办公室跑,既给领导的正常工作造成了干扰,又会让领导认为你缺乏独立工作能力,遇事没有主见。二是沟通频率过低。有些下属以为干好本职就行了,至于是否向领导汇报思想和工作情况则无所谓,因而该请示不请示,该汇报不汇报,目无组织和领导。久而久之,既不利于开展工作,一定程度上也会影响个人和团队的发展前途。

相关链接

乙主任为何里外不好做人

甲和乙是两位新上任的车间主任,业务水平都很高。不过,在与上级沟通时采取的却是截然不同的态度。甲主任认为,一定要和上级搞好关系,于是,有事没事就往厂领导那儿跑,弄得车间员工议论纷纷,都说甲主任只会拍马屁,不关心员工的实际工作。后来这话传到了厂领导耳朵里,领导感到很难堪。与此相反,乙主任则认为"打铁还要自身硬",一天到晚只知埋头苦干,为了生产业务甚至连车间主任会都不参加。可是车间员工也不买账,他们认为这样的主任不会为员工着想;而厂领导也因为他常常不来开会,心生不满,乙主任由此弄得里外不好做人。

(资料来源:梁玉萍,丰存斌.沟通与协调的技巧和艺术[M].北京:中国人事出版社,2009.)

(3)适时沟通。上司一天到晚要考虑的事情很多,因此应根据问题的重要与否,选择恰当的沟通时机。

首先,要选择上司相对轻松的时候。与上司沟通之前,可以通过打电话、发短信等方式主动预约,或者请对方预定沟通的时间、地点,自己按时赴约。假如是个人私事,则不宜在上司埋头处理大事时去打扰,否则就会忙中添乱,适得其反。

其次,要选择上司心情好的时候。沟通之前,先与其秘书或助理取得联系,以了解对方的情绪状态。当上司情绪欠佳时,最好不要去打搅对方,特别是准备向对方提要求、摆困难或者发表不同意见的时候。

再次,要寻找适合单独交谈的机会。特别是试图改变上司的决定或意向的时候,要多利用非正式场合和没有第三者在场时。这样既能给自己留下回旋余地,又有利于维护上司的尊严。

最后,不要选择上司准备去度假、度假刚回来或吃饭、休息的时候去沟通。因为,这时对方容易精力分散,心不在焉,或者匆忙做出决定。

(4)灵活沟通。由于个人的素质和经历不同,不同的领导就有不同的处世风格。揣摩上司的不同风格,在与其交往的过程中区别对待,往往会获得更好的沟通效果。与上司风格匹配的沟通方式见表 4-1 所示。

表 4-1　上司风格类型沟通

风格类型	性格特点	沟通技巧
控制型 （权力欲强）	实际，果决，求胜心切 态度强硬，要求服从 关注结果，而非过程	简明扼要，直截了当； 尊重权威，执行命令； 称赞成就而非个性或人品
互动型 （重人际关系）	亲切友善，善于交际 愿意聆听困难和要求 喜欢参与，主动营造融洽氛围	公开、真诚地赞美； 开诚布公地发表意见； 忌背后发泄不满情绪
务实型 （干事创业）	为人处世，自有标准 理性思考，不喜感情用事 注重细节，探究来龙去脉	开门见山，就事论事； 据实陈述； 不忽略关键细节

（5）定位沟通。正确认识自己的角色、地位，真正做到出力而不"越位"，是处理好上下级关系的一项重要艺术。越位是下级在处理与上级的关系过程中常发生的一种错误。主要表现在以下方面。

① 决策越位。决策是领导活动的基本内容，不同层次的领导决策权限也不同。如果本该上级做出的决策却由下级做了，就是超越权限的行为。

② 表态越位。一个人对某件事的基本态度，往往与其特定的身份相联系，超越身份胡乱表态，是不负责任的表现，是无效的。

③ 工作越位。本该由上级出面才合适做的工作，下级却越俎代庖、抢先去做，从而造成工作越位。

④ 场合越位。有些场合，如应酬客人、参加宴会等，应适当突出上级，下级却张罗过分，风头出尽，也会造成越位。

3. 请示与汇报工作的技巧

请示，是下级向上级请求决断、指示或批示的行为；汇报，是下级向上级报告情况，提出建议的行为。二者都是职场人士经常性的工作。

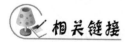相关链接

哪种请示汇报方式好？

"领导，感觉最近员工的士气总是不高，您能不能给我些建议？"

"领导，我感觉最近员工的士气不高，业绩也受到了影响。这两天，我跟大家沟通了一下，感觉主要是临近春节，很多客户都忙着拜年和要账，没有精力跟我们谈广告业务，而我们的业务员也都想着回家过年，所以整个团队士气不高。我感觉春节前这段时间还是很宝贵的，我们必须提高团队的士气，我有两个方案，您看怎样？一是我们在团队内部做个

竞赛,业绩排在前六名的,公司帮助解决回家的火车票;二是搞个激励活动,对表现良好的,公司准备一个春节大礼包。这两个方案,花费都不会超过6000元,而增加的收入可能是60万元,您看选择哪个比较好?"

启发:上司只做"选择题",不做"问答题"。对于下属而言,把"问答题"抛给上级是不明智的做法,甚至会导致上级出现错误的判断或决定。所以在请示上级时,一定要掌握请示汇报的技巧。

(资料来源:佚名.与上司沟通[EB/OL].[2020-01-08]. https://wenku.baidu.com/view/382c9c04a01614791711cc7931b765ce05087a79.html.)

(1) 明确程序。请示与汇报工作主要有四个步骤。

① 明确指令。一项工作在明确了方向和目标后,上级通常会指定专人负责此项工作。如果上级明确指示自己去完成这项工作,就一定要迅速准确地把握领导的意图和工作的重点,包括谁传达的指令(Who)、做什么(What)、什么时间(When)、什么地点(Where)、为什么(Why),以及怎么做(How)、工作量(How much)。其中任何一点不明白,都要主动询问,并及时记录下来。最后,还要简明扼要复述一遍,以确认是否有遗漏之处或领会有误的地方。当对领导的指令理解模糊时,绝不能"想当然";在执行任务的过程中,遇到困难或疑惑之处,也要及时跟上司沟通,以避免走弯路,贻误工作。

② 拟订计划。在明确工作目标之后,应尽快拟订工作计划,交与领导审批。在拟订工作计划时,应详细阐述自己的行动方案和步骤,尤其是工作进度要有明确的时间表,以便领导进行监控。以制订月销售计划为例:首先,要明确下个月要达成的业绩目标;其次,要说明这些目标有多少源于老客户、多少源于新客户;最后,要说明打算通过哪些渠道,采用什么促销方案来实现这一目标等。这样的月销售计划交上去,既具体可行,也方便领导及时纠正。

③ 适时请教。在工作进行过程中,要及时向领导汇报和请教,让领导了解工作进程和取得的阶段性成绩,并及时听取领导的意见和建议。切不可等工作全部结束后,才将工作情况和盘托出。

④ 总结汇报。工作任务完成以后,应及时向领导总结汇报,总结成功的经验和不足之处,以便在今后的工作中改进提高。与上司沟通自己的工作总结,既显示出对上司的尊重,也有利于展示自己的才干,为赢得上司的赏识和器重奠定了基础。

善于汇报的销售员

小波是一家酒店的销售员,颇得上司的赏识。他之所以能够得到上司的青睐,一方面是因为业绩突出;另一方面就是小波每做完一笔单子,都会以书面的形式总结出这项业务成功与失败的原因。上司对此非常满意,尽管有些单子完成得不是很出色,但上司从来没有责备过小波,相反,还经常给他提出一些合理化建议。

(资料来源:http://www.360doc.com/content/11/0908/14/7436990_146711677.html.)

(2) 充分准备。"凡事预则立,不预则废。"无论请示还是汇报,要想达到预期目的,事先都必须认真做好准备。首先,要做好思想准备。向领导汇报,既要消除紧张心理,又要克服无所谓的态度,调整情绪,树立信心,认真对待。其次,要做好资料准备。"巧妇难为无米之炊",充分占有资料是汇报成功的基础。如果情况不熟悉,或某方面的情况还不明了,就不能凭主观臆断、道听途说去汇报,搞所谓"领导要,我就报,准不准,不知道"那一套。只有通过调查了解,准确掌握情况,才能进行请示汇报。最后,要搞好"战术想定"。如果是就某个特殊问题请求上司批示,自己心中至少要有两套以上的解决方案,并对其利弊了然于胸,必要时向领导阐述明白,并提出自己的主张,争取领导的理解和支持。如果是就某项工作加以汇报,要在明确领导意图的基础上,确定汇报主题,把握汇报重点,组织汇报材料,合理安排内容的顺序与层次;对汇报中可能出现的情况,领导可能提出的问题,要做到心中有数,绝不能仓促上阵。

(3) 选择时机。除了紧急事件需及时请示、汇报外,还应注意选择以下时机:当本人分管或领导交办的工作告一段落时;工作中遇到较大困难,想求得领导帮助支持时;领导决策需要某方面的信息时;领导主动询问有关情况时;领导有空余时间时等。汇报不仅要注意时机,还要区别场合,可以通过会议形式正式汇报的,尽量不要不分场合地临时汇报;当领导公务繁忙或工作中出现困难心情烦躁时,一般不宜贸然开口汇报。应选择领导乐意听取汇报的时机进行汇报,以取得预期的效果。

(4) 因人而异。在请示和汇报时下属应采取不同的方式,以适应不同领导者的风格特点。例如,对严谨细致的领导者,要解释得详细一点,最好列举必要的事例和数据;对干练果断的领导者,要注意言简意赅,提纲挈领;对务实沉稳的领导者,注意语言朴实,少加修饰;对活泼开朗的领导者,语言可以轻松幽默一些。总之,要根据领导的个性特点,有针对性地搞好请示和汇报。

(5) 斟酌语言。向领导汇报工作,一定要抓住重点,简短明快,而不能东拉西扯,词不达意,这样的汇报既浪费领导宝贵的时间,又令人生厌。因此,下级向领导做汇报,一定要有提纲或打好腹稿,使用精辟的语言归纳整理所要汇报的内容,做到思路清晰,观点精练,语言流畅,逻辑性强,遣词用语朴实、准确。关键语句要认真推敲;评价工作要把握好分寸,切忌说过头话;列举数字一定要准确无误,尽量避免"大概""估计""可能"之类的模糊词语。如果语言啰唆,拖泥带水,再好的内容也汇报不出应有的效果。

(6) 遵守礼仪。一是准时赴约。要按照事先约定的时间到达。过早到达或迟迟不到,都是严重失礼的行为。二是举止得体。做到站有站相,坐有坐相,文雅大方,彬彬有礼。三是控制好时间。一般情况下,领导总是想先了解事情的结果,所以在汇报工作时要先说结果,再谈过程和程序。这样,汇报工作时就能简明扼要,有效节省时间。四是注意场合。切忌在路上、饭桌上、家里汇报工作,更不能在公开场合与领导耳语汇报工作。

此外,请示与汇报还应注意:要按照下级服从上级的原则,坚持逐级请示、报告;要避免多头请示、报告,坚持谁交办向谁请示、报告,以减少不必要的矛盾,提高办事质量和工作效率;要尊重而不依赖,主动而不擅权。请示、汇报要根据工作需要,不能仰仗、依附于领导,时时、事事都去请教或求助。要在深刻领会领导工作思路的前提下,积极主动、大胆负责地开展工作。

4.2　与同事的沟通

处理好同事关系对每一位职场人士来说都很重要。所谓同事关系,是指同一组织内部处于同一层次的员工之间存在的一种横向人际关系。同事之间既是天然的合作者,又是潜在的竞争者,如图4-2所示,这是一种微妙的人际关系,必然会产生既渴望"合作",又警觉"竞争"的复杂心理。因此,职场人士在与同事相处时,应特别注意沟通艺术。

图4-2　同事基本特征

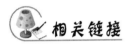

荀攸的智慧

三国时的荀攸智慧超群,谋略过人。他辅佐曹操征张绣、擒吕布、战袁绍、定乌恒,为曹操统一北方建功立业,做出了自己的贡献。在朝二十余年,他能够从容自如地处理政治旋涡中上下左右的复杂关系,在极其残酷的同僚斗争中,始终地位稳定,立于不败之地,原因就在于他能谨以安身,以忍为安,很好地处理同僚关系。他平时特别注意周围的环境,对同僚从不刻意去争高下,总是表现得十分谦卑、文弱、愚钝和怯懦。他对自己的功勋讳莫如深。这样,他才能和其他的同僚和平共处,并且深受曹操宠信,也从来没有人到曹操处进谗言加害于他,朝中朝外口碑极佳。

(资料来源:梁玉萍,丰存斌.沟通与协调的技巧和艺术[M].北京:中国人事出版社,2009.)

1. 与同事沟通的基本要求

(1) 互相尊重。尊重是人的需要,也是沟通的前提。职场人士的尊重需要包括团队成员给予的重视、威望、承认、名誉、地位和赏识等。每个成员都希望获得其他成员的承认,要求给予较高的评价,希望自己受到礼遇,获得较高的名誉和地位。因此,高明的领导者都十分重视尊重员工。尊重是相互的。古人语:敬人者人恒敬之。因此,职场中要想得到同事的尊重,就必须首先尊重同事的人格,尊重同事的工作和劳动,尊重同事在整个团队中的地位和作用。

小陈为何不受欢迎

小陈是毕业于北京某重点大学的研究生,在单位工作几年后,由于业务能力突出被提拔为车间主任。这对他来说是一个施展才华的大舞台。但他在与别的车间主任交流时，总是流露出对这些工人出身的主任的不屑，开口闭口总是我们研究生如何、你们工人怎样，很快就把自己陷入与其他车间主任格格不入的境地，成为一个不受欢迎的人。最终不得不调换工作岗位。

（资料来源：梁玉萍，丰存斌.沟通与协调的技巧和艺术[M].北京：中国人事出版社，2009.）

（2）真诚待人。常言道："精诚所至，金石为开。"同事之间要互相沟通，就必须消除不必要的戒备心理，摒弃"逢人只说三句话，不可全抛一片心"的处世原则，襟怀坦荡，以诚相待。唯有真诚，才能打开同事心灵的窗口，才能激起思想上和情感上的共鸣。反之，如果当面一套，背后一套，或者是说一套、做一套，就会失信于人，引起人们的反感。

（3）互谅互让。职场人士都希望有一个平和的、令人心情舒畅的工作环境。但是，同事之间由于思想认识、性格修养、观点立场等方面的差异，看问题的角度会有所不同，处理问题的思路与方法也不尽一致。面对这种差异和分歧，首先，不要过度争论，以免激化矛盾，影响彼此之间的关系；其次，要通过换位思考充分理解对方，并本着从工作出发、为全局着想的原则，求同存异，互相谦让。

（4）大局为重。同事之间由于工作关系而走在一起，就形成了一个利益共同体。其中的每一分子，都要有集体意识和大局意识。因此，在与上司、同事交往时，要尽量保持同等距离，即使和某些同事情趣相投、关系密切，也不要在工作场合显现出来，以免让别的同事产生猜疑心理；在与本单位以外的人员接触时，更要有荣辱与共的"团队形象"观念，多补台少拆台，不要为自身小利而损害集体大利；不可外扬"家丑"，对自己的同事品头论足甚至恶意攻击，影响同事的外在形象。

2. 与同事沟通的方法

（1）重视团队合作。荀子说过："人力不若牛，走不若马，而牛马为用，何也？曰：人能群，彼不能群也。"这段话道出了团队合作的重要性。随着社会分工的越来越细，现代企业越来越强调员工之间的沟通协调。作为企业中的个体，无论自己处于什么职位，在保持自己个性特点的同时，都必须很好地融入集体。比尔·盖茨认为："大成功靠团队，小成功靠个人。"因此，在工作中同事要同心协力、互相支持、共同合作；需要大家共同完成的，要预先商定，配合中要守时、守信、守约；自己分内的事要认真完成，出现问题或差错时要主动承担责任，不拖延、不推诿；确需他人协助完成的，要使用请求的态度和商量性语气，不能居高临下、颐指气使。

天堂和地狱的故事

有一个人请求上帝带他参观一下天堂和地狱，希望通过比较选择自己的归宿。上帝答应了，先带他参观了由魔鬼掌管的地狱。进去之后，只见一群人，围着一个盛满了肉汤的大锅，但这些人看起来都愁眉苦脸、无精打采，一副营养不良、绝望又饥饿的样子。仔细一看，原来，每个人都拿着一只可以够到锅的汤匙，但汤匙的柄比他们的手臂长，所以没有办法把东西送进嘴里。他们看起来非常痛苦。

紧接着,上帝带他进入另一个地方。这个地方和先前的地方完全一样:一锅汤、一群人、一样的长柄汤匙。但每个人都很快乐,吃得也很愉快。上帝告诉他,这就是天堂。

这位参观者很迷惑:为什么情况相同的两个地方,结果却大不相同?最后,经过仔细观察,他终于看到了答案。原来,在地狱里的每个人都想着自己舀肉汤;而在天堂里的每一个人都在用汤匙喂对面的另一个人。结果,在地狱里的人都挨饿而且可怜,而在天堂的人却吃得很好,非常快乐。

可见,团队合作多么重要,在和谐的团队里人们在帮助别人的同时也得到别人的帮助,在相互帮助中,我们体会到了和谐人际关系的幸福快乐。

(资料来源:佚名.天堂与地狱[EB/OL].[2019-05-14]. https://ishare.iask.sina.com.cn/f/bvNsAThcGOh.html.)

(2) 懂得相互欣赏。人是具有能动思维的主体。人所具有的这种特性,表现在工作中就是有一定的价值目标,即追求理想和信念的成功,也就是成就感。人的成就感包括职业感和事业感两方面。职业感体现为个人对本职工作的态度,事业感则体现为个人追求被群体和社会承认的较高层次的成就。因此,职场人士都有得到赞许的欲望,都希望自己的职业和工作受到别人的重视,得到恰如其分的评价和鼓励。懂得这些,我们就会在长期共事的过程中,善于发现同事的优点、长处及工作中取得的成绩和进步,并及时给予其肯定和赞美。欣赏是人际关系的润滑剂。一句由衷的赞美,既可以表达对同事的尊重,又会赢得对方的好感,进而融洽彼此之间的关系。

(3) 主动交流沟通。人际关系是在"互动"中发生联系和变化的。人际关系要密切,注重彼此的交往是前提。因此,在紧张的工作之余不妨主动找同事谈谈心、聊聊天或请教一些问题等,以便加深印象、增进了解。在主动沟通中应把握以下几点:一是选择合适的时间、场合及易引起对方兴趣的话题;二是保持诚恳、谦虚的态度;三是善于体察对方的心理变化,因势利导,随机应变;四是讲究语言艺术,选择"商量式""安慰式""互酬式"等语言并注意分寸。

(4) 保持适当距离。"过密则狎,过疏则间。"同事之间保持适当距离,处世为人才可能客观、公正。每个人都有自己的私人空间,搞好职场人际关系并不等于无话不谈、亲密无间。有时同事之间摩擦不断、矛盾重重,恰恰是由于交往太过密切、随意,侵犯了别人的隐私。所以,当自己的个人生活出现危机时,不要在办公室随意倾诉;要尊重同事的权利和隐私,不打探同事的秘密,不私自翻阅同事的文件、信件,不查看对方的计算机;对同事不过多地品头论足,更不要做搬弄是非的饶舌者。

3. 同事日常沟通要把握分寸

同在一个单位,甚至同处一个办公室,每天都要见面谈话,谈话的内容可能无所不包,涉及工作内外的方方面面。因此,在日常沟通中如何把握分寸,就成了不可忽视的一个环节。

(1) 不谈论私事。办公室不是互诉心事的场所,虽然这样的交谈富有人情味,能使彼此之间变得亲切、友善。据调查,只有不到1%的人能够严守别人的秘密。因此,当自己的生活出现危机,如失恋、婚变等,不宜在办公室里倾诉;当自己的工作出现危机,如工作不顺利,对老板、同事有意见,更不应该在办公室里向人透露。我们不能把同事的"友善"和朋友的"友谊"混为一谈,以免影响正常的工作秩序和自身的形象。

(2) 不好争喜辩。同事之间在某些问题上发生分歧很正常,尤其是在座谈、讨论等场合。当别人提出不同意见时,要尊重对方,认真倾听,不随意打断,不急于反驳,在清楚了解对方观点及其理由的前提下,语气平和地陈述自己的观点,并提供支持的理由。切不可抱着"胜过对方"或"证明自己是对的,对方是错的"这种心态一味地争执下去,否则就会影响彼此的关系,伤害别人的自尊。

(3) 不传播"耳语"。所谓"耳语",即小道消息,是指非经正式途径传播的消息,往往传闻失实,并不可靠。在一个单位里,各方面的"耳语"都可能有,事关上司的"耳语"可能更多。这些"耳语"如同噪声一般,影响着人们的工作情绪。对此,应该做到"三不":不打听、不评论、不传播。

(4) 不当众炫耀。在人际交往中,任何人都希望得到别人的肯定评价,都在不自觉地维护着自己的形象和尊严。如果当众炫耀自己的才能、长相、财富、地位等,处处显出高人一等的优越感,那么无形之中就是对他人自尊与自信的挑战与轻视,会引起别人的排斥心理乃至敌对情绪。因此,在与同事相处过程中,应该谨小慎微,认真做事,低调做人,即使自己的专业技术很过硬,深得老板赏识和器重,也不能过于张扬。

(5) 不直来直去。我们常常认为心直口快是一种难得的品质,有话就说,直来直去,给人以光明磊落、酣畅淋漓之感。其实,不分场合、不看对象的直率,往往也会成为沟通的障碍,特别是当我们有求于对方或者发表不同见解的时候,更不能颐指气使,直截了当。

(6) 不随便纠正或补充同事。日常交流过程中,可以对某个问题发表自己的见解,但不要随意纠正或补充同事,除非工作需要或对方主动请教。否则,会有自以为是、故作聪明之嫌,也会无意间损伤对方的自尊心。

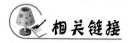

怎样与同事沟通

小张本是个心直口快的人,说话向来不会含蓄婉转,所以经常得罪同事。一次,饮水机没水了,他对同事小刘说:"帮个忙换桶水吧,就你闲着。"小刘一听就不高兴了:"谁说就我闲着?我在考虑策划方案呢。"小张碰了一鼻子灰。

小张跑到销售部:"吴经理,你给我把这月的市场调查小结写一下吧。"吴经理头也没抬,冷冷地说:"刚当上管理员,说话就是不一样。"显然吴经理生气了。小张想,我也没说什么呀。他顺手拿起打印机旁的一份"客户拜访表"问:"这是谁制的表?"吴经理的助理夺过表格:"你什么意思?"

当天,几个同事在一起谈话,让小张说说对公司管理情况的看法,小张竹筒倒豆子般一吐为快:"我认为目前我们公司的管理非常混乱,有令不行,有禁不止,简直一个乡镇企业。"大家都不爱听了,认为他话里有话。

一会儿同事小王问小张,某某事情可不可以拖一天,因为手头有更重要的事情在做。

"有这么做事情的吗?你别找理由了,这可是你分内的事,反正又不是给我做,你看着办!"小张声色俱厉地说。小王也不甘示弱,说:"喂,请注意你的言辞。你以为你是谁呀?我就是没时间。"小张气得发抖:"我怎么了?本来就是这么回事嘛,我不过是实话实说。"

小张的同事关系何以如此紧张?你若是小张,将怎样改善同事关系?

(资料来源:佚名.舌头如利刃[EB/OL].[2020-12-11].http://www.360doc.com/content/20/1211/17/11498314_950857120.shtml.)

4.3 与下属的沟通

1. 与下属沟通的意义

管理者不仅要把工作设计成为生产过程,更应该设计成为人和人交流、协作、沟通,实现员工深层交往需要以及个性、心理满足的过程。管理者必须了解员工的观点、态度和价值,努力帮助员工在工作中实现其价值。实现这一目标的根本途径即是面对面的语言沟通。没有沟通,就没有了解;没有了解,就没有全面、整体、有效及平衡的管理过程。

在现实生活中,上下级出现沟通问题屡见不鲜。管理者在处理人与人之间的各种矛盾时谴责、贬斥、误解,或是以一种"我是领导我怕谁"的态度对待别人,都会把事情搞砸。即使在世界上著名的大公司,类似的事件也屡见不鲜。

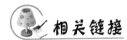

总裁史蒂芬·盖瑟的转变

美国银行前总裁史蒂芬·盖瑟曾经亲身体会到作为领导者与下级沟通的重要性。20世纪80年代末,大学刚毕业的他就在一家大规模的投资公司任业务主管。他在洛杉矶西区拥有住宅,开着一辆奔驰,时年不过25岁。此时他自认为是神童,可以呼风唤雨,无所不能,而且在他人面前也毫不掩饰这种自大的态度。

20世纪90年代以后,美国经济开始萎缩,裁员的风暴无情袭来。起初他不以为然。可没想到有一天,老板对他说:"史蒂芬,你的能力没话讲,可是问题出在你的态度上,公司里没有人愿意与你配合,我恐怕必须请你离开公司。"

这真是晴天霹雳,像他这样的人才居然被开除了!此后,经过几个月求职的挫折,他以前那种自大的态度已荡然无存。他终于意识到应该与他人有效沟通,并帮助那些处境不如自己的人。他换了一种态度去待人,变得更有人情味、更可爱、更能共事了。之后周围的人也开始关心他,三年后,他又回到高级主管职位,只不过这一次周围的同事都是他的朋友了。

(资料来源:李晓.沟通技巧[M].北京:航空工业出版社,2006.)

身为领导,不管工作多么繁忙,都要保留与下属沟通的时间。美国前总统里根被称为"伟大的沟通者",在漫长的政治生涯中,他深切体会到与自己的服务对象沟通的重要性。即使在总统任期内,他也保持着阅读来信的习惯。他请白宫秘书每天下午交给他一些信件,再利用晚上的时间在家里亲自回复。美国前总统克林顿也常常利用传媒与人们面对面交流,借此了解他们的想法,表达对他们的关切。即使无法解决所有人提出的问题,但总统亲自倾听人们的意见,表达自己的想法,这本身就具有沟通的意义。

真正有效的沟通并不妨碍工作,比如开会、讨论、走廊里的短暂同行、共进午餐的时机等,都是进行沟通的机会。要成功地与下属沟通,关键点有三:一是怀有真诚的态度,不走形式;二是保持开放的心态,不搞"一言堂";三是主动创造沟通的良好氛围,不咄咄逼人。

2. 与下属谈心的技巧

有这样一则寓言:一把坚实的锁挂在铁门上,一根铁杆费了九牛二虎之力还是无法将它撬开。钥匙来了,它瘦小的身子钻进锁孔,只轻轻一转,那大锁就"啪"的一声开了。铁杆奇怪地问:"为什么我费了那么大气力也撬不开,而你却轻而易举地就把它打开了呢?"钥匙说:"因为我最了解它的心。"

领导的才能不是表现在告诉员工如何完成工作,而是使员工积极主动地去完成它。因此,身为领导,必须注意通过语言沟通,了解本单位、本部门每个员工有形的和无形的需求,并设法满足其正当需求,如此,员工才会更忠诚、更有凝聚力。而在实际管理工作中,领导者往往重视自身的带头示范作用,却忽视了跟员工的沟通,尤其是上、下级之间的真诚谈心。

(1)贴近下属,寻求沟通。下级对上级,往往存在各种各样的心态:试探、戒备、恐惧、对立、轻视、佩服、无所谓等。有的员工在上级面前唯唯诺诺,不敢妄言,在同事面前则落落大方,侃侃而谈。因此,身为领导应该避免使用命令、训斥的口吻讲话,要放下架子,以平易近人、亲切和蔼的姿态去寻求沟通,如经常深入基层和员工之中,通过召开座谈会、个别访谈、即时聊天等形式,了解员工关心的焦点问题,征求员工的意见和建议,关心员工的工作和生活。只有这样,下级才会敞开心扉,畅所欲言。

相关链接

善沟通的奥田

奥田是丰田公司第一位非丰田家族成员的总裁,在长期的职业生涯中,奥田赢得了公司内部许多人士的深深爱戴。他有1/3的时间在丰田城里度过,常常和公司里的多名工程师聊天,聊最近的工作,聊生活上的困难。另外1/3的时间用来走访5000名经销商,和他们聊业务,听取他们的意见。

(资料来源:佚名.管理沟通案例[EB/OL].[2020-12-12]. https://wenku.baidu.com/view/873e3b964935eefdc8d376eeaeaad1f3479311f2.html.)

(2)仔细倾听,适时提问。沟通艺术的核心在于仔细倾听和适时提问。一个优秀的领导者应该具备"作为一个听者所拥有的非凡技能"和一针见血地提出问题的能力。通过聆听,充分体味下属的心境,了解信息的全部内容;通过提问,促进沟通的深化,探究信息的深层内涵。二者均可为准确分析反馈信息、调整管理方式提供客观依据。因此,在谈心过程中,领导者要尽量少说多听,不随意插话,不轻易反驳;提问要言语简洁,要等对方说完或者说话告一段落时进行。

（3）设身处地，换位思考。站在他人立场上分析问题，能给人以善解人意、体察入微的印象。这种投其所好的技巧常常具有极强的说服力。要做到这一点，知己知彼十分重要，唯有知彼，方能从对方立场上考虑问题。这就需要领导者经常深入基层开展调研，及时了解和掌握职工的思想动态和关心的利益所在。在谈心时，要善于联系对方的身份、职位和目前的工作、生活境况去揣摩对方心理，做到想对方之所想，急对方之所急，以真正理解对方的思想观点。

（4）拉近距离，平等交流。谈心伊始，要特别重视开场白的作用。可以先拉几句家常，开一些善意的玩笑，以消除对方的拘束感，拉近双方心理上的距离，然后再慢慢引出正题。在阐述自己观点时，要有平等的姿态，晓之以理，动之以情，不以势压人，不训斥命令；音量适中，语气平和，语调自然，态度和蔼；手势或动作幅度不宜过大；多采用商量性的口吻，如："你觉得我的话有道理吗？""你同意我的意见吗？"

 相关链接

艾森豪威尔与士兵

艾森豪威尔是第二次世界大战时的盟军统帅。有一次，他看见一个士兵从早到晚一直挖壕沟，就走过去跟他说："大兵，现在日子过得还好吧？"士兵一看是将军，敬了个礼后说："这哪是人过的日子哦！我在这边没日没夜地挖。"艾森豪威尔说："我想也是，你上来，我们走一走。"艾森豪威尔就带他在那个营区里面绕了一圈，告诉他当一个将军的痛苦和肩膀上挂了几颗星以后，还被参谋长骂的那种难受，打仗前一天晚上睡不着觉的那种压力，以及对未来前途的那种迷惘。

最后，艾森豪威尔对士兵说："我们两个一样，不要看你在坑里面，我在帐篷里面，其实谁的痛苦大还不知道呢，也许你还没死的时候，我就活活地被压力给压死了。"这样绕了一圈以后，又绕到那个坑的附近，那个士兵说："将军，我看我还是挖壕沟吧！"

（资料来源：佚名.管理沟通[EB/OL].[2017-06-05]. https://www.docin.com/p-1942775444.html.）

3. 调解下属矛盾的技巧

只要有人的地方，就必然会有矛盾与冲突发生，而矛盾与冲突的结果，不仅会破坏人与人之间的和谐关系，还会削弱一个集体的凝聚力和战斗力，降低整个团队的声誉和绩效。因此，领导者的日常管理活动之一就是处理下属之间的矛盾冲突。

 **相关链接**

握 手 言 欢

张某、刘某两人同是某单位一科室的副科长。起初，两人关系融洽，工作上配合十分默契。但在一次中层领导干部竞聘中，张某经过竞聘提拔为科长后，张、刘两人的关系开始急剧恶化，身为副职的刘某不仅不配合张某的工作，反而经常拆台搞内讧。不仅如此，他还时不时在背后诋毁张科长，说"张某任科长一职是花钱买来的"之类的话。张科长知道后也暗恨刘某，后来发展到见面不打招呼、两人无话可说的地步。

局领导对此十分重视,局长亲自召集全局领导班子开会研究调停冲突方案。会上,决定先由分管该科的林副局长出面作调停工作。林副局长接到任务后,便分别找张、刘两人单独谈话。谈话内容各有侧重,对刘某主要是让他说说对组织提拔张某有什么看法,如果组织上真有违反干部任用条例之处也希望他提出来,如属实,组织坚决公正决断,但不能无根据地瞎编乱谈。此外,还向他指出班子闹不团结的危害性,不但影响工作,而且影响个人前途。通过谈话使之认识到自己的错误。对于张科长则要求他作为一科之长要以大局为重,要有宽大的胸怀,善于求同存异,虚心听取各种不同的意见和建议,以宽容对待冲突,以礼貌谦让对待冷嘲热讽,不要总是对一些细枝末节斤斤计较,更不能对一些陈年旧账念念不忘。在大是大非面前要冷静头脑,要善于团结下属,共同把工作做好。

经过第一次谈话后,局领导又按计划安排对张、刘的第二次谈话。这次谈话由局主要领导出面,以邀请张、刘两位科长共进晚餐的方式进行,谈话地点选在原先两位科长和好时常去的某饭店进行。大家都按时到位后,先由局长谈话。局长说:两位科长能不计前嫌,迈过门槛,走在一起共进晚餐不容易,局领导感到很高兴,这是科长们以大局为重的一种表现,并对他们的诚意表示感谢。然后,由两位科长先后发言,谈话间,各表衷心、互赔不是,以求得对方谅解,场面甚是感人;最后便是大家端起团结的酒杯,握手言和,共祝工作如意!

(资料来源:佚名.基层领导调和下属间矛盾的技巧[EB/OL].[2007-04-30].http://blog.gxnews.com.cn/u/8734/a/46650.html.)

那么,怎样正确处理上下级之间的矛盾,营造和谐、积极的工作氛围呢?

(1)事前有预案。识别冲突,调解争执,是管理者最重要的能力之一。当发现下属间发生冲突时,如果盲目调和,往往收效甚微,搞不好还会火上浇油,弄巧成拙。因此,要对冲突的原因、过程及程度等作详尽的了解后,研究制订出可行的调和方案,并按方案进行调和。

(2)大局为重。现代社会的一个重要特点就是分工严密,这样可以提高工作效率,但同时也带来了一个不可避免的缺陷,这就是彼此之间缺乏相互了解。在诸多的矛盾冲突中,虽然双方在各自的利益上产生纷争,但共同的目标还是一致的,因此管理者应让冲突双方清醒地意识到,单纯地指责对方是无济于事的,只有相互配合、密切协助才能解决纷争,才能实现团队的共同目标。事实上,当双方均以单位的整体利益为重时,心中的怒气就会化为乌有。

(3)换位思考。在局部利益冲突中,双方所犯的错误多半是只考虑自己,以自己为中心,而不能体谅对方。要让他们互相了解、体谅对方的最好办法,莫过于各自站在对方的立场上去考虑问题。当双方确实做到这一点后,可能就会握手言和、心平气和地协商一种积极的解决冲突的方法。孔子说:"己所不欲,勿施于人",正是设身处地、从对方角度看问题而得出的结论。

(4)折中调和。领导是下属之间矛盾的最终仲裁者。仲裁者要保持权威,就必须坚持公平、公正的原则。如果偏袒一方,就会使另一方产生不满和对立情绪,进而加剧矛盾,甚至将矛盾转化为上下级之间的矛盾,使矛盾性质发生变化。所以,冷静公允,不偏不倚,是处理下属矛盾时最起码的原则,尤其是在调解利益冲突时。此外,很多情况下冲突双方各有道理,各执一词,很难判断谁是谁非。这时候,折中协调、息事宁人是最好的解决办法。

（5）创造轻松气氛。发生冲突双方均抱有成见和敌意,所以在进行调解时缓和气氛很重要。调解不一定在会议上、办公室里进行,有时在餐桌上、咖啡厅、领导家里效果反而会更好。

总之,下属之间的矛盾冲突是多样的,调和的办法不能千篇一律,要在实际工作中根据不同的冲突对象、起因及程度采用灵活的技巧来加以调解。

从《杜拉拉升职记》学职场沟通

《杜拉拉升职记》改编自李可的同名小说,中国电影集团出品。该片是由徐静蕾执导,黄立行、吴佩慈、莫文蔚等出演的都市爱情片。影片讲述了职场女性杜拉拉在外企工作8年,从一个职场"菜鸟"到见识各种职场变迁及职场磨炼,最终成长为一个专业干练的HR经理,同时收获爱情的故事。请组织同学们观看此影片,从中学习和总结职场沟通的技巧。

4.4 求职面试沟通

1. 面试的准备

（1）心理准备。无论是刚从学校毕业的新人,还是等待谋求新职的人,都必定面临求职面试这一关。每一个求职的人,都希望在面试时留给主考官一个好印象,从而增大录取的可能性。所以,事先了解面试时的一些必要的礼节,是非常重要的。可以说,这是求职者迈向成功的第一步。中国有句古话:"知己知彼,百战不殆。"面试就如同一场试探性的战斗,战斗的双方就是面试单位的主考官和参加面试的你自己。

① 要研究主考官。应聘者"研究主考官",这里所说的"研究"是要试想一下主考官会从哪些方面来考察、评价面试者。综合起来,有以下几个方面:主考官可能会先评价一个应聘者的衣着、外表、仪态和行为举止;主考官会对应聘者的专业知识、口才、谈话技巧做整体的考核;主考官可能会从面谈中来了解应聘者的性格和人际关系,并从谈话过程中了解应聘者的情绪状况以及人格成熟的程度;主考官会在面试时,观察应聘者对工作的热情程度和责任心,了解应聘者的人生理想、抱负和上进心。

② 要研究自己。这包括以下几个方面:认识自己,了解自己的长处、兴趣、人生目标、就业倾向等。许多学校都会为毕业生就业求职开设一些辅导,帮助毕业生分析个人的专业和志向,作为毕业生的你,可以充分利用这个渠道,为求职预先做好准备。听取家人和有社会经验的亲友的意见和建议,修正个人的志愿,也是很有必要的;搜集招聘公司的相关资料,了解该公司目前的经营状况、企业文化、未来的发展等情况,这项工作可以使你更好地把握现有情况,增强面试时的信心;事前的演练可以帮你发现问题,放松紧张的神经;参加面试一定要抱着谨慎的态度,不浪费每一次机会,并把每一次面试当作重要的经

验积累起来，千万不要有随便或侥幸的心理。人与人的作用是相互的，你若是郑重其事，对方也自然会重视你；了解并演练一下必要的面试礼仪。在平时，你可能是一个非常自由、无拘无束的人，对任何繁文缛节都不屑一顾，但在面试之前，你多少要了解一些面试的礼仪，它对你争取到职位有很大帮助。在面试之前演练一下你并不熟悉的礼仪，会让你在面试中表现得轻松自如；准备一套适合面试的服装。对一个大学毕业生来说，毕业后工作意味着社会角色的转变，求职是参加工作的第一步，你的穿着一定要符合你的新社会角色。对男士来讲，拥有一套合身、穿着舒服但不很昂贵的西装是非常有必要的。对女士来讲，暂时把休闲装收起来，身着职业套装会平添几分成熟和风韵。

（2）撰写简历。简历主要是针对应聘的工作，将相关经验、业绩、能力、性格等简要地列举出来，以达到推荐自己的目的。由于毕业生就业推荐表栏目和篇幅限制，多数毕业生更希望有一份个性突出、设计精美、能给用人单位留下深刻印象的简历。

① 简历的设计原则。真实、简明、无错是简历设计的三个原则。真实原则就是指简历从内容上讲必须真实，比如选了什么课，就写什么课；如果没有选，就不要写。兼职工作更是如此，做了什么，就写什么。不要做了一，却写了三或四。因为在面试时，你的简历就是面试官的靶子，他会就简历上的任何问题提出疑问。如果你学了或做了，你就能答上来，否则你和考官都会很尴尬，你在其眼里的信誉也就没有了，这是很不利的。讲真话，不要言过其实，相信自己的判断力是十分重要的。

如果你没有参加任何兼职工作，你可以不写，因为主考官知道你是刚刚毕业的学生，而学生的本职工作就是学习。或许你就是重点地学了本专业，没有顾上其他；或许你在学习本专业的同时选择了第二专业或辅修专业；或许你虽然没有在校外兼职，但在校内系里或班里做了大量服务工作。总之，你会有自己的选择，也会珍惜自己的选择，并为自己的选择骄傲。这样你就没有必要为没有兼职工作而苦恼或凭空捏造。请记住，主考官都是从学生过来的，他们会尊重你的选择。

简历，最好简单明了。如果简历内容过多，又缺乏层次感，会给人以琐碎的感觉。必要信息如姓名、性别、出生年月、联系电话和地址等一定要写上。相比之下，身高、体重、血型、父母甚至兄弟姐妹做什么工作并不是非常重要的，这些内容纯属辅助信息，可要可不要，至少不应占据重要位置。可以将自己认为重要的信息全部浓缩到第一页上，然后把认为次要的信息，诸如每学期成绩单、获奖证书复印件等信息都当作附件。这样的简历主考官只看一页就清楚了，主次分明，非常有效，主考官如果感兴趣，可以继续看附件里的文件。

无错原则是指简历应该没有错误，尽可能在寄出简历之前，一个字一个字地检查一遍，标点符号也不能落下。否则会被认为是一个粗心的人，在激烈的竞争中就可能被淘汰。

② 简历的内容。简历并没有固定格式，对于社会经历较少的大学毕业生，一般包括个人基本资料、学历、社会工作及课外活动、兴趣爱好等，其内容大体包括以下几方面。

- 个人基本材料。主要指姓名、性别、出生年月、家庭住址、政治面貌、身高、视力等，一般写在简历最前面。
- 学历。用人单位主要通过学历情况了解应聘者的智力及专业能力水平，一般应写在前面。习惯上书写学历的顺序是按时间的先后,但实际上用人单位更重视现在的学历,最好从现在开始往回写,写到中学即可。学习成绩优秀,获得奖学金或其他荣誉称号是学习生活中的闪光点,可一一列出,以加重分量。
- 生产实习、科研成果和毕业论文及发表的文章。这些材料能够反映你的工作经验,展示你的专业能力和学术水平,将是简历中一个有力的参考内容。
- 社会工作。近年来,越来越多的用人单位渴望招聘到具有一定应变能力、能够从事各种不同性质工作的大学毕业生。学生干部和具备一定实际工作能力、管理能力的毕业生颇受青睐。社会工作对于仍在求学的毕业生来说,主要包括社会实践活动和课外活动,在应聘时是相当重要的。
- 勤工助学经历。即使勤工助学的经历与应聘职业无直接关系,但是勤工助学能够显示你的意志,并给人留下能吃苦、勤奋、负责、积极的好印象。
- 特长、兴趣爱好与性格。是指你拥有的技能,特别是指中文写作、外语及计算机能力。兴趣爱好与性格特点能够展示你的品德、修养、社交能力及团队精神,它与工作性质关系密切,所以用词要贴切。
- 联系方式。手机、E-mail、地址、邮政编码千万不要忘记写,以免用人单位因联系不到你而失去择业机会。

在按要求完成简历的基础上,也别忘了给自己的简历设计一个完美的封面。

2. 面试口才的原则与技巧

(1) 面试口才的原则。包括以下几个方面。

① 尊重对方。求职面谈时,第一,要尊重对方,不能因为招聘者的学历、职称、年龄或资历不如你优越,你就轻视对方。尊重对方、赏识对方,可以使招聘者增加对你的好感。第二,要善解人意,无论对方提出什么问题,你都应该从积极的角度去理解,而不是一味地产生对立情绪,认为是故意刁难你。例如,某科学院一名博士生毕业时向北京一所高校发出了求职信,并接到了面试的通知书。这位博士生读博士前就已被评为讲师,只是家属工作单位在外地。面谈前,高校的人事干部做了大量的工作,疏通了各种渠道,初步办好了接收工作。可是见面交谈时,这位博士生发现坐在自己面前的是一位不足30岁的年轻小伙子,于是他不仅流露出了不尊重对方的神情,而且还刨根问底地询问对方,处处显示出优于对方、待价而沽的情绪,引起了对方的反感,结果毁了一桩好事。这位博士抱着"此处不养爷,自有留爷处"的自信转了十几个单位,可是,不是因为名额已满,就是因不能解决夫妻两地分居的问题而告吹。当他再次找到这所高校时,对方已录用了另外一名硕士毕业生,他只好打起行李回到老家。其实那位和他面谈的年轻人正是录用他的关键人物。虽然看上去年轻,却已是留美博士生,并且是某个国家重点项目的负责人。人事部门有意安排他来负责招聘,主要是从将来开展博士后研究的角度考虑的。事后,这位年轻人说:"这位求职者不仅仅是外语水平不符合要求,关键是妄自尊大,目空一切,好像不是他在求职,反倒是我在求职,这种人即使在国外也不会找到合适工作的。而我们现在录用的这个研究生,家也在外地,不但专业水平和外语水平较高,关键是人很谦虚,很有发展前途。"

② 充满自信。求职口才既要自知,更要自信。求职过程中的自信表现,是在自大与自卑之间选择合适的一个度,既不过分张扬,也不过分卑下,是指围绕着求职、面试的主题,进行自我介绍并回答面试考官的问题,也是指在适当的时候,借题发挥,进一步展示自己的能力与才华。在自信的基础上加以训练,能够使求职者在真正的面试舞台上超水平发挥。

③ 双向交流。富兰克林在其自传中讲道:"说话和事业的发展有很大的关系,你出言不慎,将不可能获得别人的同情、别人的合作、别人的帮助。"在求职过程中,正确使用语言进行表达,无论是描述自己的情况、成绩或意向,还是回答面试考官的问题,都是非常重要的。同样,通过求职,也要使求职者获得招聘公司的相关信息,只会答不会问的求职者正在慢慢被淘汰,因为无法发问,无法进行双向的交流就意味着一名求职者失去自我思考的能力,而无法达到面试考官的要求。

(2) 面试的语言技巧。包括以下几个方面。

① 仔细聆听。在面试过程中,要仔细聆听。为了表示你在耐心倾听,要伴随适当的肢体动作(如微微点头)或简单的附和语(如"噢、嗯")。回答问题前必须确认已经听清、听准对方的提问,如果对讲话重点不是十分有把握,建议用复述性提问加以确认,比如,"您的意思是不是说……""如果我没猜错的话,您是想问我……"

② 谦虚诚恳。在面谈中,应聘者如果能谦虚诚恳,则可立于不败之地,从而成功地叩响就业之门。因此,在求职过程中,求职者的真实与诚恳是成功应聘的首要条件,在真实诚恳的基础上,还要力求使自己的就业意向与应聘行业的职业要求相一致,在面谈中尽量回避对自己不利的话题。

 **相关链接**

应聘成功

某设计院是国家甲级设计院,任务多、待遇高,不少应聘者竞相涉足,企求获得一职之位。其中,一名毕业于该市三流大学的毕业生前来应聘。他先自报所学的是机械制造专业,然后非常认真地询问对方有什么样的要求。设计院的一位老工程师告诉他主要是绘图工作。这位青年马上说:"这是我最拿手的,我课余就帮人家绘图,三天一份,您可以当场试我。"老工程师露出了笑容。因为绘图虽然容易但也并非易事,这种工作单调、枯燥、乏味,年轻人如果肯干,看来不是个眼高手低者。老工程师又问:"你做过设计吗?"

"做过四个设计,都获得了优秀,还有一个被实习工厂看中了。"他拿出了证书和获奖图纸。

老工程师饶有兴趣地边看边聊:"做设计要下现场,有时'连轴转',你行吗?"

小伙子拍着厚实的胸脯说:"没问题,让干什么就干什么,只是希望有机会再读个本科。"

"没问题!"这回是老工程师拍着胸脯了。

(资料来源:马志强.语言交际艺术[M].北京:中国社会科学出版社,2006.)

这位非名牌大学的毕业生之所以能顺利进入名牌设计院,关键在于他语言朴实但又不过分谦虚,表现出诚实稳重的品质。他当然知道自己应聘行业的职业要求是要擅长绘图、能吃苦耐劳,于是就对自己在绘图方面的经验、成果,以及身体强壮、不怕辛苦等优势加以强调,至于自己是来自三流院校,甚至专业并不对口的事实就避而不谈了。

③ 毛遂自荐。在求职过程中,如何在众多的竞争对手中脱颖而出很重要,哪怕只是引起招聘者的注意。当我们在运用求职语言艺术时,"单刀直入、毛遂自荐"也不失为一种方式。我们可以开门见山,对招聘者直截了当地表明自己的选择意向。如果对方针对你的能力或学历提出任何异议的时候,别担心,这恰恰是给了你一个说明和展示的机会。

 相关链接

巾帼不让须眉

在某市的大学生供需见面会上,市公安局某研究所的招聘桌前,围满了前来求职的大学生,大部分是男性公民。一位年轻的女学生硬是挤到招聘桌前,向招聘人员表明自己渴望从事刑事检验分析研究的工作。

招聘人员面露难色,因为这个研究所从来没有女工作人员,有的只是清一色的男性公民。可是,面对姑娘恳求的目光,招聘人员决定破例给这位姑娘一个机会。他说:"工作人员需要下案件现场,遇到的尽是血淋淋的场面,姑娘家哪敢去呢!"

"我就敢去!"这个姑娘快言直陈,毫不含糊。"让我抬死人,我也不怕。"

"你可别说大话,干这行没黑夜没白天,得随叫随到。"

"嘿,我假期打工就是给人家开车,跑起路来没点胆儿行吗?"说着她掏出了驾驶证。人事干部与研究所的干部当场拍板,并与之签订了聘用合同。

(资料来源:佚名.求职面试语言技巧[EB/OL].[2020-01-26]. https://wenku.baidu.com/view/03486b757c21af45b307e87101f69e314332fa7c.html.)

上例中的大学生就是借用对方的"发难",适时地用行动或语言展示了自己的优点和长处,反败为胜!

④ 巧用反问。在面试过程中,有些招聘者会针对你的薄弱环节进行发问,其目的有二:一是确实发现你有不足之处,想得到你的解释;二是想看看你的应变能力和回答技巧。这时,应聘者一定要沉着冷静,迎难而上,用反问的形式巧妙地回答问题。

 相关链接

刘女士如何面试成功

已婚的刘女士到一家中外合资企业面试,公司经理对她很满意,只是担心她已婚且有孩子会影响工作,下面节选了这次成功面谈的片段。

总经理:"刘女士,你的各方面素质都不错,只是……你孩子还小,这一点公司方面还得考虑一下。"(总经理实际上已经准备淘汰她了)

刘女士:"我认为总经理的意见有一定的道理。如果我是总经理,可能也会这么想。"(总经理听到这里,有点意外,微微点头)"公司的任务重,工作忙,谁也不愿意职工拖儿带

女、东牵西挂地来上班。"（总经理听到这里哈哈大笑）

"但是，"刘女士话锋一转："我想，事情还有另外一面，虽然我的想法不一定对，不过，还是想说出来请总经理指正。因为从公司来说，最重要的是要求职工有责任心。但是不当家不知柴米贵，不养儿不知父母恩，在生活中没有经过责任心训练的人，在工作中能有很强的责任心吗？我想，这就是一个母亲与未婚女子的最大区别，她们对生活、工作中责任的理解与我是不会相同的。"（总经理听到这里开始沉思了）

"况且，"刘女士趁热打铁："我家里还有退休老人照料家务，我绝不会因家庭琐事而影响工作的，这一点总经理还有什么不放心的呢？"

总经理最终拍板录用了刘女士。

（资料来源：马志强.语言交际艺术[M].北京：中国社会科学出版社，2006.）

当然，要想达到预期的求职目的，光有迎难而上的勇气是不够的，还要善于"打太极拳"。当对方猛然向你发来一个快球，大有一击点中要害之势，不要回避，顺势接下，如同上述例子中的主人公，先肯定招聘者的判断，承认自己的"软肋"，进而将球轻柔而有力地推回给对方——不卑不亢地分析现状，表明自己的特长和优势，以消除对方的顾虑，最后用反问的形式促使招聘者做出回答。

⑤ 少用"我"字。由于面试的过程是一个对"我"进行考察的过程，因此，无论是在自我介绍还是在面试谈话过程中，求职者的语言和意识往往会以"我"为中心。例如，"我"的学历、"我"的理想、"我"的才华，以及"我"的要求……殊不知，这样做对方会认为你"以自我为中心""自我标榜""自以为是""自我营销"……尽管事实并非如此。例如：袁女士，35岁，应聘某公司的机械检验员，招聘者问她："这个工作经常要出差，到湖南、湖北、四川等地，条件会比较艰苦，你行吗？"袁女士答道："我是不是看上去比较娇气了一点？我从前在矿山做机械工的时候，可是常在管道里面爬上爬下的，而且我在装配车间做过检查工作，我想工作再苦都没问题。别看我是女的，我在装配车间干过一年，在铆焊车间干过半年，我在试验场还做过现场施工。当时我在甘肃，现在想起来我真的不想回去，因为机械管道里的味儿很难闻，100米长的管道，我就在里面爬上爬下……"

要不是被招聘者及时打断，袁女士还不知要说出多少个"我"字来。在这个案例中，袁女士的回答本来就不够简洁，再加上"我"字不离口，有强迫性的自我营销之嫌，使得招聘者顿生反感，面试结果可想而知。

⑥ 灵活应变。最后一条原则，就是"没规则"，不要有那么多的条条框框，记住：在任何情况下，招聘单位都会垂青那些有较强角色意识和应变能力的人。而这种能力多半是书上没有的，要在实践中不断地锻炼，这就是为何有些招聘单位很看重工作经验的原因。

测　试

国外一家旅馆老板测试三名应聘侍者的男子，问：
"假如你无意中推开房门，看见女房客正在淋浴，而她也看见你了，这时你该怎么办？"

甲答:"说声'对不起',然后关门退出。"
乙答:"说声'对不起,小姐',然后关门退出。"
丙答:"说声'对不起,先生',然后关门退出。"
结果,丙被录用了,为什么呢?
因为他的这种故意误会的说法,维护了女房客的尊严,他用非常得体的语言表现出一名侍者应该具备的职业素质。
(资料来源:佚名.应聘实战技巧[EB/OL].[2004-09-27]. http://edu.sina.com.cn/l/2004-09-27/86409.html.)

3. 面试中的自我介绍

求职者自我介绍的根本目的,是使面试考官对自己有个初步的、大概的了解,并且尽可能留下好的印象以便使面试能够深入进行下去,最终赢得面试的成功。求职面试的自我介绍必须讲究技巧,成功的自我介绍往往会给面试考官留下深刻的印象,求职就成功了一半。在人的思想意识中,往往存在这样的误区,认为最了解自己的人一定是自己,把介绍自己当成是一件很容易的事。其实不然,说人易,说己难。在求职面试中,介绍自己是最难的部分,要成功地进行自我介绍,要从以下几个方面着手。

(1) 礼貌的问候。在进行自我介绍之前,求职者首先要跟主面试考官打个招呼,道声谢,这是最起码的礼貌。比如:"经理,您好,谢谢您给我这个机会,现在,我向您作个简单的自我介绍……"介绍完毕以后,要注意向主面试考官致谢,并且还要向在场的其他面试人员致谢。

(2) 主题要鲜明。求职面试中的自我介绍一般包括这些基本要素:姓名、年龄、籍贯、学历、学业情况、性格、特长、爱好、工作能力和工作经验等。因此,不必面面俱全,而是一定要做到主题鲜明,直截了当,切入正题,不要拖泥带水,对于材料的组织要合理,做到详略得当,重点突出。一般来说应按招聘方的要求来组织介绍材料,围绕中心说话。假如招聘单位对应聘人的工作能力和工作经验很重视,那么,求职者就得从自己的工作能力及经验出发做详细的叙述,而且整个介绍都是以这个重点为中心。

应聘的求职者一般应从最高学历讲起,只要面试考官不问,完全没有必要谈及小学、中学甚至是大学。谈所学的专业、课程,不必要说明成绩。谈求职的经历,不要漫无边际,东拉西扯,最好在1~3分钟内,完成自我介绍,简洁、明快、干脆、有力。

(3) 让事实说话。在面试时,有的人为了能给面试考官留下深刻的印象,往往喜欢对自己进行过多的夸张,动辄说"我的业务水平是很高的""我的成绩是全年级最好的",其实,这样反倒会给面试考官留下不好的印象。现在的用人单位往往更注重应聘者的真本事。"事实胜于雄辩",虽然面试的时间很有限,不可能完全展示出求职者的才能,但是,求职者可以通过实际的事例来证明你的能力,把你的才华展示给面试考官。

相关链接

小刘的实力

某大学中文系学生小刘,毕业后到报社应聘记者,面对上百个新闻专业出身的应聘

者,可以说小刘并没有什么优势。但小刘对此早有准备,她对面试考官介绍自己时是这样说的:"我叫刘晓明,山西人,毕业于××大学中文系。虽然我不是新闻专业的,但我对记者这个行业却十分感兴趣。在大学期间我是学校校报的记者。4年间,进行了许多次较为重大的校内、外采访,积累了一定的采访经验,再加上我的中文功底,我相信我可以胜任贵报的工作。这是我在大学期间发表过的报道稿,请各位编辑、领导批评指正。"

面试考官们看过小刘的报道材料后,觉得眼光独到、语言深刻,都很满意。结果小刘击败了众多的竞争者,不久就收到了录用通知。

(资料来源:佚名.面试自我介绍[EB/OL].[2021-04-20]. https://wenku.baidu.com/view/9077003abaf67c1cfad6195f312b3169a551ea3f.html.)

(4) 给自己留条退路。面试中的自我介绍既要坦诚,又要有所保留;既要介绍自己的能力,也不要把自己说成事事皆能,使自己进退维谷。在自我介绍中,求职者要尽可能客观地显示自己的实力,但同时应尽可能地避免使用保证式或绝对式的语言,如"我非常熟悉这项业务,我保证让部门改变面貌!"这些话往往没有具体内容,反倒会引起面试考官的反感,如果遇到较为平和、内敛的面试考官,也许不会为难你。但是如果遇到个性较强的面试考官进行追问时,求职者会因无法回答而张口结舌,尴尬万分。

小赵去面试一家国际旅行社的导游。他自我介绍说:"我这个人喜欢旅游,熟悉各处的名胜古迹,全国的风景名胜几乎都去过。"面试考官很感兴趣,就问:"那你去过云南大理吗?"因为面试考官就是大理人,对自己的家乡再熟悉不过了。可惜小赵根本就没去过大理,心想若说没去过这么有名的地方,刚才的话,不就成了吹牛了吗?于是硬着头皮说:"去过。"面试考官又问:"你住的是哪家宾馆?"小张再也回答不上来,只好说:"那时我是住在一个朋友家的。"面试考官又问:"你的这位朋友家在大理的什么地方啊?"小赵这下没词儿了,东拉西扯答非所问,结果自然是可想而知的。

4. 面试中的问与答

在求职面试的过程中,如何与面试考官进行良性双向沟通,是求职者能否求职成功的重要保证。因此,在面试过程中,要注意以答为基础,以问为辅助的沟通技巧。尽管不同的公司面试的程序和模式有所不同,面试考官的风格各异,但是有些问题是面试考官们比较喜欢问的。应聘者一定要对这些问题有所准备,知己知彼才能百战不殆。那么面试考官喜欢问哪些问题,又有哪些回答的技巧呢?具体而言,可以从以下实际的案例分析中得到。

一般来说,招聘方提出的问题可分为两类:一类是规定性提问,也就是招聘方事先准备好的,对每一位招聘者都要发问的问题;另一类是自由性提问,即招聘方随意穿插的问题,这些问题往往千变万化,涵盖宽泛,招聘方可以从应聘者不经意的对答中发现其闪光点或缺点。无论是哪类问题,应聘者在回答时都应当掌握以下基本技巧。

(1) 不要遗漏表现自己才能的重要资料;
(2) 保持高度敏锐和技巧灵活的思维状态;
(3) 回答既要表现自己的个性气质,又要表现出对招聘方的尊重与服从;
(4) 认真倾听对方的提问,并注意对方的反应,以便及时调整自己不恰当的回答;

(5) 避免提到"倒霉""晦气""不幸""疾病"之类可能招致对方忌讳的字眼。

 **相关链接**

面试问题回答三例

(1) 面试官问题：请简单介绍一下你自己。

模糊性回答：我是一个积极乐观、勤奋努力的人，在学校老师和同学们都很喜欢我。

具体性回答：我觉得我最大的特点就是凡事追求完美，什么事如果下定决心要做，就一定要做好。比如，我大二开始在外面做家教，第一次给孩子辅导前，我总觉得自己备课不理想，前一天晚上一直熬夜到凌晨三点才做出自己觉得满意的教案。我教了那个学生一年多，他最终考上了省重点中学！我还是我们学校的演讲大赛冠军，在比赛之前，我的稿子至少修改了7遍，因为我总是觉得每多修改一次，就能更好一点！虽然有时候会有点累，但我喜欢自己努力的状态！

(2) 面试官问题：为什么你希望来我们公司工作？

模糊性回答：贵公司规模很大，是行业中的佼佼者。这个职业也很适合我的专业，我非常喜欢！

具体性回答：我很早之前就开始关注贵公司，知道它是行业内的佼佼者。而且我通过一些渠道了解到，贵公司非常关注人才，有完善的培训机制。同时，我在贵公司的招聘网站上看到，这个岗位主要从事财经类新媒体的运营，我是经济专业毕业生，从小就热爱写作，经常在各种报刊上发表文章。我觉得，这个工作正好可以将我的专业和我的特长完美地结合在一起，非常适合我。同时，网站上还强调从事这个工作要能承受巨大的压力，我觉得这对我是一种挑战，能促使我尽快成长，所以我很希望加入贵公司。

(3) 面试官问题：如果你被录取，你打算如何做好你的新工作？

模糊性回答：我会认真努力，尽全力做好自己的工作。

具体性回答：我了解到，这是一个需要高度团结协作才能取得成绩的工作。如果我被录取，首先我会做三件事：第一，尽力联系上一个从事这项工作的同事，并虚心地向他请教，尽快了解工作的具体情况，并请他给我一些指导。第二，在了解工作情况后，我会制订一个短期计划，并一步一步地去完成；如果这个短期计划有效，我会再制订长期计划；如果效果不佳，我会尽快调整自己的策略，制订新的计划。第三，我会尽快和同事们搞好关系，建立起信任。因为我觉得要做好这份工作，必须与同事相互信任，相互协作。[①]

 小训练

从电影《当幸福来敲门》中学习面试技巧

《当幸福来敲门》是由加布里尔·穆奇诺执导，威尔·史密斯等主演的美国电影。影片取材于真实故事，主角是美国黑人投资专家克里斯·加德纳。剧中克里斯经过重重考验、种种艰辛，终于赢得了面试机会。

---

① 文桃.把话说具体，助你赢得面试官青睐[J].演讲与口才，2018(13).

在面试对话中，处处体现了克里斯对一切事物透过表面的一种深刻思考，并完全驾驭了事物的本质，他最终获得了实习的机会，为他成为投资家迈出了坚实的一步。

请观看电影《当幸福来敲门》，然后谈谈你从中学到了哪些求职面试的技巧。

案例分析

1. 深受器重的总经理助理

林女士是一家大型企业总经理助理。整天和老板打交道，林助理的策略是"多听，少说，多做"。她深切体验到，总经理助理的主要工作就是上情下达，按照老板的指示行事。作为助理，学会主动倾听是一种关键能力，因为绝大多数情况下，很多决策与规定都是老板已经拍板了才会告诉助理。这个时候，作为助理只要听明白老板的话，准确领会他的意图，然后去执行即可。比如，老板交代重要事情时，林助理总是洗耳恭听，从来不会轻易地打断他，而是集中精力倾听，中间适当用"嗯""好的"之类的词语，伴随着适当的表情神态，来回应老板的话。老板在吩咐后会问是否清楚了，此时如果确实有些话没有听明白，林助理会适时提出来，及时确认指令。正是因为善于主动倾听，尊重老板，当好老板的得力助手，林助理逐渐得到了老板的信任和器重。

当然，金无足赤，人无完人，在老板身边工作的林助理有时也难免会说错话、办错事。有一次，林助理在给老板起草的讲话稿中把一个重要数据搞错了。其实，财务部门上报的材料本身就有错，但她未能核实纠正，导致老板在与客户的商务沟通中非常尴尬。回来后，老板把她叫到办公室，批评了几句，见她没有任何辩解，老板气也消了，让她先回去，以后注意。林助理诚恳地说了句"谢谢老板指教"便悄然退出了。

在自己因犯错误被老板批评时，林助理的经验是千万不要多说话，只要站在那里，表现出悔改的态度就可以了。一般情况下，老板在批评几句后，见你没有辩解，会主动停止。林助理并未辩解是财务部上报的材料本身有错，她的观点是，出了差错不要把时间浪费在抱怨别人上，而是要低下头自我检讨为什么先前没有想好如何把工作做好。

与领导沟通，主动的态度十分重要。总经理助理的工作是以领导工作为轴心进行上下、左右、前后同步运行的辅助工作。辅助性决定了助理工作的被动性，怎样变被动为主动？林助理的经验有四个方面：一是争取同领导一样了解和掌握全局性工作；二是争取同领导一样了解和掌握每个时期的中心工作，能够分清工作的轻重缓急，主动排除干扰中心工作的事项；三是研究领导工作的思路，分析领导的意图，并加以理解、完善和落实；四是积累和存储相关工作资料，该记住的要记熟，该保存的要保存。有了这四个方面的基础，工作中才能与领导有一致的认识，才有共同语言，商量工作时，补充和修正的意见才能提到点子上。日常工作中，要善于将领导的决策内容、实施方案和一个时期的中心工作进行分解、立项，明确先做什么、后做什么和怎样做等，按计划列出一个明细运行图。

因为公司的发展日趋庞大，公司管理也产生了一些新问题。有时候老板还主动征求林助理对一些问题的看法。林助理发现，总经理性格直爽，比较开朗，是个善于沟通并且愿意与下属沟通的老板。于是,她会注意场合,选择时机,讲究技巧,巧妙地建言献策,向老板阐明自己对事情的看法,并提出建议。尤其是当老板偶有疏忽、决策失误时,林助理会十分巧妙地给老板"补台",以高度的责任感鼎力相助。

一天上午,林助理接到总经理的电话去他办公室。进门一看,老板像是刚和谁吵过架似的,脸色非常难看。原来,他接到一封交往多年的代理商钱经理的来信,指责由于公司经常交货不及时而影响了其声誉,信中辞词激烈并威胁要断交。难怪老板怒气冲冲,他已写好了一封回信,措辞同样激烈,关照林助理:"马上给我递出去!"

老板回信内容是这样的:"钱经理,我没有想到会收到你如此无礼的来信!你大概忘记了你是依靠我们公司才发展起来的!如此忘恩负义,断交也罢!"

林助理从总经理办公室退出来没有去寄快件,而是回到自己的办公室大脑飞快转动起来。很显然,老板今天有些情绪化,这么处理问题肯定不妥。这位钱经理上个月还来过,老板请他吃饭,还是自己安排的。钱经理是山东人,性格挺豪爽的。他是自己公司产品在河南、山东等几个省的总代理,每年的合同金额都接近一亿元,是自己公司屈指可数的大客户。如果这封回信就这么寄走,那可是泼出去的水收不回了。现在市场竞争这么激烈,要再找一个像钱经理这样的代理商,容易吗?断交和断绝一切生意来往肯定不是老板真实的想法。还是等他消了气后再去请示。黄昏时分,下班之前,林助理主动到总经理办公室,问老板要不要把给钱经理的信寄走。老板此时已经心平气和,让林助理把信退还给他。当她转身离开的时候,老板叫住她,微笑道:"小林,谢谢你!"

(资料来源:徐静,陶莉.有效沟通技能实训[M].北京:中国人民大学出版社,2014.)

【思考与讨论】
(1) 林助理得到老板的信任和器重的缘由是什么?
(2) 详细分析并概括林助理成功的经验。
(3) 请写下你从本案例中获得的启示,并上传至群共享。

2. 汇报工作

总经理助理林女士今天要向总经理汇报工作。她整理好思路,在笔记本上拟好提纲:一共有两件大事:涉及哪些单位哪些人。上午9点按约定时间林助理带上资料,去总经理办公室。下面是林助理与总经理对话的主要内容。

林助理:总经理,有两件事要向您汇报:第一件是关于广州总部视察的信息。我们刚接到通知,本周总部视察工作因故延期,视察时间会另行通知。我们会关注此事,一有消息立刻向您报告。

总经理:知道了,继续。

林助理:第二件事是朝阳公司总经理王明的信息。按您的指示,我们打听到他正在上海与旭日公司洽谈一个项目。明天上午回来。您看,与他接洽的时间定在哪天妥当?后天怎么样?接洽的有关资料已按您的吩咐准备好了,请审阅。

总经理:很好。预约一下朝阳公司的王总,问他后天晚上有没有时间,我要宴请他。

林助理:好的。哦,对了,后天晚上您好像答应过公司市场部李经理要参加他的生日宴。

总经理:这样,你去告诉李经理,我不能赴宴了。马上去约王总。

林助理:好的,我马上去办。

……

总经理对林助理的工作非常满意。

(资料来源:徐静,陶莉.有效沟通技能实训[M].北京:中国人民大学出版社,2014.)

【思考与讨论】

(1) 林助理向总经理汇报工作,为什么总经理对林助理的工作非常满意?

(2) 请分析概括一下,林助理请示汇报工作具有哪些特点,成功的缘由是什么。

(3) 请写下你从本案例中获得的启示,并上传至群共享。

3. 广告公司的 A、B、C、D、E

A 是广告公司的总经理助理;B 是 A 负责引进的公司合伙人;C 是公司前台接待;D 是设计部经理秘书;E 是行政部秘书。

场景一:年初,广告公司与电视台签订了一份合同,承办电视台半个小时的汽车栏目。为了更好地办栏目,公司引进了一个新的合伙人 B。B 非常有能力,进入公司后,电视栏目的业务发展得很不错。但优点明显的人,缺点往往也同样明显。总经理助理 A 与新合伙人 B 在工作中产生了一些摩擦。一天,A 代表经理与 B 讨论一个策划方案,两个人产生了争执。因为 B 太固执,A 有点恼火,随口说了句:"不行就散伙吧。"B 听后不再说话,拂袖而去。A 立刻意识到自己失言了,马上追回 B,诚恳地向对方道歉。在进一步的沟通中,B 对 A 讲述了自己的看法,觉得 A 说出"散伙"两个字让他听起来特别刺耳。原来 B 才离婚不久,所以对"散伙"一词特别敏感,特别伤心。A 再三表示歉意,请求他的谅解,B 也冷静下来,也觉得自己有点偏执。于是两人心平气和地继续讨论策划方案,找出解决问题的更好方法。接下来的沟通非常顺畅,合作也很愉快。A 越来越聪明,不失时机地对 B 的好点子和好方案表示认同并感谢,经常说一些赞美的话:"B 先生,我们很需要您的帮助,依您的经验和能力,这个计划一定能够顺利实施并获得成功。"受此鼓励,B 也越发卖力,广告公司承办的电视栏目越办越好。

场景二:公司前台接待 C 比较时髦,爱打扮。一天,C 穿着新买的衣服走进公司,总经理助理 A 看到她由衷地赞美道:"今天好漂亮哦,穿了件新衣服。这衣服颜色很适合你,穿在你的身上显得很清爽!"C 很开心,道了声"谢谢"。设计部经理秘书 D 看到也上前搭讪:"今天穿新衣服哦!"C 正要开心回应,却听见秘书 D 紧接着说:"又是在步行街淘的吧?"C 灿烂的笑容立刻冻结在脸上。虽然 C 一向爱去步行街淘便宜衣服穿,但是她很介意别人当面这样说,感觉特别没面子。更让她不爽的是,行政部秘书 E 看到她的新衣服竟然直截了当地说:"这衣服的款式不适合你,你胖了点,穿这种款式绷得太紧,不好看。"一时间说得 C 脸涨得通红,一整天都不开心。

(资料来源:徐静,陶莉.有效沟通技能实训[M].北京:中国人民大学出版社,2014.)

【思考与讨论】

(1) 如何评价案例两个场景中 A、B、C、D、E 各自的表现?

(2) 根据本案例,概括和总结与同事和睦相处、有效沟通的说话技巧。

(3) 请写下你从本案例中获得的启示,并上传至群共享。

4. 冷主任与下属沟通不畅

主要人物:

冷主任——某公司大客户中心主任。男,36岁,工作认真,性格内向。

牛先生——大客户中心资深客户经理。男,38岁,业务能力强,脾气倔强。

案例内容:

中午快下班的时候,公司老板打电话向冷主任布置了一项紧急任务,并特别强调一定要在下午两点以前办好。于是,冷主任拦住了正收拾东西准备下班的牛先生,请他把吃午饭的时间变动一下,要么在公司吃一份盒饭,要么推迟一会儿回家吃饭,以便把这项紧急工作突击出来。其实,这项工作并不复杂。

冷主任知道,这件事对于牛先生这样一个业务熟练的老手来说,根本不费吹灰之力,只不过需要一点时间而已。可是牛先生表现出明显的不情愿。他说:"对不起,我还要到银行去一趟。而且,我还能趁午休时间干点私事,恐怕不能遵命。"冷主任非常不满地说:"你怎么总是这样,每次让你干点工作,你就有事。你的事可以挪到下午办嘛。"

"午休时间是所有职工都应享有的权利,你没权占用。"牛先生也气冲冲地顶了回去。两人就这样争执了起来。

冷主任和牛先生的矛盾由来已久。两年前大客户中心的前任主任调离,有小道消息传牛先生是新任主任的候选人,他也认为凭自己的业务能力和工作经验可以当之无愧。但是上级却从别的部门调来了冷先生当主任。

冷先生对中心业务完全是一个外行,性格也不像前任主任一样热情开朗。他总是冷冰冰的、一本正经、严肃认真,从来不开玩笑,也不善于跟部门里的人多来往,一副公事公办的样子。牛先生觉得冷主任也不喜欢他。他推测冷主任多半是提防着他这样一个经验丰富的人。而冷主任觉得牛先生没有当上主任对他充满了敌意;像牛先生这样一个业务能力强的人准会讨厌一个外行来领导他。

前一段发生了一件事,更是加深了他们之间的猜疑、隔阂。事情是这样的,牛先生突然得了流行性感冒,高烧不退,病得不轻,遵医嘱病休在家。在他休息的第四天,接到冷主任的电话,问他病好了没有,能不能尽快回中心上班,因为人手不够,工作都积压起来了。牛先生回答说,他的病还没好,还在发烧,医生给他开了一周的病假,还需要休息几天才能上班。碰巧第五天天气特别好,牛先生感到自己的病好了不少,想出来活动活动,就骑上自行车,去超市买点东西。这里距他家只不过10分钟的路程。可是,就在买好东西要离开的时候,一抬头正看见冷主任走过来。他敢肯定,冷主任也看见他了。当下一星期他回到中心上班时,觉得应该向冷主任解释一下。

"冷主任,上周我去买东西,是……"牛先生结结巴巴地开了口,一看到冷主任冷若冰霜的脸,他不知该怎样说下去。

"好了,不用说了,我都知道。病好了就上班吧。"冷主任不等他说完就走开了。

牛先生不知道冷主任都知道了什么,反正他知道冷主任是不会相信他的。

又过了几周,中心需要一个业务能力很强的副主任。牛先生肯定自己完全可以胜任这个职位。于是,他向主任提出了申请。但冷主任告诉他:"提升除了反映一个人的工作能力之外,也得反映出一个人的责任感。你的确是这里最懂业务的员工之一,但这个职位要求个人具有高度的责任心,而你在这方面表现太一般了。"

中心里的人都为牛先生打抱不平,让他去找老板提出控告,不能就此罢休。

牛先生生性倔强,因为自己的要求被置之不理,感到非常丢人,就什么也不想说了。他只希望冷主任在这里待不长,否则,他就要求调离,反正他是不能与冷主任共事了。

现在冷主任要求他午饭时间加班,他认为这是故意与自己过不去。他在想,既然你说我工作没有责任心,那我就真的做给你看,看你到底能把我怎么样。

冷主任也非常生气。他想,上次拒绝牛先生晋升为副主任的请求是做对了。他太不负责任了。他的出勤记录一向平平,又不服从工作安排,这样的人怎么能够得到提升呢?

之后,这两人的关系越来越僵。

(资料来源:佚名.如何与下属沟通[EB/OL].[2016-05-03]. https://www.docin.com/p-1559295870.html.)

【思考与讨论】

(1) 冷主任与牛先生之间有过沟通吗?造成两人隔阂的原因有哪些?

(2) 你认为冷主任如何利用上任之初这个时机与包括牛先生在内的下属进行有效沟通?

(3) 看过本文,面对目前的僵局,冷主任该如何与下属巧妙沟通才能打破僵局?

(4) 请写下你从本案例中获得的启示,并上传至群共享。

5. 糟糕的应聘者

以下是某企业人力资源经理对求职者的忠告。

面试从你接到电话通知的那一刻就已经开始了。也许是等待就业的心情比较迫切吧,我在通知有资格参加下一轮面试的面试者时,一般从电话另一头听到的都是一些浮躁的声音,这里摘录了一点我们的对话,供大家参考:

"喂。"

"喂,您好,请问是×××先生吗?"

"你是谁啊?"(当时,我的心里已经不高兴了,但是不会表露出来)"我是××公司的,请问您参加了我们公司的招聘吗?"

"哪个公司?"(肯定是撒大网了)"我们把您的面试时间安排在了明天的×××,地点在×××"。

"我记一下,你们是什么公司?"(Oh,my god!)……

这样我就会把我的看法写在他(她)的简历上,供明天面试的时候参考,影响可想而知。

(资料来源:佚名.商务礼仪案例[EB/OL].[2020-08-12]. https://wenku.baidu.com/view/9c83431e091c59eef8c75fbfc77da26924c5967d.html.)

【思考与讨论】

(1) 应该怎样接通知你参加面试的电话?

(2) 你认为面试是从什么时候开始的？为什么？

(3) 请写下你从本案例中获得的启示，并上传至群共享。

6. 职场跋涉

1996年的夏天，我的手里攥着打工4年的积蓄加上从亲戚朋友那里东拼西凑借的共8万元钱，开了一家小小的快递公司。公司的主要工作不是特快专递而是替人送牛奶、送报纸、送广告、送水、换煤气罐一类的工作。

公司的规模很小，总共才十五六个人，每个人都不同程度地承担了送货的任务，包括我自己在内，每天晚上下班回家和早晨上班，都会顺路送一部分货品。销售商往往把我们的利润压得很低，由于工作简单、可替代性强，这也是没有办法的事。所以，我不得不普遍采用二手单车，不得不拼命压低工人的工资。

即便如此，公司开业半年多，也仅仅是勉强持平而已。好在业务总算慢慢增长着，我也打算再招几个人，更年轻力壮一点，可以多做些活，效率也会有所提高。

1997年春节过后不久，一个叫唐明的中专生前来面试，长得白白净净，还戴着一副书生气十足的眼镜，怎么看也不像个踩单车送货的。

"我们这里最好的工人，每天也只能跑300多个客户，一个月也才600多块钱，而且无论多么恶劣的天气，你都得把定额部分完成。你可要想清楚了，不要硬着头皮上了，到时落下一身病，我可承担不起。"我不无怀疑地看着眼前的这个年轻人，想着赶紧把他打发走。

"我可以不要底薪，全部按件计酬。即使做得不好，您也不会有任何损失。给我一个机会吧，一个月就行！如果一个月下来业绩太差，我马上就走。"唐明态度非常诚恳地说。

也许是他恳请的眼神打动了我，我破例留下了他，就像他说的一样，反正也没什么损失。

第一个月，唐明的业绩比我想象得略好一些，平均一天可以跑200个左右的客户。于是，他被留下了。

第二个月，他的业绩已经是全公司最好的，平均每天可以跑500个客户，当然收入也是全公司最高的。我简直不敢相信。看他细细的胳膊、细细的腿，一副手无缚鸡之力的书生样，凭着一辆破旧不堪的单车，是如何跑下如此骄人的业绩的？

"告诉我，你究竟是怎么做的？"我把唐明叫到办公室。

"其实很简单。我把所有属于我的和我的团队的客户按居住地划成好几个片区，然后对路线运用运筹学理论进行规划，就可以大大提高效率。然后，我每天抽出一定的时间拜访客户，他们中的许多人都和我成了朋友，当然也就会向他们的邻居营销我们公司的产品，于是，我的客户一天比一天多，而且越来越集中，当然业绩也就成倍地上升了。"

我再一次看看面前的这个中专生，还是一副书生气十足的样子，但他眼神中的有些东西却是我不熟悉的。

"你是学什么的？"我突然想起了这个问题，因为只是送货，之前我从来没有考虑过工人的学历。

"会计。"

"会计？"我一愣，他是学会计的？那怎么会找一份送货的工作？

大约他也看出了我的疑惑,于是微笑着解释道:"现在学会计的越来越多,连大专生找一份工作都艰难,更何况我们中专生呢?我找了两个月的工作,也没有哪家公司愿意让一个中专生做会计,还要感谢你收留了我。其实有一碗饭吃已是幸运,也无所谓专业对口啦!"

后来,唐明成了公司的会计,并且给了我很多有效的建议,公司规模越来越大,渐渐地有了第一家加盟店,然后是第二家、第三家……

在开了第十家加盟店之后,唐明通过自考拿到了本科毕业证书,离开公司去了一家更大的民营企业。我没有阻拦他,因为不想让私人的感情阻碍了他美好的前程。

(资料来源:黄大庆.尊重一个人的含义[J].读者,2002(19).)

【思考与讨论】

(1) 求职的心态是非常重要的,请写下你从本案例中获得的启示,并上传至群共享。

(2) 在职场中应当怎样拼搏?唐明的成功得益于哪些方面?

实训项目

1. 模拟职场沟通训练

实训目标:培养学生了解沟通的过程和基本技能;培养语言表达能力和沟通能力;通过活动,锻炼提高学生的团队协作意识等其他综合能力。

实训学时:2学时。

实训地点:教室或实训室。

实训准备:

(1) 分组,每组 4~6 人,设 1 人为组长;

(2) 以小组为单位,自主选择一种职场沟通形式;

(3) 根据要求各组分配人员角色,讨论设计故事情节,并进行认真准备。

实训方法:

(1) 按小组顺序进行模拟演练。演练之前,每组派 1 人说明本组模拟的职场沟通形式及所要表达的主题;

(2) 在模拟过程中,各组成员要认真严肃,尽力扮演好自己的角色,言谈举止符合角色要求;

(3) 每组演练后,指导教师与学生共同点评。

2. 职场沟通能力测试

你的职场沟通能力如何?请回答下列问题测试一下自己的沟通能力。

(1) 在说明自己的重要观点时,别人却不想听你说,你会(   )。

    A. 马上气愤地走开

    B. 不说了,但你可能会很生气

    C. 等等看还有没有说的机会

    D. 仔细分析对方不听的原因,找机会换一种方式去说

(2) 去与一位重要的客人见面,你会(　　)。
　　A. 像平时一样随便穿着
　　B. 只要穿得不太糟就可以了
　　C. 换一件自己认为很合适的衣服
　　D. 精心打扮一下
(3) 与不同身份的人讲话,你会(　　)。
　　A. 对身份低的人,你总是漫不经心地说
　　B. 对身份高的人,你总是有点紧张
　　C. 在不同的场合,你会用不同的态度与之讲话
　　D. 不管什么场合,你都是以一样的态度与之讲话
(4) 在与人沟通前,你认为比较重要的是应该了解对方的(　　)。
　　A. 经济状况、社会地位
　　B. 个人修养、能力水平
　　C. 个人习惯、家庭背景
　　D. 价值观念、心理特征
(5) 去参加老同学的婚礼回来,你很高兴,而你的朋友对婚礼的情况很感兴趣,这时你会告诉她(他)(　　)。
　　A. 详细述说从你进门到离开时所看到和感觉到的相关细节
　　B. 说些自己认为重要的
　　C. 朋友问什么就答什么
　　D. 感觉很累了,没什么好说的
(6) 你正在主持一个重要的会议,而你的一个下属却在玩他的手机并有声音干扰会议现场,这时你会(　　)。
　　A. 幽默地劝告下属不要玩手机
　　B. 严厉地叫下属不要玩手机
　　C. 装作没看见,任其发展
　　D. 给那位下属难堪,让其下不了台
(7) 你正在跟老板汇报工作,你的助理急匆匆地跑过来说有你一个重要客户的长途电话,这时你会(　　)。
　　A. 说你在开会,稍后再回电话过去
　　B. 向老板请示后,去接电话
　　C. 说你不在,叫助理问对方有什么事
　　D. 不向老板请示,直接跑去接电话
(8) 你的一位下属已经连续两天下午请了事假,第三天上午快下班的时候,他又拿着请假条过来说下午要请事假,这时你会(　　)。
　　A. 详细询问对方因何要请假,视原因而定
　　B. 告诉他今天下午有一个重要的会议,不能请假
　　C. 你很生气,什么都没说就批准了他的请假

D. 你很生气,不理会他,不批假

(9) 你刚应聘到一家公司就任部门经理,上班不久,你了解到本来公司中就有几个同事想就任你的职位,老板不同意,才招了你。对这几位同事你会(　　)。

  A. 主动认识他们,了解他们的长处,争取成为朋友

  B. 不理会这个问题,努力做好自己的工作

  C. 暗中打听他们,了解他们是否具有与你进行竞争的实力

  D. 暗中打听他们,并找机会为难他们

(10) 在听别人讲话时,你总是会(　　)。

  A. 对别人的讲话表示兴趣,记住所讲的要点

  B. 请对方说出问题的重点

  C. 对方老是讲些没必要的话时,你会立即打断他

  D. 对方不知所云时,你就很烦躁,就去想或做别的事

评分方法:

1~4题,选A得1分、B得2分、C得3分、D得4分;其余各题,选A得4分、B得3分、C得2分、D得1分;将10道测验题的得分加起来,就是你的总分。

得分指导:

总分在20分以下,说明你的职场沟通能力较差,必须加强这方面的学习。但是,只要学会控制自己的情绪,改掉一些不良习惯,仍能获得他人的理解和支持。

总分为21~30分,说明你的职场沟通能力一般,你懂得尊重他人,有一定的自控能力和表达能力,并能实现一定的沟通效果;但是,缺乏高超的沟通技巧和积极的主动性。因此,仍需要继续学习和锻炼,不断提高自己。

总分为31~40分,说明你的职场沟通能力很强。稳重,能很好地控制自己的情绪,能从容明白地表达自己,有很高的沟通技巧和人际交往能力。

(资料来源:佚名.沟通能力测试[EB/OL].[2020-01-07]. https://wenku.baidu.com/view/77b376fce209581b6bd97f19227916888586b95a.html。)

3. 求职面试训练项目

(1) 模拟面试问答

下面是一家贸易公司到某院校面试的情景。

招聘方:某贸易公司人事部经理,简称A。

应聘方:某院校应届毕业生,简称B。

A:请问你叫什么名字?

B:

A:B同学,请问你为何要来本公司求职?

B:

A:贸易的范围很广,如果你被分派到仓库工作,那是需要体力又不能很好发挥专长的,你是如何看待的?

B:

A：为什么呢？

B：

A：从你的履历得知，你在读书时经常迟到。在本公司上班是绝对不允许迟到的，你有没有问题？

B：

A：你有没有应聘其他公司的职位？

B：

A：如果本公司录用你，怎么办？

B：

（2）模拟面试场面

请阅读下面短文，然后组织几个同学，3人一组模拟松下幸之助的面试场面。

松下幸之助的求职经历

被称为"经营之神"的松下幸之助，当他还只是一个九岁的小学四年级的学生时，因为家里贫穷，就不得不告别母亲，和父亲一起到大阪去打工，过着一种自己养活自己的生活。十四五岁的时候，他到一家电器公司去应聘，当公司的总经理看到站在他面前的还是一个衣着破烂，又有些瘦弱的孩子时，总经理从心里不想要他，但又不好意思让这个少年太伤心，就随口说了一句："我们现在不缺人手，你过两个月再来吧。"

过了两个月，松下果然来了，总经理又推辞说："我们需要的是一个懂电器知识的人，你懂吗？"松下老实地告诉他说自己不懂。

回到了家里，松下就买了几本有关电器知识的书，看了两个月后，又来到了这家公司，并告诉那位总经理说："我已经学会了许多的电器知识，并且以后我一边工作还可以一边学习。"谁知听了这话，那位经理反而皱了皱眉头说："小伙子，出入我们这家公司的都是很有点绅士派头的人物，你看你这身脏兮兮的衣服，我们怎么要你呢？"松下听后，笑了笑说："这好办！"

回家后，他就让爸爸拿出所有的积蓄，给他买了一身漂亮的制服，就又一次来到了这家电器公司，这下那位总经理可算真服了松下，他一边用欣赏的目光看着松下，一边笑着说："像你这样有韧劲的求职者，我可是第一次遇到，就凭你的这股韧劲，我也不能不要你啊！"

从不向失败低头，这正是松下幸之助最后走向成功的秘诀！

（资料来源：佚名.心灵的韧度[EB/OL].[2019-02-13]. http://www.shuojuba.com/rsgw/59568.html.）

（3）撰写求职简历训练

实训目标：能够针对岗位，结合自身实际撰写打动用人单位的简历。

实训地点：教室。

实训准备：两个不同单位的招聘广告。

实训方法：每位学生根据两个不同单位的招聘广告，给自己编写两份侧重点不同的简历。

（4）举行模拟招聘会

实训目标：锻炼学生自我营销能力，积累应聘经验，掌握应聘礼仪，增强自信心，全面认识自我。

实训地点：实训室。

实训准备：模拟招聘企业情况、需求岗位、面试问题、面试桌椅等。

实训方法如下。

① 选 3~4 名学生担任某企业面试考官，其他同学担任求职者。

② 面试考官先介绍单位及岗位需求情况，然后求职者依次进行一分钟自我介绍，面试考官提问，求职者回答问题。

③ 最后教师总结、点评。

课后练习

（1）作为大学生，应为走向社会做好准备。从你的暑期打工经历或周围朋友那里收获一些工作中与上级、下属和同事之间沟通的经验，在课堂上讲给同学们听。

（2）从老师与学生、同事、领导的沟通中体会：①领导如何与下属沟通；②同事之间如何沟通；③下属如何与上级沟通。

（3）设想自己实习或大学毕业来到一个新的工作环境，面对初次见面的领导和同事，应该说的话和说话的技巧。

（4）小王是一个大学毕业参加工作不久的"新人"。她做事认真细致，和同事、下属关系都很融洽，可是她不愿意和上司主动交流。她说其实挺欣赏自己上司的，认为他敬业、有才华、对下属负责，但她不知为什么一见上司就底气不足，对于和上司沟通的事能躲就躲。有一次，因为没有听清楚上司的意思，导致上司交给她的工作被耽搁了，上司事后问她："为什么你不过来再问我一声？"她说："怕您太忙。"上司很生气地说："我忙我的，你怕什么？"时间长了，小王一和上司沟通就紧张，出现脸红、心跳、说话不利索的状态。大家都认为小王怕上司，她自己也这么认为。上司看见她这样，也就很少和她单独沟通。一次，晋升的机会到来了，小王很想把握住这个机会，但她又犹豫了，因为升职后的工作会面临比较复杂的关系，需要经常和上司保持沟通。她觉得自己天生怕领导，结果坐失良机。假定你是小王，会采取怎样的措施挽回这种被动的局面？

（5）日本的一些大公司在招聘人才进行面试时，专门就说话能力规定了若干不予录用的条文。其中有以下几条：

应聘者声若蚊子者，不予录用；

说话没有抑扬顿挫者，不予录用；

交谈时，不得要领者，不予录用；

交谈时，不能干脆利落回答问题者，不予录用；

说话无生气者，不予录用；

说话颠三倒四、不知所云者，不予录用。

对于日本大公司招聘人才的以上规定你有何看法？

(6) 请分析下面几句面试应答语中的错误。

① "我原来那个单位的人际环境太差了,小人太多,没法与他们相处。"

② "现在已有多家公司表示要我,所以请你们务必于这个月底之前答复我。"

③ "我毕业于名牌大学,学的又是热门专业,我是一个杰出的人才,我想实现远大的理想和宏伟的抱负。"

④ "我很想知道如果到你们公司,每个月我能挣多少钱?"

(7) 面试官问:"关于工资,你的期望值是多少?"应试者反问:"你们打算出多少?"如果是你,会这样反问面试官吗?为什么?

(8) 根据面试者的提问,分析哪一种应答更能获得赞许。

① 没有工作经验,你认为自己适合我们的要求吗?

应聘者1:可是你们就是来招聘应届大学生的啊。

应聘者2:听说有一只幼虎因为没有狩猎经验,而被拒绝在狩猎圈之外,你认为它还有成长的可能吗?

② 为什么你读哲学,却来申请做审计?

应聘者1:你们已经说明"不限专业",所以我想来试试。

应聘者2:据说外行的灵感往往超过内行,因为他们没有思维定式,没有条条框框。

应聘者3:我之所以跨专业谋职,是为了给自己提供这样一种动力,终身学习才不会被社会淘汰。

③ 你穿的西装好像质地不怎么样啊!

应聘者1:穿着并不影响我的表现,何况我还没工作,买不起更好的。

应聘者2:昨天我怀揣买西装的钱路过书店,发现两套对我来说至关重要的书,可能会为今天的面试提供帮助,我于是花掉了一部分用来买西装的钱。

④ 你不认为自己做这项工作太年轻了吗?

应聘者1:我虽然年轻,但我有干劲,敢于接受挑战,相信我一定能做得很好。

应聘者2:事实上下个月我就满23周岁了,尽管我没有相关的工作经历,但我有整整两年领导学校学生会工作的经验。您可以想象,负责管理全校3000多名学生并非易事,没有一定的管理才能和领导艺术是无法胜任的。所以,我认为年龄固然能说明一定的问题,但个人素质和能力更为重要,因为这是一个部门经理所不可缺少的。

(9) 模拟面试,请回答主考官以下问题。

① 你找工作最重要的考虑因素是什么?你有什么优点?

② 你认为自己适合什么样的工作?如果本公司不录用你,怎么办?

(10) 在求职面试中,要恰当地做好自我介绍应掌握哪些技巧?

(11) 常见的求职面试经典问题应答的思路与技巧有哪些?

任务5　日常沟通

太阳能比风更快地脱下你的大衣；仁厚、友善的方式比任何暴力更容易改变别人的心意。

——[美]戴尔·卡耐基

聪明的人，借助经验说话；而更聪明的人，是根据经验不说话。

——古希腊民谣

课程思政要求

- 进行社会主义核心价值观教育。
- 进行爱国主义教育。
- 开展诚信教育、法律意识教育和道德意识教育。
- 塑造职业形象，提高职业素养。
- 促进学生全面发展。

学习目标

- 能够用得体的语言提问。
- 能够进行自我介绍和介绍他人，并体现出较高的语言艺术。
- 能够与沟通对象得体地交谈。
- 能够运用说服的语言艺术说服别人。
- 能够运用赞美的语言艺术进行赞美。
- 能够运用拒绝的语言艺术进行拒绝。
- 掌握有效提问的语言技巧。
- 巧妙回答，提高沟通的艺术性。
- 掌握倾听的技巧。

沟通之妙

波斯国的一个奴隶主奥默的奴隶在服役期间逃跑了，后来被抓回来送到国王面前，准备砍头示众。他对国王说:"至高无上的主啊,我是一个无辜的好人。如果根据您的命令把我杀死,这血债是要用血来偿还的,请允许我在去世之前犯一次罪吧——让我杀死我的主人奥默,这样我就心满意足了。我这样做实在是为了您好啊,您就不会承担杀害无辜的罪名了。"

国王听后大笑,并赦免了他。

这个奴隶的话尽管可笑,但是是为国王的利益着想,怕国王背上杀害无辜的罪名,所以使国王动了恻隐之心,放了他一条生路,其说服术可谓高矣。

(资料来源:佚名. 幽默笑话 [EB/OL]. [2019-04-07]. https://wenku.baidu.com/view/fc96a753370cba1aa8114431b90d6c85ed3a883f.html.)

5.1 介绍

介绍语是日常人际沟通中为接近对方而常用的表达方法之一。通过相互介绍,达到相互接近的目的。社交场合主要有以下两种介绍语。

1. 自我介绍

自我介绍是最常用的日常人际沟通形式。当我们处于比较正规的场合,面对陌生的公众,首先别忘了把自己介绍给对方。

自我介绍时,要及时、清楚地报出自己的姓名和身份。大方自然地进行自我介绍,可以先面带微笑,温和地看着对方说声:"您好!"以引起对方的注意,然后报出自己的姓名、身份,并简要表明结识对方的愿望或缘由。进行自我介绍一定要力求简洁,尽可能地节省时间,介绍总的时间以不超过半分钟为佳。

自我介绍一般视对象而选择介绍语。把自己介绍给领导、长辈、名人时,语言要谦恭有礼,但不可点头哈腰、卑躬屈膝、出言酸腐。一位供销科长在一次社交集会中这样自我介绍:"我是××公司跑供销的,我叫王××,今后希望各位经理多加指教。"话毕面带微笑,向周围的人双手送上自己的名片。这番自我介绍很简单,却很有艺术性。自然语言与体态语言巧妙配合,口头上非常谦虚地说自己是跑供销的,具体职务、官衔让名片替他补充。这比"我是供销科科长"这种直露的介绍更巧妙,更易给人留下谦恭得体的好印象。反之,也不要居高临下、恃势傲人、出言不逊。

进行自我介绍,态度务必自然、友善、亲切、随和。要充满信心和勇气,敢于正视对方的双眼,显得胸有成竹。介绍时语气要自然、语速要正常,语音要清晰、响亮,对一些容易听错、读错的字音要特别加以说明,以免造成误会。例如,有位同志名叫单弘(shàn hóng),他在自我介绍时特别指出:"我的名字很容易读错,有次药房的护士叫我单弦(dān xián),我成了一件乐器了。"这样介绍后,相信听众不会再念错他的名字了。

2. 介绍别人

在日常人际沟通中,如果你处于主持人地位或充当中介人时,别忘了给互不相识的客人作介绍。例如,我来介绍一下:这位是××先生,目前就职于广告公司,美学爱好者。

这位是大学中文系美学教授金××。"

这是最常见的介绍语,介绍了双方姓名、特长、工作单位等。介绍别人要注意以下几点。

(1) 注意先后顺序。为双方作介绍时,要确立"把谁介绍给谁"的观念。应牢记"受尊敬的一方有优先了解权"这一介绍的基本准则。把职位低者介绍给职位高者(商务场合尤其如此),把年轻的先介绍给年长者,把男士先介绍给女士,把未婚女子介绍给已婚女子,把家庭成员介绍给客人。如果双方年龄、身份都相差无几,则应当把自己较熟悉的一方先介绍给对方。违反这一顺序则有失礼仪。

(2) 信息量要适中。请看下面两例。

① "我来介绍一下,这位是张先生,这位是王经理。"

② "这位是××房屋开发公司副总经理王××,他可是实权派,路子宽,朋友多,谁需要帮忙可以找他。"

前者信息量太少,通过介绍,双方只能了解一个姓,无法从介绍语中找到继续交谈的共同话题。后者信息量太多,介绍的后半段属多余信息,而且庸俗化了,往往使被介绍者感到尴尬。所谓信息量适中,是指通过介绍使双方互相了解尊姓大名、工作单位、职务或特长。只要能为双方的进一步交谈引出共同话题即可,千万不可草率介绍,也不可画蛇添足。

(3) 介绍语要规范。所谓介绍语规范,是指介绍语要热情、文雅并配以恰当的体态语。为双方介绍或者把某人向全体介绍都是为了建立关系、联络感情、融洽气氛,因此介绍语必须热情洋溢。尤其将某人介绍给全体成员时,要尽可能将此人的主要成绩、荣誉等一一加以热情介绍,切忌不冷不热,毫无生气。美国著名成人教育家戴尔·卡耐基曾谈起过这样一件事:约翰·梅森·布朗是一位作家兼演说家。一次他应邀去某地演讲。演讲开始前,会议主持人将布朗先生介绍给公众,下面是主持人的介绍语:先生们,请注意了。今天晚上我给你们带来了不好的消息。我们本想邀请伊塞卡·F.马科森来给我们讲话,但他来不了,病了。(下面嘘声)后来我们要求参议员布莱德里奇前来,可他太忙了。(嘘声)最后,我们试图请堪萨斯城的罗伊·格罗根博士来,也没有成功。(嘘声)结果我们请到了约翰·梅森·布朗。这样的介绍语不仅是报流水账,毫无热情,而且有损被介绍者的自尊心,这是介绍语的大忌。

(4) 介绍语要礼貌。在人际沟通中必须遵循礼貌、合作的交际原则。介绍语要文雅、有礼,切忌随便、粗俗。例如,"我给各位介绍一下:这小子是我的铁哥们儿,开小车的,我们管他叫'黑蛋'"。这段介绍中"小子""铁哥们儿""开小车的""黑蛋"这类词语显然与社交场合格格不入,太粗俗、不文雅,又把绰号当大名来介绍更显随便,不严肃。此外,介绍语常用一些敬辞、客套话、赞美语作为其表述语,在实践中应规范使用。如"我非常荣幸地向各位介绍×××""我们有幸请来了大名鼎鼎的×××""能聆听他的讲话我们感到由衷的高兴"等。这些介绍语中的"荣幸""有幸""由衷"等都是敬辞,"大名鼎鼎""请"是客套语。这类典雅的语言再加之优雅得体的体态语就更显魅力了。介绍时一般起立,面带微笑,伸出一手,掌心向上,边说边示意。

5.2 交谈

美国前哈佛大学校长伊立特曾说:"在造就一个有修养的人的教育中,有一种训练必不可少,那就是优美、高雅的谈吐。"交谈是交流思想和表达感情最直接、快捷的途径。在人际沟通中,因为不注意沟通的语言艺术,或用错了一个词,或多说了一句话,或不注意词语的色彩,或选错话题等而导致交往失败或影响人际关系的事,时有发生。因此,在沟通中必须遵从一定的规范,才能达到双方交流信息,沟通思想的目的。语言作为人类的主要交际工具,是沟通不同个体心理的桥梁。交谈的语言艺术包括以下几个方面。

1. 准确流畅

在交谈时如果词不达意、前言不搭后语,很容易被人误解,达不到交际的目的。因此在表达思想感情时,应做到口音标准、吐字清晰,说出的语句应符合规范,避免使用似是而非的语言。应去掉过多的口头语,以免语句割断;语句停顿要准确,思路要清晰,谈话要缓急有度,从而使交流活动畅通无阻。

语言准确流畅还表现在让人听懂,因此言谈时尽量不用书面语或专业术语,因为这样的谈吐让人感到太正规、受拘束或是理解困难。古时一笑话说的是有一书生,突然被蝎子蜇了,便对其妻子喊道:"贤妻,速燃银烛,你夫为虫所袭!"他的妻子没有听明白,书生更着急了:"身如琵琶尾似钢锥,叫声贤妻,打个亮来,看看是什么东西!"其妻仍然没有领会他的意思,书生疼痛难熬,不得不大声吼道:"快点灯,我被蝎子蜇了!"真乃自作自受。

2. 委婉表达

交谈是一种复杂的心理交往,人的微妙心理,特别是自尊心往往在里面起重要的控制作用,触及它,就有可能产生不愉快。因此,对一些只可意会,不可言传的事情、人们回避忌讳的事情、可能引起对方不愉快的事情,不能直接陈述,只能用委婉、含蓄、动听的话去说。如避免使用主观武断的词语,如,"只有""一定""唯一""就要"等不带余地的词语,要尽量采用与人商量的口气,先肯定后否定,学会使用"是的……但是……"这个句式,把批评的话语放在表扬之后,就显得委婉一些,间接地提醒他人的错误或拒绝他人等。

3. 掌握分寸

谈话要有放有抑有收,不过头,不嘲弄,把握"度";谈话时不要唱"独角戏",夸夸其谈,忘乎所以,不让别人有说话的机会;说话要察言观色,注意对方情绪,对方不爱听的话少讲,一时接受不了的话不急于讲。开玩笑要看对象、性格、心情、场合,一般来讲,不随便开女性、长辈、领导的玩笑,一般不与性格内向、多疑敏感的人开玩笑,当对方情绪低落、心情不快时不开玩笑,在严肃的场合、用餐时不开玩笑。

4. 幽默风趣

交谈本身就是一个寻求一致的过程,在这个过程中常常会出现不和谐的地方而产生争论或分歧。这就需要交谈者随机应变,凭借机智抛开或消除障碍;幽默还可以化解尴尬局面或增强语言的感染力。它建立在说话者有高尚的情趣、较深的涵养、丰富的想象、乐观的心境、对自我智慧和能力自信的基础上,它不是要小聪明或"卖弄嘴皮子",它应使语言表达既诙谐又入情人理,应体现一定的修养和素质。有一次,梁实秋的幼女文蔷自美国返回中国台湾探望父亲,他们便邀请了几位亲友到"鱼家庄"饭店欢宴。酒菜齐全,唯独白米饭久等不来。经一催再催之后,仍不见白米饭踪影。梁实秋无奈,待服务小姐入室上菜之际,戏问:"怎么饭还不来,是不是稻子还没收割?"服务小姐眼都没眨一下,笑答称:"还没插秧呢!"本是一个不愉快的场面,经服务小姐妙答,举座大乐。

5. 使用礼貌用语

使用礼貌用语,是人类文明的标志,也是全世界共同的心声。使用礼貌用语不仅会得到人们的尊重,提高自身的信誉和形象,而且会对自己的事业起到良好的辅助作用。在我国,政府有关部门向人们普及文明礼貌用语,基本内容为十个字:"请""谢谢""你好""对不起""再见"。在实际的社会交往中,日常礼貌用语远不止这十个字。归结起来,主要可划分为以下几类。

(1) 问候语。在人际沟通中,根据沟通对象、时间等的不同,常采用不同的问候语。比如在中国实行计划经济的年代,由于经济发展水平不高,人们面临的首要问题是温饱问题,因而人们见面的问候语是:"你吃了吗?"今天,在中国的不发达的农村,这句问候语仍然比较普遍,而经济比较发达的农村和城市,这句问候语已经很少听到了。人们见面时的问候语是"您好""您早"等。在英国、美国等说英语的国家,人们见面的问候语根据见面的时间、场合、次数等不同而有所区别。如双方是第一次见面,可以说:"How do you do."(您好),如果双方第二次见面,可以说:"How are you."(您好),如在早上见面可以说:"Good morning."(早上好),中午可以说:"Good noon."(中午好、午安),下午可以说:"Good afternoon."(下午好),晚上可以说:"Good evening."(晚上好)或"Good night."(晚安)等。

在美国非正式场合人们见面时,常用 Hi、Hello 等表示问候;在信仰伊斯兰教的国家,人们见面时常用的问候语是"真主保佑";在信奉佛教的国家,人们见面时常用的问候语是"菩萨保佑"或"阿弥陀佛"。

(2) 欢迎语。沟通双方一般在问候之后常用欢迎语。世界各国的欢迎语大都相同。如"欢迎您!"(Welcome to you.)"见到您很高兴!"(Nice to meet you.)"再次见到您很愉快!"(It is nice to see you again.)

(3) 回敬语。在人际沟通中,人们常常在接受对方的问候、欢迎或鼓励、祝贺之后,使用回敬语以表示感谢。由此,回敬语又可称为致谢语。回敬语的使用频率较高,使用范围较广。俗话说:"礼多人不怪。"通常情况下,只要你受到了对方的热情帮助、鼓励、尊重、赏识、关心、服务等都可使用回敬语。在我国使用频率最高的回敬语是"谢谢""多谢""非常感谢""麻烦您了""让你费心了"等。在西方国家回敬语的使用要比中国更为广泛而频繁。在公共交往中,凡是得到别人提供的服务,在中国人认为没有必要或是不值得向人道谢的情况下,也要说声谢谢,否则是失礼行为。

(4) 致歉语。在沟通过程中,常常会出现由于组织的原因或是个人的失误,给沟通对象带来了麻烦、损失,或是未能满足对方的要求和请求,此时应使用致歉语。常用的致歉语有"抱歉"或"对不起"(Sorry),"很抱歉"(Very sorry,So sorry),"请原谅"(Pardon),"打扰您了,先生"(Sorry to have bothered you,sir),"真抱歉,让您久等了"(I'm sorry to keep you waiting so long)等。

真诚的道歉犹如和平的使者,不仅能使沟通双方彼此谅解、信任,而且有时还能化干戈为玉帛。道歉也有艺术。在人际沟通中,有些人有时放不下架子或碍于面子,不愿直接道歉,这也是人之常情。其实,道歉的方式很多,道歉时可采用委婉的手法。比如,今天的交际对象是你以前曾经冒犯过的人,那么你可以说:"真是不打不相识啊,俗话说得好,'不是冤家不聚头',来让我们从头开始!"道歉并非降低你的人格,及时得体的道歉也充分反映出你的宽广胸襟、真诚情感和敢于承担责任的勇气。

有些时候,如果由于组织的原因或个人原因给沟通对象造成一定的物质上、精神上的损失或增加了心理上的负担,在道歉的同时还可赠送一些纪念品、慰问品以示诚心道歉。

(5) 祝贺语。在沟通过程中,如果你想与沟通对象建立并保持友好的关系,你应该时刻关注着对方,并与他们保持经常性联系。比如,当他过生日、加薪、晋升或结婚、生子、寿诞,或是你的客户开业庆典、周年纪念、有新产品问世或获得大奖等,你可以以各种方式表示祝贺,共同分享快乐。祝贺用语很多,可根据实际情况需要进行选择。如节日祝贺语:"祝您节日愉快"(Happy the festival),"祝您圣诞快乐"(Merry christmas to you);生日祝贺语:"祝您生日快乐"(Happy birthday);当得知交际对象取得事业成功或晋升、加薪等,可向他表示祝贺:"祝贺你"(Congratulation)。常用的祝贺语还有:"恭喜恭喜","祝您成功","祝您福如东海,寿比南山","祝你们新婚幸福、白头偕老","祝您好运","祝您健康"。

(6) 道别语。沟通双方交谈过后,在分手时,人们常常使用道别语,最常用的道别语是"再见"(Good bye),若是根据事先约好的时间可说"回头见"(See you later)"明天见"(See you tomorrow)。中国人道别时的用语很多,如"走好""慢走""再来""保重"等。英美等国家的道别语有时比较委婉,常常有祝贺的性质,如"祝你做个好梦""晚安"等。

(7) 请托语。在日常用语中,人们出于礼貌,常常用请托语,以示对沟通对象的尊重。最常用的是"请"。其次,人们还常常使用"拜托""劳驾""借光"等。在英美等国家,人们在使用请托语时,大多带有征询的口气。如英语中最常用的"Will you please …""Can I help you"(你想买点什么)"Could I be of service"(能为您做点什么)以及在打扰对方时常使用"Excuse me",也有征求意见之意。日本常见的请托语是"请多关照"。

6. 有效选择话题

所谓话题,是指人们在沟通中所涉及的题目范围和谈资内容。换言之,话题是一些由相对集中的同类知识、信息构成的谈话资料及其相应的语体方式、表述语汇和语气风格的总和。在人际沟通中,学会选择话题,就能使谈话有个良好的开端。

(1) 宜选的话题。在沟通中,首先,应选既定的话题,即双方业已约定,或者一方先期准备好的话题,如征求意见、传递信息、研究工作等。其次,选择内容文明、格调高雅的话题,如文学、艺术、哲学、历史、地理、建筑等,这类话题适合各类交谈,但忌不懂装懂。再次,选择轻松的话题,这类话题令人轻松愉快、身心放松,适用于非正式交谈,允许各抒己见,任意发挥。主要包括文艺演出、流行、时装、美容美发、体育比赛、电影电视、休闲娱乐、旅游观光、名胜古迹、风土人情、名人逸事、烹饪小吃、天气状况等。再其次,选择时尚的话题,即以此时此刻正在流行的事物作为谈论的中心,这类话题变化较快,应注意把握。最后,选择话题时还要注意选择擅长的话题,尤其是交谈对象有研究、有兴趣的话题。比如,青年人对足球、通俗歌曲、电影电视的话题较多关注,而老年人对于健身运动、饮食文化之类的话题较为熟悉;公职人员关注的多是时事政治、国家大事,而普通市民则更关注家庭生活、个人收入等;男人多关心事业、个人的专业,而妇女对家庭、物价、孩子、化妆、衣料、编织等更容易津津乐道。在交谈时要注意交谈的话题有所忌讳。在交谈中,若双方是初交,则有关对方年龄、收入、婚恋、家庭、健康、经历这一类涉及个人隐私的话题,切勿加以谈论。

(2)扩大话题储备。由于人们的经历、职业、兴趣、学习状况不同,每个人所掌握的话题状况各不相同,都有一定的局限性,因此必须尽量扩大话题储备。为此,要有知识储备。对于掌握话题广度影响最大的是自身的学习状况和进取精神。一个人如果有理想、有追求,思想境界高,而且肯下功夫学习,爱读书看报,并关注社会现实生活,有较多的朋友,把看到、听到的东西,有意识地加以记忆和积累,就会变得学识渊博,时事政策、天文地理、政治外交、文艺体育、花鸟鱼虫、音乐美术几乎无所不知,视野开阔,谈资和知识面自然会比别人宽得多。

5.3 说服

1. 说服的基本条件

说服就是改变或者强化态度、信念或行为的过程。说服是以求得对方的理解和行为为目的的谈话活动,是使自己的想法变成他人行动的过程。说服的过程是思想、观点的交锋,也是沟通的重要方面。说服是以人为对象,进而达到共同的认识。人们常说:"人生,就是从不间断地说服。"尤其是在商务领域,那里聚集着各种性格的人,为了达到共同的目标,大家必须同心协力,因此说服的场面更是俯拾即是。所以说工作就是不间断地说服,也并不过分。只有善于说服的人才能够获得他人的尊重和信赖。要想取得良好的说服效果,必须首先具备以下条件。

(1)说服者具有较高的信誉。说服进行的基础,是取得对方的信任。而信任,来自说服者的信誉。信誉包括两大因素:可信度与吸引力。可信度高、吸引力强的人,说服效果明显超过可信度低、吸引力弱的人。可信度由说服者的权威性、可靠性以及动机的纯正性组成,是说服者内在品格的体现。吸引力主要指说服者外在形象的塑造。说服者的年龄、职业、文化程度、专业技能、社会资历、社会背景等构成的权力、地位、声望就是权威性。俗话说:"人微言轻,人贵言重。"一般来说,一个人的权威性越大,对别人的影响力也就越大。如果说服者在被说服者心目中形成了某种权威性形象,那么他说服别人转变态度的可能性也就越大。要提高说服者信誉,首先要提高说服者自身各方面的素质,使之具有合理的智能结构,具有高尚的道德修养,具备权威性和可靠性,说服才有分量、有威信,才能赢得听者的尊重和信赖。此外,还需重视外在形象的装饰,一个外貌、气质、穿着、打扮能给人好感的人,才具有吸引力,一个言谈、举止、口音等方面能与对方体现出共性的人,才具有吸引力。一个恰当的印象,会产生首印效应,帮助说服者成功说服他人。

(2)对说服对象有相当的了解。"知己知彼,百战不殆。"在说服他人之前,必须了解说服对象,捕捉对方思想、态度方面流露出的点滴信息,摸清对方思想问题症结所在,了解对方的心理需求,根据不同情况区别对待,因人而异,有针对性地开启对方的心扉,才能真正实现感情和心灵的共鸣,避免或减少盲目说服造成的错位反应。

首先,要了解对方的性格。苏洵在《谏论》中举了一个有趣的例子。

有三个人,一个勇敢,一个胆量中等,一个胆小。将这三个人带到深沟边,对他们说:"跳过去便称得上勇敢,否则就是胆小鬼。"那个勇敢的必定毫不犹豫地一跃而过,另外两个则不会跳,如果你对他们说,跳过去就奖给两千两黄金,这时那个胆量中等的就敢跳了,而那个胆小的人却仍然不敢跳。突然来了一头猛虎,咆哮着猛扑过来,这时不等你给他们任何许诺,他们三个人都会先你一步腾身而起,就像跨过平地一样。

从这个例子我们可以看出,不同性格的人,接受他人意见的方式和敏感程度是不一样的,针对性地采取不同的方法去说服对方,更容易达到我们的目的。

其次,要了解对方的优点或爱好。有经验的营销员,一进入顾客家中,总会立刻找到客户感兴趣的话题进行交谈。例如,看到地毯,马上会说:"好漂亮的地毯,我也很喜欢这种样式……"通过各种话题创造进入主题的契机。因为从对方的长处或最感兴趣的事物入手,一方面能让对方比较容易地接受你的观点;另一方面在对方所擅长的领域里更容易说服他。

最后,要了解对方的看法和态度。有一位歌星特别爱摆架子,一次要参加一个大型义演的现场节目,时间是晚上9点。可是到了7点,这位歌星忽然打电话给唱片公司的总监,说她今天身体不舒服,喉咙很痛,要临时取消当天的演出,唱片公司的总监没有破口大骂,而用惋惜的口吻说:"唉!真可惜,这次演出最大牌的歌星才有机会亮相,如果你现在取消,公司里还有很多小牌歌星挤破头在等呢!可是如果换了人,电视台一定会不满。有那么多后起之秀想取而代之,你这样做恐怕不妥吧。"歌星听后小声地说:"那好吧!要不你八点来接我,我想那时我身体应该会好一点吧。"这位唱片公司的总监很清楚这位歌星,根本就没什么毛病,只是喜欢摆摆架子,找准了对方拒绝的真实原因,进而有针对性地进行说服。

(3)能够把握住说服的最佳时机。说服还要能够抓住最佳时机。同样一番道理,彼时说可能不如此时说,现在说不如以后说。时机把握得好,对方才会愿意听,才会用心听,才能听得进。否则,说服过早,会被对方认为神经过敏或无中生有;说服过迟,已时过境迁,对方认为你是"事后诸葛亮",你即便有再好的口才,再好的意见,都不可能收到预期的效果。掌握时机,要将说服对象与时、境、理联系起来考虑,配合起来运用。可利用特定场合,造成境、理相衬,进行深入说服;可利用景中道情,情中说理,进行委婉说服;还可借助眼前实物,进行暗示说服等。

(4)必须营造良好的说服氛围。说服总是在一定的语言环境中进行的。环境制约了语言,因此,说服效果的好坏,一定程度上也取决于环境。一个宽松、温和、优雅的环境较之肃穆、压抑、逼人的环境,其说服的效果自然会好得多;在一个自己熟悉的地点环境中实施说服,较之于陌生的环境,自然也会有利得多。营造一个恰当的说服氛围,不仅是必要的,而且是必需的。

某啤酒生产厂得罪了一家餐馆的经理,对方就改换销售另一品牌的啤酒。在直接和负责人谈判无效的情况下,销售人员天天晚上去这家餐馆里帮忙搬运货物,甚至包括竞争对手生产的啤酒。他总是说:"你是我的老顾客了,我要为你服务,即使你不销售我们公司生产的啤酒。"他的诚意终于打动了经理,最后争取到了独家销售权。可见充分体验对方的感受,会营造出融洽的感情,在此基础上再委婉地提出自己的观点,怎么可能不赢得对方的赞许呢?

2. 说服的技巧

(1) 换位思考,晓以利害。要站在对方的立场考虑问题,理解并同情对方的思想感情,从对方的角度说明问题,体验你的思想感情,进而使他改变自己的看法,达到理想的说服效果。

1977年8月,克罗地亚人劫持了美国环球公司从纽约拉瓜得亚机场到芝加哥奥赫本的一架班机,在劫持者与机组人员僵持不下之时,飞机兜了一个大圈,越过蒙特利尔、纽芬兰、沙浓、伦敦,最终降落在巴黎市郊的戴高乐机场。在这里,法国警察打瘪了飞机轮胎。

飞机停了3天,劫机者同警方僵持不下,法国警方向劫机者发出最后通牒:"喂,伙计们!你们能够做你们想做的任何事情,但美国警察已到了。如果你们放下武器同他们一块儿回美国去,你们将会判处不超过2～4年徒刑。这也可能意味着你们也许在10个月左右释放。"

法国警察停顿片刻,目的是让劫机者将这些话听进去。接着又喊:"但是,如果我们不得不逮捕你们的话,按我们的法律,你们将被判死刑。那么你们愿意走哪条路呢?"劫机者被迫投降了。本例中法国警察在劝说中帮助劫机者冷静地分析客观形势,明确向对方指出了两条道路:投降或者顽抗,投降的结果是10个月左右的徒刑,而顽抗的结果只可能是死刑。面对这两条迥异的道路,早已心慌意乱的劫机者识相地选择了弃械投降,符合自己的利益,从而做出正确的选择。

(2) 稳定情绪,再行说服。在生活中,有些人受到种种因素的刺激,人们往往容易感情用事,不经过慎重周全的考虑就莽撞地采取行动。鉴于这种情况,我们应该先设法让对方的情绪稳定下来,然后提出比贸然行事更合理、更有利的举措,这样就能使对方冷静地斟酌、衡量,并为了更大程度地维护自身利益而抛弃原来的草率决定。

俄国十月革命以后,农民得到了解放,成千上万的农民来到莫斯科。由于他们对沙皇仇恨很深,坚决要求烧掉沙皇住过的房子。有人把这件事向列宁汇报了。列宁指示干部们对农民进行说服教育。第一次劝告,农民不听;第二次、第三次,仍然劝说无效。最后列宁决定亲自和农民谈话。

列宁对农民说:"烧房子可以。在烧房以前,让我讲几句,行不行?"

农民说:"请列宁同志讲。"

列宁问道:"沙皇的房子是谁用血汗造的?"

农民说:"是我们自己造的。"

列宁又问:"我们自己造的房子,不让沙皇住,让我们农民代表住,好不好?"

农民说:"好!"

列宁再问:"那要不要烧掉呀?"

农民觉得列宁讲的道理很对,再也不坚持要烧掉沙皇住过的房子了。

这里,对沙皇的仇恨激发了农民焚烧皇宫的强烈愿望。在数次劝说无效的时候,列宁通过与农民对话使他们的情绪稍稍平定,然后提出让农民代表住沙皇的房子的建议,农民认识到这个方案不仅能发泄愤怒,而且可以给自己带来实际的好处,于是很快表示赞同,"烧房子"的决定也因此而"搁浅"。

(3)位置互换,改变角色。让对方改变位置,变化角色进行说服是一种十分有效的方法。在美国,频繁的车祸使交通部门很感头痛。他们用罚款和其他法律手段来劝肇事者注意安全,但收效甚微。后来,交通部门在专家们的建议下,采纳了一个新的办法。他们让那些违章司机换个"位置"——换上护士服,到医院去照料那些因交通事故住院的受害者。体验他们的痛苦,结果收到奇效,那些违章司机从医院出来判若两人。他们不仅成为遵守驾驶规章的模范,而且成了交通法规的积极宣传者。在进行说服谈话中,利用这种方法也能收到奇效。

(4)讲究方式,引起关注。在说服时,要选择能够引起对方关注和兴趣的方式表达意见,要运用富有吸引力的内容支撑你的观点,从而引导说服对象关注设定的话题,让对方充分了解说服的内容。

第二次世界大战期间,国际金融家萨克斯想使罗斯福政府批准试制原子弹。第一次他使用了很多罗斯福听不懂的专业术语,全面介绍了原子弹可能产生的影响,但是罗斯福被冗长的谈话弄得很疲倦,他的反应是想推掉这件事;萨克斯第二次面对罗斯福时,改变了说话的方式,他对罗斯福说:"我想向您讲一段历史。早在拿破仑当权的时候,法国正准备对英国发动进攻,一个年轻的美国发明家富尔顿来到了这位法国皇帝面前,他建议建立一支由蒸汽机舰艇组成的舰队,拿破仑可以利用这支舰队无论在什么天气情况下,都能在英国登陆。军舰没有帆能航行吗? 这对于那个伟大的科西嘉人来说,简直是不可思议的。他把富尔顿赶了出去。根据英国历史学家阿克顿爵士的意见,这是由于敌人缺乏见识而使英国得以幸免的一个例子。如果当时拿破仑稍稍多动一些脑筋,再慎重考虑一下,那么19世纪的历史进程也许会完全是另外一个样子。"罗斯福听完萨克斯的话后,立即同意采取行动。

由此可见,选择了能引起说服对象关注的内容和方式,就会取得不同的效果。

(5)以情动人,以理服人。在表达某种意见时,用诚挚而令人感动的语气说出来,别人的心容易被征服。要说服别人,有时激起对方的情感比激起对方的理性思考更为有效。有些孩子做错了事,往往任何斥责都听不入耳,但母亲动人肺腑的痛苦,反而会使其泯灭的良心复苏。如果在说服他人的时候,仅仅着眼于主题突出,例证充足,声音动听,姿态优美,而说出的话冷冰冰,肯定不能奏效。要想感动别人,就得先感动自己。要将真诚通过自己的情感、声音输入听者的心底。说服还要用摆事实、讲道理来使人相信,使人赞同你的观点和主张。

唐太宗为了扩大兵源，想把不在征调之列的中年男子都招入军中。丞相魏征知道后对他说：把水淘干了，不是得不到鱼，但明年恐怕就不会有鱼了；把森林烧光了，不是猎不到野兽，但明年恐怕就无兽可猎了。如果中年男子都招入军中，生产怎么办？赋税哪里征？兵员不在多，关键在于是否训练有素，指挥有方，何必求多呢？唐太宗无言以对，只好收回了成命。魏征借用两件与主要事件相类似的事例作比，既形象又深刻地阐明了不能把中年男子都调入军中的道理，入情入理的说服，让唐太宗心服口服。

小训练

请根据你对"说服"的理解分析以下材料。

① 我有一个妹妹，她是一个很开朗的女孩子，但是自从她上了高中之后，就不知道为什么变了好多。有一次放暑假，她和我谈心的时候就说，她不想上高中了，她想去上中专，找一个管得比较严的学校，那样学习就有压力。现在在这个高中里面上学什么都学不进去，什么都不想学，就只想着玩，一点学习的心思都没有了，所以她问我的意见。

我告诉她："如果你的心态真的改变了，只要是你想学，不管在什么样的环境下，你都可以学进去，其实换个环境只是你想离开这个学校的借口，并不是换了环境就一定能学进去，关键在于你心里真正的想法是什么，不一定就是你和我说的这个想法，只有你真的想明白了，想学习了，再换学校也是可以的。不是说如果你换一个管得比较严的学校你就一定能学进去，也不是说那个学校里面就没有和你一样想法的人，所以，关键在于自己的内心想法。另外，你现在年龄还很小，一个人出去还不能让家长放心。等你高中毕业了再想这些问题也不晚。"从那之后，知道她确实认真考虑过我和她说的话，让她也明白自己到底是怎么想的了。

② 林肯从政时，担任财政部长的蔡斯也曾参加了总统竞选，不料却败在林肯手下，因此以后在工作中总是故意找碴儿。有一回，他听说有人向林肯举报自己，就借机会问林肯怎么处理此事，林肯表示根本就没在意。蔡斯又问："我那样待你，你为什么不把我赶走呢？"可林肯笑着说："我给你说个故事吧。我年轻时和兄弟在老家犁地，家里那匹拉犁的马很懒，但有一段时间突然犁得很快，原来马背上叮着一只马蝇，我心疼马，就把马蝇打落了。兄弟很生气地说：'你为什么要打掉马蝇？正是它才让马跑起来的。'起初我还不相信，后来马又懒起来了。我知道，现在有一只叫'总统欲'的马蝇正叮着你，让你有了不竭的动力，我又何必要打落掉它呢？"蔡斯不由得大为感动，从此就改变了原来的做法。

5.4 赞美

美国管理学家玛丽·凯说："赞美是一种有效而且不可思议的力量。"的确如此，在社会交往中，绝大多数人都期望别人欣赏、赞美自己，希望自身的价值得到社会的肯定。公关人员恰当地运用赞美的方式，会激发人们的积极性，产生巨大的精神力量。

1. 赞美的类型

赞美,是社交语言中一种常见的言语交际形式。从不同角度,赞美可以进行不同的分类。

(1) 从赞美的场合上分类。从赞美的场合上可以把赞美分为当众赞美和个别赞美。当众赞美是指面对特定的组织、团体、群体等,对某人或某事的赞美,如表彰会、庆功会、总结大会等。这种形式能充分调动全体人员的积极性,鼓动性强,宣传面广,影响面大,能产生一定的轰动效应,营造热烈、向上的气氛,但它受时间、场所限制,运用不好,容易流于形式和走过场。个别赞美是指在会下针对个别人谈话中予以表扬的形式。这种形式使用方便,自如灵活,针对性强,做思想工作比较细致,能解决一些具体问题,效果比较好,时间、地点不受限制。

(2) 从赞美的方式上分类。从赞美的方式上可以把赞美分为直接赞美和间接赞美。直接赞美是指直接面对好人或好事予以赞美,以告世人皆知,这是一种常用的表扬方式。在一个社会组织内,出现好人好事,单位领导或管理人员及时予以表扬,或者通过大会场合,或者通过某种媒介,表扬先进,带动后进,能形成良好的风气。这种形式直截了当,不拐弯抹角,使人们听到后,得到鼓励和好感。间接赞美是指通过第三者来赞美某人或某事的形式。使用这种形式,注意分寸,讲究策略,往往是当面不便直接开口,或者是找不到合适的时机去说,而借用对方传达自己赞美他人的话语。这样,使他人听到后,感到心情舒畅。这种形式通过对方传达佳话,能消除隔阂,增强团结,融洽气氛,创造和维系良好的上下级关系和同事关系。

(3) 从赞美的用语上分类。从赞美的用语上可以把赞美分为直接赞美和反语赞美。直接赞美是指对好人好事用正面言语加以赞美的形式。这种赞美开门见山,直截了当,使用灵活,形式多样,应用范围广泛。反语赞美是指用反语来赞美某人或某事的形式。这种形式在特定的言语环境和背景下使用,幽默含蓄,别致风趣,比一般的赞美有更好的表达效果。例如,某制药厂厂长,赞美一位药剂师大胆实验、大公无私的献身精神,说:"为了减少药物的副作用,在正式投产前,你长期泡在实验室里,对新药不择手段,抢吃抢喝,多吃多占,在自己身上反复实验,我这个厂长真是拿你没有办法。"这种反语赞美的形式,令人感到新奇巧妙,别有情趣。

受到赞美的保洁员

一天晚上,韩国一家大公司发生了被盗事件,但盗窃者并没有得逞。该公司的一位保洁员不顾生命危险,与盗窃者进行了一场惊险的搏斗。

在这样一个大公司里,论地位、工资,这位保洁员都难以引起重视;论责任,防火防盗这些事情与一个小小的保洁员也没有直接的关系。然而,是什么让这位保洁员产生了如此强烈的正义感呢?

后来,有人从这位保洁员的口中得知,他之所以会这样做,是因为公司总经理每次看到他在辛勤工作时,总是微笑着表扬他把地板打扫得很干净。因此他心存感激,并以此作为回报。

(资料来源：佚名.职场新人说话做事[EB/OL].[2015-10-25].http://www.doczj.com/doc/51d099e358f5f61fb736665b.html.)

2. 赞美的语言艺术

一般来说赞美是一种能引起对方好感的交往方式。赞同我们的人与不赞同我们的人相比，我们更喜爱前者，这符合人际交往的酬赏理论。

但令人遗憾的是：不少人把赞美当作取悦他人的简单公式，不分时间、地点、条件对他人一味地加以赞美，实际上，这一做法是很不足取的。因为我们知道：人借助语言进行交往，语言具有影响对方的心理反应，进而影响双方人际关系的效能，任何一种语言材料、语言风格、交往方式对人际关系产生何种影响，常因人、因时、因地而异。赞美这一交往方式也不例外，它的效能也具有相对性和条件性。

美国心理学家阿伦森曾举例说，假设工程师南希出色地设计了一套图纸。上司说："南希，干得好！"毋庸置疑，听了这话，南希一定会增加对上司的好感。但如果南希草率地设计了一套图纸(她自己也知道图纸没设计好)，这时，上司走过来用同样的声调说出同一句话，这句话还能使她产生好感吗？南希可能得出上司挖苦人、戏弄人、不诚实、不懂得好坏、勾引异性等结论，其中任何一项都使南希对上司的喜爱有所减少。

因此，赞美的效果要受各种条件制约。能引起好感的赞美要借助以下条件。

(1) 热情真诚的赞美。每个人都珍视真心诚意，它是人际交往中最重要的尺度，能引起好感的赞美，首先必须是发自内心，热情洋溢的，否则那就是恭维。"赞美和恭维到底有什么区别呢？很简单，一个是真诚的，另一个是不真诚的；一个出自内心，另一个出自牙缝；一个为天下人所欣赏，另一个为天下人所不齿。"(卡耐基语)

大音乐家勃拉姆斯是个农民的儿子，生于汉堡的贫民窟，享受不到受教育的机会，更无从系统学习音乐，所以，对自己未来能否在音乐事业上取得成功缺乏信心。然而，在他第一次敲开舒曼家大门的时候，根本没有想到他的一生的命运在这一刻决定了。当他取出他最早创作的一首C大调钢琴奏鸣曲草稿，手指无比灵巧地在琴键上滑动，弹完一曲站起来时，舒曼热情地张开双臂拥抱了他，兴奋地喊着："天才啊！年轻人，天才……"正是这出自内心的由衷赞美，使勃拉姆斯的自卑消失得无影无踪，也赋予了他从事音乐艺术生涯的坚定信心。在那以后，他便如同换了一个人，不断地把心底里的才智和激情流泻到五线谱上，成为音乐史上的一位卓越的艺术家。正是这一句真诚的赞美，创造了一位音乐大师。

(2) 令人愉悦的赞美。赞美的言语应该是对方喜欢听的言语，能达到使人愉悦的目的，我们称它为愉悦性原则。在交际活动中，遵守愉悦性原则，就是要多说对方喜欢听的话语，不说对方讨厌的言辞。这样，往往能收到较好的表达效果。

民间有一个关于朱元璋的笑话：朱元璋有两个过去一块儿长大的穷朋友。朱元璋后来做了皇帝，这两位朋友仍过着苦日子。一天，一位朋友从乡下赶到南京，拜见了朱元璋。他对朱元璋说：我主万岁！当年微臣随驾扫荡庐州府，打破罐州城，汤元帅在逃，拿住豆将军，红孩儿当关，多亏菜将军。朱元璋听到他讲得很动听，十分高兴，也隐约记起他所说的一些事情,立刻封他做了御林军总管。事情一传出,另外一个朋友也去了南京,拜见朱元璋,也说了那件事:我主万岁!从前,你我都替人家看牛,一天我们在芦苇荡里,把偷来的豆子放在瓦罐里煮着,还没煮熟,大家就抢着吃,把罐子打破了,撒了一地豆子,汤都泼在泥地里。你只顾从地下满把地抓豆子吃,却不小心连红草叶也送进嘴去。叶子哽在喉咙口,苦得你哭笑不得。还是我出的主意,叫你用青菜叶子带下肚子里去了……朱元璋见他不顾体面,没等他说完,就命令:推出斩了!从上例可见,第一位朋友将放牛娃偷吃豆子的趣事,赞美为叱咤疆场的赫赫战绩,巧妙比喻,高雅别致,说得动听,使人愉悦。第二位朋友明话直说,粗俗低劣,讲得不爱听,有伤皇帝尊严,自然当斩。

(3)具体明确的赞美。空泛、含混的赞美因没有明确的评价原因,常使人觉得不可接受,并怀疑你的辨别力和鉴赏力,甚至怀疑你的动机、意图,所以具体明确的赞美才能引起人们的好感。对他人总以"你工作得很好","你是一个出色的领导"来赞美,只能引起人家反感。

相关链接

罗斯福总统的赞美

克莱斯勒公司为罗斯福总统制造了一辆汽车,因为他下肢瘫痪,不能使用普通的小汽车。工程师把汽车送到了白宫,总统立刻对它表示了极大的兴趣。他说:"我觉得不可思议,你只要按按钮,车子就开起来,驾驶毫不费力,真妙。"他的朋友和同事们也在一旁欣赏汽车。总统当着大家的面夸奖:"我真感谢你们花费时间和精力研制了这辆车,这是件了不起的事。"总统接着欣赏了散热器、特制后视镜、钟、车灯等,换句话说,他注意并提到了每一个细节,他知道工人为这些细节花费了不少心思。总统坚持让他的夫人、劳工部长和他的秘书注意这些装置。这种具体化的赞美让人感觉到真心实意。

(资料来源:佚名.在人际交往中[EB/OL].[2020-06-28]. http://www.guayunfan.com/baike/229881.html.)

(4)符合实际的赞美。在赞美别人时,应尽量符合实际,虽然有时可以略微夸张一些,但是应注意不可太过分。如某个人对某领域或某个方面提出了一些很好的意见,或者有了一点成果。你可以说:"你对这方面可真有研究",甚至可以说:"你是这方面的专家",可如果你说:"你真不愧是位著名的专家""你真是这方面的泰斗"等,对方如果是正派人就会感到不舒服,旁观者就会觉得你是在阿谀奉承,另有企图。

(5)不断增加的赞美。阿伦森研究表明:人们喜欢那些对自己的赞美显得不断增加的人,并且对自始至终都赞美自己的人与最初贬低逐渐发展到赞美的人,人们会尤其喜欢后者。因为相对来说,前者容易使人产生他可能是个对谁都说好的"和事佬"的感觉;但人们对开始持否定态度的后者会留下这样一种印象:说我不好,一定是经过考虑、分析的,可能有他一定的道理。从而认为对方可能更有判断力,进而更喜欢他。

(6)出人意料的赞美。若赞美的内容出乎对方意料,则易引起好感。卡耐基在《人性的优点》中讲过他曾经历的一件事:一天,他去邮局寄挂号信,年复一年从事着单调工作的邮局办事员显得很不耐烦,服务质量很差。当他给卡耐基的信件称重时,卡耐

基对他称赞道：真希望我也有你这样的头发。闻听此言，办事员惊讶地看着卡耐基，接着脸上泛出微笑，热情周到地为卡耐基服务。显然这是因为他接受了出乎意料的赞美的缘故。

总之，赞美是人的一种心理需要，是对他人尊重的表现，是一剂理想的黏合剂，它给人以舒适感，使我们拥有更多的朋友。但"赞美引起好感"并不是绝对的、无条件的，他要受赞美动机、事实根据、交往环境诸因素的制约和影响。因此公关人员在与公众相处时，必须记住——一味地赞美不足取。

小训练

分析下列实例中赞美的失误点。

（1）小陈去拜见某教授。小陈一见面就说："久闻您老的大名，您老真是才高八斗、学富五车。"教授笑眯眯地反问："你说说看，我有哪八斗才，哪五车学？"小陈闹了个大红脸。

（2）小刘在出席一位青年作家作品研讨会时，出于对作家妻子甘当"贤内助"的由衷佩服，不禁赞美说："你俩真像诸葛亮夫妻一样，男的才华横溢，女的相夫教子，天生的一对啊！"丈夫听后倒没什么，夫人却是一脸的尴尬。

（3）叶发的女儿叶莉很早就和姚明确立了恋爱关系，那时姚明还籍籍无名。后来姚明加入了NBA，一下子名扬天下。街坊邻居们看到叶发都会赶上来攀谈，羡慕地说道："姚明是你未来的女婿啊！他可是个大明星，你女儿嫁给了他，以后家里就有了一棵'摇钱树'，你们老两口多豪华的生活都可以过得上，真有福气啊！"每次叶发听到这些话，都会感觉很不舒服，仿佛女儿是在攀龙附凤，冲着姚明的名气和钱去的一样。他总是不咸不淡地回应，说："孩子有孩子的生活，我们有我们的生活，不能什么都指望孩子！"

5.5 拒绝

拒绝，是对他人意愿、行为的一种直接或间接的否定。实际上拒绝就是不接受，包括不接受对方希望你接受的观点（意见）、礼物和要（请）求等。工作和生活中人们总是互有所求，而且要求方往往是被要求方的亲朋好友，甚至是恩人、领导。俗话说："上山擒虎易，开口求人难。"设身处地，应当尽量地接受别人提出的各种要求。但是，也有许多要求是不能接受的。如果不能拒绝那些不能接受的要求，就一定会给自己（也终将给对方）带来无尽的烦恼。生活反复证明，"当断不断，反受其乱"，我们必须学会拒绝。面对对方提出的问题，如果很直接地说："这种事情恕难照办""我实在没有钱借给你""我们每天都一样地工作，凭什么要我来帮你的忙"……可以想象对方一定会恼羞成怒。因此，我们必须学会根据不同情况运用不同的拒绝艺术。

1. 拒绝的基本要求

（1）认真听。认真倾听对方的请求，并简短地复述对方的要求，以表示确实了解了对方的需求。拒绝的话不要脱口而出，即使当对方说了一半，我们已明白此事非拒绝不可，也必须凝神听完他的话,这样可以让对方了解到我们的拒绝不是草率做出的,是在认真考虑之后才不得已而为之的。尤其要避免在对方刚开口就断然拒绝,不容分辩地拒绝最易引起对方的反感。

(2) 看情势。拒绝同其他交际一样,要审时度势,要看是否有拒绝的必要和可能。从必要角度看,自己的道德准则不能接受的,没有能力接受的,接受后会给自己带来不愿承受或无法承受的损失的,接受后可能给对方带来麻烦或损失的,应当拒绝;如不至于如此,或对对方有利而自己受一些能够承受的损失,则应当接受。从可能的角度看,要考虑自己拒绝的能力,如无理由拒绝,或拒绝后会带来更严重的后果,则只好接受。

(3) 下决心。如情势需要拒绝又可能拒绝,就应当下定拒绝的决心,着力克服三大心理障碍:一是磨不开情面,碍于对方的面子,总觉得不好意思拒绝。二是怕对方怪罪,怕因为对方怪罪而影响双方今后的交往,甚至影响自己的利益(如不能得到对方的帮助等)。三是怕旁人议论,怕别人说自己不够朋友,不够意思等。如果必须拒绝的话,这些考虑都是不必要的和有害的。

(4) 态度好。不要在他人刚开口时就予以断然地拒绝,不要对他人的请求流露出不快的神色,更不要蔑视和忽略对方,这些都会让对方觉得你的拒绝是对他没有诚意的表现,从而对你的拒绝产生逆反心理。无论是听对方陈述要求和理由,还是拒绝对方并说明缘由,都要始终保持和蔼亲切的态度,让对方了解自己的拒绝实在是认真考虑后不得已而为之。

(5) 措辞柔。感谢对方在需要帮助时想到你,并略表歉意。对于他人的请求,表现出无能为力,或迫于情势而不得不拒绝时,一定要记得加上"真对不起""实在抱歉""不好意思""请多包涵""请您原谅"等致歉语,这样一来,便能不同程度地减轻对方因遭拒绝而受的打击,并舒缓对方的挫折感和对立情绪。但是不要过分地表达歉意,这样会造成不诚实的印象,因为如果你真的感到非常抱歉,就应该接受对方的请求。

(6) 直言"不"。对于明显不能办到的事,应该明白直接地说出"不"字。"说得多不如说得少",言简意赅,要言不烦是最有效的方法,模棱两可的说法易使对方抱有幻想,引发误解,当最终无法实现时,对方会觉得受了欺骗,由此引起的不满和对立情绪往往更加强烈。"当断不断",其结果只能是害人又害己。

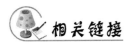

老师的拒绝

中秋节前夕,张超的父母买了贵重的礼物到于老师家:"于老师,我们俩平时做买卖忙,没时间管孩子,就拜托您对张超多费心,多照顾。"于老师笑着说:"你们这么重视孩子的学习,我工作的动力更足了。我明白你们想表达对老师的感谢,这份心意我心领了,但用礼品换重视的做法可是不妥啊,这会误导我把注意力放在家长是否送礼及送多少上面,会让我的教育丧失公平公正。长此以往,你们家长费了钱,我丧失了师德,最终害了孩子。所以,这些礼品不能收。在学校,学生就是老师的孩子,张超到了我班里,就是我的孩子,我会尽心竭力地教好他。难道,父母对孩子负责,还需要他给父母送礼吗?"

(资料来源:佚名.教师节送礼有"四害"[EB/OL].[2014-10-05]. http://www.360doc.com/content/14/1005/12/6017453_414530300.shtml.)

(7)理由明。不要只用一个"不"就让对方"打道回府",而应给"不"加上合情合理的注解,让对方明白,自己的拒绝不是毫无来由,更不是找借口搪塞,而是确有无可奈何的原因或难以诉说的苦衷,讲明自己的处境,最好具体说出理由及原委,那么,在将心比心中,对方自然就能体谅你的言行了。说明理由是为了让对方明白我们的拒绝是确有难以说出的苦衷。当你说明理由后,对方试图反驳,你千万不可与之争辩,只要重申拒绝就行了。不过,如果你觉得拒绝的理由不充分,也可以直接拒绝不说明理由,或者只用一些"哎呀,这咋办呢""真伤脑筋"之类的话给予回答,但是千万不可编造理由,因为谎言终究会被揭穿。

(8)择他途。在拒绝对方这一方面要求的同时,如果能够尽量满足其他方面的合理要求来作为补偿,或是积极地替他出谋划策,建议他选择或寻求更好的途径和办法,可减缓对方因我们的拒绝而产生的瞬时不快情绪,缓解对方的被动局面,也可以表明我们的诚意,让对方体会到你的火热心肠、殷切期待,这样则更易得到他人的谅解、友谊与好感,例如,"要是选择明天,我大概可以去一趟""真对不起,这件事我实在爱莫能助,不过我可以帮你做另一件事""我只能借给你1000元,但我知道小李有一笔不少的活动奖金,也许你可以去找他"等。

2. 拒绝的语言艺术

在社交场合中,同样表达一个拒绝的意思,有不同的说法。陈秀泉在其主编的《实用情景口才——口才与沟通训练》(科学出版社,2011年出版)中从语言技巧上说,拒绝有直接拒绝、婉言拒绝、诱导拒绝、幽默拒绝、回避拒绝、模糊拒绝、附加条件拒绝、沉默拒绝等方法。具体如下。

(1)直接拒绝。直接拒绝就是将拒绝之意当场明讲。采取此法时,重要的是应当避免态度生硬,并需要把拒绝的原因讲明白,有时还可以向对方致歉。例如,"对不起,这样做对我不合适。""对不起,这次我真的无法帮忙。"

直接拒绝有时可能逆耳,不能收到预期的效果。在这种情况下,要拒绝、制止或反对对方的某些要求、行为时,把拒绝的责任转嫁给对方所尊敬的或具有权威的人、组织以及某种制度等,直言由于非个人的原因(利用第三者说"不")作为借口,即使对方明知是借口,也较为容易接受,起码面子上能过得去。

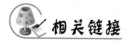

《三国演义》中巧妙至极的拒绝

《三国演义》中,刘备借东吴荆州不还,东吴派诸葛瑾(诸葛亮的哥哥)来游说讨地。诸葛瑾主动假意哭请刘备还荆州,刘备决意不肯听从,而又不肯背言而无信的名声,于是假意把关羽所辖的"三郡"还给东吴。当诸葛瑾向关羽讨地时,关羽道:"荆州本大汉疆土,岂得妄以尺寸与人?"断然加以拒绝。这里,诸葛亮巧借刘备拒绝,刘备又巧借关羽来说"不",真是巧妙之极。

(2) 婉言拒绝。婉言拒绝就是运用委婉的语言,暗示对方无法完成请求。比如,有一位朋友不请自到,而此时你正忙于工作无法接待,可以在见面之初,一面真诚地对其表示欢迎,一面婉言相告:"我本来要去参加公司的例会,可您这位稀客驾到,我岂敢怠慢。所以专门请假5分钟,特来跟您叙一叙。"这句话的"话外音"就是暗示对方"只能谈5分钟时间"。

(3) 诱导拒绝。诱导拒绝就是采用诱引方法,让对方自己感悟到,或者直接说出拒绝的理由。例如:

1945年富兰克林·罗斯福第四次连任美国总统。《先锋论坛报》的一位记者采访他,请他谈谈这次连任的感想。罗斯福没有回答,而是很客气地请这位记者吃一块儿"三明治"(夹馅面包)。记者觉得这是殊荣,便十分高兴地吃了下去。总统微笑着又请他吃第二块儿"三明治"。他觉得是总统的恩赐,情不可却,又吃了下去。不料总统又请他吃第三块儿,他简直受宠若惊,虽然肚子里已不再需要了,但还是勉强吃了下去。哪知道罗斯福在他吃完之后又说:"请再吃一块儿吧。"记者一听啼笑皆非,因为他实在吃不下去了。罗斯福微笑着说:"现在,你不需要再问我对于这四次连任的感想了吧,因为你自己已经感觉到了。"

(4) 幽默拒绝。在对方提出问题后,机智地以诙谐幽默的语言做遮掩,避开实质性问题的回答,从而传达出自己否定拒绝的态度,这就是幽默拒绝。例如:

有一个人爱占小便宜。一天,他到一个同事家做客,看到茶几上一个精巧的小烟缸,说:"这小烟缸精巧是精巧,但颜色不太适合,不如给我配我家的茶几。"主人道:"你不如连茶几一块儿扛走,因为是为了放这小烟缸我才买的这个小茶几。"他听了后,只好作罢。

这里,主人没说"不给",却扩大原话题,请对方连茶几也扛走,对方不可能要茶几,自然也就不好再要小烟缸。又如:

在联欢会上,大家热情地请王某当众演唱,王某说:"大家看,我的嗓子比我的腰还粗9毫米,让我唱歌不是赶鸭子上架吗?为防止震坏大家的耳膜,保护大家的身体健康,我还是念一首抒情诗吧!"大家在笑声中同意了王某的要求。

(5) 回避拒绝。回避拒绝就是答非所问,就是表面上看在回答问题,但实际上说的都是空话,没有任何实质信息,当遇上他人过分的要求或难答的问题时,使用这种方法。

比如有人问你,在×××问题上,你支持老王还是老李?你回答:"谁正确我就支持谁。"对方又问,"那谁是正确的一方?"答:"谁坚持真理谁就是正确的一方。"到底支持谁?你并没有进行正面的回答。2002年11月,江泽民同志访美时,一名学生问他:"中国对熊猫保护采取了哪些措施?"江泽民回答说:"我是搞电机的,我跟你们一样非常喜欢熊猫,但对熊猫很少研究。"台下一阵大笑。这也是一种"说不"的方式。

(6) 模糊拒绝。模糊拒绝就是不直接拒绝,而是通过与对方请求相关的话题表明自己的态度。钱钟书先生是我国著名作家,他的作品《围城》享誉海内外。有一位外国女士特别喜欢钱钟书。当这位英国女士来到中国,就给钱钟书先生打电话,说想拜见他。钱钟书先生在电话中说:"假如你吃了一个鸡蛋觉得不错,又何必要亲自去看那只下蛋的母鸡呢?"钱钟书用生动的比喻做了模糊的回答,委婉地拒绝了英国女士见面的要求。

(7) 附加条件拒绝。附加条件拒绝就是先顺承对方的意思,然后附加一个事实上不可能的或主观无法达到的条件。

有一次,意大利音乐家帕格尼尼为了赶到一家大剧院演出,急急忙忙跨上一辆马车,他一边催车夫快点,一边向车夫问价。"先生,你要付我10法郎。"马车夫知道他是大名鼎鼎的音乐家,便有意讹诈他。"你这是开玩笑吧?"帕格尼尼吃惊地问道。"我想不是。今天人们去听你一根琴弦拉琴,你可是每人收10法郎啊!我这个价格不算多。""那好吧,我付你10法郎,不过你得用一个轮子把我送到剧院。"音乐家帕格尼尼要求车夫用一个轮子把他送到剧院,这是根本不可能做到的,因此在客观上便起到了拒绝勒索的作用。

(8) 沉默拒绝。沉默拒绝就是在面对难以回答的问题时,暂时中止"发言",一言不发,或者运用摆手、摇头、耸肩、皱眉、转身等身体语言来表示自己拒绝的态度。礼貌拒绝对方的方法还有很多,如让步拒绝法、预言拒绝法、提问拒绝法等,其实不论选择什么拒绝方法,关键要表明态度,同时做到不伤害对方感情,保护自身形象就可以了。

小训练

小品《有事您说话》中,郭冬临扮演的郭子为人热心,但他有个毛病,就是他办不了的事也不好意思说"不",只得打肿脸充胖子,答应下来。为了替老刘买卧铺票,他连夜卷着铺盖去火车站排队,排不上甚至自己搭钱买高价票。最后,随着答应的事情越来越多,也越来越难办,最终造成了家庭的不和谐。

假如你是小品中的郭子,你怎样拒绝?

5.6 提问

在社交活动中,提问往往是交谈的起点,是把话题引向深入的方式之一。因此,会不会问,该怎么问,问什么,都直接影响着交际的效果。

1. 掌握提问技巧的作用

中医讲究的望、闻、问、切四种疗法,在人际交流过程中,同样适用。提问者必须掌握察言观色的技巧,学会根据具体的环境特点和谈话者的不同特点进行有效的提问。掌握提问技巧有以下三个作用。

(1) 有利于把握回答者的需求。通过恰当的提问,提问者可以从回答者那里了解更充分的信息,从而更准确地把握回答者的实际需求。

(2) 有利于保持沟通过程中双方的良好关系。当提问者针对回答者的需求进行提问时,回答者会感到自己是对方注意的中心,他(她)会在感到受关注、被尊重的同时,更积极地参与到谈话中来。

(3) 有利于掌控沟通进程。主动发出提问可以使提问者更好地控制对话沟通的进度,以及今后与回答者进行沟通的总体方向。一些经验丰富的提问者总是能够利用有针对性的提问来逐步实现自己的询问目的和沟通目标,并且还可以通过巧妙的提问来保持友好的关系。

2. 提问的原则

（1）提问对象的辨识。提问应因人而异，即从对方的年龄、身份、职业、性格以及不同的民族文化背景出发，选择不同的提问方式和技巧。

（2）提问场合的敏感性。提问要注意场合，比如厕所里一般不适合高谈阔论，办公室里，当对方很忙或正在处理一些急事时，不宜提琐碎无聊的问题；当对方伤心或失意时，不宜提太复杂、太生硬或者是可能引起对方不愉快的问题。注意场合，还要考虑对方的回答，比如一位中学生很想去游泳，但他父母不让去，如果当着他父母的面，你问他："去游泳吗？"这位中学生可能因为怕他父母会给你一个虚假的回答"不去"，如果换个场合提问，其结果可能会说"去游泳"。

（3）提问目的的鲜明性。在提出疑问的时候，要带着鲜明的目的性而提出问题。或者为了寻找答案，或者为了引导对方进一步说明问题，或者作为问题的假设和可能……这些都是提问的目的。鲜明的目的，能够让提问变得有效；然而，鲜明并不等于完全直接，在某些情况下，通过旁敲侧击或者"曲线救国"反倒会比直接询问更有效果。此外，还应注意在旁敲侧击"曲线救国"的时候，一定要紧扣提问的目的，不能迷失于连环的询问，而失去根本。

（4）提问方式的多样性。在提问过程中，不要拘泥于一种提问方式，单一的提问与回答的形式会使沟通变得不自然、不活跃，会影响到回答者的思维模式。提问的方式要多样，要根据不同的沟通内容、不同的沟通目的、不同的环境，使用不同的提问方式。如提前给出问题，让回答者进行准备，有利于获得相对完整和系统的回答；在现场沟通中进行提问，则可以得到直接而相对真实的回答。连环式的提问具有引导作用；跳跃式的提问则可以开拓思维；设问式的提问可以给出以问为答；反问式的提问则具有权势的威压……

（5）提问语言的简明性。提问的语言不宜过长，要通俗、干净、利索，不要拖泥带水、含糊其词，但应具有启发性和诱导性。提问中的语言必须能为对方所理解，同时要注意提问中不要提一些"是不是""对不对"等不需要动脑、脱口而出的问题，因为得不到正确的或者提问者想要的答案。

（6）提问难度的适中性。提出的问题要与沟通的内容相关，不要出现风马牛不相及的"提问"，也不要出现重复的"错问"，同时，提出问题的难度要具有适中性，必须考虑到沟通对象的年龄特征、知识水平和接受能力。一般来说，低难度的问题是针对较为具体的特殊的事例，中难度的问题则可以是一些抽象的带有一般规律性的问题，高难度的问题则是以开放式为特征，考量回答者的综合素质。在对群体提问时，难度应控制在中等水平，以大多数的回答者经过思考能够回答为前提，既不要过于简单，也不要过于复杂。

（7）提问留余地的艺术。提问一定要留有余地，以免伤害别人。美国明尼苏达大学拉尔夫·尼科斯基博士对此作了四点概括：一是忌提明知对方不能或不愿作答的问题；二是用对方较适应的"交际传媒"提问，切不可故作高深，卖弄学识；三是不要随意搅扰对方的思路；四是尽量避免你的发问或问题引起对方"对抗性选择"，即要么避而不答，要么拂袖而去。

面 对 提 问

在美国举行的体操世锦赛上,美国NBC电视台女记者采访奥运会冠军李小鹏时的问题是:"你平时喜欢干点什么?你最好的朋友是谁?拿了冠军之后你的生活会发生怎么样的改变?"而《洛杉矶时报》记者采访中国体操队总教练黄玉斌时的提问则是:"如果不当教练你最想做什么工作?你的家人对你从事体操运动有抱怨吗?你有孩子吗?"相比之下,中国记者的提问就显得很严肃认真,他们紧皱眉头问道:"中国队的失误为什么会这么多?我们为什么会落后美国队两分多?赛前准备会你对队员讲了些什么?"更有中国记者问黄玉斌:"你估计明年奥运会中国体操能拿几块金牌?当然不可能拿全部了,一半应该能到手吧?"如此,就难怪我们的运动员在回答美国记者的提问时往往显得非常开心,而在回答中国记者的提问时经常结结巴巴了。

(资料来源:佚名.体育为什么不能轻松些[EB/OL].[2003-08-27]. http://zqb.cyol.com/content/2003-08/27/content_722846.htm.)

3. 提问的方式技巧

(1)直接提问法。提问者从正面直接提问,开诚布公、干脆利落、直截了当地讲明询问目的,开门见山地提出问题。

在运用正面提问法时要注意情感的铺垫,使对方心理上会舒缓一些,也能合作一些,同时防止提出过于直白的问题,以免显得过分生硬,容易造成询问对象的心理排斥,难以获得有价值的信息和材料,而且会给人一种笨嘴拙舌的感觉。

直接提问,坦诚回答

有人问美国华尔街40号国际公司前总裁马修·布拉:"你是否对别人的批评很敏感?"他说:"早年,我对这种事情非常敏感。我急于要使公司里的每一个人都认为我非常完美。要是他们不这样想,就会使我忧虑。只要一个人对我有一些怨言,我就会想法子取悦他。可是,我做的讨好他的事,总会让另外一个人生气。等我想要补偿这个人的时候,又会惹恼其他的人。

最后我发现,我越想讨好别人,就越会使我的敌人增加。所以,我对自己说:只要超群出众,你就一定会受到批评,还是趁早习惯。这一点对我大有帮助。

以后,我决定尽自己的最大能力去做,而把我那把破伞收起来,让批评我的雨水从我身上流下去,而不是滴在我的脖子里。"

(资料来源:邰启扬.怎么活才不累[M].北京:社会科学文献出版社,2008.)

(2)限定提问法。人们有一种共同的心理——认为说"不"比说"是"更容易、更安全。所以,一般在沟通过程中,提问者向回答者提问时,应尽量设法不让对方说出"不"字来。提问者在问题中给出两个或多个可供选择的答案,此时可采用限定提问法,即两个或多个的答案都是肯定的。如与别人订约会,有经验的提问者从来不会问对方:"我可以在今天下午来见您吗?"因为这种问题只能在"是"或"不"中选择答案。如果将提问方式改为限定型,即改问:"您看我是今天下午2点钟来见您还是3点钟来?""3点钟来比较好。"当他说这句话时,提问的目的就已经达到了。

向大娘提问

北京远郊区有个山村的群众吃水很困难。后来,在当地政府的关怀下,村民都用上了自来水。记者采访一位老大娘时问道:"大娘,您吃上自来水了,高兴吧?"大娘回答说:"高兴!高兴!"这次采访,记者就提了这一个问题,大娘也就连着说了两个"高兴",心里有话却因记者的直白而没能说出来。如果问:"大娘,原先您想到过吃自来水吗?"或者"大娘,听说你们过去吃水好困难?"大娘心里的话就能痛快地说出来。

(资料来源:周璇璇.实用社交口才[M].北京:北京大学出版社,2008.)

(3)迂回提问法。迂回提问是指从侧面入手,采用聊天攀谈的形式,然后逐步将问答引上正题。这种提问方式一般时间性不太强,谈话也不受特定场合与报道方式的限制。当沟通对象感到紧张拘束,或者思想有所顾虑不大愿意交谈,或者虽然愿意谈,却又一时不知该怎么谈的情况下,提问者可以采取侧面迂回的提问方式,逐渐将谈话引上正题。应当明确的是,旁敲侧击只是一种手段而不是目的。因此,聊天的内容应当是有目的、有选择的,表面上似乎和采访无关,实质上应该是有关联的。

(4)诱导提问法。诱导提问法就是提问者通过采用启发诱导的方式,引导或激活对方的思路,诱发对方的情感,使对方明确双方沟通的范围和内容,从而有针对性地把对方掌握的信息引导出来,这比较适合提问对象不愿意说、不大会说、不想主动说等情形。在某种情况下,诱导提问法还可以有意识地通过提问来使对方落入提问者的"圈套",从而使其承认或否认某种言行。

孟子的诱导提问

孟子在劝谏魏惠王时,曾经提出一个问题:"假定有一个人向大王报告:我的臂力能举起三千斤的重物,却拿不起一根羽毛;我的目力能把秋天鸟的细毛看得分明,但一车柴火摆在眼前却瞧不见。您相信吗?"魏惠王说:"不,我不相信。"孟子马上接着说:"这样看来,那个力士连一根羽毛都拿不起,是不肯用力的缘故;那位明察秋毫的人,连一车柴火都瞧不见,是不肯用眼睛的缘故;如果老百姓得不到安定的生活,是不肯干,不是不能干。"孟子开始的问话就是诱导提问法。

(5)追踪提问法。所谓"追踪提问法",是指提问者把握事物的矛盾法则,抓住重点,循着某种思路、某种逻辑,进行连珠炮式的提问。这种提问既要按照事物的内在联系,把基本情况和事实真相了解清楚,又要抓住重点,深入挖掘,达到应有的深度。一般来说,提问者对于触及事物本质的关键性材料,以及对方谈话中的疑点,或者从对方谈话中发现的有价值的新情况、新线索,往往会抓住不放,打破砂锅问到底,直至水落石出。但是追问,既要问得对方开动脑筋,又要让对方越谈越有兴趣,态度、语气都要与谈话的气氛协调一致,不要把追问搞成逼问,更不要变成变相"审问"。

(6) 假设提问法。假设提问法是指提问者通过假设的方式提出一些假设性的问题,是一种"试探而进"的提问方法。这种提问方法采用"如果""假如"一类的设问方式,不但可以了解采访对象的观点、看法和见解,而且还能深入了解对方的内心世界。

假设提问法往往用来启发沟通对象的思路,引导对方谈出对某个问题、某种事情的真实想法,或者设身处地地为对方着想,积极帮助对方回忆某种情景,或者用来调节对方的情绪,促使对方谈出一些不大想说、不大好说的事情或想法,或者由提问者对人物或事物进行合乎规律地推断、预测,促使对方产生联想和想象,或者提问者已经有了一定的认识,再提出一些假设性问题,同沟通对象开展讨论,促使自己认识的深化。

(7) 激将提问法。激将提问法是指以比较尖锐的问题,适当地刺激对方一下,促使对方的心态由"要我说"变为"我要说",从而不能不说,甚至欲罢不能。运用激将提问法时,提问者要考虑自己的身份是否得当,刺激的强度是否适中,还要考虑谈话的气氛怎样。有些时候尖锐、刁钻、奇特,甚至古怪的提问,是"兵行险招",成则大成,败则大败。例如,某些西方政治家,也爱接待善于用"激将提问法"的记者,他们通过巧妙地回答记者刁钻刻薄的提问,能够在公众面前显示自己的才能。

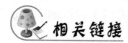
相关链接

采 访

《新华日报》有一记者,根据国务院关于搞好安全生产的指示,有一次去南京某厂采访。这是一家数千人的大厂,因安全措施落实得好,已连续七年未发生过安全事故。由于记者事先得知该厂领导有思想顾虑,不愿在报上张扬,并曾婉言谢绝过其他记者对这一题材的采访,故记者一坐下来就问:"记不清在哪里听说过了,你们厂今年二月份因安全措施没落实,曾经触电死过一人,是不是?"接待采访的一位副厂长顿感震惊和委屈:"我们厂?二月份死过人?不可能!"记者紧追不舍:"为什么不可能?"副厂长激动起来,一边示意厂办主任打开文件柜,出示安全生产记录,一边大嗓门站着讲述该厂抓安全生产的措施与经验,采访大获成功。

(资料来源:佚名.广播电视传播[EB/OL].[2017-04-13]. https://wenku.baidu.com/view/6f9d603a657d27284b73f242336c1eb91a37337b.html.)

(8) 错问提问法。错问提问法是指"以误求正法",即指提问者故意提出错误的问题,以考察、试探、激发采访对象,以便了解真实的材料,探求事实真相。需要注意的是,运用错问提问法,可能会造成采访对象的某些误解。因此,在沟通结束时,提问者应当说明原因,消除误解,以免留下后遗症。

(9) 插入提问法。插入提问法就是在沟通过程中,做必要而适当的插入。比如重复、强调采访对象说的某个重要问题或某句关键性的话;纠正对方的口误;对方没有讲全,需要及时补充的内容;对方没有谈到,需要及时提醒的内容;尚未听清、听懂的话等。在沟通过程中,插入提问法可以使沟通双方有效地抓住有价值的材料。

(10) 协商提问法。协商提问法以征求对方意见的形式提问,诱导对方进行合作性的回答。

在协商型提问的时候,一般已经是针对某个既定的事实进行确认,但是不使用强硬的语气,对于回答者会比较容易接受。在协商型提问中,即使有不同意见,也能使沟通双方保持融洽关系,双方仍可进一步洽谈下去,如"您看是否明天一起去厦门南普陀?"

(11) 转借提问法。转借提问法是指提问者假借他人之口提出自己想提的问题。这种提问,不但可以借助第三者提出一些不宜面对面提出的问题,而且可以显示出问题的客观性,增强提问的力度。回答者为了澄清事实,以正视听,也往往会表明自己的态度或提供相关的事实。

提问的方法丰富多样,提问者都可以根据沟通中的具体情况,灵活地加以运用。同时,这些方法既是相对独立,又是互相联系的。它们可以单独使用,可以交替或交叉使用。掌握了每种方法的要领,就可以在沟通的过程中运用自如,获取最佳沟通效果。

小训练

沟通游戏:猜物品

游戏目标:通过提问获取自己所需要的信息。

参加人数:全体学生,2人一组。

游戏时间:5分钟。

具体要求如下。

① 学生每2人为一组,一人提问,一人回答,目的是猜物品。开始时,一人会给予指示。由一人向另一人提问题来获得这件物品更多的信息。问题的格式是"是不是……"或者"是……吗",只能回答"是""不是"或者"不一定"。如果问题需要回答其他的内容,则为无效问题,不予作答,所以请注意提问的技巧。

例如,一人提示:"这是一款电器。"另一人可以问:"是不是家庭用的?"或者"是家庭用的吗?"而不能问:"是在哪里用的?"

② 每件物品每个人只能问5个问题,然后根据问的问题猜出这是什么物品。

③ 在规定时间内猜对物品数目多的组获胜。

讨论:在游戏中你是如何提问的?效果如何?如何改进?

5.7 回答

1. 掌握回答技巧的作用

回答问题是沟通过程中的重要环节之一,有效的回答建立在对提问者的观察、了解的基础之上,具有以下三个作用。

(1) 有效回答问题能够使提问者的疑问得到解答。当提问者提出问题时,或许期待关于沟通话题的更多内容,或许希望与回答者就某些问题展开辩论。回答者的角度就是要解答提问者的疑问,通过成功解答问题,可以增强回答者的讲话说服力,使对方不但获得信息,而且心悦诚服。

(2) 有效回答问题能够使回答者获得进一步的展示。回答者在回答问题时,更使自己继续立于讲话者的角度,他(她)拥有提问者所不具备的优势,通过回答的系统性与连贯性,使回答者自身的能力与学识获得进一步的展示,获得沟通对象的认可。

(3) 有利于减少与沟通者之间的误会。在与提问者沟通的过程中,很多回答者都经常遇到误解提问者意图的境况,不管造成这种问题的原因是什么,最终都会对整个沟通进程造成非常不利的影响。因此,回答者应该根据实际情况进一步了解,弄清提问者的真正意图,然后根据具体情况采取合适的方式进行解答,以减少沟通中的误会。

2. 回答的原则

正如在讲话过程中要把握住要点一样,在问答过程中把握问答的要点同样重要。如果无法做到,说话者就会失去了说服听众、主导话题的重要机会。因此,在问答过程中,尤其是回答问题的过程中,要始终坚持三条原则,从而把握住话语的主动权。

(1) 始终保持回答者的信用。确保自己在回答每个问题时都能保持严肃认真、谦虚礼貌的态度,正确的态度会带来鲜明的回答内容与性格,从而使回答者保持自信。如果回答者在提问者的心目中失去信用,那么在整个沟通的过程中都将处于被动的局面。如果在解答问题的过程中情绪失控或者对听众心存戒备,都将导致回答者的主导地位受到质疑。

(2) 用回答来满足听众。面对众多的提问,回答者不必回答所有问题。不要在一个人身上花费太多时间。不过很可惜,大部分回答问题的人都希望能从所有听众那里都看到满意和赞许的眼神,于是刻意地将时间花在一个问题上,从而失去了对其他人、其他问题的解答。因此,回答者在面临很多个问题的时候,要学会用一种可以平衡所有对象的方式来解决问题,眼神不要停留在一处太长时间,保持对整个会场的关注。对问题太多的人可以说:"你问了一个非常有深度的问题。可是因为我们有许多听众都有需要解答的问题,我回答问题的时间又非常有限,所以可不可以把机会让给别人?"这样既不失礼貌,又能使正常的进程得以继续。

(3) 力求获得其他听众的支持。尊重提问者,让提问者获得持续的尊重,而给予回答者一定的时间和耐心。如果一次被问到过多的问题,比如,"我怎样才能解决人员不足、空间不足、老板也没有给予我足够的信任的问题?"回答者可以这样说:"你问了3个非常好的问题,可是因为还有其他的听众要提问,就让我先回答一个吧,如果我们还有时间的话再来解决剩下的问题好吗?"以这种方式,即使你只回答了其中部分问题,仍然能够使听众满意。并且,听众将会对回答者产生敬意,因为没有让一个人独占了大家有限的时间。

如果回答者被问到一个偏离主题的问题,那么回答者可以停顿一下,然后问,"在座的其他人还有类似的问题吗?"如果没有的话,就简要地回答一下这个问题,并且告诉提问者自己很愿意在讲话结束后留下来同他进一步探讨这个话题。这个办法在回答那些不怀好意的提问者时也很有效。

3. 回答的三种方式

回答的方式技巧很多,我们介绍以下几种。

(1) 针对性回答。有时问题的字面意思和问话人的本意不是一回事,我们回答时,就不仅要注意问话的表面意义是什么,更要认清提问人的动机、态度、前提是什么,使回答具有针对性。

相关链接

对　答

一次,某专科学校期末考试安排老师监考。有一学生违反考试纪律夹带小抄,被监考老师抓住。其班主任前来求情。于是就有了这样一段对话:"他反正又没有,你高抬贵手饶他这一回吧。"监考老师回答:"国家明文规定,私自拥有藏匿枪支,属于违法行为。如果有人私自藏匿枪支却并未杀人,算不算犯罪呢?"班主任哑口无言。

无独有偶。一次,英国大戏剧家萧伯纳结识了一个肥头大耳的神父。神父仔细打量着瘦骨嶙峋的剧作家,揶揄地说道:"看看你的模样,真让人以为英国人都在挨饿。"萧伯纳马上接过话说道:"但是,看看你的模样,人们一下子就清楚了,这苦难的根源就在你们这种人身上!"

(资料来源:佚名.趣味语文[EB/OL].[2019-09-08]. https://wenku.baidu.com/view/0e3a63a80622192e453610661ed9ad51f01d54ed.html.)

(2) 艺术性回答。这里所说的艺术性包括避答、错答、断答、诡答。

① 避答。这种方式用于对付那些冒昧的提问者所提的问题。有时,某些问题自己不宜回答,但对方已经把问题提到面前了,保持沉默显然被动,就可以避而不答。

相关链接

中野良子巧妙避答

日本影星中野良子来到上海,有人问她:"你准备什么时候结婚?"中野良子笑着说:"如果我结婚,就到中国度蜜月。"中野良子的婚期是个人隐私,中野良子自然不愿吐露。她虽然没有告诉婚期,却说结婚到中国度蜜月,既遮掩过去,又表现了她对中国人民的友谊。

(资料来源:佚名.普通话口语交际[EB/OL].[2018-05-23]. http://www.doc88.com/p-2314837987558.html.)

② 错答。这是一种机警的口语表达技巧,既可用于严肃的口语交际场合,也可以用于风趣的日常口语交际场合。它的主要特点是不正面回答问话,也不反唇相讥,而是用话岔开问话人所问的问题,做出与问话意见错位的回答。

错答是用来排斥对方和躲闪真实意思的交际手段。运用错答的语言技巧,一是要注意对象和场合;二是使对方明白,既是回答又不是回答,潜在语是不欢迎对方的问题;三是有时要利用问话的含混意思,回答时同样模棱两可,似是而非,让对方同样无法理解。

③ 断答。就是截断对方的问话,在他还没有说出,或者还没有说完某个意思时,即做

出错答的口语交际技巧。它与错答相同之点是答与问都存在人为的错位,即答非所问。它们的不同点是,错答是在听完话之后做的回答,断答是没有听完问话抢着进行回答。为什么不等对方问清楚,就要抢先回答?有以下两种原因:一是等对方把问话全说出,就会泄露出某种秘密,难以收拾;二是待听全问话再回答,就会比较被动,不好应付。因此,考虑对方要问什么,在他的问话未说完时,就迅速按另外的思路回答,一方面可以转移其他听众注意力;另一方面可以使问者领悟,改换话题,免于因说破造成尴尬局面和其他不良后果。

女青年三次断答

一对青年男女在一起工作,男方对女方产生了爱慕之情,男方急于要向女方表白心意,女方却不愿将友情向爱情方面发展,女方认为还是不要说破,保持一种纯真的朋友情谊为好。于是,出现了下面的断答。男青年:我想问问你,你是不是喜欢……女青年:我喜欢你给我借的那本公关书,我都看了两遍了。男青年:你看不出来我喜欢……

女青年:我知道你也喜欢公共关系学,以后咱们一起交换学习心得?男青年:你有没有……女青年:有哇!互相切磋,向你学习,我早就有这个想法。男青年:……这位女青年三次断答,使得男青年明白了她的想法,于是,不再问了,这比让男青年直接问出来,女青年当面予以拒绝,效果要好得多。

(资料来源:佚名.商务谈判中的语言技巧[EB/OL].[2017-11-25]. https://max.book118.com/html/2017/1125/141526388.shtm.)

④ 诡答。这是与诡辩连在一起的回答。诡,怪的意思。诡答,即一种很奇怪的回答。在特殊的情况下,不能、不宜或不必照直回答时急中生智,用诡答技巧,做出反常的回答,既增添了谈话的情趣,又应付了难题。

老 头 子

清朝乾隆年间的进士纪晓岚在宫中当侍读学士时,要伴皇帝读书。一天,天色已亮,而乾隆皇帝还没来,纪晓岚就对同僚说:"老头子还没来?"恰巧乾隆皇帝跨门而入,听到他的话,就愠怒地责问:"老头子三个字作何解释?"纪晓岚急中生智,跪下道:"皇上万寿无疆叫作'老';皇上乃国家元首,顶天立地叫作'头';皇上是真龙天子,叫作'子'。"于是龙颜大悦。"老头子"本来是一种对老年人不尊敬的称呼。面对乾隆的责难为了开脱自己的罪责。纪晓岚采用文字拆合法来偷换概念,居然把"老头子"变成了对皇帝的敬称。试想,如果纪晓岚不是运用"诡辩"来应付这样的难题,怎么能避免一场杀身之祸呢?

(资料来源:佚名.巧用文字拆合法[EB/OL].[2019-05-20]. https://www.kekeshici.com/shicidiangu/%C4%B1%C2%D4%B5%E4%B9%CA/92842.html.)

(3)智慧性回答。智慧性回答包括否定预设回答和认清语义诱导回答两种。

① 否定预设回答。预设是语句中隐含着使语句可理解、有意义的先决条件。在正常

情况下,这种先决条件的存在是不言而喻的,如"鲁迅先生是哪一年去世的?"这个问话包含有预设:鲁迅先生已经去世。预设有真假之别,符合实际的预设是真预设;反之就是假预设。就问话而言,其预设的真假关系到对问话的不同回答。黑格尔在《哲学史讲演录》中谈到古希腊诡辩学派时曾讲过这么一个例子,有一位诡辩学派的哲学家问梅内德谟:"你是否已经停止打你的父亲了?"这位哲学家提此问题的目的是要迫使从未打过自己父亲的哲学家陷入困境,因为无论梅内德谟做出"停止了"或"没有停止"的回答,其结果都是承认自己打过父亲的虚假的预设。可见,利用虚假预设可以设置语言陷阱。有些智力测试题提问陷阱的设置也是如此。

 **相关链接**

秦始皇为什么不爱吃胡萝卜

在中央电视台《天地之间》节目中"乐百氏智慧迷宫"里有道智力测试题为:"秦始皇为什么不爱吃胡萝卜?"选手们都答不上来。

此问预设了"秦朝时有胡萝卜""秦始皇吃过胡萝卜"这两点,将思考点定在"为什么不爱"。其实秦朝时还没有胡萝卜。

应这样回答:秦朝还没有胡萝卜,秦始皇当然说不上爱吃胡萝卜了。

(资料来源:佚名.考官问选手[EB/OL].[2019-08-23].https://www.sohu.com/a/335844925_587798?pvid=ded6b08ce37982f8.)

② 认清语义诱导回答。人们理解语言会受到已有经验的影响,自然而然地产生某种语义联想。如,由"春天"会想到桃红柳绿,万紫千红;由"冬天"又会想到寒风凛冽、白雪皑皑;见"晚霞"能想到色彩的绚丽;看"群山"就能想到山峦的起伏……既然普遍存在着语义联想,那么就可以利用语义联想来设置陷阱,诱导目标进入思维定式的困境。例如,在一个看不见星星,也看不见月亮的时候,有一个盲人身着黑衣,步行在公路上。在他的后方,一辆坏了车前灯的汽车奔驰而来,奇怪的是,司机在未按喇叭的情况下,却安全地将车停在了盲人的身后。这是怎么回事呢?见到"星星"或"月亮"这些词语,我们一般都会联想到晚上。现在出现了"星星""月亮""黑""灯"等字眼,我们就很容易与"黑夜"联系起来了,而这正是本题的陷阱。它通过这些词语诱导你的思维走向"黑夜",那样的话,你就会水尽山穷、百思亦难得其解了。答案应是:这是白天,毫不奇怪。

语言诱导这种陷阱在智力测试提问中可以说随处可见,知道这种陷阱的特征,有些问题就很容易解答了。

 小训练

好 在 何 处

请分析以下情景中的"回答"好在何处。

情景1:2000年10月美国总统大选,当时我国的一位知名教授赴洛杉矶访问。刚下飞机,记者就过来采访他:"请问×教授,你认为美国总统大选谁会获胜?"当时是官方活动,不能信口开河。如果这位教授按照记者的思路,回答谁会获胜,一旦回答错误,就是一件很尴尬的事情。这时,他使用了外交辞令:"首先,我要感谢各位记者对我们的关注,此外,我相信美国人民是受过良好教育的人民。美国是强调独立自主的一个民族,所以这次美国总统大选,美国人民一定会做出符合自己意愿的选择,而且我相信不管谁当选美国总统,都会促进中美关系的可持续发展。谢谢,我的话完了。"这样的回答,无论最后谁当选,这位教授都不会落入尴尬的境地。

情景2:一次,某记者问杨澜:"你想拥有什么样的后半生?"杨澜说:"我连前半生还没过完呢,怎么就后半生了啊?"

5.8 倾听

1. 倾听的重要性

倾听是人类最基本的能力之一,是用耳朵接收声音,除了少数人听不到声音之外,我们大多都享有这种与生俱来的天赋功能。如今,国际倾听协会这样对倾听定义:倾听是接收口头及非言语信息、确定其含义和对此做出反应的过程。口语交际中,听的重要性并不被多数人认同。很多人认为听是一种被动的行为。他们很可能会感到烦闷,如果他们不参与谈话还可能会感到无精打采。这种认识显然存在着很大的误区。

古今中外很多谚语和传说表明听的重要性:"听君一席话,胜读十年书。"俗话又说:会说的不如会听的。英国谚语:"沉默是金,说话是银。"传说:上帝在造人时之所以给人一张嘴巴、两只耳朵,就是因为他认为听比说更重要。可见人们如何看重听了。

对我们大多数人来说,倾听是从我们听到别人讲话声音开始的,但倾听与听有什么区别呢? 一般学者认为:"听"是人体感觉器官接收到的声音;或者换句话说,"听"是人的感觉器官对声音的生理反应。只要耳朵听到谈话,我们就在听别人。想想你在听到电影中的外语对话时,你就会明白,听到并不意味着理解。"充耳不闻"就是说的这种情况。

倾听虽然以听到声音为前提,但更重要的是我们对声音必须有所反应,必须是主动参与的过程,在这个过程中,人必须思考、接收、理解,并做出必要的反馈。同时,倾听的对象不仅仅局限于声音,还包含理解别人的语言、手势和面部表情等。在此过程中,我们绝不能闭上眼睛只听别人说话的声音,而且要注意别人的眼神及感情表达方式。

 相关链接

"听"来的钢盔

第二次世界大战期间,一位叫亚德里安的美国将军利用战斗的间隙到战地医院探望伤员。他毫不张扬地走进病房,静静地坐在病床边,倾听每一位伤病员讲述自己"死里逃生"的经历。其中一位炊事员说,他听到炮弹呼啸而来,就不假思索地把一口锅扣在自己的头上,虽然弹片横飞,战友倒下了一大片,他却幸免一死。听到这里,亚德里安将军略有所悟地点了点头,走到这位炊事员床前同他握手,脸上露出赞赏的微笑。

后来他发布一道命令:让每个战士都戴上一口"铁锅"。

于是,在人类战争史上,"钢盔"这个重要发明,就因为一位将军有耐心和雅量倾听一个炊事员的"唠叨"而诞生了。据说,这个别出心裁的"发明",使七万余名美军在第二次世界大战中免于战死。

将军诚意的倾听,表达的是对战士生命安全的关注和高尚的人品,他满足对方的倾诉并获得尊重的愿望,而自己也在获得尊重的同时,获得了创造的灵感,而做出重大决定。

(资料来源:佚名.听话是人生的艺术[EB/OL].[2020-02-23]. http://www.guayunfan.com/lilun/67489.html.)

2. 倾听的作用

(1) 倾听是获取信息开阔视野的重要途径。"听君一席话,胜读十年书",这句俗语从倾听的角度说明了倾听是获取信息开阔视野的重要途径。有数据显示:在我们获取信息的途径听、说、读、写所占的时间中,听占到了53%。虽然现在是网络化时代,面对面沟通被有些人忽视,由此产生的"宅男""宅女"现象越来越引起人们的担忧,这从另一个角度说明倾听的缺失对现代人造成的不良影响。与其将自己封闭在一个狭小的空间里,还不如走出家门倾听来自各界的声音,那样对你的未来才更有帮助。

(2) 倾听是对别人的尊重和鼓励的特殊方式。根据人性特点,我们都知道,人们往往对自己的事更感兴趣,对自己的问题更关注,更喜欢自我表现。一旦有人专心倾听我们的话时,就会感到自己被重视。我们真诚投入地倾听他人的倾诉,恰到好处的反应,是对他人尊重和鼓励的最好方式。

(3) 倾听是为自己争取主动的关键。在时机未到时选择倾听并保持沉默是一种"大智若愚"的艺术,在商业活动中多听、少说甚至不说,这样做的目的是获得最大的利益。少开口不做无谓的争论,对方就无法了解你的真实想法;反之,你可以探测对方动机,逐步掌握主动权。因此,"雄辩是银,倾听是金"。

相关链接

爱迪生的沉默

爱迪生发明电报以后,西方联合公司想购买此发明。其妻建议开价2万美元,他觉得太高了,但还是打算照妻子的建议要价。谈判在西方联合公司办公室进行。买方代表问:"对你的发明,你打算要多少钱呢?"爱迪生欲言又止陷入思索,现场一片沉默。随着时间的推移,沉默变得难熬,购方代表急躁起来,试探性地问:"我们愿意出10万美元买下你的发明,你看怎么样?"结果双方成交。

(资料来源:佚名.商务谈判[EB/OL].[2019-01-21]. https://wenku.baidu.com/view/3ea48784773231126edb6f1aff00bed5b9f373a7.html.)

(4) 倾听可增进彼此的理解与信赖。表露内心的事,可以消除两人之间的误会、隔阂,不信任与敌对,使两人之间关系更为密切。由此来看,倾听可谓是彼此沟通的桥梁,误解与愤恨都会随着有效的倾听而化为乌有,感情也会伴着彼此的倾听更进一步。

(5) 倾听可改善周围环境的气氛,有利于获得身心健康与成功。心理学家们指出,善于倾听的人容易克制冲动,控制愤怒,拥有一个较为平和的人际环境,这对于成功与健康

是有百益而无一害的。

3. 阻碍倾听的因素

（1）倾听者的注意力不集中。倾听者受到内部或外部因素的干扰而无法集中注意力，这是最常见的阻碍倾听的因素。当你疲倦时，胡思乱想时，或是对说话者所传递的信息不感兴趣时，你都很难集中注意力。

（2）倾听者打断说话者。倾听者打断说话者也是阻碍倾听的因素之一。在回应说话者之前，应该先让他把话说完。对说话者缺乏耐心甚至粗鲁地打断他们，这是对说话者本人及其信息不尊重的表现。

（3）倾听者缺乏自信。倾听者缺乏自信也是阻碍倾听的因素之一，这是因为缺乏自信会令倾听者产生紧张的情绪，而这种情绪一旦占据了他的思维，就会使他无从把握说话者所传递的信息。也正是为了掩饰这种紧张情绪，许多倾听者总是在应当倾听时擅自发言，打断说话者。

（4）倾听者过于关注细节。阻碍倾听的另外一个因素是倾听者过于关注细节。如果倾听者尝试记住所有的人名、事件和时间，那么就会觉得倾听"太辛苦"了。这种紧紧抓住信息中的细节而不抓要点的做法非常不可取，这样做就可能完全不能明白说话者的观点。

（5）倾听者任由自己分心。阻碍倾听的因素还包括倾听者任由自己分心。在倾听时，应该尽可能消除噪声或其他会令你分心的因素。电话铃声、邮件提醒或是其他人的打扰都会让你无法专注于倾听。另外，倾听时任由自己分心也是不为说话者着想和不礼貌的表现。

（6）倾听者心存偏见。倾听者心存偏见会在很大程度上阻碍倾听。偏见让倾听者无法对说话者所传递的信息保持开放和接纳的心态。这是因为，偏见使人在倾听之前就已经对说话者或他所传递的信息做出了判断。

（7）倾听者不重视信息。最后一个阻碍倾听的因素是倾听者不重视信息。鲁莽地认为某个信息枯燥乏味，产生"不在乎"的情绪，并且拒绝花费时间和精力去评估这个信息，这些行为都表明倾听者不重视说话者所提供的信息。

4. 倾听技巧

（1）良好的心理准备。倾听，要求倾听者要有良好的精神状态，集中精力，随时提醒自己交谈到底要解决什么问题，倾听时应保持与谈话者的眼神接触，但在时间的长短上应适当把握好，如果没有语言上的呼应，只是长时间盯着对方，会使双方都感到局促不安。另外，要努力维持大脑的警觉。保持身体警觉则有助于使大脑处于兴奋状态。

倾听时，应该保持开放的心态，这是提升倾听技巧的指导方针之一。这样做不但使你能考虑到事情的各个方面，还能减少你与说话者之间的防御意识，而这种意识会极大地阻碍你们之间的良好沟通。回应说话者时，即使你不同意他的观点，也应对其信息保持积极的态度。

（2）正确的姿势语言。人的身体姿势会暗示出他对谈话的态度，自然开放性的姿态，代表着接受、兴趣与信任。根据相关专家的研究，交叉双臂是日常生活中最普遍的姿势之一,给人一种自信心十足的感觉。但这常常自然地转变为防卫姿势,当倾听意见的人采取这种姿势,大多是持保留态度,向前倾的姿势是集中注意力、愿意听倾诉的表现,所以说二者是相容的。倾听时交叉双臂或跷起二郎腿也许是很舒服,但往往让人感觉这是种封闭性的姿势,容易让人误以为不耐烦或高傲。

(3) 必要的倾听技巧。这包括以下几个方面。

① 对主题或说话者产生兴趣。这样做有助于倾听者以积极的态度进行倾听。倾听时,你的目标应当是从每个说话者那里获取知识,但如果你对他们不感兴趣,就很难集中注意力。因此,应当消除自己对主题或是说话者的偏见,使自己对其产生兴趣。倾听时,应该关注说话者提供的信息,而不是他们的外表、性格或是说话方式,不要因为这些因素而对他们加以定论,应该根据他们提供的论据来判断信息的价值。另外,也不要仅仅因为说话者的出色表达就立即对他们做出肯定的判断。出色的表达并不意味着说话者传递的信息有价值。因此,应该等到说话者完整地传递了信息之后,再做出判断。

② 积极关注自己不熟悉的信息。要提升自己的倾听技巧,还应该学会积极关注自己不熟悉的信息。如果在倾听时遇到此类信息,就更需要高度集中注意力。因为如果不这样做,就有可能抓不住信息中的重点。当对方传递的是自己不熟悉的信息时,可以采取下列方法来改变自己:

- 不要因为信息复杂而气馁。
- 使自己对学习产生兴趣。
- 提问以确认说话者的观点。

③ 专注于说话者的主要观点。倾听时,一定要专注于说话者的主要观点,为了全面理解讲话者的言辞中包含的内容和情感,倾听者要集中精力努力捕捉信息的精髓。这样做能避免强烈情感让你感到混乱和沉闷,并且能集中精神理解讲话者所述观点中的重点。

④ 不要过早下结论。要提升自己的倾听技巧,倾听者在倾听时就不要过早下结论。当你不同意说话者的看法时,最自然的反应就是立即不再理会他所传递的信息,尽管你不需要同意说话者的所有观点,但是在下结论之前,还是应该听完他的话。只要听完了全部的信息,就可以彻底地检验并公正地评估说话者的观点、论据和论证过程。

 相关链接

斯坦福夫妇

一对老夫妇,女的穿着一套褪色的条纹棉布衣服,而她的丈夫则穿着布制的便宜西装,也没有事先预约,就直接去拜访哈佛的校长。

校长的秘书在片刻间就断定这两个乡下人根本不可能与哈佛有业务来往。

先生轻声地说:"我们要见校长。"

秘书很礼貌地说:"他整天都很忙!"

女士回答说:"没关系,我们可以等。"

过了几个钟头,秘书一直不理他们,希望他们知难而退,自己走开。他们却一直等在那里。

秘书终于决定通知校长:"也许他们跟您讲几句话就会走开。"

校长不耐烦地同意了。

校长很有尊严而且心不甘情不愿地面对这对夫妇。

女士告诉他:"我们有一个儿子曾经在哈佛读过一年,他很喜欢哈佛,他在哈佛的生活很快乐。但是去年,他出了意外而死亡。我丈夫和我想在校园里为他留一件纪念物。"

校长并没有被感动,反而觉得很可笑,粗声地说:"夫人,我们不能为每一位曾读过哈佛而后死亡的人建立雕像的。如果我们这样做,我们的校园看起来像墓园一样。"

女士说:"不是,我们不是要竖立一座雕像,我们想要捐一栋大楼给哈佛。"

校长仔细地看了一下条纹棉布衣服及粗布便宜的西装,然后吐一口气说:"你们知不知道建一栋大楼要花多少钱?我们学校的建筑物超过750万美元。"

这时,这位女士沉默不语了。校长很高兴,总算可以把他们打发了。

这位女士转向她丈夫说:"只要750万美元就可以建一座大楼?那我们为什么不建一座大学来纪念我们的儿子?"

就这样,斯坦福夫妇离开了哈佛,到了加州,建立了斯坦福大学来纪念他们的儿子。

(资料来源:佚名.历史上最严重的以貌取人[EB/OL].[2019-08-22]. https://tieba.baidu.com/p/6233456085? red_tag=0491746686.)

⑤ 复述说话者所传递的信息。通过复述,倾听者可以确定自己是否完全理解了该信息。复述时,倾听者可以用自己的话向说话者概括信息的主要内容,这样能减少对信息的误解和错误的推测。

⑥ 倾听者不应该过于拘谨。倾听者在倾听时过于拘谨使倾听变成了一种被动行为,此时,倾听者绝不会表达自己的观点,他们根本不参与交流,常常只是以"很好"和"我明白你的意思"之类的话来回应说话者。倾听者在倾听时过于拘谨可能是因为害羞,也可能仅仅出于不想给说话者带来麻烦,无论是什么原因,他们的行为都会阻碍有效的沟通。要避免在倾听时过于拘谨,应当遵循以下原则:

- 乐于表达自己的想法;
- 通过提问参与对话;
- 回答问题要干脆;
- 与说话者进行眼神交流。

情景对话分析

某搬家公司通过在报纸上刊登广告来招揽业务,但生意来了之后反倒不愿意做了。请分析下面的情景对话。

小王(女):"您好,请问是××搬家公司吗?"

搬家公司接线员:"是的,请问您是哪里?"

小王:"我是广州点石为金咨询有限公司。"

搬家公司接线员:"咨询公司?做什么的?"

小王:"我公司主要做电话营销技巧培训。今天,我给你打电话是因为……"

搬家公司接线员:"我们不需要培训。"(哐啷!没等小王说完,电话就被粗暴地挂断了。)

【思考与讨论】

(1)搬家公司接线员犯的错误是什么?

提示:没有听完对方的谈话就挂机,结果失去了生意。同时,粗暴的挂机行为有损公司与接线员自己的形象。

(2)小王犯的错误是什么?

提示:小王也有说话技巧上的问题。如果她能开门见山说明来意:"您好,是××搬家公司吗?我们明天要搬办公室,请问你们有时间吗?"这样,对方会很客气地与之交谈,而绝不会粗暴地挂机。

(3)请同学们就所学内容及自己平时的经验,相互交流在倾听时应采取的积极做法。

提示:①别说话;②让对方放松心情(放松才能畅所欲言);③向对方表示你想聆听;④避免分心;⑤要设身处地站在对方的立场思考;⑥要有耐性;⑦避免争辩与批评;⑧发问;⑨控制你的情绪等。

(4)请同学们就所学内容及自己平时的经验,相互交流在倾听时存在的消极做法。

提示:①打断他人的说话;②经常改变话题;③抑制不住个人的偏见;④贬低讲话人;⑤急于下结论;⑥神情茫然,姿势僵硬;⑦只注意听事实,不注意讲话人的感情;⑧使用情绪化的言辞;⑨在头脑中预先完成讲话人的语句;⑩当对方还在说话时就想着如何进行回答等。

(资料来源:佚名.沟通技巧[EB/OL].[2018-05-03]. https://wenku.baidu.com/view/8d15f7849f3143323968011ca300a6c30c22f186.html.)

案例分析

1. 戒烟

世界球王贝利,自幼酷爱足球运动,并很早就显示出超人的才华。一次,小贝利参加了一场激烈的足球赛,累得喘不过气来。休息时,他向小伙伴要了一支烟,以解除疲劳。贝利得意地抽着烟,淡淡的烟雾不时地从嘴里吐出来。但这一举动很快被父亲看到了,父亲的眉头皱起来。

晚上,父亲坐在椅子上问贝利:"你今天抽烟了?"

"抽了。"小贝利红着脸,低下了头,准备接受父亲的训斥。

但是,父亲并没有这样做,他从椅子上站起来,在屋子里来回地走了好半天,才对贝利说:"孩子,你踢球有几分天资,也许将来会有些出息的。可惜,你现在要抽烟了,抽烟会损坏身体,使你在比赛时发挥不出应有的水平。作为父亲,我有责任教育你向好的方向努力,也有责任制止你的不良行为。但是,向好的方向努力,还是向坏的方向滑行,主要取决于你自己。因此,我要问问你,你是愿意抽烟呢?还是愿意做个有出息的运动员呢?你自己懂事了,自己选择吧!"说着,父亲从口袋里掏出一沓钞票递给贝利,并说道:"如果你不愿意做个有出息的运动员,执意要抽烟,这就做你抽烟的经费吧!"说完,父亲走了出去。

小贝利望着父亲远去的背影,仔细回想着父亲那深沉而又恳切的话语,他不由得哭出声来。过了好一阵,他止住哭,拿起桌上的钞票去还给了父亲,并对他说:"爸爸,我再也不抽烟了,我一定当一个有出息的运动员!"

从此,贝利刻苦训练,球艺飞速提高,终成一代球王。

(资料来源:佚名.贝利戒烟[EB/OL].[2018-11-13]. https://www.fun48.com/article-385685-1.html.)

【思考与讨论】

(1)贝利的父亲为什么能够说服贝利戒烟?

(2)请写下你从本案例中获得的启示,并上传至群共享。

2. 提问

国内某大型制药企业要招聘一个高级营销经理。由于事先已经做了筛选,来参加面试的只剩下两位候选人。面试由该企业华中区大区经理王总亲自担任主考官,在半小时里,他对第一位候选人问了三个问题。

问题一:这个职位要带领十几个人的队伍,你认为自己的领导能力如何?

问题二:你在团队工作方面表现如何?因为这个职位需要到处交流、沟通,你觉得自己的团队精神好吗?

问题三:这个职位是新近设立的,压力特别大,并且需要经常出差,你觉得自己能适应这种高压力的工作状况吗?

候选人是这样回答三个问题的。

回答一:我管理人员的能力非常强。

回答二:我的团队精神非常好。

回答三:能适应,非常喜欢出差。

(资料来源:http://www.rxyj.org/html/2010/0408/920267.php.)

【思考与讨论】

(1)你觉得主考官的提问是否存在问题?

(2)如果你是主考官,你将怎样提问?

(3)请写下你从本案例中获得的启示,并上传至群共享。

3. 真诚的赞美:洛克菲勒的交际秘诀

美国"石油大王"约翰·洛克菲勒在人际交往中善于运用真诚的语言来赞美他人,以此来维系良好的人际关系,这是他的交际秘诀。

一次,洛克菲勒的一个合伙人爱德华·贝德福特,在南美的一次生意中处置失当,使公司损失了上百万美元。贝德福特垂头丧气地来见洛克菲勒,洛克菲勒本来可以指责他的过失,但他并没有这样做,他知道贝德福特已经尽了他最大的努力,不能把他的功劳全部抹杀。

于是,洛克菲勒另外寻找一些话题来称赞贝德福特。约翰·洛克菲勒把贝德福特叫到办公室,真诚地对他说:"干得太棒了,您不仅保全了60%的投资金融,而且也为我们敲响了一记警钟。我们一直都在努力,并且取得了几乎所有的成功,还没有尝过失败的滋味。像这样也好,我们可以更好地发现自己的错误和缺点,争取更大的胜利。更何况,我们也并不能总是处在事业的巅峰时期。"

几句赞美的话语,把贝德福特夸得心里暖乎乎的,也深深地打动了他,两人结为至交。后来,在洛克菲勒的创业中,贝德福特做出了很多重大的贡献。

(资料来源:http://bbs.koucai.cn/forum.php?authorid=30&mod=viewthread&page=1&tid=124.)

【思考与讨论】

请写下从此案例中获得的启示,并上传至群共享。

4. 萧伯纳的拒绝

一位演技出众、姿色迷人但学历不高的演员,非常崇拜萧伯纳的才华。由于出身高贵、长相迷人,再加上父母的宠爱,她多少有一些高傲,认为自己足以配得上萧伯纳,她说:"以我的美貌,加上你的才华,生下一个孩子,一定是最优秀的人类了!"

大文豪萧伯纳听后,微微一笑,彬彬有礼地说:"您说得对极了。但是如果这孩子继承了我的貌和你的才,那将是怎样的呢?"

萧伯纳的拒绝之意,在幽默的言语中充分体现了出来,这位女演员先愣了一下,随即明白了萧伯纳的言外之意,她失望地离开了。不过,她并没有因此而记恨萧伯纳,反而觉得他非常绅士,是个可以结交成好朋友的人。从此,她成了萧伯纳的忠实读者,二人也成了无话不谈的好朋友。

(资料来源:宋倩华.沟通技巧[M].北京:机械工业出版社,2012.)

【思考与讨论】

(1) 萧伯纳的拒绝妙在何处?

(2) 请写下从此案例中获得的启示,并上传至群共享。

5. "我还要回来!"

美国知名主持人林克莱特一天访问一名小朋友,问他说:"你长大后想要当什么呀?"小朋友天真地回答:"嗯……我要当飞机的驾驶员!"林克莱特接着问:"如果有一天,你的飞机飞到太平洋上空,所有引擎都熄火了,你会怎么办?"小朋友想了想:"我会先告诉坐在飞机上的人都绑好安全带,然后我挂上降落伞跳出去。"

当现场观众笑得东倒西歪时,林克莱特继续注视着这个孩子,想看他是不是个自作聪明的家伙。没想到,接着孩子的两行热泪夺眶而出,这才使得林克莱特发觉这孩子的悲悯之情远非笔墨所能形容。于是林克莱特问他说:"为什么要这么做?"小孩的答案透露出一个孩子真挚的想法:"我要去拿燃料,我还要回来!我还要回来!"

(资料来源:佚名.倾听的艺术[EB/OL].[2020-04-27]. https://www.diyifanwen.com/zuowen/zuowensucai/xzsc/5198975.html.)

【思考与讨论】

(1) 那些笑得东倒西歪的观众犯了怎样的错误？为什么？

(2) 请写下从此案例中获得的启示，并上传至群共享。

6. 用心倾听的邱次雪

蝉联10年中国台湾奔驰车销售前3名的超级业务员邱次雪就是因为懂得倾听，10年卖出了500辆奔驰车。"每个顾客都像一本书，你要用心听才能读得懂。"她说。

20年前，她还是个蹩脚的业务员。客人上门，三句话后她就不离"车"，业绩总是很差。直到有一次，一位顾客要她先闭嘴。"后来，我都要求自己先不要说话。"她说，让客人先说话，才听得到他的需求与考量点，而不是先径直营销。

不久前，一位阔太太下巴抬得高高地走进店里看车。同事亲切地上前问候："您要看车吗？"女客人不悦地回答道："来这里不看车，还能看什么？"这时，只见邱次雪静静地端上一杯水，不发一语。女客人开口："你们业务员服务态度很差，卖的车又贵。"邱次雪虚心请教："那我们应该如何改善呢？"她挽着对方的手到贵宾室坐下，门一关，30分钟后，一笔60万元的订单就到手了。

"在这个过程里我一直都没说什么，只是听她抱怨了20分钟。"原来，这位顾客早就锁定了一款车型，但逛了几间车行都没有碰到满意的业务员。邱次雪一边用心地听她抱怨，一边响应，同时也在整理自己的思绪。等客户气消后，她开始与对方聊起家庭生活的经验。不过30分钟，交易就完成了。

（资料来源：莫林虎.商务交流[M].北京：中国人民大学出版社，2008.）

【思考与讨论】

(1) 谈谈对邱次雪"每个顾客都像一本书，你要用心听才能读得懂"这句话的理解。

(2) 邱次雪为什么能够取得成功？请写下从此案例中获得的启示，并上传至群共享。

7. 招聘中的回答

某公司举行招聘营销人员的面试，主考官先后对几个应试人提出了同一个问题："请你从窗口往外看，你看到了什么？"

第一个人回答："我看到了马路、汽车、房子、田野。"

第二个人回答："我看到了田野那边的山、河流、海滩。"

第三个人回答："我好像看到了我的朋友、亲人在那里为我祝福，希望我应试成功。"

第四个人回答："我除了看到前面几个人看到的这些东西外，我似乎还看到了窗外有好多人、好多车，在排队购买我们公司的产品。我想，如果我被录用，会和你们一起把这种预想变成现实的。"

第四个回答者被录用了。

（资料来源：佚名.有效沟通[EB/OL].[2019-11-28]. https://wenku.baidu.com/view/3844b997df88d0d233d4b14e852458fb770b38e2.html.）

【思考与讨论】

(1) 为什么第四个人被录取了？请对这4名应聘者的回答进行评价。
(2) 巧妙应对难以回答的问题时可采用的方法有哪些？
(3) 请写下从此案例中获得的启示，并上传至群共享。

实训项目

1. 模拟交谈训练

通过本训练，一是让学生运用所学的日常沟通方法和技巧与他人沟通交流，提高口头表达能力；二是让学生掌握发表个人见解的方法和策略，在公众场合具备敢于说话的勇气和胆量。

基本组织思路是：模仿电视说话类节目，如央视《对话》栏目的形式，组织学生进行主题谈话训练。可从以下方面着手开展。

(1) 将学生10~15人划分为一组，每组选出2名选手参加交谈训练，其他同学作为听众或参加评议。

(2) 交谈过程中主持人和选手也可以和听众进行互动活动，方法和规则可视现场情况做出规定，目的是调动全体学生的参与意识，保持场面的活跃。

(3) 教师和同学先确定交谈的话题，可以采用教师出题或学生出题的多题方式，然后从中优选。话题的选择应与同学的学习、生活、兴趣爱好联系紧密，让学生有话可说，不会造成冷场，话题应包含较丰富的信息容量和多维的价值取向，有利于发挥学生的个人体验和独立思考。

(4) 教师担任沟通活动的主持人，通过提问、询问、转问、串接、引申、专题等多种方式，引导和调动场上、场下的交谈气氛，掌握和控制活动的节奏和进展。

(5) 有条件的可以进行全程录像，活动结束，结合录像回放分析，教师和同学共同点评，总结。

(资料来源：张波.口才与交际[M].北京：机械工业出版社，2008.)

2. 问与答互动训练

训练目的：通过训练认识提问技巧在口语交流中的作用，提高言语交流中提问的技巧；通过训练培养良好的倾听习惯，分析语言、词汇的功能，提高语言的理解能力。

训练要求：分组进行，不要准备，随意性提问。可以涉及隐私、人身攻击等，但要控制，把握好度。问与答角色可以互换，不做严格规定。

训练实施：学生两人一组，一人扮演提问者，另一人扮演回答者；训练指导教师要求提问者就你想问对方的问题可以随意提问，然后回答者回答，这样一问一答进行，可以反问；训练指导老师要对提问者所提问题进行分析，一方面了解提问者的目的和期望，另一方面分析回答者对所提问题的理解情况，然后辨析所提问题能不能实现提问者的目的；训练指导老师还要分析提问者对回答者的回答是否满意，符不符合自己的要求，是答非所问还是问题理解偏差。

有条件的可以进行录音,然后对照录音与训练对象一同分析。

训练考核:训练双方互评,解决这些问题;你提这个问题的目的是什么?对方的回答有没有达到提问的目的?是问题提得不好还是答非所问?

训练指导老师依据问和答的具体情况给定评价分数。

(资料来源:彭义文.口才训练教程[M].北京:北京师范大学出版社,2011.)

3. 说服、拒绝训练

任务目标:

(1)能够了解说服与拒绝在沟通中的重要性;

(2)能够在沟通中准确把握说服与拒绝的技巧,提高人际沟通能力;

(3)能够正确运用说服与拒绝的技巧;

(4)能够形成良好的说服与拒绝素养,提高人际沟通能力。

建议学时:

3学时。

任务实施过程如下。

(1)任务导入。观看小品《卖拐》并进行模拟表演,谈谈小品中的主人公是如何进行游说的。

(2)说服技巧训练。

① 热身准备。分析以下案例中主人公运用了怎样的说服技巧。

卡耐基是美国著名演说家、教育家。他常租用某家大旅馆的礼堂定期举办社交培训班。

一次,卡耐基突然接到这家旅馆增加租金的通知。更改日期和地点已经不可能了,他决定亲自出面与旅馆经理交涉。下面是两人对话的内容。

卡耐基:"我接到你们的通知时有点震惊。不过,这不怪你,假如我处在你的地位,或许也会做出同样的决定。作为这家旅馆的经理,你的责任是让你的旅馆尽可能多盈利。如果你不这么做,你的经理职位就难以保住,对吗?"

经理:"是的。"

卡耐基:"假如你坚持要增加租金,那么让我们来合计合计,看这样对你是有利还是不利。先讲有利的一面。大礼堂不租给我们讲课,而出租给别人办舞会、晚会,那么你获利就可以更多,因为举行这类活动时间不会太长。他们能一次付出很高的租金,比我们的租金当然要高很多,租给我们你显然感到吃亏了。现在我们再分析一下不利的一面,从长远看,你增加我的租金其实是降低了收入,因为你实际上是把我撵跑了,我付不起你要的租金,势必再找别的地方办培训班。还有,这个培训班将要吸引成千的中上层的管理人员到你的旅馆来听课,对你来说,这难道不是起到了不花钱的活广告作用吗?事实上,你花5000美元在报纸上做广告,也不可能邀请这么多人到你旅馆来参观,可我的培训课却给你邀请来了,这难道不划算吗?"

经理:"的确如此,不过……"

卡耐基:"请仔细考虑后再回答我好吗?"

结果经理最终同意不加租金。

② 实地大演练。将全班同学分成若干组,每组 10 人左右。教师出示情景材料,学生根据教师所提供的情景分组进行说服技巧演练。各组在全班进行表演,其他同学进行点评,教师做出小结,针对学生表演的优缺点给予指导。

(3) 拒绝技巧训练。

① 热身准备。每人讲一件印象深刻的关于拒绝的典型事例,成功的或失败的均可,然后互相点评。

② 实地大演练。将全班分成若干组,每组 10 人左右,教师出示情景模拟材料,学生根据教师所提供的情景分组进行拒绝技巧演练。各组在全班进行表演,其他同学进行点评,教师做出小结,针对学生表演的优缺点给予指导。

任务完成:

(1) 评出最佳说服者、最佳拒绝者各一名;

(2) 针对某些同学上网成瘾的现象进行说服。

(资料来源:赵京立.演讲与沟通实训[M].北京:高等教育出版社,2010.)

4. 赞美训练

(1) 你能说出多少赞美的语言。分小组活动,以小组为单位,小组成员在规定的时间内,说出赞美他人的语言。赞美的内容包括外表、内在、生理层面、精神层面、肢体、感觉等。评选出说得最多、范围最广的小组。

(2) 同学间的互相赞美。随机对班上 5 位同学进行赞美,然后请被赞美者谈谈感受,再由师生对赞美人的语言进行点评。

(3) 运用赞美进行成功推销。一个推销员走进一家银行的经理办公室推销伪钞识别器。女经理正在埋头写一份东西,从其表情可以看出女经理情绪很糟;从桌上的混乱程度,可以判断女经理一定忙了很久。同时推销员也发现女经理有一头乌黑发亮的长发。

① 请一位同学扮演推销员,另一位同学扮演女经理。

② 推销员怎样才能使女经理放下手中的活计,高兴地接受推销员的推销呢?请做情景演示。

(资料来源:周璇璇,张彦.人际沟通[M].厦门:厦门大学出版社,2015.)

5. 倾听训练

实训目标:让学生了解倾听的技能;培养学生的语言表达能力和记忆能力;通过活动,密切师生关系,增进相互了解,提高学习趣味。

实训学时:1 学时。

实训地点:教室、礼堂或室外。

实训准备:

(1) 分组,每组 4~6 人,设一人为组长;

(2) 教师提供书刊资料,学生根据资料要求进行准备。

实训方法：

（1）每人选择一篇文章，其中一人朗读，其他人听，然后选择一位同学复述。要所有人轮流一遍；

（2）指导教师最后讲评。

6. 测试

（1）测试1：交谈语言技巧自我测试

请回答以下问题，以确定你与他人交流中的优缺点。①从不这样，得1分；②很少这样，得2分；③有时这样，得3分；④经常这样，得4分；⑤每次都这样，得5分。选择符合的项，即得相应的分数。

① 与人交谈时，我发言时间少于一半。

② 交谈一开始我就能看出对方是轻松还是紧张。

③ 与人交谈时，我会想办法让对方轻松下来。

④ 我有意识提些简单问题，使对方明白我正在倾听，对他的话题感兴趣。

⑤ 与人交谈时，我留意消除引起对方注意力分散的因素。

⑥ 我有耐心，对方发言时不打断人家。

⑦ 我的观点与对方不一样时，我努力理解他的观点。

⑧ 我不挑起争论，也不卷入争论。

⑨ 即使我要纠正对方，我也不会批评他。

⑩ 对方发问时，我简要回答，不做过多的解释。

⑪ 我不会突然提出令对方难以回答的问题。

⑫ 与人交谈时，开始的30秒就把我的用意说清楚。

⑬ 对方不明白时，我会把我的意思重复或换句话说一次，或者总结一下。

⑭ 我每隔一定时间就观察一下对方有何反应，以确保他听懂我的意思。

⑮ 我发现对方不同意我的观点时，就停下来，问清楚他的观点。等他说完之后，我才就他的反对意见发表我的看法。

将以上各题的得分相加，得出总分。

60～75分，你与人交谈的技巧很好；

45～59分，你的交谈技巧不错；

35～44分，你与人交谈时表现一般；

35分以下，你的交谈技巧较差。

通过以上测试找出自己语言交谈的薄弱环节，努力改进自己的谈话技巧，三个月后再进行测试，看有多大的提高。

（资料来源：张岩松.公关交际艺术[M].北京：中国社会科学出版社，2006.）

（2）测试2：倾听能力测试

你的倾听能力如何？请回答下列问题，测试一下自己的倾听能力。

① 力求听对方讲话的实质而不是它的字面意义。

② 以全身的姿势表达你在入神地听对方说话。

③ 别人讲话时不急于插话,不打断对方的话。
④ 不会一边听对方说话一边考虑自己的事。
⑤ 做到听批评意见时不激动,耐心地听人家把话说完。
⑥ 即使对别人的话不感兴趣,也耐心地听人家把话说完。
⑦ 我不因为对说话者有偏见而拒绝听他说话。
⑧ 即使对方地位低,也要对他持称赞态度,认真地听他讲话。
⑨ 以适当的姿势鼓励对方把心里话都说出来。
⑩ 与对方保持适度的目光接触。
⑪ 既听对方的口头信息,也注意对方所表达的情感。
⑫ 与人交谈时选用最合适的位置,使对方感到舒适。
⑬ 能观察出对方的言语和心理是否一致。
⑭ 注意对方的非口头语所表达的意思。
每题回答"是"得1分。得分低于7分说明倾听能力需要加强。
(资料来源:佚名.倾听能力测试[EB/OL].[2017-02-24]. http://ask.xinlixue.cn/web/xinliliangbiao/nenglilianbiao/2017-02-24/770.html.)

课后练习

1. 介绍练习

面对以下情景你如何做介绍?

情景1:开学伊始,新生举行以"趣说自己"为主题的班会活动,请你作自我介绍。

情景2:如果你被邀请参加一次联谊活动并表演节目,你将如何自我介绍?

情景3:假如你是新员工,在该单位举行的小型欢迎会上向大家作一次自我介绍。

情景4:试把一位你所熟悉的人(如父母亲、同学、老师)得体地介绍给大家。

情景5:你所在单位想招聘一位公关部经理,你认为你的一位老同学很合适,你怎样向主管领导推荐他?

情景6:假如你负责主持一项工程的竣工仪式,到会的有省、市、县各方面的领导,你将如何把他们介绍给与会者?

情景7:某计算机公司培训部经理刘某到某学校与王校长洽谈联合办学事宜,假如你是校办公室主任,你怎样为双方介绍?

2. 交谈练习

(1) 1986年10月25日,邓小平会见英国女王伊丽莎白二世和她的丈夫菲利普亲王。邓小平说:"这几天北京的天气很好,这也是对贵宾的欢迎。当然北京的天气比较干燥,要是能借一点伦敦的雾那就更好了。我小时候就听说伦敦有雾,在巴黎时,听说登上巴黎铁塔就能看见伦敦的雾。"菲利普亲王说:"伦敦的雾是工业革命的产物,现在没有了。"邓小平风趣地说:"那借你们的雾就更困难了。"亲王说:"可以借点雨给你们,雨比雾好,你们可以借点阳光给我们。"

请问他们在表达怎样的意思？从交谈的角度分析这段谈话，看看有哪些值得借鉴的地方。

（2）假如你是一名企业的新职工，经常与工人们在一起，了解了企业的许多情况。一天，经理在和你聊天时，突然问："你是新来的，没有什么偏见，经过这一段时间，你觉得我这个人怎么样？""很好，经理。"但经理却固执地说："你一定要讲真话，我只想听听你的意见，或者从你这里听到别人对我的意见，你不必担心什么。"而这位经理确实也有一些不足和毛病，工人也有所议论。这时，你怎样与经理继续聊下去？

（3）你去拜访一位名人，进屋之后发现主人家养了一只小猫。请以此为话题，设计一段对话。

（4）一天，你逛商场时发现一位营销员好像是当年的校友，在学校时没机会交谈，他好像也觉得你面熟，你主动和他打招呼。你们会谈些什么？

（5）放暑假了，你坐车回家，周围坐着几位年龄、身份、性别不同的陌生人，为消除路途寂寞，你先和他们寒暄几句，使大家都有谈兴。你会怎样寻找话题呢？

（6）将来，你在事业上取得了一定成就，在老同学聚会上，你怎样谈自己的成功？别人赞扬你，你怎样表现谦虚的风度？

（7）你的一位同学做错了事，你告诉了老师，这位同学因怀恨而再不搭理你，你将如何和他交谈来恢复你们的友情？

（8）有位秘书对经理说："经理，今天有个人找您，是位女同志，说点事要商量。她穿着一件漂亮的淡青色风衣，背着一个棕色的精致小包，30多岁，她说她在家等您，说你们事先说好的，可能您忘了。她姓张。"这段话有什么毛病，请指出来。

（9）模仿好的讲话：在生活中找一位口语表达能力强的人，请他讲几段最精彩的话并录下来，供你进行模仿。你也可以把你喜欢又适合你的播音员、演员的声音录下来，然后进行模仿。

3．说服练习

（1）与你的同桌（2人一组）自拟情景进行说服训练。

（2）如果你的班级有一名同学考入大学后，完全放松了自己，整天上网玩游戏、吃喝玩乐不学习，你作为他的好朋友，如何说服他抓紧时间好好学习呢？

（3）单位组织新年联欢会，你给单位新来的一位声乐不错的同事安排了一曲独唱，可他由于紧张不敢上台，你怎么劝说他呢？

（4）一位同事因为受到领导的批评，感觉有些冤枉，赌气而消极怠工，你该怎样说服他打消抵触情绪，全身心投入工作？

4．赞美练习

（1）为什么说一味地赞美不足取？应怎样对公众进行赞美？

（2）设想你到了一个新的环境，面对初次见面的同事，请找出同事的三个不同点加以赞美。

（3）与你的同桌（2人一组）运用所学的知识，当众赞美对方。

5. 拒绝练习

(1) 罗斯福任海军要职的时候,一名记者问他关于在加勒比小岛上建立潜艇基地计划的问题。罗斯福本可以正面拒绝,因为这是军事秘密,然而正面拒绝就会使交际过程呆板而无趣,所以罗斯福没有正面拒绝。请你说一说罗斯福是怎么回答记者的。

(2) 吴经理与王经理是大学的同窗好友,有着十几年的友情,关系非常亲密,经常在一起打球,生意上也有合作。一天,王经理来到吴经理办公室,兴致勃勃地说要好好聊聊,正好吴经理已预约陪同台商的汪先生去打保龄球,这使吴经理很为难。请演示吴经理拒绝王经理的情景。

(3) 与你的同桌(2人一组),自拟情景进行拒绝训练。

(4) 试比较、分析以下三份不录用通知书:

① 此次本公司招聘职员,承蒙应征,非常感谢!经慎重审议,结果非常遗憾,决定不予录用,特此通知。

② 此次本公司招聘考试中你成绩不及格。特此通知。

③ 此次本公司招聘职员,您立即前往应征,非常感谢!您的考试成绩相当好,不过本次暂不予录用,觉得很可惜,他日可能还有机会。务请谅解。

6. 提问与回答练习

(1) 在一家经营咖啡和牛奶的茶室,刚开始营业员总是问顾客:"先生,喝咖啡吗?"或者是:"先生,喝牛奶吗?"对方的回答往往是否定的。后来,营业员经过培训换了一种问法,"先生,喝咖啡还是喝牛奶?"结果其销售额大增。无独有偶。两家卖粥的小店,产品、装修、服务没什么两样,但A店总是比B店多卖一倍的鸡蛋,原因是什么?B店客人进门,服务员会问一句:"要不要鸡蛋?"有一半人要,一半人不要。而A店客人进门,听到的是:"要一个鸡蛋还是两个?"客人有的要一个,有的要两个,不要的人很少。这样,A店的鸡蛋就总是卖得多一点。同样一句话,前后一对调或者做点不起眼的变化,就会出现不同的结局,其实质在于说话人掌握了对方思考的方向。请分析这其中的原因是什么?

(2) 美国前总统卡特有一次举行记者招待会。一位记者提出刁难的问题:"如果你女儿与人发生桃色事件,总统先生,你有什么感觉?"这一问题突如其来,使卡特感到惊讶和棘手。如果拒绝回答,将有损他的公众形象,同时也会引起猜测,如果直接否认这种事情的发生,也未免过于自信和武断,同样是不利的。但是卡特总统并非常人,他镇定下来,略加思索,巧妙地说:"……"你知道卡特总统对这位记者说了什么吗?

(3) 一位传教士在做祷告时烟瘾犯了,问上司:"我祷告时可以吸烟吗?"结果上司狠狠瞪了他一眼。另一位传教士祷告时也犯了烟瘾,同样问了上司,结果上司给予了肯定的答复。请分析第二位传教士是怎么问的?

(4) 将全班学生分为三组,第一组学生负责提出问题,第二组负责回答问题,第三组负责进行观察及评判。最好只涉及一个主题,比如恋爱、学习、理想、网络等。可依照顺序进行轮转。

7. 倾听练习

(1) 以"积极倾听，构建和谐班级（校园）"为主题，组织主题班会，请同学们轮流发言，各抒己见。

(2) 请总结一下你倾听时存在哪些不良习惯？

(3) 为什么沟通过程中倾听占有十分重要的位置？请谈谈你的体会。

(4) 两名同学为一组，每名同学准备一篇有一定信息量的约800字的文章，一名同学将文章读给另一名同学听，倾听者要注意运用以上技巧使自己保持专注。文章宣读完毕，由倾听者陈述自己获得的信息，宣读者检查对方信息是否准确无误。然后角色互换，再进行一轮。最后双方谈谈自己倾听中的感受。

(5) "听"的能力训练。

尽管"听"是我们与生俱来的能力，但是它并不是一件容易的事情。以下练习就是最好的说明。

练习1：教师对学生说："请拿出一支铅笔、一张纸。在纸上画一条约10厘米长的垂直线。把你姓氏的第一和最后一个字母写在直线的上方和下方。"如果不强调最后一个句子中的两个"和"字。教师会发现大多数人会把第一个字母写在线上方，而最后一个字母写在线下方。

练习2：教师让学生迅速回答下列问题：

"有的月份31天，有的月份30天。那么有多少个月份有28天？"

不少学生会回答："一个。"而事实上所有的月份都有28天。

【思考与讨论】

① 以上两个小练习分别说明了倾听中的什么问题？

② 从以上练习中我们应该汲取哪些倾听经验？

(6) 到养老院做义工，陪老人聊聊天，注意运用有效倾听的技巧，看看效果到底如何。

8. 综合评述练习

下面是一些家教对话，请阅读并回答问题。

(1) "一步二步三步，好！跌倒了别哭，自己爬起来再走，好！一二一，一二一……"一位父亲这样在教孩子走路，朋友们说他是"开孩子们的玩笑"。这位父亲却回答："老兄，这不是开玩笑，这是人生之路的第一步，将来在社会上闯世界，全靠这第一步呀！"

——这位父亲名叫宋嘉树，他有三女三子，分别是闻名中外的宋霭龄、宋庆龄、宋美龄三姐妹和宋子文、宋子良、宋子安三兄弟。

(2) "这是绝对不行的！你们刚刚几岁，小小年纪就挑肥拣瘦，什么都要舒舒服服，那么长大以后会成什么样子呢？做人一定要先学会吃苦，才能耐劳，将来才会有出息。"

——北宋著名理学家程颢、程颐两兄弟幼小时，一次在饭桌上争抢食物，母亲制止后如此告诫。

(3) "我先借给你，一年后还我。"

——一名12岁的小男孩不小心踢碎了邻居家的玻璃，需要赔偿12.5美元。孩子找父亲拿钱赔偿时,父亲这么告诉他。从此,这位男孩每逢周末、假日便外出辛勤打工,经过半年的努力,他终于挣足了12.5美元还给了父亲。这名男孩就是后来成为美国总统的里根。

(4)"你有点口吃,正说明了你聪明爱动脑,想的比说的快些罢了。"

——儿子从小就口吃,可母亲说这算不了什么缺陷,甚至还表扬他。她要求儿子一切从自信开始,努力主宰自己的命运。这名口吃的男孩就是杰克·韦尔奇,他长大后成为美国通用电气公司董事长,被称为世界第一经理人。

(5)"孩子,我相信你能行。妈妈也曾经有这样的梦想,只是当我觉得我做一名让病人喜欢的护士更合适时,我就放弃了这个梦想。现在,对你来说,也许正是实现这个梦想的最好时机。"

——一名男孩15岁时告诉母亲说自己将来一定要竞选美国总统,母亲这样回答他。这名孩子就是日后成为美国总统的比尔·克林顿,他是美国最优秀、最有魅力的总统之一。

(6)"你们不了解我的孩子,他非常聪明,他不是在捣乱,而是好奇。你们不懂得教育,我来亲自教育他。"

——一名小男孩上小学时对许多事物都好奇,看到气球能在充满气之后飞上天,就找来一些发酵粉,动员想上天的同学来吃。不幸的是,吃了发酵粉的同学肚子疼得在地上打滚。校长知道后非常生气,对他说:"又是你这个捣蛋大王,我把你开除了!"

母亲知道后非常气愤,觉得学校不懂教育,将孩子接回家,亲自给他上课,鼓励他搞实验。这名男孩就是爱迪生。

(7)"我的孩子没有任何毛病,你们不了解,他不是发呆,而是在沉思。他将来一定是位了不起的大学教授。"

——一位母亲带小男孩到郊外去游玩,别的亲友家的孩子有的爬山,有的游泳,唯独这名小男孩一人默默地坐在河边,凝视着湖面。这时,亲友们悄悄地走到他母亲的身边,不安地问道:"您的孩子为什么总是一个人对着湖面发呆?是不是神经有毛病啊?还不趁早带他去医院检查检查?"这位母亲用如上的话语回答了亲友的疑问。这名男孩就是爱因斯坦,他是20世纪最伟大的科学家之一。

(8)孩子:"我要跳到月亮上去呢。"

妈妈:"好呀,但是,可别忘记回来喔!"

——第一位登上月球的地球人阿姆斯特朗童年时与母亲的一段对话。

(资料来源:佚名.小故事[EB/OL].[2015-07-29]. http://www.360doc.com/content/15/0729/20/535749_488216693.shtml.)

【思考与讨论】

(1)运用日常沟通的技巧,对这些家教对话进行剖析,思考除了技巧因素,还需要什么因素才能更好地进行人际沟通。

(2)选择其中一例进行评述。

任务6 网络沟通

谁掌握了信息,控制了风格,谁就能拥有整个世界。

——[美]阿尔文·托夫勒

 课程思政要求

- 进行社会主义核心价值观教育。
- 进行爱国主义教育。
- 开展诚信教育、法律意识教育和道德意识教育。
- 塑造职业形象,提高职业素养。
- 促进学生全面发展。

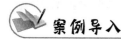 学习目标

- 了解网络沟通的特征。
- 熟悉网络沟通的主要工具。
- 运用网络沟通策略来提高沟通效果。
- 明确网络沟通的礼仪规范。

案例导入

电子邮件诽谤案

伦敦法庭要求英国一名男子向他的前雇主支付 26000 英镑的损失补偿,这是英国民事法庭审理的首例匿名电子邮件诽谤案。另外,法庭还要求这位名叫大卫·弗兰克尔(David Frankl)的男子支付约 100000 英镑的诉讼及调查费用。

现年 50 多岁的弗兰克尔一直否认他曾分别于 1999 年 4~6 月向他原来任职的 Takenaka 建筑公司的伦敦总部发送过电子邮件。这些电子邮件以克里斯蒂纳·里尔特(Christina Realtor)的化名指称该公司的副总经理布莱恩·科菲曾和"她"私通 18 个月,并拒绝抚养二人生下的一名男婴。这些邮件还指责科菲就公司的财产向"她"吹"枕边风",还说科菲经常说谎、对"她"进行殴打并威胁要杀死她。

伦敦高级法院法官埃利奥特最后判定这些邮件是由弗兰克尔捏造并发出的。他的这一裁决是在一位专家的调查报告的基础上做出的。这位专家通过每封邮件唯一的 IP 识别码追踪到了土耳其 Thames Water 公司雇员所用的一台便携式计算机。当时弗兰克尔正在 Thames Water 公司工作，后来该公司认定他就是这些邮件的发送者并将其解雇。

法官称专家提供的这些线索价值极高，这是英国法庭审理的首例匿名电子邮件诽谤案。法官判给了 Takenaka water 公司 1000 英镑作为被诽谤为虚伪、采用双重标准以及冷酷无情的补偿。这位法官还说对科菲的诽谤要严重得多，尽管这些诽谤的传播范围被限制在公司的圈子内，他判给科菲 25000 英镑。

伦敦最高法院 7 月要求因特网服务提供商 Compuserve 协助追踪这些邮件的来源，这样该公司和科菲才得以找到弗兰克尔并追踪到 Thames Water 公司。法庭要求弗兰克尔在 28 天之内支付这些损失补偿。

(资料来源：火羽.被解雇职员发匿名电子邮件诽谤被判罚款[EB/OL].(2000-10-12).http://tech.sina.com.cn/internet/international/2000-10-12/38766.shtml.)

6.1 网络沟通概述

网络沟通就是以互联网为工具，以文字、声音、图像及其他多媒体为媒介的沟通方式。这里所指的网络沟通的主体是企业等组织，计算机网络是沟通媒介，对象是企业等组织的内部和外部公众。网络沟通是电子沟通的一种，需要借助计算机网络来实现相互间的沟通，主要手段包括建立企业网站、电子邮件传递，设立领导信箱、讨论区，建立信息管理系统，搭建即时通信工具平台等。网络沟通突破了时间与空间的界限，使人与人之间的沟通不再受时空的限制，人们步入了一种新型的沟通环境之中。在网络沟通中，由于网络覆盖了许多文化背景、经济背景以及教育程度不同的用户，交流中极有可能产生误解和对立，因此遵守网络沟通的规则和礼仪就显得十分重要了，如果无视网络沟通的规则和礼仪，就会受到惩罚。

1. 网络沟通的特征

网络作为继报纸、广播、电视之后出现的第四种具有超强影响力的传播媒介，具有其他媒介无法替代的功能，在信息沟通方面发挥着越来越独特的作用。网络沟通与传统沟通方式相比较，具有以下特点[①]。

(1) 信息资源十分丰富、空间容量大。由于网络信息技术的不断进步，加之人们对网络的日益青睐，各种信息通过大型门户网站和搜索引擎等被加入互联网，使互联网成为一个信息和知识的宝库。人们可以轻松地通过搜索引擎查到自己需要的文字、图像、视听资料。在以往传统的沟通方式中，无论是人际沟通还是大众沟通都会不同程度地受到时间、空间等各种因素的干扰和影响，而网络沟通空间巨大、容量无限，它不仅可以跨越地域、文化和时空进行沟通，而且可以通过"超链接"功能把信息接到其他相关信息上，使互动式信

---

① 郭文臣.管理沟通[M].3 版.北京：清华大学出版社，2017.

息容量远远超过现实世界中的静态信息。

（2）沟通具有交互性、多维性、即时性、直复性。网络沟通的一大特色是互动性，一方面网络沟通不仅仅是媒体作用于用户，更多的是用户可以作用于媒体，用户可以对网络信息进行阅读、评论或下载，进行加工、处理。网络沟通不仅能向用户显示文字资料，还能同时显示图形、活动图像和声音，人们可以通过留言，或直接通话，或直接视频沟通，实现即时交流。互动式媒体使用户有控制权和前所未有的影响力，不仅影响企业或组织提供给他们的服务，也影响这些服务提供的时间和地点。特别是随着网络技术不断向宽带化、智能化和个体化方向发展，用户在更广阔的领域内实现声、图、像和文字等一体化的多维信息的共享和人机互动。所谓直复性沟通是指企业和公众通过网络直接连接。它不像以往的沟通方式，往往要通过一定的环节，特别在新闻传播中，编辑、记者经常充当"守门员"的角色，经过层层审查才能与公众见面。而网络沟通则节省了编辑加工环节，立即可以发布信息。企业也可直接面向消费者发布新闻或者通过查询相关的新闻组、网络论坛来发现新的顾客群，研究市场态势，直接得到大量真实的信息反馈等。

（3）空间开放性、虚拟性和相对平等性。网络空间面向每一个人，人人都可以利用网络发表自己的观点、见解，既可以利用网络展示自己的技能，也可以利用网络发表自己的"作品"（如博文）等。空间的开放性、虚拟性，决定了沟通的平等性。人们可以实名或匿名运用网络进行相对自由的沟通。

（4）沟通形式多样，可选择的沟通工具众多。人们既可以在网上浏览信息、阅读电子图书、进行英语对话交流、观看电视和电影，也可以玩游戏、作画、健身；既可以一对一交流，也可以群体交流。近年来，即时通信工具的种类越来越多、功能越来越强大、使用越来越方便，而且十分经济，很多功能可以免费使用。

总之，网络沟通是一种全新的沟通方式，是一种集个体沟通（电子邮件）、组织沟通（如电子论坛或电子讨论组）和大众沟通于一体的沟通形式。网络沟通已经掀起了一场沟通方式的革命，它改变人们的沟通意识，对组织的沟通管理也提出了新的挑战。

2. 现代网络沟通工具

现代网络运用电子媒介和各种电子沟通工具，为人们提供了经济实惠、方便快捷的信息服务。由于网络对于人们的生活、学习、工作等产生了巨大的作用和影响，网络技术开发也得到了高度重视，网络沟通工具无论在种类上、形式上，还是在数量上、质量上都以惊人的速度得到发展，新的网络沟通工具不断涌现，功能日益完善，使用者越来越多，影响范围越来越大。

网络沟通最常见的方式包括即时通信、电子邮件、博客和微博等。

1）即时通信

近年来互联网发展迅速，功能日益丰富，不仅能够即时发送和接收互联网消息，而且逐渐集成了电子邮件、博客、音乐、电视、游戏和搜索等多种功能。即时通信（IM）也已不再是一个单纯的聊天工具，它已经发展成集交流、资讯、娱乐、搜索、电子商务、办公协作和企业客户服务等为一体的综合化信息平台。例如，为大家所熟知的即时通信工具有QQ、微信等，即时通信工具改变了互联网的交流方式，充分发挥了网络在沟通方面的优势。

(1) QQ。QQ作为即时通信工具的代表,相较于以前的点对点的沟通方式,其主要有以下3个特点。

① 虚拟性。QQ的虚拟性是其网络沟通的主要特点。人们可以隐藏真实的姓名、性别、年龄等各种隐私以及不愿为人所知的信息,而且可以根据自己的实际情况决定与他人网上聊天的时间,使人们可以轻松自在地畅所欲言。

② 多点性。QQ改变了原有传统的沟通方式,不仅可以实现"点对点"的沟通,而且可以实现一点对多点,甚至多点对多点的沟通与交流。相比较传统的信件、电话等仅是"点对点"的沟通,QQ的沟通方式更趋于多样、便捷。例如,我们可以加入诸多的QQ群,直接进行群聊,或者作为一名观众。虚拟的网络互动在这里成为现实。

③ 多功能性。QQ作为一种即时通信工具,已不仅仅局限于"通信"这一普通功能,还开发出了诸多更新、更全面的实用功能。例如,我们可以开设个人的QQ空间,展示个性自我;可以传送文件,代替电子邮箱的功能;可以视频聊天,带来更真实的聊天感受;可以玩游戏、看电影,从而给人们带来全新的影音体验;可以用手机短信互动,无论是否在线,都能通过QQ与其沟通。QQ俨然已成为我们日常生活中不可或缺的邮件、电话、电视等工具的综合体。

(2) 微信。微信是一个为智能手机提供即时通信服务的免费应用程序,支持跨通信运营商、跨操作系统平台通过网络快速发送免费(需消耗少量网络流量)语音短信、视频、图片和文字,同时,也可以使用共享媒体内容的"摇一摇""漂流瓶""朋友圈""公众平台""语音记事本"等服务插件。微信的功能服务具体如下。

① 聊天:支持发送语音短信、视频、图片(包括表情)和文字,是一种聊天软件,支持多人群聊。

② 添加好友:支持查找微信号添加好友,查看QQ好友后添加好友,查看手机通信录添加好友,分享微信号添加好友,摇一摇手机添加好友,扫描二维码添加好友,以及用漂流瓶接受好友,共7种方式。

③ 实时对讲机功能:用户可以通过语音聊天室和一群人用语音进行对讲。这个聊天室的消息几乎是实时的,并且不会留下任何记录。另外,在手机屏幕关闭的情况下也仍可进行实时聊天。

④ 其他功能:朋友圈、语音提醒、通信录安全助手、QQ邮箱提醒、私信助手、漂流瓶、微信摇一摇、语音记事本、游戏中心等。

微信商务礼仪十条

昵称:建议使用真实姓名,最好带上你的公司名称或者产品名称,不然谁能保证都对你过目不忘呢。

头像:尽可能接近本人,这样见到你本人的时候,容易对上号。

签名:给一些有用信息,你想告诉别人什么可以写出来。

打招呼:不要问"在不在啊",请直接说明来意。

建群：建微信群之前请一定要征求被拉对象的意见，否则易产生矛盾。

群昵称：建议针对群的主题修改自己的群昵称，降低一下沟通成本。

群名称：应有一个清晰明了的群名称，大家都能知道这是个什么群。

朋友圈：可以发所见、所思、所闻的内容。如果做商务微信用，请不要每天发太多吃喝玩乐的信息。

发数字：有时候发电话号码或银行卡号等一串数字，请单独一条信息，便于别人复制信息。

邮件：对于比较重要的事情，邮件一定比微信更合适，微信很容易被遗忘。

2）电子邮件

电子邮件（electronic mail，简称 E-mail）是互联网上的重要信息服务方式。通过网络的电子邮件系统，用户可以用极其低廉的价格或是可以免费把信息发送到世界上任何指定的、同样拥有邮件地址的另一个或多个用户的电子邮箱中。电子邮件内容可以是文字、图表、视听材料等。电子邮件具有使用简易、投递迅速、收费低廉、易于保存、全球畅通无阻等特点，已经成为利用率最高的沟通形式和沟通工具。

（1）电子邮件的书写技巧。电子邮件的书写通常应以纸质信函的格式进行书写。书写电子邮件时，还应当注意以下方面。

① 主题明确。添加邮件主题是电子邮件与纸质信函的主要不同之处。商务人员在撰写电子邮件时，一定要在"Subject（主题）"栏设定一个邮件主题。该主题应明确、具体、提纲挈领，但不宜过长（如"关于洽谈会的准备事宜"等），以便收件人通过主题快速判断邮件内容的轻重缓急，减轻查找或阅读邮件的负担。

② 内容规范。与纸质商务信函一样，电子邮件也应当用语规范、内容完整。与此同时，电子邮件的书写还应注意以下两个方面：一是尽量避免使用晦涩难懂的缩略语，且不要使用网络用语和符号表情，以免影响商务信函的专业性和严肃性；二是在英文电子邮件中，切勿使用大写字母书写正文，以免被误解为态度恶劣或强硬。

③ 签名恰当。商务人员可在电子邮件的签名档中列入写信人的姓名、公司、电话、传真、地址等信息，还可列入个人的座右铭或公司的宣传口号等信息，但信息行数不宜过多，一般不超过 4 行。

④ 附件合理。商务人员可以通过电子邮件的附件发送整理成文档形式的文件，还可以发送照片、音频、视频等文件。在使用邮件的附件功能时，应在邮件的正文中对附件进行简要说明，并提示收件人查看附件。

若附件为特殊格式的文件，则应在正文中说明其打开方式，以免影响收件人查看。

应为附件设定有意义的文件名。当附件的数目较多（多于 2 个）时，应将其打包成一个压缩文件。

若附件容量较大（超过 25MB），则应事先确认收件人所使用的邮件服务系统有足够的容量收取，否则，应将附件分割成多个小文件分别发送。

（2）电子邮件的收发细节。在发送和接收电子邮件时，应当注意如下细节。

① 及时确认发送状态。发送电子邮件后，一定要及时确认邮件是否已经发送成功。确认邮件发送状态的方法通常有如下两种：一种是检查被发送的邮件是否已显示在"已

发送"列表中,若该列表中有显示,则表明发送成功;另一种是邮件发送几分钟后,检查邮箱中有无系统退信,若无系统退信则表明发送成功。

② 通知收件人。在发完电子邮件后,一定要打电话通知收件人查收并阅读邮件,以免耽误重要事宜。

③ 及时回复。收到重要或紧急的电子邮件后,通常应当在2小时内回复对方,以示尊重。对于一些不紧急的电子邮件,则可暂缓处理,但一般不可超过24小时。

回复邮件时,最好将原件中相关的问题抄到回件上,然后附上结构完整的答复内容。若只回复"已知道""对""谢谢""是的"等,则是非常不礼貌的。

 相关链接

令人反感的行为

曾有调查结果显示以下几种行为最受电子邮件接收者反感:① 转发伤风败俗的玩笑;② 使用大写字母写邮件;③ 讨论敏感的个人问题;④ 对工作或老板抱怨不休;⑤ 就某问题争论不休;⑥ 不厌其烦地描述自己的不幸;⑦ 传播不负责任的流言蜚语;⑧ 随意批评他人;⑨ 详细谈论自己或者其他人的健康问题。

3) 博客

博客是近年来发展速度最快的互联网工具,它从2001年正式登陆中国,便以星火燎原之势迅速发展。博客作为一种媒介,一种网络交流方式,其个人性、即时性、共享和交互性、可信性等特质已开始显示出了其在网络沟通应用方面的价值。

(1) 博客的概念。学界一般将博客(Blog)描述为:"一个Blog就是一个网页,它通常是由简短且经常更新的Post所构成,上边张贴的文章都按照年份和日期排列。Blog可从有关公司、个人、新闻或是日记、照片、诗歌、散文,甚至科幻小说中发表或张贴。许多Blogs是个人心中所想之事的发表,也有非个人的Blogs,一般是一群人基于某个特定主题或共同利益领域的集体创作。Blog是对网络传达实时信息。撰写这些Web log或Blog的人就叫作Blogger或Blogwriter"。简单说来,Web log是在网络上的一种流水记录形式,所以也称"网络日志",或简称为"网志"。

最初的博客出现于20世纪90年代,1993年发布了博客软件工具的测试版;1999年网络日志被正式命名;2002年国内最早的博客服务提供商出现,博客中国与BlogCN相继建立;到2006年左右,博客作为一种新的媒体现象影响力大有超越传统媒体之势。

(2) 博客的特点。在我国,博客的发展十分迅速,这与其突出的个性特点是分不开的。博客有以下几个方面的特点。

① 零进入壁垒。博客是"零进入壁垒"的网上个人出版形式,"零进入壁垒"主要是指满足"四〇"条件,即"零技术、零编辑、零成本、零形式"。

② 共享性强。对博客而言,分享是博客赖以存在的基础。当每个博客以自己的网页组成博客们的共同主题时,博客们便在这个虚拟的空间中共享观点、思想、知识、信息。此时便体现出"梅特卡夫定律",即网络的价值,随着用户数量的平方数增加而增加,或者说信息共享的价值是以博客数量的平方来计算的。

③ 交互性。在博客中,Blogger通过发布的日志来同读者进行交流,读者通过在博客中发布评论与其他读者或者Blogger进行沟通。这样便形成了一个围绕着博客与博客、博客与读者、读者与读者间交互且开放的沟通圈。

④ 可信性。或者说是"权威性"。一个受欢迎的、点击率高的博客,往往在大众心目中具有较高的权威性,其发布的内容具有极强可信度。因为一旦其发布虚假信息被大众察觉,失去了可信性,该博客的大众访问量就会大大降低。

⑤ 个性化。在博客中由于没有上司领导,没有工作要求,没有内容主题和文体的限制,博主们在毫无思想压力的轻松状态下畅所欲言,将自己认为最有价值的东西以个人的独特方式展现出来,让公众尽情感受以"个人大脑"作为网络搜索引擎和思想发源地的魅力。

⑥ 信息形式多样。博客作为一种网络媒体,可以记录各种形式的信息,也可以随时查询,具有档案的作用。而报纸虽然能够记录文字信息,被人们多次浏览,但却记录不了视频和声音;电台和电视台能够播放声音和视频,但很难记录下来,人们看过一遍想看第二遍就得等重播。博客则不然,文字、声音和视频都能记录下来,无论什么时候想要查询都可以轻松做到。因此,博客传播的速度和效率在很多时候能超越传统媒体。

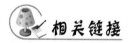 相关链接

蔡老师的博客

一次,某小学三年级的班主任蔡老师在班级中做了一次学生家长上网的情况调查,发现2/3的学生家长都可以在家中或者单位上网。于是,她就想到创建博客,将班级教育教学信息、学生情况及与家长互动的话题以日志的形式发布,家长们可以随意地进行评论或留言,一些涉及孩子隐私性的问题则通过短信的形式互传,其他人无法看到。

蔡老师精心设置了班级经营、课程辅导、家教偶得、温馨公告、家长参考等栏目。她几乎每天都上传文章,每个留言都回复。虽然写博客占用了她的一些休息时间,但是能和家长分享教育心得,给家长一些鼓励和建议,蔡老师感到无比幸福和欣慰。

博客不仅增进了家长和教师之间的沟通,也增进了家长和孩子之间的感情。蔡老师的班里还有两名学生的家长经常出差,和学校的联系较少。自从有了博客后,他们每天都可以了解到孩子在校的情况。博客使教师和家长的交流不再受时间和空间的限制。

(资料来源:刘汉军."博客"——家校沟通的新途径[J].中小学管理,2006(11).)

4) 微博

微博即微型博客(MicroBlog)的简称,是一个基于用户关系的信息分享、传播以及获取平台。用户可以通过Web、WAP等各种客户端组建个人社区,以较短字数的文字更新信息(微博已经取消字数限制)并实现即时分享。这是根据微博的产生背景得到的定义。

对微博通俗的解释为:它提供了一个平台,在其中你既可以作为观众,浏览你感兴趣的信息,也可以作为发布者,发布内容供别人浏览。发布的内容一般较为简短。当然也可以在此平台上发布图片,分享视频等。微博最大的特点就是:发布信息快速,信息传播的速度快。例如,你有200万名听众,你发布的信息就会在瞬间传播给200万人。

微博草根性更强,且广泛分布在桌面、浏览器和移动终端等多个平台上,有多种商业模式并存,或形成多个垂直细分领域的可能。但无论哪种商业模式,都离不开用户体验的特性和基本功能。归纳起来微博具有以下特点:

(1) 便捷性。信息共享便捷迅速。可以通过各种连接网络的平台,在任何时间、任何地点即时发布信息,其信息发布速度超过传统纸媒及网络媒体。

微博网站即时通信功能非常强大,通过 QQ 和 MSN 直接书写,在没有网络的地方,只要有手机也可即时更新想要发布的内容,哪怕你就在事发现场。例如,一些大型突发事件或引起全球关注的大事,如果有微博博主在场,利用各种手段在微博上发表出来,其实时性、现场感以及快捷性甚至超过所有媒体。

(2) "背对脸"。与博客上面对面的表演不同,微型博客上是背对脸的交流,就好比你在计算机前打游戏,路过的人从你背后看着你怎么玩,而你并不需要主动和背后的人交流。可以一点对多点,也可以点对点。当你跟踪一个自己感兴趣的人或事时,只需两三天就会上瘾。移动终端提供的便利性和多媒体化,使得微型博客用户体验的黏性越来越强。

微博信息获取具有很强的自主性、选择性,用户可以根据自己的兴趣偏好,依据对方发布内容的类别与质量,选择是否"关注"某用户,并可以对所有"关注"的用户群进行分类;同样,微博宣传的影响力具有很大弹性,与其发布的内容质量高度相关。其影响力基于用户现有的被"关注"数量,微博用户发布信息的吸引力、新闻性越强,对该用户感兴趣、关注该用户的人数也就越多,影响力也会越大,只有拥有更多高质量的粉丝,才能让你的微博被更多人关注。此外,微博平台本身的认证及推荐也有助于增加被"关注"的数量。

(3) 原创性。在微博客上大量原创内容爆发性地被生产出来,有研究学者认为,微型博客的出现具有划时代的意义,真正标志着个人互联网时代的到来。博客的出现,已经将互联网上的社会化媒体推进了一大步,公众人物纷纷开始建立自己的网上形象。然而,博客上的形象仍然是化妆后的表演,博文的创作需要考虑完整的逻辑,这样大的工作量对于博客作者成为很重的负担,但是"沉默的大多数"在微型博客上找到了展示自己的舞台。

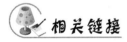

客户沟通十大方式的选择

(1) 人工应答客户来电。

(2) 利用网络进行客户问卷调查。

(3) 利用网络聊天工具。

(4) 利用电子邮件。

(5) 利用网络为客户提供网页自助服务。

(6) 利用自动语音导航为客户提供服务。

(7) 利用语音识别系统。

(8) 传真。

(9) 设立点击通话。

(10) 利用短信。

6.2 网络沟通的策略

1. 彼此尊重，以人为本

网络中需要彼此尊重。如在 QQ 聊天当中，有些不熟悉的人一上来就发视频请求，更有甚者只要对方不接就不停地发，这类人的做法对别人极不尊重。因为对方需要的是一个独立的个人空间。这种做法最后得来的结果便是被对方拉入黑名单或被直接删除。因此，网络交往必须以尊重他人为基础。网络礼仪的核心原则之一是适度。把握分寸正是人性和人心所能接受和需要的，能够有效地塑造个人形象和表现自己的修养和气质。

网络沟通首要的一条就是"记住人的存在"。虽然网络是虚拟的，甚至有种说法叫作"在网上谁也不知道你是一条狗"，但是既然你参与了网络，就应该以在乎自己一样的态度来在乎对方，尊重对方就等于尊重自己。聊天也好，发 E-mail 也好，跟帖也好，必须以不侵犯他人的言论权为基础，必须言谈举止都恰当才能树立你在网络中的实际形象，这样，你以后当然是备受别人尊重的。

网络礼仪的根本就是"人"，作为网络的主体，"人"应该放在礼仪中的首位：一切以"人"为中心，尊重所有网络人，方便所有网络人，愉悦所有网络人！

2. 讲究礼仪，加强修养

由于网络使用者来自不同的文化背景与生活层次，而且网络使用者无法获得像面对面时可得知的交谈规范。这时为了表示尊重对方，展现自己使用网络的负责态度，以及避免带给对方使用网络的不便及无意间产生的误解，网络礼仪就显得非常重要。网络礼仪，英文名称为 Netiquette（来自 network etiquette）。我们从字面上就可以了解到，网络礼仪是一般所谓的礼仪迁移到网络情景下所产生的新的名词。网络礼仪使网络使用者能够遵守网络公约，做一个有礼貌、有规矩，懂得保护自己、避免伤害别人的"网络公民"。

我国台湾地区的苏怡如总结了各种关于网络礼仪的提法，认为网络礼仪主要包括正确、简洁、清楚、安全与隐私以及友善与尊重五大内容，见表 6-1。我们在网络沟通时一定要遵守这些基本的礼仪规范。

表 6-1 网络礼仪的具体内容

五大精神	正 确
正确	(1) 留意写作格式，检查文法。 (2) 使用合宜的格式、用语和称谓。 (3) 检查文法，注意用词、标点符号
简洁	(1) 别做重复的询问。 (2) 用字宜简单明了，谨慎思考后再发送，要有效率地回复信息。 (3) 熟悉网络术语的简写。 (4) 少用斜体字等花招。 (5) 先停下来浏览先前的文章，看看是否已有相同的回应内容

续表

五大精神	正确
清楚	(1) 写电子邮件时尽量写出清楚、完整的句子,应使用结语和署名。 (2) 在公开信息中要加入个人邮件地址以方便别人联络。 (3) 使用电子邮件时,要写信件主题,主题中可以简述邮件内容,让人容易辨识
安全与隐私	(1) 不继续使用即时信息软件时,记得退出自己的账号。 (2) 时时提醒自己:这里是公开场合。 (3) 意识到网络上有其他观众并应注意保护隐私。 (4) 别把自己或者别人的密码、住址、电话、身份证号码给网络上的陌生人
友善与尊重	(1) 进入聊天室,跟大家打招呼是礼貌的,离开时最好也跟大家道别。 (2) 版主、主持人或者管理人应该尊重所有成员,不能滥用权力。 (3) 注意大写英文字母带有吼叫之意。 (4) 时时保持礼貌,别煽风点火。 (5) 表情符号等标记可以缓和气氛

(资料来源:陈吉利.网络礼仪:信息技术课程新热点[J].中国信息技术教育,2008(3).)

相关链接

文明上网自律公约
(中国互联网协会 2006 年 4 月 19 日)

自觉遵纪守法,倡导社会公德,促进绿色网络建设;
提倡先进文化,摒弃消极颓废,促进网络文明健康;
提倡自主创新,摒弃盗版剽窃,促进网络应用繁荣;
提倡互相尊重,摒弃造谣诽谤,促进网络和谐共处;
提倡诚实守信,摒弃弄虚作假,促进网络安全可信;
提倡社会关爱,摒弃低俗沉迷,促进少年健康成长;
提倡公平竞争,摒弃尔虞我诈,促进网络百花齐放。

该公约提倡人人受益,消除数字鸿沟,促进信息资源共享。

3. 用图标或特殊符号,增进交流

在网络中,为了方便交流,可以使用一些图标或特殊符号。日常礼仪的表达常使用人体动作,而网络现在无法做到这一点,所以只能把人类形体符号化。形象化的图标符号带给大家的是生动感和幽默感,另外从交流的角度来看也非常简洁方便,是增进交流、缩短心理距离的重要手段。

4. 传统方式,不可或缺

随着网络沟通工具的普及,人们越来越依赖这些新技术传递信息。然而面对面的沟通仍然是最重要的沟通方式,因为网络沟通并不能替代人与人之间的直接交流,在直接交流中,可以观察到别人的表情等肢体语言,并确保沟通的有效性与反馈的及时,同时能够节约大量的时间。所以尽管有着快捷、发达、高效的电子沟通介质,组织或个人都不应该

放弃传统的沟通方式。

无法替代的面对面交流

魏特曼·哈特咨询公司为用户提供信息管理方面的咨询服务。公司首席执行官沙利文先生每年要飞行近30万千米。他很清楚经常出差给一个家庭带来的压力:"我所从事的职业里不断会有失败的婚姻、破裂的家庭,还有那些因这种长期出差的生活方式本身而苦恼的人。"然而,沙利文先生仍然是一个频繁出差的商务旅行者,原因只有一个,要与员工在一起面对面交流。

大约一年前,公司里一位备受欢迎的创始人去世,沙利文当时是公司总裁。他和另外两个董事会成员马上乘飞机,在两周内飞到全美9个分支办公室去安抚心情沉痛的员工。因为他知道这些绝不是语音留言、电子邮件和备忘录所能替代的,"他们需要有机会向你倾诉,表达他们隐约的忧虑。"沙利文说,"如果一件事十分紧急,你就必须亲自到现场。"

(资料来源: 佚名. 课本翻译[EB/OL].[2019-02-15]. https://wenku.baidu.com/view/80c2a793a200a6c30c22590102020740bf1ecd6b.html.)

在日常生活中,你都使用了哪些网络沟通方式?你有何感受?

案例分析

1. 网络——沟通的桥梁

"现在我随时都会打开计算机瞧瞧学生们又往留言簿和邮箱里发来了什么。这已经成习惯了。"南海一中校长邓兵这样对记者说。近日,记者在南海一中采访时见到,上网已成为师生间常用的沟通方式。自从网络进入校园,3年来仅邓校长一人回复学生各种留言就超过40万字!网络正在校园的学生思想品德教育中扮演着越来越重要的角色。记者了解到,在南海一中,学校主页留言簿和全校老师的电子邮箱都向学生公开。学校鼓励学生通过这种方式与老师们沟通,提出意见和建议。师生间每天在网上话题不断,从谈理想、论人生,到穿校服、住宿舍,即使是一些面对面难以开口的话题也会被提及。

"学生的网上留言什么内容都有,谈心事的自然不少,还有很多牢骚和意见,甚至还有学生上网诅咒我。"邓校长笑着说,"这些反映都有内在的原因,如果是发牢骚,一定是沟通不够;如果是提意见,就要检讨学校的规章是否合理。至于诅咒嘛,越来越少了。"如今,回复学生的各种留言与邮件成了邓校长和许多老师每日必做的功课,或安抚,或解释,或鼓励,三言两语却效果良好。

南海一中的主页留言簿,家长、校友们也喜欢造访。邓校长指着一个出现频率很高的网名"大蜜蜂哥哥"告诉记者,这名今年刚考上大学的学生,高三时就常在网上留言,如今毕了业还留恋这里。"这个'胆大包天'的学生在网上称呼我为'小兵兵'校长。"邓校长笑着说。在最近的留言中,这个"大蜜蜂哥哥"说:永远也忘不了被自己称为"小兵兵"的校长和母校。

邓校长告诉记者,在实施网络品德教育以前,校长主要通过"校长信箱"与学生沟通,而老师们则更是要费不少口舌,往往内容枯燥又没效果。如今无论哪位同学写下的留言、提出的疑问,以及教师们的回答,全校师生都能在网上浏览,从而取得了事半功倍的效果。邓校长还表示,"信息获取量的增加,使大家眼界开阔了,整个人的素质也随之提高,并带动学校整体水平的提升"。

邓校长说,网络为师生架起了一座沟通的桥梁,将会越来越重要。

(资料来源:陈颖欣.南海一中:网络架起师生心桥[J].佛山晚报,2002(12).)

【思考与讨论】

(1) 你与老师、同学之间采取了哪些网络沟通方式?
(2) 请为本校师生设计一个顺畅、合理的网络沟通渠道。
(3) 试分析一下学校里哪些信息适合通过网络渠道发布,哪些信息适合通过传统沟通渠道发布。
(4) 请写下从此案例中获得的启示,并上传至群共享。

2. 美国高管的网络沟通错误

一位美国公司的高管觉得员工太懒惰了,比如一上班就给自己冲咖啡,经常待在茶水间里聊天,下午不到5点经常有人偷偷下班。因此,他给全体员工发了一封E-mail,邮件中说希望所有人早上7点到公司,8点开会,晚上5点前不能离开。这封E-mail被一名员工传到雅虎网站,引起了轩然大波,因为美国文化是很反对高压管理的。结果这个公司的股价跌了很多,这名高管也因此被迫辞职。

(资料来源:梁辉.有效沟通实务[M].北京:中国人民大学出版社,2010.)

【思考与讨论】

(1) 试分析这位高管在网络沟通中犯了什么错误。
(2) 如果你是这位高管,你将采取什么样的沟通方式来达到严格要求员工的目的?
(3) 请写下从此案例中获得的启示,并上传至群共享。

3. 可口可乐高管的"火炬在线传递"活动

2008年3月24日,可口可乐公司推出了"火炬在线传递"活动。活动的具体内容是:网民在争取到"火炬在线传递"的资格后可获得"火炬大使"的称号,本人的QQ头像处也将出现一枚未点亮的火炬图标。如果在10分钟内该网民成功邀请其他用户参加活动,图标将被成功点亮,同时将获取可口可乐公司"火炬在线传递"活动专属QQ皮肤的使用权。而受邀参加活动的好友就可以继续邀请下一名好友进行火炬在线传递。以此类推。

活动方提供的数据显示:在短短40天之内,该活动就吸引了4000万人参与其中,平均下来每秒约有12人参与。网民们以成为在线火炬传递手为荣,"病毒式"的链式反应一发不可收拾,"犹如滔滔江水,绵延不绝"。

(资料来源：佚名.可口可乐火炬在线传递活动[EB/OL].[2017-05-26].http://www.wm23.com/wiki/4095.htm.)

【思考与讨论】

(1) 可口可乐公司采用了哪种网络沟通形式？采用这种形式有什么优点？

(2) 结合案例,请谈谈网络沟通有哪些影响。

(3) 请写下从此案例中获得的启示,并上传至群共享。

4. 老师的提醒

一名学生发了一封电子邮件给他的老师,信件开头是 Hi,然后直呼老师的名字。老师说,从信件用词看,这名学生的英文水平不低,但为何就不懂基本的通信礼仪呢？

为了证实自己的猜测,他回信要求这名学生打印或手写一封信给他。对比两封信,老师感慨不已：这名懂得通信礼仪的学生,为什么在虚拟世界里不遵守通信礼仪呢？

他再次回信提醒这名学生,传统的通信礼仪完全适用于现代的网络世界。

(资料来源：佚名.商礼[EB/OL].[2011-05-08]. https://www.docin.com/p-198372078.html.)

【思考与讨论】

(1) 请结合案例谈谈你对电子邮件礼仪规范的认识。

(2) 请写下从此案例中获得的启示,并上传至群共享。

实训项目

1. 制定网络沟通行为规范

实训目标：明确网络沟通的基本规则和礼仪。

实训地点：教室。

实训方法：将全班学生分组,4~6人为一组,要求其结合所学网络沟通的知识和自身使用网络的体会,制定出一份网络沟通行为准则,在课堂上分组进行交流,师生共同评价。

2. 举办网络沟通讨论会

目的：培养学生的网络沟通能力。

实施：全体学员将参加一场关于"网络沟通与传统沟通关系"命题的讨论。

全班分成三部分：

(1) 左侧的同学将站在"网络沟通将会代替传统沟通"的立场上；

(2) 右侧的同学将站在"网络沟通不会代替传统沟通"的立场上；

(3) 中间的同学则扮演观察员与评论员的角色。

左侧与右侧的同学各列出一份支持其论点的清单,来自各方的同学组成辩论团队开始辩论,一共三个回合。

首先,每个团队用10分钟介绍自己的立场及其论点,所有团队成员都应参与。由正方先开始,此时,对方只能倾听而不能反驳。

其次,每个团队用5分钟反驳对方的论点,并且需要建立自己新的论点。由反方先开始。

最后,观察员与评论员发表自己的意见与观点,然后全班同学投票决定自己持什么立场。

(资料来源:裴云,崔健农.管理沟通:理念、技能与实践[M].北京:北京大学出版社,2013.)

3. 测试:你是网络沟通的高手吗

(1) 你在回复朋友的邮件时,会在主题栏里(　　)。
   A. 根据具体内容重新拟定一个标题
   B. 习惯使用英文标题
   C. 总是用Re、Re……代替

(2) 你认为电子邮件内容的篇幅应该是(　　)。
   A. 越短越好
   B. 越长越好
   C. 不计长短

(3) 有一个你认为很重要的邮件,于是你会(　　)。
   A. 给客户发送一份,然后打电话通知对方你已经向他发送了邮件
   B. 等待两天,如果没有得到回复,再发送一次
   C. 为了让对方及时收到,一连将相同内容的邮件发送几次

(4) 你对自己的电子信箱会做出的处理是(　　)。
   A. 每天打开信箱查看一次,及时处理所有邮件
   B. 每周打开信箱查看一次,对全部邮件进行处理
   C. 想起来就查看一次,有些邮件不必回复

(5) 你在发送电子邮件前保持的习惯是(　　)。
   A. 发送前再认真检查一遍,确认无误后再发出
   B. 为了节省时间、提高效率,写完后立即发送出去
   C. 把收件人地址核对准确,信件内容不必检查

(6) 你是否喜欢在邮件里和好朋友开玩笑?(　　)
   A. 是的,因为我们关系良好
   B. 是的,但在每次开玩笑时都标明"开玩笑"
   C. 不是,开玩笑容易被误解

(7) 你用QQ聊天时,对方夸大事实,并且撒谎,你会(　　)。
   A. 讨厌撒谎的人,立即拆穿他的谎言
   B. 只要不是恶意的欺骗,没必要拆穿谎言,继续正常聊天
   C. 不必拆穿谎言,但从此不再与他聊天

(8) 你与普通网友的 QQ 聊天方式是（　　）。

　　A. 对方问一句,你答一句,很少主动开口

　　B. 主动发问,不放过任何问题,包括对方的年龄、工资等

　　C. 保持主动,但有些个人隐私问题必须回避

(9) 遇到想深入交往的网友时,你会（　　）。

　　A. 礼貌地请求加其为好友,如被拒绝就不再打扰对方

　　B. 加其为好友,并索要对方照片

　　C. 请求加其为好友,没有得到回复就再三提醒

(10) 你与普通网友聊天时,对"真诚相待"的理解是（　　）。

　　A. 网络是一个虚拟世界,不可向任何人实话实说

　　B. 反正谁都不认识谁,说实话也无所谓

　　C. 以真诚为主,但不能什么个人信息都公布于众

请在表 6-2 中选择各题的得分。

表 6-2　各题得分

选项	题号									
	(1)	(2)	(3)	(4)	(5)	(6)	(7)	(8)	(9)	(10)
A	3	3	3	3	3	1	1	2	3	1
B	2	1	2	2	1	2	3	1	1	1
C	1	2	1	1	2	3	2	3	1	3

对测试结果的评价如下。

(1) 将军级交流者(30 分)。你完全是一名网络交流的高手,你在网络世界里会左右逢源,游刃有余。

(2) 尉官级交流者(16～29 分)。你在网络交流艺术方面还存在一定欠缺,尚需要进一步努力,才能成为一名真正的网络交流高手。

(3) 列兵级交流者(10～15 分)。你对网络交流艺术掌握甚微,甚至还不清楚最起码的交流知识,在网络空间里不会受他人欢迎。你应该认真研究一下相关学问了,否则怎么能成为一名"将军"呢?

(资料来源:张喜春,刘康声,盛暑寒.人际交流艺术[M].北京:清华大学出版社,北京交通大学出版社,2014.)

课后练习

(1) 结合自身感受谈谈网络沟通的特点。

(2) 请谈谈讲究网络沟通礼仪的现实意义有哪些。

(3) 使用电子邮件发送信息。在收件人一栏打上自己的电子信箱地址,给自己发一封公务的信件,然后作为信件接收方,感受一下信件格式、所用文字、语气是否恰当。

(4) 假如你远在海外的朋友发邮件邀请你暑假到他家乡游玩,但你因为暑假已有安排不能应邀,请你拟定一封邮件回复他。

(5) 检查自己 QQ、微信聊天时语言的规范性以及对图片和视频的使用是否有不当的地方。

(6) 或许你在网上对人有不礼貌的行为,或许别人对你有不礼貌的行为。请试举一例,并根据所学的知识和技术,提出解决问题的方案。

(7) 搜集几个你认为办得好的企业网站,并与同学讨论。

任务7　行业沟通

护理,是精细艺术中最精细者。

——[意]佛罗伦斯·南丁格尔

成功是从拒绝开始的。

——营销界名言

课程思政要求

- 进行社会主义核心价值观教育。
- 进行爱国主义教育。
- 开展诚信教育、法律意识教育和道德意识教育。
- 塑造职业形象,提高职业素养。
- 促进学生全面发展。

学习目标

- 护患沟通的原则。
- 护患交谈的阶段。
- 注意语言礼貌。
- 核实患者信息。
- 善于向患者提问。
- 掌握阐释的方法。
- 运用体态语言。
- 明确导游员的素质要求。
- 熟练运用导游讲解的语言艺术。
- 掌握沟通协调的语言艺术。
- 了解主持人的含义和特点。
- 把握主持人的素质要求。
- 遵照主持人的语言规则开展主持。
- 节目主持体现语言艺术。
- 会议、仪式主持体现语言艺术。

- 婚礼主持体现语言艺术。
- 能够充分做好营销的准备。
- 了解营销的基本方式及其基本要求。
- 运用营销的语言艺术提高营销效率。

戴尔·卡耐基与他的《语言的突破》

美国著名的成人教育家、人际关系专家戴尔·卡耐基所著的第一本书《语言的突破》是一本关于演讲的著作。

卡耐基早在大学时代便将演讲作为出人头地的捷径而进行过潜心钻研。后来,他于1922年为纽约基督教青年会夜校开培训班时,他首先开的就是"公开演讲"课。由于卡耐基开设演讲课积累了丰富的知识,同时他也评判过15000篇学院的公开演讲,因此他建立了一套实用的演讲模式。为了便于各行各业的人学习演讲,1926年他根据自己的心得体会和学院学习的经验,编写了一本题为《公开演讲:企业人士的使用课程》的关于演讲的讲义。后来,这本讲义又经过几年的实践和修订,于1931年以《语言的突破》为名正式出版发行了。该书出版后,在人类出版史上创造了一个奇迹;10年之内就发行了2000多万册,远远超过同期《圣经》的发行量,而且被译成了几十种文字,成为世界上最受推崇的"语言教科书"。它详细地介绍了克服恐惧、建立自信的方法,阐述了演讲口才方面的方法和技巧等内容,促使人们努力向前,并向自我挑战,激发了人们追求人生理想、实现自我价值的坚定信念。无论从事何种工作的人,如果能按照这本书介绍的基本方法去做,都能获得意想不到的收益。

在20世纪,卡耐基演讲口才艺术曾风靡世界,掀起了一股经久不衰的卡耐基口才热,在全世界50多个国家的近2000所培训机构已经使千百万人获益。参加训练的人们来自各行各业,其中有著名作家、政治家、商界大亨、学者、大学生、职员,甚至还有几位国家元首,可见其影响之巨。

(资料来源:卡耐基.语言的突破[M].张珺,译.武汉:武汉大学出版社,2012.)

卡耐基曾经说过:"一个人事业上的成功,只有15%是由于他的专业技术,另外85%靠人际关系、处世技能。"而处理人际关系的核心能力就是沟通能力。正如有的专家所说:"沟通的素质决定了你生命的素质。"由此可见,沟通在人们的工作和生活中有着非常重要的作用。世界上哪种行业都离不开人与人之间的沟通,而沟通就需要运用语言,需要有好的口才,这正是卡耐基的著作风靡世界经久不衰的重要原因。

本任务重点探究一下护理、导游、主持和营销等行业的沟通问题。

7.1 护理沟通

作为以人文关怀为核心内容的医疗服务,其服务品质的衡量标准就是患者及其家属的满意度,而满意度的高低则是由患者及其家属在和他们的期望值进行对比后得出的。

如何了解和把握患者及其家属的期望值,如何尽可能地使医疗服务的实际所得达到患者及其家属的期望值,除了医院的硬件环境、医务人员的技术、便捷的流程、合理的费用和高效的管理等因素外,医患之间的沟通在一定程度上也起着关键的作用。

医患沟通最主要的目的在于实现治疗的目的、传递疾病防治知识与有关的健康信息以及交流情感等,因此,有效应用语言文字、音调、语调、身体语言等沟通元素,建立信任、明确沟通目标、把握对方的回应、学会倾听和融入对方的情感等,成为医患沟通应把握的主要原则,因为沟通的真正意义在于对方所给你的回应,只有重视患者及其家属的回应才能真正建立起信任,实现医疗目的。

1. 护患沟通的原则

(1) 目的性原则。护士和患者之间的语言沟通是一种有意识的语言沟通活动。护士无论是向患者及其家属陈述一件事,说明一个道理,还是提出一个问题或一个要求,一般都是为了实现一定的护患沟通的目的。沟通者在思想上对此次谈话的目的要明确。说话前,尤其是准备进行一些较为重要或较为困难的谈话前,要先考虑一下"我为什么要说""我想要表达的意思是什么""人家为什么要我说""我要怎样说"等问题;要预想达到的谈话效果以及采用什么样的内容、方法、技巧才可能达到预期效果。以此为思想指导去组织话语,调控表达方式,这就是目的性原则。

在临床护理工作中,护士常常需要有针对性地与患者交谈。或询问病情,或心理治疗,或护理操作等,这些活动都有明确的目的性。如有患者不愿服用某种药物,护士就要规劝患者服下。如果生硬地说"你不服药就算了,不服药你的病就好不了"这种粗暴的不负责任的话,有可能会加重患者的思想负担,产生"病好不了"的悲观心理,甚至会发展到自暴自弃、拒绝服药治疗。假若护士这样说:"这种药物疗效很好,已经治愈了许多类似的患者,只是有点副作用,您服药后如果不舒服可随时叫我。"患者听了护士的亲切开导,消除了疑虑,就会愉快地接受治疗,自觉服药。

(2) 适应性原则。语言交际是个动态的信息交流过程,在语言沟通中,尤其是在比较复杂的交际过程中,各种客观因素也在不断发生变化,这就要求说话者言由意移,适应情况的变化,随机应变,不断调节语言内容与形式,控制整个交际过程的进展。

(3) 针对性原则。护患沟通中,要认真了解沟通对象的思想境界,性格特点,有针对性地选择表达内容与形式。

① 分析对方精神境界、思想素养、性格特点,沟通时必须"一把钥匙开一把锁",从态度、方式、语气等方面因人施谈。如护士应以恭敬沉稳的态度、稳重朴质的语言与老练诚恳的人交谈;以诚挚信任的态度、谦虚恳切的语言与敏感内向的人交谈;以忠诚率直的态度、热情耿直的语言与性情豪爽的人交谈;以谦虚好学的态度、文雅含蓄的语言与博学熟虑的人交谈。

② 客观分析沟通对象的知识水平、生活经历、职业特点,语言交际因人而异。沟通对象的谈话兴趣、对话语所含意义、言语组合形式的接受理解能力,与他们的文化素养、知识结构、经历、职业有密切的关系,而这些直接影响着交谈的效果。所以善于交际的语言沟通者,应在交谈中注意这些因素。如要注重沟通对象的职业特征。交谈前就应事先了解

对方的职业和专长,并且对对方职业专长方面所涉及的有关内容、知识要有一定的准备,正式交谈时才能触动一点带动其他,以达到交谈目的。谈话者以对方工作与职业作为谈话的切入点,并以虚心赞赏的态度对待他,就很容易让对方产生亲切感,使交谈能达到较好的效果。李燕杰曾经到一家大医院演讲,上台一看,台下相当多的人在翻看医学书或其他读物。他既没有慌乱也没有不满,而是高声朗诵了一首诗:"每当我记起那病中的时光,白衣战士就引起我深情的遐想。他们那人格的诗,心灵的美,还有那圣洁的光,给我以顽强生活的信心,增添着我前进的力量……"因为演讲听众都是医护人员,他们所关心的是医护技术,开会不免要带一些业务书籍。但李燕杰根据听众的职业情况调整演讲开场白,先给这些医生、护士朗诵了赞美诗,一下子打动了听众的心,使她的演讲得以顺利进行,达到了语言沟通的目的。

③ 考虑对方的年龄、性别、心理特征,选择对方乐听之言。沟通对象的心理活动特点与其性别、年龄等也有很大关系,言语交际中要注意避讳语、禁忌语的运用。要做到看准对象,有的放矢,还要做到在交谈形式上,根据不同的人,做具体分析,围绕中心内容,尽量照顾年龄差异,分别对待。如对少年儿童多用平易、幽默、诱导的语言;对中青年应多用逻辑、哲理的语言;对老年人宜多用含蓄、委婉的语言。在交谈态度上,对老年人和长者,应尊敬、庄重和谦逊;对年龄相仿者要平等对待、随意、热情;对年少者,要关切、体贴。

(4) 换位性原则。动态把握沟通对象特定的心理情况,从对方的角度思考问题,换位思考,变换说话方法,便于对方接受。

① 考虑对方的特征处境,从对方的角度着想。人在不同的处境中,会有不同的心境。心境如何,常常会影响人的思维和语言的表达。同一个人对同一句话,在心情不同的境遇下,心理感受和理解程度往往会大相径庭。悲伤期间有时会闻语伤心,从而黯然神伤,不发一言;高兴中有时会闻之雀跃,满心欢喜,从而侃侃而谈。同样一种思想和主张,如果能用顺应对方心境的内容和方式去交谈,对方的某种心理需求得到满足,产生了"心理相容"的效果,就会心悦诚服地接受;反之,则容易被对方拒绝。所以要很好地完成言语交谈任务,沟通者必须考虑对方此刻的处境与可能对话题产生的心理感受与承受力,设身处地、将心比心,选择适合的词语和谈话角度,以便取得好的效果。

② 考虑对方特定心情,设身处地地将心比心。如护士与身患重病的患者交谈时,不必过多谈论病情。因为此时有关的医疗知识,不需要护士再多言。如果患者本来就背着重病的精神包袱,护士再谈及过多,势必使其包袱加重。护士应该多谈谈患者关心、感兴趣的事,以转移其注意力,减轻其精神负担。

(5) 真诚性原则。在追求沟通艺术,强调交往技巧的同时,不要忘了真诚的重要。真正的沟通,需要真诚;心与心的交流,需要真诚。真诚是指真实诚恳和真心诚意。真诚的感情基础是"爱心",是"与人为善"。没有爱心和与人为善之意,便不会有真诚。不能简单地把真诚与"心直口快""实话实说"等同起来。有些人不管对方感觉如何,很随意地表现出自己的冲动,自以为"怎么想,就怎么说"才是真诚的,甚至无意中把自己的想法和感情强加于人。尽管他说的是"真话",但也并不等于真诚,因为这样做可能使对方感到不快,甚至受到伤害。真正的真诚,必须从爱心出发,替对方着想,尽最大努力避免伤害对方。护士有时必须向患者隐瞒真实病情,但他的心是真诚的,他对患者充满爱心,一切是为了患者着想。当病人从护士的言语神情中感受到真诚时,心情便会放松,信任便会发展和巩固,沟通就会更顺利地开展。反之,当病人对护士的真诚产生怀疑时,心情便会紧张,戒心由此产生,沟通将会发生困难。

护士在工作中和沟通中表达真诚时应注意:讲话亲切、自然、不矫揉造作;设身处地为病人着想;语言与表情举止等非语言表达应保持一致;力求言语文雅、语音温柔、态度谦和,表现出对病人的关怀、同情和体贴。

2. 护患交谈的主要阶段

护患沟通通常采用的方式是交谈。护患交谈一般要经历如下几个阶段。

(1) 开始阶段。护患交谈在开始时应注意提供支持性氛围,即建立起信任和理解的气氛以减轻患者的焦虑和紧张,有利于患者思想情感的自然表达。例如,有礼貌地称呼对方,向患者说明本次交谈的目的和大约所需时间。告诉患者在交谈过程中可以随时提问和澄清需要加深理解的问题,保持合适的距离、姿势、仪态及视线接触等。

交谈可以从一般性内容开始,如"今天您感觉怎么样""您今天气色不错""您这样坐着(或躺着)感觉舒服吗"等。当患者感到自然放松时便可转入正题。如果是与患者第一次交谈(如收集资料进行护理评估等),还应作自我介绍。总之,交谈开始阶段应努力给患者以良好的首次印象,这对于交谈的成功是十分重要的。

一个人绝不会有第二次机会使别人对他(她)获得一个好的第一印象。病人对护士的第一印象将深深地影响会谈的结果。如果护士在会谈之初即建立一种温馨的气氛及表示接受的态度,会使病人开放自己并坦率地说出自己的想法,使会谈顺利地进行。真诚的照顾、关心以及温暖可以使会谈比较容易开始。首先,护士应尊重地称呼病人,并把自己介绍给病人,此外,应向病人做如下解释:

① 这次会谈的目的;

② 这次会谈大致需要的时间;

③ 会谈中收集的资料将用于制订护理计划;

④ 在会谈过程中,如何使病人获得最大的帮助,并应特别强调在谈话过程中病人可以提出问题及澄清疑惑。

有些一般性的问话,如"这束花真漂亮,是别人刚送来的吧",可以帮助开始会谈。等到病人看上去已经放松并且有接受态度时,护士就可以开始他的会谈了。

(2) 展开阶段。此时的交谈主要涉及疾病、健康、环境、护理等实质性内容。随着会谈的进行,护士的任务是把谈话引向既定的重点上。护士在会谈中应始终把握三个重点——问题、病人的反应、非语言的沟通表达。护理人员要更多地运用各种沟通技巧,例如,提出问题、询问情况、进行解释、要求澄清等,以互通信息,或者解决患者问题,达到治疗性目的。关于交谈技巧,下面有专题介绍。这里要强调的是,在这一阶段,护士一方面要按原定目标引导谈话围绕主题进行,另一方面要尽可能创造和维持融洽气氛,使患者无顾忌地谈出真实思想和情感。交谈中因新发现的问题而调整或改变原定主题的情况,也是常有的和必要的。请看下面的例子。

例如,患者王某是一位年轻的女舞蹈演员,因腿部骨折而住院治疗,这两天她总说自己"再也当不了演员了""梦想也破灭了",情绪低落、睡眠不好、食欲不振,有时表现得十分烦躁,对康复不利。该患者的责任护士小贺研究了她的病历,并与主治医生一起探讨了她的病情,一致认为这次骨折将不会影响患者在舞蹈方面的发展。为了消除患者的焦虑,小贺计划好与患者进行一次治疗性交谈。交谈中随着双方关系的进一步发展,坦诚而自如的气氛消除了患者的顾虑,患者谈了她焦虑的更重要的(或真正的)原因是未婚先孕。于是小贺立即调整了交谈的目标,使交谈主题转移到如何解决未婚先孕的问题上。可见,交谈是一个变化的甚至是非常复杂的过程。上例中护士小贺通过交谈,发现患者的新问题之后,既要帮助患者调整好因表白痛苦问题后所产生的情感变化,又要调整好自己的情绪以适应交谈内容的转变,同时还要通过非指导性交谈,与患者一起商讨出一个妥善的、使患者可以接受的解决问题的方案。这不仅要求护士具有高明的沟通技巧、良好的应变能力和多方面的经验,而且要求护士具有高尚的职业道德修养。

(3) 结束阶段。本阶段的主要任务是为终止交谈做一些必要的交代。例如,用看手表的方式提醒对方交谈已接近尾声,应抓紧讨论剩下的问题,对交谈内容、效果做简明的评价小结,必要时约定下次交谈目标、内容、时间和地点等。

正式的专业性交谈(特别是治疗性交谈)要有记录。一般是在交谈结束后补做记录。如果需要在交谈中边谈边记,则应向患者做必要的解释,以免引起患者不必要的紧张和顾虑。记录要注意保护患者隐私。

护士在结束谈话时应注意以下几个问题。

① 告诉病人会谈快要结束了。

② 询问病人还有什么补充,这样可以弥补护士没有想到的内容。

③ 在会谈即将结束的时候不要再介绍任何新的内容。如果对方提出新的问题,则可另约时间。按预订计划结束会谈是很重要的,因为如果护士还有其他的事要做而拖延时间,就可能会表现出注意力不集中、疏忽甚至烦躁不安,这些表现会影响你与病人今后的交谈。

④ 有时候可以告诉病人,由于他的合作,护士已经获得很多有关他的健康方面的资料,这些资料对制订他的护理计划非常有益。

⑤ 最好在会谈结束前将谈话的内容做一个总结。在总结过程中,通过观察病人的反应,可以验证一下总结是否恰当。

⑥ 会谈结束时可以为下一次会谈做准备,例如,护士可对病人说:"还有两天你就要动手术。"

3. 护患沟通的语言技巧

(1) 注意语言礼貌。语言礼貌是护患沟通的基本前提。这主要应该注意两个方面。

① 运用得体的称呼语。称呼语是护患交往的起点。称呼得体,会给病人以良好的第一印象,为以后的交往打下互相尊重、互相信任的基础。护士称呼病人的原则是:要根据病人身份、职业、年龄等具体情况因人而异,力求准确;避免直呼其名,尤其是初次见面直呼姓名很不礼貌;不可用床号取代称谓;与病人谈及其配偶或家属时,适当地敬称如"您夫人""您母亲",以示尊重。

② 巧避讳语。对不便直说的话题或内容用委婉方式表达，如耳聋或腿跛，可代之以"重听"、"腿脚不方便"；患者死亡，用病故、去世，以示对死者的尊重。

③ 善用职业性口语。职业性口语包括以下方面。

礼貌性语言。在护患交往中要时时处处注意尊重病人的人格，不伤害病人的自尊心，回答病人询问时语言要同情、关切、热诚、有礼，避免冷漠粗俗。

保护性语言。防止因语言不当引起不良的心理刺激，对不良后果不直接向病人透露，对病人的隐私要注意语言的保密性。

治疗性语言。如用开导性语言解除病人的顾虑；某些诊断、检查的异常结果，以及对不治之症者的治疗，均应用保护性语言。

④ 注意口语的科学性通俗化。科学性表现在不说空话、假话，不模棱两可，不装腔作势，能言准意达、自然坦诚地与病人沟通。同时注意不生搬医学术语，要通俗易懂。

(2) 学会倾听。护士在沟通中首先要学会倾听。当护士全神贯注地倾听对方的诉说时，实际上便向对方传递了这样的信息：我很关注你所讲的内容，请你畅所欲言吧！对方便会毫无顾忌地说下去，同时还会获得解决问题的希望和信心。相反地，如果一位患者滔滔不绝地向护士诉说了自己对于即将进行的手术很担忧，害怕手术不成功、害怕疼痛、害怕后遗症等，而当患者停止诉说时，这位护士却又问："你对这次手术有什么顾虑吗？"患者马上便会意识到，她刚才诉说时，护士根本就没有听。此时，患者会立即失去继续沟通的兴趣和信心，觉得自己再怎么说也是无用的。

倾听不同于一般的"听"或"听见"。当人在清醒时，外界各种各样的声音都会传入人的耳朵，如窗外的蝉鸣声、鸟语声、汽车声，做家务时音箱传来悦耳的音乐声，上班时同事的问好声等。这些声音虽然都听到了，但都不属于入神的倾听。

倾听是指护士全神贯注地接收和感受对方在沟通时所发出的全部信息（包括语言的和非语言的），并做出全面的理解。也就是说，倾听除了听取对方讲话的声音并理解其内容之外，还须注意其表情体态等非语言行为所传递的信息。因此，倾听是护理人员对于对方作为整体的人所发出的各种信息进行整体性的接收、感受和理解的过程。

(3) 核实患者信息。核实是指护士在倾听过程中，为了解对自己理解是否准确时所采用的技巧。在沟通中，核实是一种反馈机制，它本身便能体现一种负责精神。通过核实，患者可以知道医护人员正在认真地倾听自己的讲述，并理解其内容。核实应保持客观态度，不应加入任何主观意见和感情。具体方法包括重复和澄清。

① 重复。重复是将对方说过的话再说一遍，待对方确认后再继续倾听和沟通。重复可以直接表示承认对方的叙述，可以加强对方诉说的自信心，使对方有一种自己的诉说正在生效的感觉，从而受到了鼓励并继续诉说。

重复可以直接用对方的原话。例如，患者："昨天半夜我觉得很难受，难受得睡不着觉，胸很闷。"护士："你感到胸很闷？"患者："是的，简直喘不过气来（继续诉说）。"上例中护士的重复，表达了她对患者倾诉的关切和重视，患者可以由此获得继续倾诉的兴趣和信心。重复有时可以改换一些词句，但意思不变。例如，患者："我的癫痫病反复发作，我难以想象我的病会对我丈夫和儿子产生多大的影响。我真希望我从来没有得过这种病，但现在它却老是发作，我不知道我丈夫和儿子会怎么想，他们一定很痛苦（因难过而说不下去)……"汤护士："你的丈夫和儿子因为你的病而非常痛苦吗?"患者说："是的,我实在为他们担心,我不想让他们烦恼(继续倾诉)。"在这个例子中,汤护士利用患者因难过而说不下去的时机,巧妙地重复了患者的意思。虽然没有完全运用患者的原话,但意思未变。这种词语的变化可以使重复显得更为移情化,而不会太机械。而且,护士是在患者难过得说不下去时运用重复技巧的,这可以缓解患者情绪,使沟通继续下去。

在使用重复时不应加入自己的主观猜测,否则效果会适得其反。例如,"对不起,我来晚了一会儿!"护士："你因为来晚了而感到十分抱歉了?"在这里,"十分抱歉"是护士的主观猜测,把这种猜测强加给患者,会使对方感到不舒服,对方会觉得这位护士的反应太过分了,甚至有些轻率、不认真。

② 澄清。澄清的目的是对于对方陈述中一些模糊的、不完善的或不明确的语言提出疑问,以取得更具体、更明确的信息。澄清常常采用的说法如："请再说一遍""我还不太明白,请您再说清楚一点……""根据我的理解,您的意思是不是……"澄清有助于找出问题的原因,有助于加强信息的准确性,不仅可以使护士更好地理解患者,还可以使患者更好地理解他自己。请看下面的案例。

患者："我与婆婆关系不好,我丈夫也无能为力。你看,我住院到现在婆婆都没来看过我一次。"

郝护士：(点头)

患者："还有我那12岁的儿子,实在太调皮、太贪玩。奶奶非常宠爱他,我们常为这事发生争执。我丈夫工作忙,也没多少时间过问儿子的事,唉……"

郝护士："您儿子在念小学吧!"

患者："是啊,小学五年级了,明年要上初中,但功课不是很好,我现在住在医院里,谁来管他的功课？真怕他成绩下降。还有单位里的工作也让我很不放心,不知道代替我的人能不能把事情做好,我真烦,没办法安心养病!"

郝护士："这些真够让您操心的了。但您能不能考虑一下最让您担心的是哪件事?"

患者：(略作思考)"哦,还是儿子的功课最让我担心吧!"

当患者同时陈述了好几个困惑的问题时,通过澄清也可以帮助护士和患者弄清最重要的关键问题是什么,此时,医护人员便可以在患者参与下,集中精力先解决关键的问题。

(4) 善于向患者提问。提问在护患专业性沟通中具有十分重要的作用。它不仅是收集信息和核实信息的手段,而且可以引导沟通围绕主题展开。所以有人说,提问是沟通的基本"工具"。善于提问是一个有能力的护士的基本功。提问的有效性,将决定收集资料的有效性。

① 封闭式提问。例如,"你今天觉得胃部不适,比昨天好些还是差些,或者是和昨天一样,没什么变化?"(回答是三者选一)；"您看了您的这些检验报告,是不是感到很担心?"(回答是"是"或"不是")；"您的家庭中有患冠心病的人吗?"(回答"有"或"没有")；"今天您能下床活动一下吗?"(回答"能"或"不能")；"您有时间进行这些锻炼吗?"(回答"有"或"没有")；"您的胸痛是在哪个部位?"(回答为"某某部位"或者用手指点该部位)；"您的家庭成员中谁得过冠心病?"(回答是"父亲"或"母亲",或其他亲人)；"您昨夜大约睡了几个小

时?"（回答具体的小时数）；"您平时经常进行哪些项目的身体锻炼？"（回答为说出体育锻炼的具体项目）；"您在大学里学的是什么专业？"（回答所学专业）等。

② 开放式提问。例如，"您看起来不太愉快，您有什么想法吗？请告诉我，我可以尽力帮助您。""过几天您就要动手术了，您对这次手术有什么想法？""您刚才已经知道医生给您的明确诊断了，有什么想法和感觉请尽量告诉我，我会帮助您的。""由于您的积极锻炼，您的下肢功能已经有了明显恢复，您有什么看法？请谈谈吧！也许对继续锻炼有利。""金先生，您对于这两天的饮食感觉怎么样？有什么意见和想法请告诉我，以便我们改进。"

患者回答开放性问题并不是一件轻而易举的事，因此，医护人员对于自己所要提出的每一个开放性问题都应慎重考虑和选择。同时，态度要特别诚恳，必要时应说明提问的目的、原因，努力取得患者的理解。当患者确信自己的回答一定会对健康有帮助时，便会乐意而认真地回答。如果医护人员不作任何说明地突然提出一个范围很广的开放性问题，患者会感到莫名其妙，不知从何说起，或者因为怕麻烦而不愿回答。

封闭式提问和开放式提问在沟通中有时是交替使用的，但要注意每次提问一般应限于一个问题，待得到回答后再提第二个问题。如果一次提出好几个问题要患者回答，便会使患者感到困惑，不知该先回答哪个问题才好，甚至感到紧张、有压力，不利于沟通的展开。

(5) 掌握阐释的方法。阐释是医护人员以患者的陈述为依据，提出一些新的看法和解释，以帮助患者更好地面对或处理自己的问题的一种沟通技巧。这些新的阐释（提议和解释）对患者来说都是可以选择的，既可以接受，也可以拒绝。阐释应使患者感到确实对自己有益，阐释较多地运用于治疗性沟通之中。下面是一位护士为解决患者焦虑时运用阐释进行治疗性沟通的实例。

患者："我在退休以前工作一直很忙的，除了许多事务性工作之外，每天都要接待和会见许多人，甚至连晚上和休假日都要抽出时间接待来访者，我觉得自己是个不可缺少的人物，可现在呢？我每天待在家里，看看报，听听广播，或者看看电视，自己弄点吃的，再没有别的事可做了，现在又生病住在医院里，唉……"

常护士："哦，我能理解。您辛苦一辈子，把所有的时间和精力都用在工作上了，您很乐意帮助别人，生活过得很充实，现在您退休了，觉得没有什么更有意义的事可做了，您很不习惯这样赋闲的生活，是吗？"

患者："你说得没错！我确实很不习惯这种无所事事的生活。我以前虽然常常抱怨工作太忙什么的，但现在我却很留恋过去那种忙碌的日子。"

以上例子中，护士的阐释都是顺着患者的思绪而来的，并没有任何主观主义的胡乱猜测，但又确实加入了护士自己的理解和新的观点。护士从患者对于过去忙碌生活的津津乐道中，看出来患者热心事业、乐于助人的特点，因而提出了患者过去"生活过得很充实"的释义；又从患者对于退休后无事可干的埋怨语气中理解了患者的空虚、孤独等感受，从而提出了患者"不习惯这种赋闲生活"的新观点。这些释义和新观点都很自然地被患者所接受，患者会觉得护士说出了他自己想说而没说出来的心里话，便增加了信任感，发展了良好的沟通关系。这无疑是有利于患者健康问题的解决。

在运用阐释技巧时，要注意给患者提供接受和拒绝的机会，即让患者做出反应。阐释的基本步骤和方法如下。

① 尽全力寻求对方谈话的基本信息,包括语言的和非语言的。

② 努力理解患者所说的信息内容(包括言外之意)和情感。

③ 将自己的理解用简明的语言阐释给对方听,要尽量使自己的语言水平与对方的语言保持接近,避免使用对方难以理解的词语。

④ 在阐释观点和看法时,用委婉的口气向对方表明你的观点和想法并非绝对正确,对方可以选择接受或拒绝。例如,可用下列语言征求对方的反应:"我这样说正确吗""我的看法是……不知对不对""您的意思是……对吗"。

⑤ 整个阐释要使对方感受到关切、诚恳和尊重,目的在于帮助患者明确自己的问题以利解决。

(6) 运用体态语言。体态语言与语言构成交往的两大途径。体态语言常能表达语言所无法表达的意思,且能充分体现护理工作者的风度、气度,有助于提高沟通效果,增进和谐的护患关系。非语言交流的技巧如下。

① 手势。以手势配合口语,以提高表现力和感应力,是护理工作中常用的。如病人高热时,在询问病情的同时,用手触摸患者前额更能体现关注、亲切的情感。当患者在病室喧哗时,护士做食指压唇的手势凝视对方,要比以口语批评喧闹者更为奏效。

② 面部表情。据研究发现,交往中一个信息的表达等于7%的语言、38%的声音、55%的面部表情三者之和。可见,面部表情在非语言交往中的重要作用。常用的、最有用的面部表情首先是微笑。护士常常面带欣然、坦诚的微笑,对病人极富感染力。病人焦虑时,护士面带微笑与其沟通,本身就是"安慰剂"。病人恐惧不安时,护士镇定、从容不迫的笑脸,能给病人以镇静和安全感。其次是眼神,恰当地运用眼神,能调节护患双方的心理距离。如在巡视病房时,尽管不可能每个床位都走到,但以眼神环视每个病人,能使之感到自己没被冷落;当病人向你诉说时,不应左顾右盼,而应凝神聆听,患者才能意识到自己被重视、被尊重。

③ 体态、位置。工作中体态、位置是否恰当,反映了护士的职业修养和护理效应。当病人痛苦呻吟时,护士应主动靠近病人站立,且微微欠身与其对话,适当抚摸其躯体或为其擦去泪水,给病人以体恤、宽慰的感受。站立时应双腿挺直,双臂在躯体两侧自然下垂,收腹挺胸,不倚墙而立。坐姿应上身自然挺直,两腿一前一后,屈膝,平行或交叉,能显示高雅、文静。行走步履轻盈,步幅均匀,抬头挺胸,自然摆臂,步态轻、稳、快,能体现庄重、有效率。总之,优美、朴实、大方的仪态是自然美的体现,也是护理价值的体现。

在护患沟通中,如果患者取的是坐位,那么护士要取站位;患者如果取的是卧位,护士要取坐位,用基本平行的视线,这样更适合彼此的交流。

小训练

作为护士,当你在病房巡视时,发现某病人的亲属在房间因对医务人员不满而大吵大闹,出言不逊,你应该如何处理?

7.2 导游沟通

1. 导游员的素质要求

导游服务是指为消费者提供吃、住、行、游、购、娱的服务。随着现代旅游业的发展,导游服务的内容和方式正不断发生变化,对旅行社从业人员的素质要求也越来越高。面对激烈的市场竞争,无论是团队或散客,还是单项服务或综合服务,都需要旅行社认真对待,以取得市场的认可和信誉。因此,导游员必须提高自身的素质和能力,否则将难以胜任旅行社的工作。

导游员通常都是独立工作,需要有较强的组织、协调、沟通、控制、调动情绪、处理突发事件的能力。导游员的素质要求主要包括如下方面。

(1) 热情友好、爱岗敬业。导游员应该性格开朗、待人热情、活泼睿智、富于幽默感。导游员在接待过程中应该热情地关心每一位游客,提供富有人情味的服务,使游客产生一种宾至如归的感觉。导游员应该具有强烈的敬业精神,热爱导游工作,真诚热情地为旅游者服务,精力充沛地投入旅游团的接待工作中。导游员应该积极发挥自己的聪明才智和主观能动性,不怕吃苦、任劳任怨,出色地完成旅游接待任务,让游客高兴而来,满意而归。

(2) 仪表端庄、仪容大方。整洁的衣着、端庄的仪表和潇洒大方的言谈举止,做到持证上岗、挂牌服务。这样在为游客提供服务时,会给导游员增添几分气度。而衣着不整、形象邋遢的导游员则使人感到不可信任。因此,导游员的衣着必须整洁、得体;表情要自然、诚恳、稳重,让人看上去总是精神饱满、朝气蓬勃。做到微笑迎客、主动热情、端庄大方。

(3) 态度乐观、不惧困难。导游员在旅游接待过程中,经常会遇到各种意料不到的困难。例如,飞机航班延误、旅游途中遇到车祸、旅游团内有人生病、旅游团内个别旅游者对旅行社的某些安排表示强烈不满等。在困难面前,导游员应该表现出乐观的态度,让游客觉得困难并不像原先想象的那么严重,增加克服的勇气。因此,导游员必须是一个乐观主义者,在任何困难面前都不应丧失信心。那种一遇困难就惊慌失措、怨天尤人的人,绝不会成为一名合格的导游员。

(4) 意志坚定、处事果断。坚定的意志和处事果断的工作作风,是导游员成功地带领游客完成旅游活动的重要因素。无论担任领队、全程陪同还是地方陪同,导游员都必须在旅游者面前表现出充分的自信心和抗干扰能力。导游员应该坚定不移地维护游客和旅行社的正当权益,坚决要求有关方面不折不扣地履行事先达成的旅游合同或其他合作协议。在遇到比较棘手的问题时,导游员应能保持冷静,头脑清醒,善于透过纷乱复杂的表面现象,迅速找到问题的实质,果断地采取适当措施,尽快将问题解决好。

(5) 待人诚恳、讲求信誉。导游员必须具有待人诚恳的品质,无论对游客还是对旅行社,都必须讲求信誉,做到言必信、行必果,一切事情必须光明正大,不得背着旅行社同游客、旅游中间商或其他旅行社做私下交易。导游员不应做假账,虚报各种开支,也不能欺骗旅游者,损害旅游者的利益。导游员不得讲有关他所服务的旅行社或旅游者的坏话。这样既不公平又不明智,最终会让人对导游员产生恶劣的印象。

（6）顾全大局、团结协作。导游员在接待过程中，不可避免地要同许多部门、单位、企业和个人进行合作，在合作的过程中，有时会因各种原因同这些部门、单位、企业和个人发生误会甚至冲突。当这种情况发生时，导游员应以大局为重，在一些非原则的问题上委曲求全，尽量向对方解释，设法取得谅解，以消除误会、加强合作。另外，导游员在接待过程中要经常注意游客的情绪，发现不和谐的苗头时，应及时加以调解，使整个旅游团在团结和睦的气氛中顺利度过旅游全过程，留下对旅游活动的美好印象。

（7）身体健康、性格开朗。导游员应该具有健康的身体和心理，精力旺盛、充满朝气。旅游接待工作既是一项十分繁重的脑力劳动，也是非常艰巨的体力劳动。导游员每天不仅要提供大量的导游讲解服务，还要从生活的各个方面照顾来自不同国家和地区，具有不同文化传统和生活习惯的游客。在旅游过程中，导游员经常是全团中第一个起床而最后一个就寝的人，并且要经常面对各种意料不到的困难，需要不断地解决问题、调解各种纠纷、协调各方面的关系，这些工作会消耗导游员的大量脑力和体力，有时会弄得导游心力交瘁。

（8）遵纪守法、依法办事。导游员应该成为遵纪守法的模范，尊重游客的宗教信仰、民族风俗和生活习惯，并主动运用他们的礼节、礼仪，表示对他们的友好和敬重。自觉维护国家的各种法律法规，严格地按照旅行社的各项规章制度办事。导游员应该熟悉有关旅游行业和消费者权利的各项法规，能够运用法律保护旅行社和旅游者的正当权益，并勇于同各种违反国家法律和旅行社规章制度的行为作斗争。

（9）勤奋好学、不断进取。导游员应该具有强烈的进取精神，勤奋好学，不断用各种知识充实自己的头脑。导游员不仅要学习书本知识，还要通过实践进行学习和锻炼，将书本知识同实践经验结合起来，提高自己的知识水平和业务能力。另外，导游员还应虚心地向他人学习，向同事学习，向旅游者学习。不仅学习他们的成功经验，还要了解他们的失败经验，避免重蹈他人的覆辙。

2. 导游讲解的语言艺术

国际旅游界认为，"没有导游的旅游是不完美的旅行，甚至是没有灵魂的旅行"。一名优秀的导游，能成功地引导游客在旅游结束后游兴未尽，流连忘返，给社会带来良好的经济效益。导游员的主要职责是组织好整个旅游活动，做好导游讲解和服务工作，在物质和精神上给游客提供优质的服务。导游只有根据游客的不同情况，灵活地使用导游资料，运用导游艺术和技巧，才能使导游内容生动而又富有生命力。导游服务的中心是讲解，导游的讲解能帮助游客丰富阅历，增长见识，获得美感，从而实现旅游的目的。"三寸不烂之舌"是导游的看家本领，不同的景观内容、不同的游客、不同的时间段，导游需要运用不同的讲解技巧和多种讲解方法为游客服务。导游讲解的语言艺术着重体现在以下方面。

（1）游览之初，做好铺垫。到达景点之前，导游要做好铺垫，以引发游客的游览兴趣。在距离景点还有3～5分钟路程时，导游要切实准备好一段精彩的景点总体概述讲解的导游词，以其作为铺垫，从而更好地激发游客游览参观某个景点的兴趣。具体的内容根据具体的景点来确定。如在到达张家祠之前，导游可以借鉴以下讲解，如：

"好了，各位朋友，再过3分钟，我们就要到达一个特殊的景点。在这儿各位可以看到许多的仙鹤,当然了,这些都不是真的。这些形象十分逼真的仙鹤,曾被我国古建筑专家梁思成先生誉为李庄四绝之一。在抗战时期,国家博物院的数千箱国家级珍贵文物以及保卫这些文物安全的军队皆驻扎在这个地方。这个地方在2005年建成了中国李庄抗战文化陈列馆,2007年又被批准为四川省文物保护单位。什么地方居然有如此大的魅力?对,朋友们,就是现在出现在我们正前方的张家祠。"

因此,引入讲解词是为了突出即将参观的景点的独特性,从而引起游客的游览兴趣。如导游在讲了这一段导游词后,游客就会对张家祠产生浓厚的游览兴趣,就会特别想去看一下这些仙鹤到底是什么样。仙鹤其实是指50扇窗户上雕刻的百只仙鹤。

(2) 声音优美,把握节奏。导游员讲解要控制好声音、语速,选择好讲解的地点。在导游过程中,导游员要熟悉业务,知识面广。讲解内容健康、规范,热情介绍、答复游客的提问或咨询,耐心细致;对游客的提问,尽量做到有问必答、有问能答;对回答不了的问题,致以歉意,表示下次再来时给予满意回答;与游客进行沟通时,说话态度诚恳谦逊,表达得体,例如,"请您随我参观""请您抓紧时间,闭馆时间到了""欢迎您下次再来"等。同时,导游讲解时声量过高会造成噪声,音量过大令人讨厌,说出外行话更让人瞧不起。音量过小,游客又听不清楚,"讲话的艺术在于适中"。导游在讲解时音量不可过高或过低,要以游客听清为准。因此,导游讲解的时间、位置都要注意选择。通常导游要站在游客围成的扇面中心,这样有利于声音传播,使客人都能听到导游的讲解,导游也能听清客人的议论和问题。导游讲解如果过快,游客听不清楚,精神高度紧张,容易引起疲劳。如果讲得过慢,又会耽误时间,影响游客观赏景物,让人感到不舒服。一般来说,需要特别强调的事情、容易招致疑惑误解的事情和重要的地名、人名、数字等应放慢语速;故事进入高潮时要放慢语速。当然,导游语言要讲究变化。所应遵循的原则,就是随时注意变化。要根据讲解内容,做到宜徐则徐,宜疾则疾,徐疾有致、快慢相宜。

(3) 语言表达,准确顺畅。准确流畅是导游语言艺术的核心。导游是民间外交大使,是祖国山水的代言人,导游的一言一行都应符合实事求是的精神,讲解应注意准确性。首先应注意语法、语音、语调的正确。导游语言表达主要在口头,一般要求在使用某种语言时避免出现明显的语法错误,符合规范,达到基本正确。语言是语音和语义的结合体,是通过声音来表意的,试想导游如果把warriors[wɔːriez](兵马俑)发成worries[wariz](烦恼),那会使外国游客产生一种什么样的感觉呢?起伏多变的声调和语调可以表达不同的意思和情感,使用得当会收到很好的效果。一般情况下,导游应使用柔性语言,即声音强弱适度,不高不低,为了打动游客的心弦,随着环境的不同,语调既要正确,又要富于变化,为了强调集合的时间,提醒游客注意,可以将关键词语加大音量,放慢速度,"我们十一点在公园大门集合。"准确的另一层含义是要言之有物,用词准确。做到就事论事,言之有理,不能把死的说成活的,把丑的说成美的,把假的说成真的,以达到哗众取宠的目的。比如有的导游在没有根据的前提下信口开河,用一串最高级形容词来描述事物"世界上""全国最""天下无双",结果使游客期望值过高,与实际形成反差。

根据语言学的研究,导游语言是一种线性语言,讲解一定要流畅。一旦中断,就会影响意思表达,游客无法领会你想要表达的意思和感情,会产生诸如你准备不充分等其他不好想法,伴随而来的是对导游的怀疑、不信任心理。因此,导游语言表达准确流畅,对导游员来说至关重要。同一导游材料,不同导游去讲解,收到的效果会有所差别,甚至有天壤之别。我们在讲解之前,一定要把有关景点材料准备得滚瓜烂熟,并反复加以操练。同时,还要避免使用不良的习惯语,也就是我们平常所说的口头禅,诸如"这个……这个……这个……""嗯……嗯……嗯……"之类,最影响讲解内容的连贯性。只有这样才能达到"黄河之水天上来,奔流到海不复回"的境界,取得庐山瀑布"飞流直下三千尺"的效果。

(4) 通俗易懂,大众口味。讲解语言做到大众化,浅显易懂,适合一般人的水平和需要是不容忽视的一个问题。在导游讲解中,特别要注意将书面化的导游词转化成口头语表达出来,而不是"背书"。要做到通俗,主要应注意以下几个方面。

① 口语化、短句化。导游词是用来听而不是用来看的,所以不应当书面化和过多使用长句,应当使用口语和短句。请看下面一个句子:"目前我国保存最完整、建筑规模最大的颐和园中的德和园大戏楼是比故宫的畅音阁、承德避暑山庄的清音阁两座清宫戏楼还要高大的古戏楼。"这个句子长近60字,作为书面语似无不可,但用作口头讲解,听起来就十分费劲,如果改用下面几个短句表达,效果就好多了:"颐和园中的德和园大戏楼是清宫三大戏楼之一。它比故宫的畅音阁、承德避暑山庄的清音阁这两座戏楼还要高大。它是目前我国保存最完整、建筑规模最大的古戏楼。"

② 避免使用冷僻、晦涩的词语。导游词虽然要讲究一定的文采,但是必须以通俗易懂为前提,故应避免使用冷僻、晦涩的词语和太专业的术语。

③ 充分考虑文化差异。导游员在为外宾导游服务时,应考虑将中国的历史年代、度量衡等方面的词语进行换算或类比使其更容易听懂。讲解中涉及中国名人、名言、诗词、成语等时,要给予必要的解释。

(5) 生动自然,回味无穷。导游员在讲解内容准确的前提下,应以生动、有趣且具感染力的语言活跃气氛,增添游客的游兴,以趣逗人。如果讲解过度使用书面语言,照本宣科、死板老套不可取,"黄色幽默"和低级趣味的笑话更应杜绝。例如,在介绍千佛山公园概况时有位导游是这样讲的:"千佛山山脉来自岱麓,它翠峰连绵,树木葱郁,松柏满谷,楼台高耸,殿宇错落,为济南天然屏障。"这段讲解由于玩弄美丽辞藻,过多使用书面语言而让人感到不自然,不能给游客以生动易懂、赏心悦目的感觉,无法实现导游讲解的目的。正确的办法是将其修改为通俗、生动的口头语言。我们可以尝试着将上面一段文字修改如下:千佛山属于泰山的余脉,海拔258米。你看它东西横列,翠峰连绵,盘亘于济南市区的南面,被人形象地称为泉城的南部屏风。清代著名文学家刘鹗在他的小说《老残游记》中,就有一段描述千佛山的话,他说从大明湖向南望千佛山,"仿佛宋人赵千里的一幅大画,做了一架数十里长的屏风",形容得非常贴切。导游这样的讲解让游客如身临其境,回味无穷。

要做到讲解生动,导游仅具备丰富的景观知识和语言词汇是远远不够的,还必须善用精彩描写,使语言生动形象,耐人寻味,如《迪庆香格里拉导游词》:

在雪山环绕之间,分布着许多大大小小的草甸和坝子,这是迪庆各族人民生息繁衍的地方。这里土地肥沃,水草丰美,牛羊骏马成群,真有"天苍苍,野茫茫,风吹草低见牛羊"的风光。五月的中旬草原,碧绿的草地和山坡上的杜鹃花、格桑花和数不尽的各种小花争相怒放,姹紫嫣红,争奇斗艳,宛如一块块色彩斑斓的大地毯,骏马奔驰,牛羊滚滚,雄鹰翱翔,牧人在白云蓝天下唱起牧歌,挥动长鞭,这就是人间仙境的生活,一幅活生生的美丽图画。这段讲解把人带入诗画般的意境,获得一种远离尘世的超脱之感。

(6) 条理清楚、灵活多变。这是导游语言艺术的基本要求。条理清楚,是导游与游客沟通的根本。特别是对于内容丰富、复杂的景点,讲解必须有条理。先讲什么、后讲什么、中间穿插什么,都要事先组织好,否则会让人不知所云。导游要克服一些不良的口语习惯。有的导游用语暧昧、含混不清,有的解说反复啰唆、拖泥带水,这些不良习惯都会影响导游的表达能力,是应当想方设法克服的。导游言语运用要妥当,有分寸,以做到真正体现对游客的尊重为前提。导游讲解的灵活多变是指在景点基本内容的基础上,用多种不同表达方式因人、因地、因时制宜,力求讲解生动、风趣、幽默。导游员在讲解时必须充分考虑游客的文化背景、认知水平、兴趣爱好及职业特点等异同,并据此有针对性地决定内容的取舍和表达方式的选择,以提高游客的接受和理解能力。如在讲解中穿插一些"边角料"——历史典故、神话传说、轶事野史,就是灵活多变语言艺术手法的集中反映。如某导游员带领游客来到故宫九龙壁前,游客们自然会被这面瑰丽的工艺品上那九龙腾云的图案吸引。导游员对游客说"大家的鉴赏力都值得钦佩,但视力不一定都好。请你们仔细找个破绽:这里龙身上的某一块瓦不是玻璃,而是木头仿制的。乾隆年间,一次皇帝巡视园内看到墙壁上脱落一块瓦,命工匠补上。而炼制这种瓦需要数天时间,工匠急不择料,用木头雕制成一块瓦样,漆上逼真的色彩镶嵌上去以假乱真,骗过了皇帝的眼睛。今天谁能最先找到,谁的眼力一定第一!"游客听说,兴趣高涨。当他们找到这块传奇的木瓦雀跃之余,会相信这个传说真实可信。

(7) 幽默风趣,轻松愉快。导游员在讲解的过程中,适当运用幽默,会令游客感到趣味盎然、轻松愉快。值得注意的是幽默要适度,内容要健康,安排要有间隔。如果总是幽默而不注意知识性、科学性,也就收不到良好的效果;如果弄成了贫嘴笑料,搬出来哗众取宠,就必然适得其反。在运用幽默方法的时候要注意超出常人正常思维范围,这样使人觉得既在意料外,又在情理中,做到语言艺术上的"柳暗花明又一村",让游客在乐趣中得到精神享受。例如,苏州西园的五百罗汉堂里,导游指着那尊"疯僧"塑像逗趣说:"朋友们,这个疯和尚有个雅号叫'九不全',就是说,有九样毛病:歪嘴、驼背、斗鸡眼、烧脚、鸡胸、瘸瘸头、斜肩脚、招风耳朵,外加一个歪鼻头。大家别看他相貌不完美,但残而不丑,从正面、左面、右面看,你会找到喜、怒、哀、乐等多种感觉。另外,那边还有五百罗汉,大家不妨去找找看,也许能发现酷似自己的'光辉形象'"。又例,导游员为了让游客注意集合时间,避免游客走散,没有简单地反复提醒,而是"幽他一默",她说:"故宫南北长一公里,面积为京都皇宫的七倍,参观的人很多,诸位都是来自五湖四海,千万不可走散,淹没在人流里,到了晚上被关在这里。据说西太后有夜游紫禁城之说,一旦撞上了西太后会语言不通,大家都着急。所以请在某时某分于某地集合。拜托了!"这样的表述以新颖的刺激使时间和地点的概念得到强化,又显得导游员说话风趣,游客也轻松愉快,不感到压力,自然收到了较为理想的效果。

在导游实践中可以运用以下修辞手法,达到幽默的讲解效果。

① 比喻。比喻就是用相似的事物来打比方。导游用旅游者熟悉的事物,来比喻参观的事物,能够很快使旅游者对陌生的事物产生理解和亲切感。如《中国茶叶博物馆导游

词》对绿茶的介绍:"一般说来,绿茶芽叶越嫩越佳,一芽为莲蕊,如含蕊未放;二芽为骑枪,如矛端又增一缨;三芽称雀舌,如鸟儿初启嘴巴。冲泡后,呈青翠欲滴的绿色。"通过贴切的比喻,绿茶芽叶优美的姿态具体可感,给人以视觉的美感。

② 排比。排比是将几个内容相关、结构相同或相似、语气连贯的词语或句子组合在一起,以增加语势的一种辞格。导游讲解中运用得当,可产生朗朗上口、一气呵成的效果,增添感人力量。如上海南浦大桥的一段导游词:"大桥的建成已成为上海又一重要的标志,她仿佛一把钥匙,打开上海与世界的大门;她仿佛一面镜子,反映着中国最先进生产力水平的大都市的现代文明;她仿佛一部史册,叙述着中国的未来;她仿佛一部资质证书,充分证明中国完全可以参与和完成世界上的任何工程项目;她仿佛是一曲优美的交响乐,奏出时代的最强音。"

③ 拟人。拟人是导游语言艺术中常用的把物当成人的一种手法,本体与拟体的交融,有助于渲染气氛,将感情与形象融为一体,使讲解变得更为生动和幽默。雁荡三绝中的灵峰,月色下,那些变幻多姿的石头,人们通过拟人化的想象赋予了它生命,"牛眠灵峰静,情侣月下恋,牧童偷偷看,婆婆羞转脸。"这是一幅多么神奇浪漫的爱情画像啊!

④ 夸张。夸张就是"言过其实",指在客观真实的基础上,对事物进行夸大或缩小的描述。在导游语言艺术中,夸张可以强调事物的特征,表达情感,引起共鸣。如上海国旅的刘明在讲解青岛时,说:"你们即将离开青岛,青岛留给你们一样难忘的东西,它不在你的拎包里和口袋中,而在你们身上。它就是你们被青岛的阳光晒黑了的皮肤,你们留下了友情,而把青岛的夏天带走了!"导游故意强调"被阳光晒黑了的皮肤",并把这一事物特征夸张为"把夏天带走了",生动而幽默。

⑤ 类比。类比是指导游员用旅游者熟悉的事物与眼前景物比较,以达到触类旁通的目的。这能使来自不同社会、历史、文化背景下的游客较好地领悟景观内容。关于王府井,导游对日本人讲可把它与东京银座比,对美国人讲可把它与纽约第五大街比,对法国人讲可把它与巴黎的香榭丽舍大街比;称苏州为"东方威尼斯",称上海为"中国的悉尼"。向外国人介绍康熙,可说康熙与法国的路易十四、俄国的彼得大帝同时代。恰当的类比,不仅使旅游者易于理解,还能使其产生一种虽在异国他乡却又犹如置身故里的感受,满足其自豪感。

⑥ 移时。讲解时故意把现代的事物用于古代,把古代的事物加以现代化,有意造成事物的时空错位,以期获得幽默风趣的修辞效果。如王连义主编的《幽默导游词》(中国旅游出版社,2003年出版)中有这样一个例子:

"各位团友,现在,让我们到三顾祠看一看。大家知道刘备何许人吗?刘备是皇室之后,有贵族血统,出入有车马坐,有随从跟随。而诸葛亮能和人家比吗?诸葛亮布衣出身,结庐居住,荷锄躬耕,只是个有知识的青年村民。要是封建社会的一般人能与刘备这样的皇亲国戚握一下手并聊几句,一定会激动得几个晚上睡不着觉。再说,公元207年,刘备当年46岁,诸葛亮才26岁,刘备比他大20岁,论资历也远远排在前面!人家刘皇叔天寒地冻,顶风冒雪,一路奔赴地带着两个兄弟从新野赶过来,你前两次却躲着不见人家。到第三次,连关羽这个大好人都看不下去了,说兄长连着两次亲自登门拜见,礼节太过头了,诸葛亮这个人可能就是徒有虚名而无实学,所以才躲着不敢见。那张飞要不是看大哥面子,才不会低三下四地也来求你呢!早找几个朋友喝酒去了。这第三次虽然见着了,偏偏诸葛亮又拿架子,不识抬举,大白天的在草堂上高睡不起,怎不叫张飞大怒……"

该例子正是作者直接以现代的事物来叙述古人的移时方法,利用这种修辞手段有意造成事物的时空落差,给人以新颖有趣的感觉,从而产生幽默诙谐的修辞效果。

⑦仿拟。导游语言中运用"仿拟"的修辞策略,是指导游词的创作者或导游根据旅游交际的需要,在表达时模仿前人的名句名言甚至全篇的结构形式,使得原作与仿作在内容上形成强烈的反差,从而获得一种幽默诙谐、妙趣横生的交际效果。一般说来,导游语言中"仿拟"修辞格从形式上也可以分为"仿词""仿句"等类。

- 仿词。"仿词",是指在特定语境下有意模仿特定既存的词语而临时造出一个新词的现象。王连义主编的《幽默导游词》(中国旅游出版社,2003年出版)中有一例:"传说清军机大臣李鸿章出访法国,大热天法国佬给他一支冰棒解渴,李鸿章见冰棒直冒气,以为很烫,吹了半天才小心吃了一口,结果冷得他直倒牙,法国佬哈哈大笑。李鸿章出了洋相,寻机报复。不久该法国佬来到中国,李鸿章请他吃一种独特的食物——蒙自过桥米线。先上来一碗汤,看上去平平静静,热气全无,法国佬以为是一种冷饮,端起碗来就猛喝一口,立即被烫得七窍出烟,李鸿章则哈哈大笑。终于雪了'吃耻'。"汉语中有"国耻"的说法,而没有"吃耻"这个词语。在特定的语言环境中作者有意模仿现有的词语"国耻",临时造出一个新词"吃耻"与现存词对应,把李鸿章的精心设局与"复仇"后的快感淋漓尽致地勾勒出来了,这样在表达上显得新颖生动,幽默的效果油然而生。

- 仿句。"仿句",是指在特定语境下有意模仿特定既存的名句结构形式而临时造出一个新句子的修辞现象。王连义主编的《幽默导游词》中有一例:"大家都知道荔枝的最大特点就是不耐存放,白居易说它'一日而色变,二日而香变,三日而味变,四五日外色香味尽去矣',所以才有杨贵妃'一骑红尘妃子笑'的故事。而现在有了现代化交通工具,就变成'一架飞机大家笑'了。各位是不是也曾在家乡笑过一回了?不过运出去的再怎么新鲜还是不如来到咱东莞的荔枝树下,亲手从荔枝树上摘下那最大最红的一颗,啪的一声掐开皮,一口咬下去那么鲜香噢!那才是真的笑得开怀啊!"导游员由东莞盛产荔枝,由荔枝不耐存放的特点联想到杨贵妃"一骑红尘妃子笑"的故事,再联系到今日交通发达,而仿其句创造出"一架飞机大家笑"的语句来,当游客把"一架飞机大家笑"与"一骑红尘妃子笑"联系起来,就不禁会哑然失笑,其幽默诙谐的效果也就凸显出来了。

⑧造境。造境是导游在讲解时勾勒和渲染艺术境界,让游客畅游于现实与历史、画里和画外的方法。如导游员在苏州城外导游时说:"苏州城内园林美,城外青山更有趣。那一座座山头活脱脱像一头头猛兽,灵岩山像伏地的大象;天平山像金钱豹;金山像卧龙;虎丘山犹如蹲伏在地的猛虎;狮子山的模样恰似回头望着虎丘的狮子,那是苏州一景,名叫狮子回望虎丘。"这里运用生动形象的比喻把苏州城外的青山讲得活灵活现,产生了一种美感,引发了一种情趣,以强烈的艺术魅力吸引游客去体验他所营造的优美意境。境界的推出,要靠体味。好的导游不会边走边讲、喋喋不休,把游客的耳朵灌得满满。而是审

时度势,留有空白,此所谓:于无声处听惊雷。九寨沟到黄龙,汽车在海拔三四千米的群山峻岭中穿行。导游来一个惊叹:"瞧那雪山!"留给游客一个删节号:在常人眼里,雪山无非是遥远的天际那淡淡的一抹。而此刻的雪山却千姿百态,令人拍案叫绝:有的是用青松和白雪织成一屏素雅的织锦,有的土色的近岭与银白的远山参差错落。有时远山被落日的余晖镶上边框,璀璨而瑰丽。有时雪山退隐群峰之后,只见远方低洼处光闪闪一片,该不是阿里巴巴的金库吧?

⑨ 变换。变换是指把难懂的或需要特别强调的数字加以形象化地描述和将外国(族)游客难以理解的词或句意译成或变换成他们所熟悉易懂的词或句子的方法。比如,为了使游客形象地感知当时封建帝王为修故宫搜刮民脂民膏所耗费的财力,导游员讲解道:"明万历三十七年(1609年)重修两大殿,仅采木一项就花费白银九百三十余万两,约合当时八百多万'半年糠菜半年粮'的贫苦农民一年的口粮。"又如,"故宫规模宏大,假如安排一个刚出生的孩子在每个宫室里各住一夜,当他(她)把所有宫室都住一遍后,他(她)就成了一位二十七岁的青年。"这里变换的修辞手法既形象又生动,使人感到故宫规模之宏大。

(8)精心安排,制造悬念。俗话说:"让人惊不如让人喜,让人喜不如让人思。"游客一旦置身于景物之中,就会有一种追究景观特征、故事结局、文物来历和风俗习惯的迫切心理,有经验的导游会借机制造悬念,巧妙安排讲解内容,提出话题,引出审美注意点,这种"吊胃口""卖关子"的手法,可以吸引游客注意,活跃气氛,使游客从"旁观型"转化为"参与型"。

例如,一位导游在介绍虎丘塔的建造年代时说:"虎丘塔究竟有多少年呢,几百年还是几千年? 说法一直不一致。这事直到20世纪50年代初才弄清楚。"他停了下来,"大家再想,是怎样搞清楚的呢? 有一次,建筑工人在加固塔基的时候,他们在塔内的一个窟窿里,发现了一个石头箱子。"他随即又停下,然后说:"工人们把它搬出来打开一看,里面还有一个小木头箱子,大概有这么大……"导游员比画着,"再把小木箱打开,里面有包东西,是用刺绣的丝织品包着的,解开一看,是一包佛经,取出佛经,只见箱底写着年代。呵呵,你们猜是什么年代?"游客纷纷猜测,过了一会儿,导游员说:"这年代是中国北宋建隆二年,也就是公元961年。由此可见,虎丘塔距今已有一千多年的历史,而苏州的丝绸刺绣工艺至少也有上千年的历史。"

好的导游总是通过悬疑、循循善诱,使旅游者有所疑、有所思,进而达到审美情趣的满足。南京导游可作范例。一开始,导游在介绍南京古、大、重、绿四大特点时便发第一问:所谓六朝古都是哪六朝? 在介绍孙中山经历后发第二问:孙中山生于广东,逝世于北京,毕生为革命事业奔波,何以选南京为长眠之地? 在引导大家观览规模恢宏、气势磅礴的陵墓建筑时,提出第三问:这样的建筑是谁承建的? 提出吕彦直的名字,并介绍他全身心投入工程,以致积劳成疾,身患肝癌,为这不朽的工程,贡献了自己36岁的年轻生命。过陵门,出碑亭,面对气势威严层层拔高的汉白玉石阶,导游发出第四问:要抵达最高处灵堂,共有多少级台阶? 让游客边走边数。返回时再问:为什么不多不少只有392级? 原来当时中国人口正是三亿九千二百万。行至顶端平台时,见奉天大典上有一对上海市赠送的铜鼎。导游引导大家观察大鼎下部的两个孔洞,随即发问:这是为什么?随即解释说:"这是1937年日军占领南京时,发炮射击所致。它提醒国民勿忘国耻。"大家跟随导游拾级而上。全梯共分10段,每段有一平台。抵达顶台,导游忽然发问:"我们自下而上时,但见眼前石阶步步升高,接连不断;此刻由上而下看,却只见平台不见石阶,这是为什么?"进入以黑、黄、白三种孝色为基调的祭堂、墓室,导游引领大家瞻仰波兰雕刻家所雕的孙中山坐像和捷克人高琪所雕的卧像,并提出第八问:为什么祭堂里孙中山坐像着长袍马褂,而墓室中孙中山卧像却穿中山装呢?引导大家体会当时新旧两派分歧的政治背景。瞻仰总理陵墓,导游最后发问:"此刻,大家一定心存疑惑。这陵墓下面是否真有孙中山的遗体呢?"导游边游边问,游客边答边想,一路观赏,一路沉思,于形游之中达到神游。

 小训练

错 在 哪 里?

在导游实际解说中常常会出现很多错误,请分析一下导游的话错在哪里。
(1)相山公园的人工湖是全省最大的。
(2)作为导游的我非常愿望游客高兴就好。
(3)俺们今天不去将军亭爬了。
(4)没有照顾好大家,我很伤感。
(5)喂!老头儿,注意安全。

3. 导游沟通协调的语言艺术

导游工作的性质与任务,不仅仅是景点介绍、讲解,还包括许多其他的工作,涵盖了旅游六大要素中吃、住、行、游、购、娱的方方面面。游客的兴趣、爱好、要求各不相同,素质参差不齐,要使每个团员满意确实相当不易。对于导游员来说,要讲究以下沟通协调的语言艺术。

(1)善于回答疑难问题。游览过程中各种各样的游客可能会提出五花八门的问题,有的还难以回答,作为导游员一定要掌握回答的技巧,巧妙回答,让游客满意。

① 是非分明。游客提出的某些问题涉及一定的原则立场,一定要给予明确的回答。这些问题有些涉及民族尊严,有些涉及中国的国际形象,如香港的"一国两制""台湾问题"等,要是非分明、毫不隐讳,并力求用正确的回答澄清对方的误解和模糊认识。例如,西方游客在游览河北承德时,有人问"承德以前是蒙古人住的地方,因为它在长城以外,对吗?"导游员答:"是的,现在有些村落还是蒙古名字。"又问,"那么,是不是可以说,现在汉人侵略了蒙古人的地盘呢?"导游答:不应该这么说,应该叫民族融合。中国的北方有汉人,同样南方也有蒙古人。就像法国的阿拉伯人一样,是由于历史的原因形成的,并不是侵略。现在的中国不是哪一个民族的国家,而是一个统一的多民族国家。游客听了都连连点头。

② 诱导否定。游客的性格各异,要求五花八门,有些合理要求作为导游员应当尽量予以满足,而有些要求却不尽合理,按照礼貌服务的要求,导游不要轻易对客人说"不"。对方提出问题以后,不要马上回答,而是想一点理由,提出一些条件或反问一个问题,诱使

对方自我否定,自我放弃原来提出的问题。例如,有一位法国游客向导游提了一个这样的问题:"我认为西藏应该是一个独立的地区,你怎么看?"导游员就问他:"你知道西藏班禅、达赖的名字是怎么来的吗?"那位游客摇头。导游员接着说:"我告诉你吧,是清朝皇帝册封的。由此可见,西藏早就是中国的一部分。比如说,布列塔尼是法国的一部分,却有许多本地特殊的风俗,但你认为它应该是一个独立的地区吗?"那位游客摇摇头,笑了。

③ 曲语回避。有些游客提出的问题很刁钻,使导游在回答问题时肯定和否定都有漏洞,左右为难,还不如以静制动,或以曲折含蓄的语言予以回避。有一位美国游客问一位导游员:"你认为是毛泽东好,还是邓小平好?"导游巧妙地避开其话锋,反问道:"您能先告诉我是华盛顿好还是林肯好吗?"客人哑然。

④ 微笑不语。遭人拒绝是最令人尴尬难堪的事,为了避免遭遇这种难堪,一般人通常选择不轻易求人。所以不论是何种情况,导游员都不应直截了当地拒绝游客的要求。但有时游客提出的一些要求,我们又不得不拒绝,此时,微笑不语可谓是最佳选择。满怀歉意地微笑不语,本身就向游客表达了一种"我真的想帮你,但是我无能为力"的信号。微笑不语有时含有不置可否的意味。

⑤ 先是后非。在必须就某个问题向游客表示拒绝时,可采取先肯定对方的动机,或表明自己与对方主观一致的愿望,然后再以无可奈何的客观理由为借口予以回绝。例如,在故宫博物院,一批外国游客看到中国皇宫建筑的雄伟壮观,纷纷要求摄影拍照,而故宫的有些景点是不允许拍照的,此时导游员诚恳地对客人说:"从感情上来讲,我真想帮助大家,但这里有规定不许拍照,所以我无能为力。"这种先"是"后"非"的拒绝法,可以缓解对方的紧张情绪,使对方感到你并没有从情感上拒绝他的愿望,而是出于无奈,这样在心理上他们容易接受。

⑥ 旁敲侧击。导游员对某项事不作正面陈述,而是采用侧面迂回的形式来暗示游客,即通常所说的"兜圈子"。这种语言表达方式,既可维护游客的自尊,又容易使游客接受导游员的劝服。例如,某旅游团中有几个喜欢喝酒的游客,晚上常聚在房内边喝酒还边唱歌,影响了其他游客的休息,导游员微笑着对大家说:"大概是为了庆祝本次旅行即将圆满结束,有几位客人在连夜赶排节目,他们的热情使别人感动得睡不好觉。"话音刚落,全场大笑,那些喝酒唱歌的客人不好意思低下了头。

⑦ 婉言谢绝。婉言谢绝,是指以诚恳的态度、委婉的方式,回避他人所提出的要求或问题的技巧。即运用模糊语言暗示游客,或从侧面提示客人,其要求虽然可以理解,但却由于某些客观原因不便答复。为此只能表示遗憾和歉意,感谢大家的理解和支持。拒绝游客的方法还有不少,如顺水推舟法。即拒绝对方时,以对方言语中的某一点作为拒绝的理由,顺其逻辑性得出拒绝的结果。顺水推舟式的拒绝,显得极有涵养,既能达到断然拒绝的目的,又不至于伤害对方的面子。

善于回答问题不仅要有语言技巧,还需要导游不断充实自己的知识面,比如第②、③条中的问题没有一定的世界地理及历史知识就较难回答了。

(2) 善于激发游客兴趣。游客游兴如何是导游工作成败的关键。游客的游兴可以激发导游的灵感,使导游在整个游程中和游客心灵相融,一路欢声笑语;相反,如果游客兴味索然,表情冷漠,尽管导游竭尽所能,也会毫无成效。激发游客游兴的礼仪包括两个方面。

一是利用景观本身的吸引力;二是导游借助语言功能调动和引导的礼仪。

导游的景点介绍,一定要注意讲解的针对性、科学性和语言表达主动性的完美结合,应根据不同的景点(人文景观如故宫、颐和园;自然景观如桂林山水)进行详略不同的介绍;有的具体详尽,有的活泼流畅,有的构思严谨,有的通俗易懂。总之,景点介绍的风格特点和内容取舍,始终应以游客的兴趣为前提。

另外,在导游过程中,要善于变换游客感兴趣的话题,可根据不同游客的心理特点,选择满足求知欲的话题、刺激好奇心理的话题、决定行动的话题、满足优越感的话题和娱乐性话题。

相关链接

激发游客听的欲望

有位导游在讲岳阳楼旁的"三醉亭"(传说诗酒神仙吕洞宾曾三醉岳阳楼,故建此亭)时说:"游客朋友们!岳阳有句俗话,叫作三醉岳阳成仙人,你们想不想成仙啊?""成仙?当然想啊!"几个游客高兴地答道。导游说:"大家如果想成仙人,有两个条件:一是醉酒,二是吟诗。"游客们乐不可支了,有的说会吟诗,可惜不会饮酒;有的说会饮酒,可又不会吟诗,气氛十分活跃。这位导游又推波助澜地说:"如果谁又能饮酒,又会吟诗,而且到过岳阳三次,那么就会像吕洞宾一样成仙。如果只会饮酒,不会吟诗,或者只会吟诗,不会饮酒,那就只能半人半仙了。"客人们都兴奋地笑了起来。这种机智、风趣的讲解语言,不仅能融洽感情,活跃气氛,而且能增添客人们的游兴,激发他们听和参与的欲望,从而获得一种精神享受。

(资料来源:佚名.导游语言技能[EB/OL].[2019-01-30].https://wenku.baidu.com/view/4ec052af5122aaea998fcc22bcd126fff7055db2.html.)

(3) 善于调节游客情绪。情绪是人对于客观事物是否符合本身需要而产生的一种态度和体验。旅游活动中,由于有相当多的不确定因素和不可控制因素、随时都会导致计划的改变。例如有时由于客观原因游览景点要减少,游客感兴趣的景点停留时间要缩短;预订好的中餐因为某些不可控制的因素,临时改变吃西餐;订好的机票因大风、大雾停飞,只得临时改乘火车,类似事件在接团和陪团时会经常发生。这些都会直接或间接影响到游客的情绪。例如,一个旅游团因订不到火车卧铺票而改乘轮船,游客十分不满,在情绪上与导游形成了强烈的对立。导游面带微笑,一方面,向游客道歉,请大家谅解,由于旅游旺季火车的紧张状况导致了计划的临时改变;另一方面,耐心开导游客,乘轮船虽然速度慢一些,但提前一天上船,并未影响整个游程,并且在船上能够欣赏到两岸的风光,相当于增加了一个旅游项目。导游成功地运用不同的分析方法,以诚恳、冷静的态度,幽默、风趣的语言,很快化解了游客的不满情绪。调节游客情绪要注意以下几点。

① 避免以自我为话题中心。调解游客情绪时,最忌讳一方自以为是、夸夸其谈、炫耀自己,完全忽视他人。如果听者始终找不到机会参与谈话,心理上就会产生抵触情绪。为了促进双方情绪的沟通,在谈话中应尽量使对方多开口,借以了解对方,挖掘双方的共同点,找出双方共同的话题,不能一个人垄断话题,也不要放弃调节情绪的机会。

② 谈论游客感兴趣的内容。在交谈中,应随时注意游客的反应,观察游客的表情、体

姿,判断其对谈话的关注程度,并经常征询游客的意见,给予对方谈话的机会。如果一旦发现游客对话题不感兴趣,应立即停住并转移话题,调整谈话的内容和方式。交谈中不要涉及个人隐私、敏感问题,否则谈话会陷入难堪的局面。

③ 谈话内容应以友好为原则。在调节游客的情绪时,双方可能会因对问题的不同看法而发生争论。争论有时是有益的,但争论也容易导致友谊破裂、关系中断。因此,应防止或避免无意义的争论,尤其是不冷静的争论。一旦争执起来,如果对方无礼,不要以牙还牙、出言不逊、恶语伤人,也不要旁敲侧击、冷嘲热讽;应宽容克制,尽可能地好言相劝,再寻找新的话题。

相关链接

会说话的导游

正值旅游旺季的一天,导游带领着一批游客到一家定点餐厅吃饭。当时游客很多,饭店服务员忙个不停。由于游客都饿极了,于是催着导游让服务员赶紧上菜。这位导游却不耐烦地说:"急什么?没见人家正忙着吗?"这样的话随意出口,没有考虑到既饿又渴的游客会有何种感受。他们对导游又会产生何种印象!游客内心不悦是可想而知的。

然而,在同样的时间里,在同样的餐厅中,游客也催着另一位导游让服务员赶紧上菜,那位有素质的导游却是这么说的:"请稍候,先喝点茶解解渴,我会下厨房去催他们快些上菜的。"游客听了此话觉得心里暖融融的,你看导游还要亲自下厨房去催哩。这时游客内心的感受也是可想而知的。同一环境,同样是说话,却得到两种截然不同的结果。可以这么定论,前者愚蠢,后者高明。后者的高明之处就在于会说话,会说有效的话。

(资料来源:佚名.导游语言与礼仪[EB/OL].[2021-01-01]. https://www.ibm-hn.cn/gongzuoxindetihui/2021/0101/315960.html.)

小训练

团队入住某酒店,在办理入住手续时,导游才被告知由于时值旅游旺季,原定的标准双人房有部分被三人房取代,被分到三人房的客人均不愿意入住。如果你是该团的导游,怎样做才能让客人满意?

7.3 主持沟通

1. 主持人的含义

主持人就是指那些用语言作为主要工具,在台上统领、推动、引导活动进程的人。他们在社会生活中扮演着传递信息、引发议论、交流情感、组织娱乐、渲染气氛的重要角色。

主持人一般有节目主持人和现场主持人两类。

节目主持人主要指广播电视节目主持人,他是当前广播电视节目传播中直接面对听众和观众的炙手可热的公众人物,担当着节目传播最后的也是最灵活的一个环节的任务,在文化、法制、科技、教育、文艺等各类节目中,无不活跃着他们的身影,无不回荡着他们的声音。广播电视节目主持人是受社会广泛关注的职业,他直接面对大众,是节目形象的支撑,节目的好坏都是由他展现给观众的。所以,对于广播电视节目的主持人来说,要求是多方面的,如形象端庄、语言标准、表达准确、知识丰富、能力全面、思维敏捷、道德高尚等。

生活中除了广播电视节目之外,还有另一类需要主持人参与并起主导作用的活动,比如,婚庆司仪、新闻发布会、招商说明会、产品推广会、晚会主持和各类庆典主持等。这一类主持面对的不是摄像机镜头或电波,而是热情感性的观众。因此,它是一种现场主持,更随意也更贴近实际生活的需要。担任这类主持活动的人被称为现场主持人。

我国向来以礼仪之邦著称,很注重礼节,人生大事诸如节日庆典、婚丧嫁娶等都习惯于用一定的场面来举行庆祝、哀悼或是纪念,前来参与的嘉宾和客人人数是不确定的。主持人对仪式的驾驭和掌握可以使整个活动井然有序,也有助于控制场面。而且,专业的广播电视节目主持人不是人人都能当的,但像会议、舞会、生日庆典这类现场主持却是我们大家生活和工作中都有可能碰到的,如学校里主持文艺演出、公司里临时让你主持商务会议,或者朋友的结婚庆典请你去客串婚宴主持等。

两类主持的特点如表 7-1 所示。

表 7-1 两类主持的特点

类别	特 点	
	节目主持特点	现场主持特点
性质	节目大多事先录播,一旦出现问题可以事后剪接更改,甚至重录	是一次性的活动,"成也今朝,败也今朝"。事先可能做了许多准备性的工作,但现场的突发情况是难以预计的
对象	面对的是全国甚至全世界的观众,语言具有广泛性和普遍性	有其特定的场合和观众,对象的范围也是事先预知的,主持人就可以选用相应的语用技巧,包括称呼、谈话方式和语言风格等
过程	广播电视节目业有一定的固定程序,但是可以为了迎合观众而出新、出奇,加以改变和调整	常规性的庆祝、哀悼或纪念活动都有一定的固定程序,这是约定俗成的,其形式是大家默认的,过度改变,反而不能让人接受了

2. 主持人的素质要求

(1) 良好的心理素质。有无良好的心理素质直接关系到主持的质量效果。尤其与观众"零距离"接触,任何突发情况都可能出现,主持人只有具备了坦然自若的心理承受能力,才能力挽狂澜,转危为安。因此,主持人首先要乐观自信,沉着镇定,只有这样才能临危不惧,遇乱不慌,才能从容应对主持期间突发的各种意外情况。其次要精神振作,感情要真挚、要投入。俗话说"感人心者,莫先乎情",作为有关活动的主持人,感情要热烈,要根据主持的内容自然地流露,只有这样,才能给观众以自然亲切的感觉。

良好的心理素质并非与生俱来,它是一个人性格、知识水平、经验的综合体现,是完全可以培养和锻炼的。这就要求主持人有意识地对自己进行一些心理素质的训练,如可以多找机会当众发言,大胆阐明自己的观点,不断增强自信心和表达能力。

(2) 广泛的知识储备。因为主持人在主持有关活动和节目的内容往往是多种多样的,经常涉及天文地理、政治军事、文学艺术、历史文化等知识,主持人如果没有丰富的知识,在主持节目时,就不可能得心应手,左右逢源。实践证明,知识的储备积累越丰富,主持过程就会越得心应手。因此,这就要求主持人要有良好的记忆力,要广泛阅读,并且善于留心周围发生的事情,主持人只有在自己脑子里储存与主持活动有关的大量信息素材,在主持节目时,有关的资料、数据、典故等才能随时脱口而出,主持人的语言才富有知识性和趣味性。

(3)全面的能力结构。主持人首先要有丰富的想象力。知识是语言的材料,联想和想象力是对语言的加工能力。没有联想和想象力,就不可能发现和揭示事物的联系,这样,即使拥有再多再好的知识也不可能得到调用。因此要想做一名优秀的主持人,就必须通过各种途径和形式来培养自己和强化自己的想象力,要富于联想。其次要有即兴的口语能力。主持人所使用的语言具有鲜明的"临场性"。只有口齿很伶俐,甚至能滔滔不绝地表达自己的看法和见解的人,面对各种复杂情况,要随时能准确地观察并迅速地做出判断,这样才能掌握主持的主动权。主持人即兴口语能力的强弱,对整个活动的成败起着举足轻重的作用。众所周知,无论主持人事前的准备多么充分,都无法保证所有的节目或整个活动完全按照主持人的设计举行。任何一场节目或者任何一次活动都有不可预知的外因会导致一些变化出现。当不曾设计的情况出现时,主持人要临乱不慌,保持镇静,并能恰当地化解意外。例如,有一次杨澜到广州主持一个娱乐节目,上台时不小心跌了一跤,场下顿时哗然,情急之中,杨澜嫣然一笑说:"今天来到广州主持节目,意料之外跌了一跤,看来广州的舞台是不好上的。但我又很自信,有台下这么多热心的观众朋友,我相信今天的这台晚会一定会是最为精彩的。"简短的几句话赢得满场喝彩。最后,要有良好的组织协调能力。主持人担负着掌控整个过程和进度的艰巨任务,必须具备良好的组织协调能力,要立足于活动的最高点,主动把握活动的总脉络,尽量把自己的所思所感渗透到活动中,不断地丰富活动的内涵,渲染现场的氛围。

此外,主持人还要注意得体的态势,做到服饰整洁大方,坐、立、行姿态优美,微笑真诚朴实,眼神恰当自然,手势表达到位。

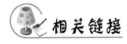

善于应变的主持人

在南京市的五台山体育场的一次演出中,歌唱家张子铭患重感冒,高烧39℃仍上场演唱《拉网小调》。当他唱到高音时有些力不从心,场内马上发出"喝倒彩"声。主持人李扬一看不妙,毫不迟疑地走上台,沉着而动情地说:"亲爱的观众朋友们,张子铭是喝海河水长大的天津著名歌唱家,他满怀对南京人民的深情厚谊赶来演出,可是不巧,患了重感冒,现在他的体温是39℃,我们劝他休息,但他说这是第一次来南京,今天又是最后一场,尽管发烧会唱得不好,也要来,不愿给南京观众留下一点遗憾。我提议,让我们对艺术家这种高尚的艺德表示深深的敬意。"话音刚落,全场响起长达一分钟的热烈掌声,主持人化险为夷,演员回到后台也感动得泣不成声。

(资料来源:董丽萍.人际沟通与语言艺术[M].北京:清华大学出版社,2017.)

3. 主持的语言规则

说到底,主持人就是依托有声语言这个媒介来实现其主持功能的,可以说主持人语言能力的强弱直接影响和决定着主持活动质量的高低和成败。因此,对于主持人来说,以下语言规则是必须把握的。

(1) 流畅。语言是线性的,有声语言是一个音节接着一个音节有序地表达语义的,语流就是指这一行进过程。有声语言与书面语言表达的不同之处,就在于内部语言和外部语言的转换时间长短上。由于面对听众,因此这种转换有一定的时限性,它需要表达者的思维与表达能够同步,口语表达应像行云流水一样酣畅无阻并且完整、规范,给听众以舒畅的感觉。"流畅"并非靠背稿,真正意义上的"流畅"应靠敏锐的思维、机智的应变和流利的口齿来实现与听众交流的畅通无阻。

(2) 悦耳。主持语言不仅要规范流畅,普通话标准,而且要声音圆润,悦耳动听,富有美感,能给听众以心理上的愉悦感。由于主持口语稍纵即逝,一说出来就是"最终"形式,没有反复推敲的机会,所以主持人必须"出口成章",并要苦练发音技巧,口语表达要做到快而不乱,连而不黏,低而不虚,沉而不浊。主持人应能将人人"听惯的话"说得像音乐一样动听,像诗歌一样美妙,像散文一样流畅,令听众赏心悦"耳"并给其以高品位的艺术指导。

(3) 平易。主持人面对的是不计其数的观众和听众,且在有限的时间里要传播尽可能多的信息。这就要求主持人使用生活用语,努力体现出平易性,使自己的语言大众化、平民化。诚如老舍先生所言:"假如我们的语言不通俗、不平易,它就不可能成为具有民族风格并为人们喜爱的作品。"实践证明,主持人以平和、平等的心态,使用平易性的语言,更能快捷地把思想传达给受众,容易为受众所理解和接受。例如,广西电视台主持人张英杰在主持"新闻在线"时,用语就非常自然、亲切和大众化。一次他在报道某地"楼顶变成垃圾场"的新闻后,是这样评论的:"……看来要搞好城乡清洁工程,必须提高全民的文明素质。你想想,楼顶满是垃圾,风吹灰尘、废塑料袋到处飞,下雨淤泥到处流,能卫生吗?我们希望那些把垃圾倒在楼顶的人不能图自己省事,要知道大家好才是真的好。"

(4) 鲜明。色彩鲜明的语气、语调,独到的表达方式,加上强烈的节奏感,可以充分调动现场气氛,同时也能在观众脑海中留下深刻的印象。抽象的语言显得空泛,模糊不清的语言令人"丈二和尚摸不着头脑"。而鲜明的主持语言才会打动人,吸引人,并取得心灵沟通和审美体验的效果。

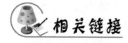

鲜明的主持结束语

下面是某同志在主持庆功表彰会时的结束语。

听完发言,我想到了一件事。有人问球王贝利哪个球踢得最好,回答是:"下一个!"有人问导演谢晋哪部戏拍得最好,回答是:"下一部!"有人问一位名演员哪个角色演得最好,回答是:"下一个!"看来我们在庆功、表彰时也应牢记"下一个!""下一部!"散会!

(资料来源:佚名.参考答案[EB/OL].[2020-07-31]. https://wenku.baidu.com/view/17d6b1541b2e453610661ed9ad51f01dc3815736.html.)

(5) 准确。这要求主持人语言表达确切无误,符合客观实际,大到思想内容、表达形式,小到语法、逻辑、修辞、字音。一方面要做到对事物有准确的认识,通过准确到位的语言来表达自己的思想,语意表达准确,避免误解的发生。另一方面因为听众主要是从语音中接受主持人发出的信息的,信息传递是否有误,这与主持人能否读准每个词的音节关系相当密切,主持人一定要做到发音准确无误。

(6) 逻辑。主持人要有敏捷的思维、流畅的语言表达能力,要做到这点,主持人必须语言逻辑清晰,使主持语言有主次感,给听众明显的主要和次要的感觉;有次序感,给听众分明的先与后的次序感觉;有递进感,给听众清晰的推进和发展的感觉;有转折感,给听众明白的逆势而行的感觉;有总分感,给听众清楚的分述和综合的感觉;有因果感,给听众明晰的起始和结果有必然的内在联系的感觉等,使听众感受到主持人语言的严谨周密。

(7) 简练。这要求主持人做到简约凝练,惜墨如金。说话讲求效率,要去除累赘与堆砌的辞藻,用最少的语言来表达最丰富的意思,句子修饰过多,反而显得拖泥带水、不干净利落。要注意推敲用词,不粉饰、不做作、不卖弄。

 相关链接

叶慧贤的妙答

在电视节目主持人"金话筒"颁奖晚会上,赵忠祥问:"目前综艺晚会的通病是什么?"叶惠贤答道:"节目老一套,掌声挺热闹。不看舍不得,看后全忘掉(台下爆发热烈的掌声)。刚才我说的这些通病,今天的晚会上一点也没有(台下一片会心的笑声,更热烈的掌声)。"叶慧贤所言都是大家的心里话,也是对客观现实的描述。只不过将众人的看法做了归纳性"化简",而且言简意赅,合辙押韵。

(资料来源:佚名.主持口才[EB/OL].[2020-05-18]. https://wenku.baidu.com/view/0c38c843487302768e9951e79b89680202d86b4c.html.)

(8) 精彩。主持人语言要充满活力,出语迅捷、出口成趣、美妙生动,能感染和打动受众。在富于变化的节目语境中,往往需要主持人敏锐快捷地相时而动,应该具备"短、平、快"的特色。

 相关链接

崔永元的精彩话语

在《实话实说》节目中,一位下岗女工作为嘉宾,说到自己曾在家具城打工却分不清家具的材质,脸上现出尴尬表情。崔永元立刻插话说:"是挺不好分的,一次我爱人让我买家具,我在店里问好了,是全木的,拉回家我爱人一看,说'你是全木的'。"全场哄堂大笑。崔永元的精彩话语在随意里露出善意和真诚,对弱势群体并不歧视,善解人意地解除了嘉宾的难堪,因而也赢得了广大观众的赞赏和青睐。

(资料来源:佚名.电视人物采访[EB/OL].[2020-11-07]. https://wenku.baidu.com/view/3075ee645af5f61fb7360b4c2e3f5727a4e92413.html.)

(9) 幽默。这在轻松、非正式的主持活动中用得较多,它是思想、才学和灵感的结晶。

幽默的语言,可以有效地融洽气氛,使活动达到轻松有趣、感悟哲理的效果。如一位体形很胖的美国女主持人曾夸张地说:"我不敢穿上白色的游泳衣去海边游泳;否则,飞过上空的美国空军一定会大为紧张,以为他们发现了古巴。"这则谈话是主持人拿自己的肥胖逗乐,发挥想象力进行了夸大渲染,使人听了这种生动而主观的夸张后,能从其充满调侃的自信中感受到她乐观的生活态度,夸张产生了幽默效果。

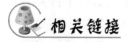

主持人李咏的幽默开场白

2003年11月5日在浙江举行了第23届电影金鸡奖颁奖仪式。下面是中央电视台主持人李咏的开场白:

"82年前,嘉兴人拿出一条船,开了一个会,参加会的人谁都不希望让人认出来;今天,浙江人又拿出一座剧院,开了这样一个会,会上人人都希望人们认出他们来。"

主持人将中国共产党第一次代表大会与电影界的颁奖大会做对比。先不点明主旨,而采用委婉的方式,曲径通幽,逐渐引起人们的注意,最后逐渐显露真谛,一语道破,真相大白。

(资料来源:佚名.主持人写作训练[EB/OL].[2020-12-15]. https://www.renrendoc.com/paper/106377471.html.)

4. 节目主持的语言艺术

(1) 说普通话,语言尽量口语化。作为一个主持人有着推广普通话的义务。目前,一些节目主持人本来有一口流利、纯正的普通话,可主持节目时却硬要模仿港台味道打乱语法表达方式,让人听了浑身起鸡皮疙瘩。节目主持人的语言要符合现代汉语规范化、标准化的要求,用词准确,避免用方言土语。另外,现在的观众越来越习惯于一种轻松的欣赏方式,所以主持人应该注意与观众的这种口头交流,串词当然应该精彩,尽量口语化,脱掉"书卷气",使主持像是在谈话,而不是在背书或者朗诵。

(2) 语言通俗易懂。主持人的语言需要加工提炼,力求准确、清楚,使各类受众一听就懂,易于接受。如中国台湾华视新闻主持人李砚秋曾多次获得台湾最佳主持人的荣誉。1991年华东发水灾的时候,她到内地采访,在一次新闻报道的结尾,她站在齐腰深的水里说:"自从大禹治水以来,历经几千年中国人还在同洪水搏斗,但是老天爷在发怒的时候就要找这块土地泄愤。土地无知,洪水无情,但苍生何辜,面对这片疮痍,真让中国人感叹。"

(资料来源:高雅杰.实用口才训练教程[M].北京:清华大学出版社,北京交通大学出版社,2008.)

(3) 调动观众参与。节目主持人要责无旁贷地用语言在节目表演者和观众之间架起一座桥梁,产生互动效应,使现场气氛更加浓郁。余姚广播电台主持人李小萍在主持第六届中国塑料博览会"中东八国论坛"招待晚会中的一段串词就充分地说明了这点。主持人手拿河姆渡出土骨哨的复制品来到观众席。

观众朋友,你们知道这是什么吗?(观众马上参与说,"是骨头""是哨子")

这个呀,是由距今七千多年历史的河姆渡挖掘出来的一只——骨哨——的复制品(故意拖长音,以便引起观众兴趣),它是河姆渡先民用来诱捕猎物或娱乐时所用。

知道它是用什么制作而成的吗?(让观众传看,递上话筒让他们七嘴八舌地猜)

骨哨一般是用动物的肢骨制作的,而这个骨哨是用公鸡大腿骨做成的。刚才大家看到的这个小哨子,上面只有三个小孔,能吹吗?(前排观众踊跃试吹)

向大家透露一个秘密,我们演奏员曾用它为江泽民主席进行过演奏。(观众显得更有欲望、更感荣幸)

哈,马上请出哨子的主人,国家一级演奏员倪乐辉为我们演奏《河姆随想》。

在上面这段主持串词中,主持人巧妙运用演出道具,在与观众提问交流中介绍骨哨的来历、河姆渡文化以及这个哨子为江泽民主席演出的"光荣历史",最后引出演奏者,为观众与节目架起了一座沟通的桥梁。期间观众始终参与,热烈互动,现场气氛非常活跃。

(4)拥有个性化的主持风格。有个性,才有特色,才有风格,因为不同的主持人,年龄不同,性别不同,主持节目的内容不同。这就要求主持人要说"自己"的话,即主持人的语言表达要与其身份相符,每一位主持人都应有体现自己个性的语言。例如,中央电视台的著名节目主持人的主持风格各不相同,语言风格也各具特色,赵忠祥舒缓有序;倪萍亲切得体;刘纯燕活泼清纯;敬一丹稳重严谨;水均益大气儒雅;白岩松严肃尖锐……实际上,每个人都有自己的优势和局限性,都有自己的个性,而且主持的节目也都有其自身的特点,因此需要不同类型的主持人。

小训练

模拟主持农民工节目,学生分角色扮演主持人和农民工。可设计一个与农民工对话的片段,讲一讲"外出打工应注意的问题"。仔细揣摩在语言上应如何与农民工沟通,怎么讲才入耳动听。

主持人在谈话中要注意拉近与受众的距离,以增强可信度,引起共鸣。当谈话对象出现"卡壳"的时候,主持人可以垫话,及时让对方摆脱窘困和尴尬;当谈话对象的用词不准确时,主持人可以用简短的话语修正或完善,也可以用自问自答的方式引起受众的思考。

5. 典礼仪式主持的语言艺术

典礼仪式是指在人际交往中,特别是在一些比较重大、比较庄严、比较隆重、比较热烈的正式场合里,为了激发出席者的某种情感,或者为了引起其重视,而郑重其事地参照合乎规范与管理的程序,按部就班地举行某种活动的具体形式。在现实生活里,我们可能接触到的仪式很多,诸如签字仪式、剪彩仪式、交接仪式、庆典仪式、开幕式、闭幕式等。

从根本上来讲,典礼仪式是现代社会发展的产物。因为礼仪与仪式作为人们生活中的行为模式、行为规范,是属于社会的上层建筑,由社会经济基础决定的,并随着经济基础的变化而变化,随着社会实践的发展而不断地丰富发展,而社会生产力水平决定了一个社会的经济基础,所以礼仪及仪式的产生和发展最终是由社会生产力水平所制约和决定的,随着现代社会生产力水平和人们物质文化水平的提高,社会所固有的仪式也在不断地发展和臻于完善。

当今社会，对组织而言仪式有着重要的作用，它有利于提高组织的知名度和美誉度，塑造组织形象；有利于鼓舞员工的士气，激发员工对本组织的热爱，培育组织员工的价值观念，增强组织的凝聚力；有利于传递组织的信息，使组织赢得更多的成功机会和合作伙伴；有利于沟通情感，传达意愿，增进友情。成功的典礼仪式对组织而言意义重大，而典礼仪式的成功，主持人的主持尤为关键。

（1）庄重的语言风格。典礼仪式的主持人的语言风格一般都是比较正式庄重的，从宣布会议开始介绍来宾、会议的性质、意义，直到宣布休会，对于会议步骤的进行、宗旨的阐述、希望的表达等，要把握得恰到好处。

（2）规范的语言表达。庆典仪式主持人应做到用语规范、礼貌、庄重，符合大型场合的用语特点。首先要语音标准，吐字清晰，不发生读音错误或者读音不准的现象。其次要词语规范，不生造词语，不错用成语，不滥用方言词汇、外来词汇或港台词汇，不使用粗俗词汇或滥用简称等，还要注意语法规范。

（3）非语言配合表达。在具体主持中，主持人应同时做到语速较慢，声音洪亮，全神贯注，表情庄重严肃，这样才能吸引广大听众，共同营造安静、庄重的会场氛围。如果仪式中安排了升国旗、奏国歌的程序，一定要依礼行事；起立、脱帽、立正，面向国旗或主席台行注目礼，还应注意坐姿和站姿，切不可在起立或坐下时，把椅子搞得乱响，一边脱帽一边梳头，或是在此期间走动或与人交头接耳，这些都被认为是损害形象的严重事件。

作为主持人还要注意在主持前做好充分的准备，了解仪式的性质、清楚仪式的程序、明确串词的内容等。这些问题都要在脑中做一个很好的梳理，不可漏掉一个环节，否则整个活动会因为主持人的疏忽而留下遗憾。

6. 婚礼主持的语言艺术

结婚典礼是人们生活中最常见、最引人关注、最能激发人们兴致的一种庆典形式。结婚典礼成功与否，婚礼主持人起着至关重要的作用。一个好的婚礼主持人对整个婚礼现场起着组织、控制的作用，整个婚礼过程是主持人语言表达、临场发挥、随机应变、机智幽默、拾遗补阙等综合能力的反映。

（1）突出个性。现在越来越多的新人开始注重个性的展示，希望真正办成一个属于自己的婚礼。这就要求婚礼主持人根据新人的特色和个性，有针对性地设计出个性鲜明、风格各异的婚礼主持词，使婚礼在形式及内容上，突出每对新人的特色和个性，使新人在举行婚礼的同时，不仅体会到婚礼的喜庆和隆重，而且通过婚礼体味人生的意义，领悟爱情、婚姻、家庭的诸多感受。这就要求婚礼主持人放开视野，去挖掘、去思索，拓展自己的创作空间。

为了突出个性可以借名发挥。一个人的名字具有丰富的内涵和引申意义。在婚礼主持中借名释义，不仅会令人赏心悦目，给人带来欢悦，而且也会表现出主持人独到的语言魅力。如，曾经有一个婚礼，新郎叫王勇，是一位大学教师；新娘名叫周敏，是一名护士。主持人巧妙地借他们的名字做了一番发挥："王勇，就是勇敢；周敏，就是聪明伶俐。我们不论在工作上还是在生活中都不能缺少这两个方面的能力：一要有勇气，不怕任何艰难险阻;二要聪明伶俐。新郎新娘的名字告诉我们:他们正是这两方面的完美结合,因此,我敢肯定,在未来的日子里,他们不但是一对幸福美满的夫妻,而且也会在'教书育人'的过程中取得非凡的成就。"主持人的这段"姓名分析"寓意深刻,令人耳目一新。

为了突出个性还可以借职业发挥。如有一对新郎、新娘都任职于通信公司。他们的婚礼主持词中就设计了一连串以手机品牌为"托儿"的甜言蜜语:"新郎一定会一生'首信'爱的承诺,两人也会彼此'爱立信',一同踏上幸福的'康佳'大道……"这样的主持词切合新人的身份,融爱情与事业于一体,令人耳目一新。

(2) 巧借天时。特定的时间地点,是婚礼的一个重要构成因素,这一特定的时间和地点必定具有某种特殊意义。婚礼主持人可以将此作为语言切入点,激发参加婚礼的各位宾朋的兴致,营造一种热烈、喜庆的氛围。如借时间切入:"今天是一个特殊的日子,年是农历马年,新年伊始,我们的新郎、新娘就一马当先,给未婚的朋友们做出了表率,它昭示着这对新人在今后的岁月里,一定会发扬龙马精神,快马加鞭达到理想彼岸。我们一起祝福他们马到成功!"借地点切入:"各位嘉宾,今天我们在福星酒楼为林先生和刘小姐举行新婚大典,福星酒楼是一块风水宝地,这预示着我们的新郎、新娘在今后的岁月里,一定会福星高照,幸福吉祥!"

(3) 善于"救场"。婚礼上有时容易出现意外状况,现场秩序混乱,使新人难堪,此时婚礼主持人一定要审时度势,找准语言的切入点,借景应变,灵活处理。比如天气不好、新郎给新娘戴戒指时戒指掉在了地上、酒杯碎了等,这时主持人要有应变能力。一个好的主持人在任何场景下都会把婚礼主持得有滋有味,将任何一种不良状况转换成婚礼好的陪衬。比如,"今天是××××年的××月××日,天空因为今天的喜庆而向大地播撒着绵绵细雨,浇灌着这干渴的土地,而大地也因为雨水的滋润和年轻人一样充满了无限生机和活力。今天是一个多么美好的日子、吉祥的日子、喜庆的日子,因为在我们这个星球上又有一对新人缔结了美好的姻缘,那就是……"当戒指掉在了地上时,主持人说:"这枚戒指实在是太沉重了,因为它包含着太多的情太多的爱,像山一样沉重,像海一样深沉,怪不得新娘有点承受不住了。好,新郎鼓起勇气,给你的新娘再戴一次。"新郎的一次失手,竟将婚礼的神圣感推向一个小小的高潮,这样的主持人理所应当地赢得了现场的掌声。新郎、新娘刚喝完交杯酒时酒杯"咔嚓"一声碎了,现场气氛一下子紧张起来了,主持人灵机一动说道:"破旧立新,移风易俗,新郎、新娘给我们带了一个好头!"此语一出,摆脱了尴尬,恢复了喜庆的气氛。

小训练

① 在婚礼上,新娘为婆婆戴花时,不小心将花掉在了地上,作为这场婚礼的主持人,你将怎样为新娘解围?

② 婚礼这一天,天空飘起了鹅毛大雪,作为婚礼的主持人,你将怎样结合雪天,为婚礼说一段精彩的开场白?

7. 会议主持的语言艺术

(1) 做个精彩的开场白。精彩的开场白往往能像磁铁一样紧紧地吸引住听众,增强与会者对会议的兴趣。就像人们看一部电影一样,如果开始就兴味盎然,引人入胜,那么人们自然急于了解接下来的情节了。所以,有经验的主持人,都非常注意会议的开场白,他们多是经过反复推敲、认真琢磨,力求给与会者一个好的印象。开场白要陈述的内容,包括会议的背景、主题、目的、意义、议程等,会议主持人要根据这些内容和要求设计开场白。

首先要欢迎并介绍与会者。应该用洪亮的声音对每个到来的人表示热烈的欢迎,并且介绍与会者。然后说明会议的目的和议程。说明会议的目的要注意使用团队口吻,而非领导或者上级的口吻,要拉近与大家的距离,让人们尽快进入到会议的状态中去。还要说明一下会议的规则,如"请所有的人把手机关掉,不准吸烟,不要随便走动,每人发言时间不能超过5分钟"等。

总之,会议开场白要遵循"能安定公众情绪、恰当介绍会议内容、形式新颖"的原则,因地制宜,精心构思,尽量避免陈旧死板、千篇一律。

(2) 让与会人员广泛参与。作为会议主持人,除了要注意会前沟通,使大家明白开会的用意外,还要注意在主持中尽量少说话,把说话的机会让给大家。主持人少说话,与会人士才能多说话。对多说废话的人要有办法加以控制和制止;对有宝贵意见而未发言的人要请他发言,以提升会议的品质;听到相同或不同的意见不能喜形于色,更不可以立即加以批判,以免影响大家的发言。主持人不要亲自提出议案,免得大家碍于情面,做出不合理的决定。主持人也不要以裁决者自居。任何人的意见都不必急于由自己来解答,应该隐藏自己的意见,让其他的人有机会表达相同或不同的看法,以便集思广益。

遇到无人发言或某一部分人毫无反应的现象,会议主持人应分别对待,针对不习惯或害怕在人数众多的会议上发言的与会者,要鼓励他们发言,可以进行主动提问,并告诉他们说错也没关系;针对阅历较深、处事比较严谨的与会者,主持人要善于点拨,多给他们一些尊重。在对某个问题进行讨论时,与会者往往各持己见,据理力争。但在观点已趋向集中、明确时,主持人就应及时终止论辩。如果争议双方都已偏离议题,主持人就应伺机加以阻止,或说时间有限,暂不深入讨论或先谈到这里而加以间接地制止。

(3) 善于控制发言时间。当有人发言超出规定时间,越谈越离谱可能影响别人的有效发言时,主持人可以直接告诉他"我们的时间有限"或者"我们还有其他的事有待解决"。有时为了避免尴尬也可以采取委婉的方式,如当长谈者略作停顿时,可以向另一个人提起话题,"老王,我觉得这个问题与你有关,你怎样看?"这样,不担保全了对方的面子,而且把发言权交给了另一个人,推动了会议进程。

(4) 做好会议总结。会议达成决议之后,主持人还要在散会前做出总结,这才算是圆满地主持了一个会议。主持人要提纲挈领地将会议中提及的重点加以强调,提醒与会者不要忘记这些重点,并且要明确下一步的行动内容、时间、负责人、时限和检查方法等。最后要感谢与会者对会议的贡献。

小训练

① 某公司的纸张浪费现象严重,给公司带来了很大的经济负担。部门经理为了消除浪费纸张的现象,召开了一次全体员工大会,希望通过具体的措施制止浪费行为。假设你就是这位部门经理,你会用什么样的开场白?

② 在召开座谈会时,有一位与会人员总是不断地在座位上接电话,影响会议。作为主持人,你将怎样用婉转的语言加以制止?

7.4 营销沟通

1. 营销的准备

当营销员具备了一定的素质后,进行营销还有一个准备的过程。俗话说得好,"有备无患",营销的成败,与事前准备用的工夫成正比。因此,在见客户之前,营销员应该做一系列的准备工作,包括以下几个方面。

(1) 掌握客户的相关资料。客户的相关资料包括姓名、性别、年龄、职业、身份、教育背景、生活水平、购买能力、社交范围、个人喜好、业余生活以及个人比较反感的事物等。因为客户是千差万别的,每个客户又都认为自己是最重要的,因此,营销员一定要尽可能地了解对方的信息。了解对方后,就要"投其所好",采取恰当的方式接近对方,使对方觉得你很尊重他,很重视他。乔·吉拉德的做法是建立客户档案,他认为,要使顾客相信你关心他、重视他,那就必须了解顾客,搜集顾客的各种有关资料。

(2) 与客户见面要先预约。这种预约一般以客户的时间为主,可以事先打电话给对方或者给对方的秘书:"您什么时间方便?我想占用您10分钟左右的时间。"或者"早就听说过您,因此很想登门拜访,不知道您什么时候方便?"等,一般不要说"我某个时间有空,您方便吗"等,如果对方答应了,就顺便约一下地点。营销员一定要提前几分钟到达约会的地点,这是对客户的尊重,同时可以整理一下服饰,稳定情绪,以免让客户等候,让局势变得被动。

(3) 准备好产品的有关资料。这包括如产品说明书、价目表、公司的介绍等。这些资料在营销过程中是必不可少的,缺少其中的某一份资料都有可能将原本要成功的交易泡汤。有些营销员匆匆忙忙、粗心大意,经常会丢三落四,如价格表、合同、订货单、自己的名片等,就像一个忘带武器的士兵毫无准备地走向战场一样,连最基本的工作都做不好,客户一看就感觉"这人办事不可靠"。怎么能把自己的利益交于一个不可靠的人呢?因此建议营销员在拜访客户前,一定要仔细检查资料是否备齐。

(4) 讲究自身形象。客户第一眼见到的是营销员的外在形象,他们绝对不会把自己的利益交付于一个衣衫不整、精神颓废的营销员。大方、自然、庄重的人才值得他们信赖。

2. 营销的方式

(1) 外出登门营销。所谓外出登门营销是相对于组织来客营销而言的,是指组织派营销人员外出,主动上门寻找客户,亲自向顾客介绍商品、展示商品、促成顾客购买的一种营销方式。这里的"登门"意指走出组织、走向顾客,并非单指到顾客家中去,它还包括在公园里、道路旁、车厢中等公共场合。外出登门营销时,要注意以下几个方面。

① 重视给顾客的第一印象。心理学调查表明,人们接触的最初两分钟,彼此印象最

为深刻。因此，营销人员首先要特别注意自己的外貌，这是第一印象产生的最初原因，要热情开朗，诚恳自信，争取为顾客接纳而不产生排斥。其次要选择合适的服装。佛朗·贝德格认为，初次见面给人印象的90%产生于服装。当然，并不是说服装要多么高档和华丽，但干净整洁、职业化是应当做到的。国外流行的TPO服装术，值得营销人员借鉴。只有在顾客心目中留下并保持良好的第一印象，才能为营销工作的进一步开展打下基础，赢得先机。

② 登门营销前，应尽量预约。生活中贸然出现的不速之客，尤其是陌生的营销人员，大多是不受欢迎的。这种情况下营销人员营销其产品，购买者大多不愿接待，更难得爽快购买。很少见到那种突如其来、一拍即合、相见恨晚的幸运营销。出于礼貌，如有可能，事先与对方预约一下，让双方都有所准备，再与顾客推荐洽谈，效果比贸然造访要好得多。预约时要注意：首先，注意约见的时间最好由顾客来定，这实际上已让顾客为主，不只选择在顾客家中见面，也可安排在顾客认为安全和方便的场所，还可以请顾客代为召集社区邻里或亲朋好友，选择大家熟悉、无甚干扰、接待条件良好的地点，开展集中营销。最后，预约的方式要得当。如电话预约、信函预约等，可多提供几种方案让顾客自己挑选，这既是对顾客意见的尊重，又可防止其简单回绝。如果选用信函，时间上应放宽松一些，以防信函在邮路上耽搁而失约。网上预约应留有顾客上网浏览的时间周期。不管何种约见，营销人员自己必须按时赴约。

③ 营销中的礼仪要求。商品营销是个过程，其中每个阶段既有业务技巧上的要求，又有礼貌礼仪方面的规范，二者不可偏废。首先是进门。如果是去顾客家中营销，一定要先轻声敲门，节奏应缓慢，经主人应允后方可进入。需特别注意，如果门原来就已开着或虚掩着，也必须先敲门，万万不可径直步入或扒门就进。其次是自我谦和、准确而有吸引力，切忌冗长、卖弄和自吹，或是讲了半天词不达意。因此，事前应打好腹稿，依不同对象灵活使用，以求明确简洁。再次是开始营销。主要是介绍商品和展示商品。介绍商品要实事求是，具体讲清商品的性能、特点、质量价格以及给顾客带来的实际利益，必要时出具相应的证书、质检证明、报刊评介等资料和图片，以增强顾客的信任。展示商品要体现自己对商品的细心爱护，让顾客感到商品的价值和分量。展示中，如果顾客有意，应鼓励他们亲自动手操作以刺激顾客的购买欲望。最后要注意礼貌告别。特别要注意对那些最终没能成交的顾客，也要感谢他们耐心听讲、支持工作，为今后可能再次登门营销留下良好的印象，打下稳固的基础。

（2）对单位来客的营销。如果说外出登门营销还可能让顾客感到有点突然，那么来到本单位的顾客则是目的明确、有备而来的，营销人员应尽力做好接待，营造良好的购物环境，礼貌地满足顾客需要。在单位内接待顾客时，营销人员要注意做到以下几点。

① 注意建立与来客的和谐关系。顾客来到单位，是对我们的信任，但是来到单位未必就一定能如愿购买并成交，除去交易中的一系列的技术因素、价格因素等原因之外，营销人员与来客的关系是否和谐、投机、融洽也是重要的因素之一。顾客只有先接受了营销员，才有可能接受营销员推荐的商品。所以，公司业务员应发自内心地感谢顾客的光临，务必要求自己态度和蔼、举止得当、言辞讲究，尽力与来客建立起彼此信任的和谐关系。

② 热情向来客推介商品。顾客一般不会买自己没有认识、并不了解的商品，营销人

员有义务向来客推荐、介绍自己的商品。要懂得推介商品的过程,既是帮助顾客了解商品的过程,也是营销员借此了解顾客需求的过程。既尊重顾客,又服务于顾客,才能使商品推介工作得心应手,真正让来客称心和放心。推介商品常用FABE说明术:F指商品特征,A指商品优点,B指客户利益,E指证据。要根据不同类型的顾客及其不同的购买目的来推荐商品。切不可无论对谁推荐时都千篇一律,讲完后就不沟通。推荐必须实事求是,不能为一时"奏效"而败坏单位和自己的信誉。

③ 成交时刻不忘记礼仪。接近成交时,营销人员当然是兴奋的,而此时营销员的礼仪做得如何,对促进成交至关重要。首先,认识上要清楚,即将到来的成功是顾客照顾了公司的生意,功劳归于顾客,不能以为是自己干得漂亮而沾沾自喜,更不能说什么"今天找到我算你走运"之类无礼的话。其次,行动上不要急躁,要多请顾客发表意见,使其有明确的参与决策感,否则在营销人员喋喋不休的推介声中购买,会令顾客产生"被劝购买"的被动感进而产生不快、厌烦的情绪,甚至打起退堂鼓。最后,神情上要保持平和常态。营销人员此刻应谨防因为盼快快成交而显得急不可待,也应防止因接近成交而喜形于色。这类不稳重的神情会让顾客疑虑顿生,失去对你的信任,打消购买的念头。因此,营销人员仍应一如初始,不折不扣,从容不迫地服务,恰到好处地促进成交。

④ 礼貌地送别来客。营销完成后,营销人员还应与顾客轻松地谈点别的话题,使来客感到与你做交易是件非常愉快的事;相反,此时对顾客变脸或者哪怕有半点冷淡怠慢,都会让顾客觉得刚才你的热情都是为赚钱而装扮的假象,有了上当感的顾客是不会成为回头客的。成交后适当地招待一下公司来客,这不但有延续业务的需要,也有礼仪上的需要,在实践中常可见到,当然这要根据需要和可能相结合来考虑。告别时,可以把顾客送出组织大门,多讲一些互敬互祝的话,表达愿意保持往来,增进友谊,加强合作,别只说一句"走好""再见"。

(3) 电话营销。现代化社会,电话作为一种快捷、方便、经济的通信工具,在咨询和购物方面已日益得到普及。现代生活追求快节奏、高效率,电话营销应运而生。电话营销是指通过电话营销产品、宣传公司业务。电话营销要求销售员具有良好的讲话技巧、清晰的表达能力和一定的产品知识。电话作为一种方便、快捷、经济的现代化通信工具,正日益得到普及,目前中国城市电话普及率已达98%以上。最新调查表明,居民家庭电话除了用于和亲朋好友及同事间的一般联系外,正越来越多地运用在咨询和购物方面,有65%的居民使用过电话查询和咨询业务,有20%的居民使用过电话预订和电话购物。现代生活追求快节奏、高效率,电话销售作为一种新时尚正走进千家万户。

① 选择营销对象。每个行业都有自己相应的消费对象,因此要处处留心,在选择时要有针对性。比如针对曾经光顾过公司的人员进行营销效果会更好。利用报刊上的分类广告、工商企业名录以及信息网络单位刊载的会员名册等也会收到意想不到的良好效果。另外,还有一点值得注意的是,不要打对方在接听时需要付费的电话。

② 选择营销时机。电话营销固然十分方便、不受地点的限制,但是在时间的选择上要十分注意千万不要在对方很忙或者休息的时间打扰对方。打到单位的电话最好是上午10点以后,打给私人住宅的电话最好选择在星期日,同时尊重对方的午休习惯,不要在中午12点到下午3点之间进行电话营销。

③ 建立声音形象。电话营销员给顾客的第一印象完全是由声音形成的。因此当电话接通以后,应首先问候一句:"您好",然后再作自我介绍。介绍应简洁明了、准确无误,同时注意使用恰当的语音、语速、语调来建立一个亲切可信的电话形象。有人说,人有好几张脸:第一张脸是外表长相;第二张脸是一个人的字;第三张脸是他的声音。作为一名电话营销人员,你的第一、第二张脸并不重要,而第三张脸却是至关重要的。你必须通过声音把这第三张脸做得非常完美,也就是要把你的表情、肢体语言在听筒这边表现出来,然后运用声音通过话筒传递给对方。

进行电话营销时,还要注意根据对方的需要,有针对性地介绍产品的特征、特点、功能、用途、价格的优惠政策等。要十分礼貌地询问对方的需要,态度要诚恳。在营销结束时无论结果如何都要向对方表示感谢,因为至少你占用了对方的时间。

④ 建立长期联系。电话营销最重要的就是争取回头客,因此必须建立起与老顾客的长期良好的关系。建立顾客档案是一种行之有效的方法,同时要注意及时更新信息,通过经常给予问候、邮寄节日卡片等方式保持与顾客之间的联系,并建立起良好的私人关系,使得你的业务由老客户带动新客户不断地保持良性的发展。

3. 营销的语言艺术

1) 把握营销语言原则

视顾客为朋友、为熟人,想方设法让服务用语做到贴心、自然、令人愉悦,这是营销语言的基本出发点。

(1) 顾客中心原则。设身处地为对方着想,急顾客之所需。主动说明顾客购买某种东西所带来的好处。对这些好处做详细、生动、准确的描述,才是引导顾客购买商品的关键。"如果是我,为什么要买这个东西呢?"这样换位思考,就能深入顾客所期望的目标,也就能抓住所要说明的要点。最好用顾客的语言和思维顺序来介绍产品,安排说话顺序,不要一股脑儿说下去,要注意顾客的表情,灵活调整销售语言,并力求通俗易懂。

(2) 倾听原则。"三分说,七分听",这是人际交谈基本原理——倾听原则在营销语言中的运用。在营销商品时,要"观其色,听其言"。除了观察对方的表情和态度外,还要虚心倾听对方议论,洞察对方的真正意图和打算。要找出双方的共同点,表示理解对方的观点,并要扮演比较恰当、适中的角色,向顾客营销商品。

(3) 禁忌语原则。在保持积极的态度时,沟通用语也要尽量选择体现正面意思的词,选择积极的用词与方式。要保持商量的口吻,不要用命令或乞求语气,尽量避免使人丧气的说法。例如(左边是负面词,右边是积极的说法):

"很抱歉让您久等了。"→"谢谢您的耐心等待。"

"问题是那种产品都卖完了。"→"由于需求很多,送货暂时没有接上。"

"我不能给你他的手机号码!"→"您是否向他本人询问他的手机号码?"

"我不想给你错误的建议。"→"我想给你正确的建议。"

"你叫什么名字?"→"请问,我可以知道你的名字吗?"

"如果你需要我们的帮助,你必须……"→"我愿意帮助你,但首先我需要……"

"你没有弄明白,这次听好了。"→"也许我说得不够清楚,请允许我再解释一下。"

(4)"低褒微谢"原则。"低"就是态度谦恭,谦逊平易。"褒"是褒扬赞美。"微"是微笑。营销人员要常面带微笑,给顾客带来好的心情。"谢"是感谢,由衷地感谢顾客的照顾。如"谢谢您,这是我们公司的发票,请收好。""谢谢您,我马上就通知公司。"

2)讲究营销语言形式

(1)发音清晰、标准。只有发音清晰、标准,对方才能听清营销员说的是什么,不至于只看见"营销员"唾沫横飞,却根本不知道说了些什么。我们提倡的是普通话,现在大多数的人在公共场合交际运用的都是普通话。很大程度上,一口流利的普通话已经成为高素质的象征,因此一般说来应用普通话交流;如果了解对方老家是某地,对方又以家乡为荣,而自己恰巧又会当地的方言,适当地运用方言跟对方交流也不错。

(2)语调低沉、自然、明朗。低沉和抑扬顿挫的语调最吸引人。语调偏高的人,让人感觉叽叽喳喳,听起来不舒服,而且有一种凌驾于客户之上的感觉。因为我们大家有体会,一般而言领导跟下属、长辈跟晚辈之间谈话时,前者语调较高,后者语调较低,所以客户更喜欢稍低沉的语调;语调要自然,谁都不喜欢做作,尤其是女营销员更不要嗲声嗲气,自然、大方才受大家的欢迎;语调要讲究抑扬顿挫;否则一个调子下来,客户听不出重点,也容易厌烦。

(3)说话的语速要恰如其分。有些营销员说话本身语速快,在客户面前又有些紧张,因此还没等客户有所反应,自顾自地讲了十几分钟,容不得对方插话,一是不尊重对方,二是自己讲得快了,思维跟不上,容易出错;语速也不应太慢,太慢了会让客户着急,不耐烦。一般来说,正常聊天的语速就可以。同时,语速要根据所说的内容而改变,一成不变的语速容易让人产生厌烦情绪,讲到重点的时候可以适当放慢语速,加强语气,以示强调。

(4)懂得停顿的运用。在讲话过程中,恰当的停顿有多个好处:一则可以顾及客户的反应,是喜欢还是厌恶?对哪一部分感兴趣?以便有针对性地调整说话的内容和语速。二则是让自己有思考的时间,选择更合适的语言来表达,不致太紧张甚至出错;停顿的时间不要太短,要根据对方的反应灵活调整。一般来说,停顿会引起对方的好奇,有时不能逼对方早下决定。

(5)音量要注意控制。有的人音量本来就大,很多时候像在喊,就要控制一下。音量太大,往往容易给对方造成压迫感,使人反感。音量太小,一是对方听不清楚说的内容,容易不耐烦;二是显得自己信心不足,犹犹豫豫,没信心,自己都没有信心,还怎样影响客户?因此说服力不强。

(6)在说话时配合恰当的表情。在说话时配合恰当的表情往往会起到比单纯的语言更明显的作用。比如,说到高兴处,可以微笑,或者配合一定的手势动作;说到伤心处,神情表现得悲伤,让情绪感染客户,让客户进入到所创设的情景中,容易诱导客户。

此外营销人员还要注意表达逻辑清晰,重点突出。在进行介绍时,要思路清晰,表达流畅,不能前言不搭后语,让听者不知所云。为了突出重点,可以适当地使用一些词语,如"首先,其次,再次,最后"或者"第一,第二,第三"等,以便客户能抓住重点,一般要把最突出的优点放在第一位,吸引住客户,稍弱的优点依次往后。

营销员可以把自己的声音录下来,找好朋友或者家人或者同事从内容、形式等方面提出建议和意见,以便提高说话水平。

3) 讲究营销语言艺术

(1) 避免以"我"为中心的营销,诱导顾客自己品味销售的主题。最能使人信服的是自我醒悟的道理,而非他人的说教,通过提问的方式给顾客一定程度的自尊心理满足,诱导和激发顾客产生购买行为。比如,"我认为……"可改为"您是否认为……","您的想法对吗?"可改成"您是怎么想的?","我想您肯定会买的",可改成"您很内行,可不要错过机会"等。这些提问能使顾客顺从诱导,引起思考,品味营销员没有说出的销售主题。一旦悟出道理,大多数顾客就会陶醉于自己体会出的快乐心情之中,很少会产生是由营销员诱导出来的怀疑感觉。在公众自己品味出销售的主题以后,营销员还可以用赞美的语气强化诱导的结果。"您讲得很有道理","我完全同意您的想法","您真会核算,比我们还精通"等赞美词会使顾客油然产生一种兴奋的心情,这种情感体验能够升华为坚定不移的购买信念,产生顺利成交的良好结果。

(2) 注意语言的精确性,提高对顾客说理的感染力。在营销中,营销人员的语言是一种极其复杂的心理活动,营销员凭借某种语言来传递自己心理活动的信息,表达自己的思想、情感、愿望和要求,而顾客也是通过与拜访者的语言交流,接受营销员传递的商品信息,引起思想、感情的共鸣,采取积极的购买行为。因此,营销员要加强语言修养,提高语言的精确性,增强语言的感染力,给顾客以身临其境的感觉,强化说理的效果。应注意以下三点。

第一,多用肯定语言。这里所说的肯定是指顾客态度的赞美肯定,对商品质量和价格的肯定,对售后服务的肯定,以坚定顾客的购买信念。对顾客态度的肯定例如,"您现在这样看问题是很自然的事,过去我也是这样想的。"对商品质地的肯定比如,对服装可用质地优良、做工考究、色泽华丽、款式新颖、老少皆宜的肯定语言。对水果可用果大、皮薄、肉厚、香甜、可口等质量可靠的语言。对价格的肯定如"这个价值五十元","这个报价是最低价格","您不能再削价了"。这里的目的是使顾客消除还价的打算,觉得在价格上别无退路,只能按定价成交。对售后服务的肯定如本公司营销的商品一律实行三包:"包退、包换、包修","本厂的产品一律送货上门"。这里的"三包"和"送"都是肯定语言,能使顾客感到称心、方便,解除其后顾之忧,促使顾客下决心实施购买行为。

第二,要用请求式的语句尊重顾客,尽量避免用命令式的语句同顾客交谈。请求式语句是以协商的态度征求顾客意见,由于营销员态度谦虚,说话和气,所以公众总是乐意接受的。而命令式语句,营销员居高临下,态度生硬,强制性地要求顾客实施购买行为,一般是不受顾客欢迎的。比如,客户问营销员:"××是否有货?"营销员回答:"没有货,到下个月再联系。"这是一种命令式回答客户问题的语句。它不仅要求客户等到下个月,而且命令客户主动来联系。这样就使营销员与客户的关系错位,变成客户求营销员。这种方式除了在商品供应紧张时,能有短期效应外,对多数客户来讲是不可取的。

第三,在营销中,刺激的语句、过于客套的语句都是不恰当的。这些语句容易引起公众反感。

总之,营销员正确使用语言,通过礼貌语言的魅力,影响、感染、引导消费公众,触发购买行为,这是有效地开展营销所必需的。

小训练

一位顾客听完某推销员关于若干品牌的冰箱情况介绍,然后跟推销员进行以下对话。

顾客:"谢谢你,我今天还不想买。"

推销员:"咦,您怎么可以不买呢?我费了这么多口舌,是白说的吗?如果你一个人做不了主的话,应该事先讲明呀!"

顾客:"你怎么是这样的态度?我了解一下有什么过错?"

推销员:"算了算了,算我倒霉。"

【思考与讨论】

(1) 请与同学讨论:推销员说得对不对?其抱怨有无合理成分?

(2) 如果你想引导顾客购买,可以用什么方法再作努力和尝试?请设计一段营销语。

案例分析

1. 护患沟通

李工程师因胃炎、高血压住院。护士早上为他发药。

"李工,早上好!昨天晚上睡得好吗?今天感觉怎么样?您现在应该服药了,我给您倒水。这是胃动力药,您感觉上腹部胀痛,胃动力药就是增加胃的蠕动功能,减轻胃胀,所以要在用餐前30分钟服用。"

李工服完药问护士:"你落了一种药吧,医生说要服两种。"

护士微笑着说:"噢,你记得很清楚啊,是还有一种药,专门治疗高血压,不过是每8小时服用一次,到时间我会送来的。一定记着半小时后进餐,饭菜要清淡一些,这样容易消化,您好好休息。"

(资料来源:佚名.护理人员言行规范[EB/OL].[2014-07-10]. https://wenku.baidu.com/view/f186470fbe23482fb4da4cb6.html)

本"任务"开篇案例给我们这样的启示:护患之间始终存在着信息不对称,要学会站在患者的角度考虑问题,在沟通中你要让患者感觉到:你是在用心服务,而不仅仅是为了完成工作任务。如何与患者进行沟通是每个护理人员必须面对的重要问题。

【思考与讨论】

(1) 结合本案例谈谈如何让患者感觉护士是在用心服务。

(2) 请写下你从本案例中获得的启示,并上传至群共享。

2. 小邱的担心

邱某,18岁,男性,高中三年级学生。在一场足球比赛中不幸摔伤了腿,造成小腿骨折。他知道学校学习非常紧张,同学们都在加紧复习准备迎接高中会考和升学考试,自己却躺在床上不能去听课。他怕自己跟不上学习进度,担心成绩下降。现在他正眼泪汪汪地躺着,看上去非常焦虑不安。

护士：小邱，早上好！唔，你怎么啦？

小邱：（转过来，揉眼）唉！

护士：你心里很难过吗？

小邱：我该怎么办呢？我的同学都在紧张地复习功课，可我……我所有的学习计划都泡汤了，我想我这次升学考试没什么希望了。

（资料来源：佚名.护理人员言行规范［EB/OL］.［2014-07-10］. https://wenku.baidu.com/view/f186470fbe23482fb4da4cb6.html）

【思考与讨论】

（1）小邱的表面想法是什么？

（2）小邱的情感流露是怎样的？

（3）小邱的潜在愿望是什么？

（4）请设计一个与小邱交谈的策略。

（5）请写下你从本案例中获得的启示，并上传至群共享。

3. 幽默欢迎词

各位尊敬的游客朋友们（停顿）——吃了吗？

啊？没吃啊，没吃就让刘导我带您吃去吧！我就知道您几位刚下火车（飞机），一路上奔波劳碌的，肯定没吃，其实早给您安排好了，我们这马上就要去我们沈阳最有名的特色餐馆——老边饺子让您先大快朵颐，让您先从味觉上感受一下我们沈阳人的热情！

光顾着说吃了，还没自我介绍一下呢，我呢，叫刘峰，沈阳××旅行社的导游员，正宗的东北爷们儿（亮相），也许的人觉得我们东北男人比较粗犷，不太适合做导游这种细致的工作。其实不然。联合国教科文组织36名专家组经过147天的科学论证，得出结论——俺们东北这圪垯出导游！

您看您别着急鼓掌啊，您得让我给您说出个一二三来不是吗？为什么说我们东北汉子最适合当导游呢？原因如下：第一，我们东北人实在、热情、没有坏心眼，这个是全国公认的。所以说我们东北导游的服务肯定是一流的，因为我们热心肠啊！第二，导游是个重体力劳动活，起早贪黑不说，每天这东跑西颠的，没个好身体可不行，不说别的，您几位游客光玩还累呢，何况是我们导游了，对吧？所以说这就是我们东北人适合做导游的第二个原因，我们牙好，嘿，胃口就好，身体倍儿棒，吃嘛嘛香，您瞅准了——东北男导游！（众人笑）

您可能会说了，小刘你这说得都对，你们东北男导游是有这些优点，不过别的地方的导游就不热情了吗？他们身体也不错啊。而且南方的一些漂亮的导游妹妹不用说话光看着，就能让人那么舒服——你行吗？要说这个我真不行，不过我们东北导游还有她们比不了的一点好处呢！什么啊——我们东北导游个个都是兼职保镖！您看您又不信了，哦，说我长得这么瘦弱，还当保镖呢。这您就有所不知了！有句话叫人不可貌相，海水不可斗量！不瞒您说，我还真是个练家子！

这外练筋骨皮，内练一口气，您就没发现，我这印堂放光，双目如电！真不是和各位吹，什么刀枪剑戟，斧钺钩叉，镗棍槊棒，鞭锏锤爪，拐子流星；带钩儿的，带尖儿的，带刃儿的，带刺儿的，带峨眉针儿的，带锁链儿的，十八般兵刃我是样样——稀松！您看您别乐啊,我这是谦虚,我说我十八般兵刃样样精通——那是不知道天高地厚,这人外有人,天外有天,自大一点叫个臭字,人嘛,得谦虚,练得好的让别人说,你自己说那就没意思了。您看这么多兵刃我全会,我和谁说了。是不是?您看您又乐了,您是不信还是怎么着?您若不信,您和我比画比画!我不是说您,我是说您怀里抱着的那个小朋友。敢与我大战三百回合否?

把式,全凭架势!没有架势,不算把式!光说不练,那叫假把式;光练不说,那叫傻把式!连说带练,才叫真把式!连盒带药,连工带料,你吃了我的大力丸,甭管你是让刀砍着、斧剁着、车轧着、马踹着、牛顶着、狗咬着、鹰抓着、鸭子踢着……行了,您也甭吃我这大力丸了,我们的饭店到了,您跟我下车去吃饭吧!

(资料来源:佚名.导游欢送词[EB/OL].[2020-02-20].https://www.is97.com/p-1010457.html.)

【思考与讨论】
(1) 总结本导游欢迎词的特点。
(2) 在全班同学面前演练一下这篇导游欢迎词。
(3) 请写下你从本案例中获得的启示,并上传至群共享。

4. 主持人化解尴尬

据说,上海东方卫视主持人袁鸣在海南主持海南京剧团的成立庆典时,见到来宾名单上的"南新燕"时,袁鸣便不假思索称呼"女士"。未料,话音刚落,霍地立起了一位两鬓染霜的绅士,顿时台下一阵骚动。

袁鸣真诚地致歉:"对不起,我是望文生义了。不过……"她稍一转折,施展了自己的口才:"你的名字实在是太有诗意了。我一见这三个字,立即想起了两句古诗'旧时王谢堂前燕,飞入寻常百姓家'。这是一幅多么美的图画。今天,这里出现了类似的情景,京剧一度是流行在北方的戏曲,而现在,京剧从北到南,跨过琼州海峡,飞到了海南,而且在这里安家落户,这又是一幅多么美妙的图画呀!"

话音刚落,会场响起一阵掌声,意外的转折化解尴尬,形成柳暗花明又一村的新景观。

(资料来源:佚名.救场[EB/OL].[2020-03-08].https://www.jianshu.com/p/1808c3f68283.)

【思考与讨论】
(1) 袁鸣化解尴尬对你有何启示?
(2) 试着再举一个主持人化解尴尬的例子并分析。
(3) 请写下你从本案例中获得的启示,并上传至群共享。

5. 中西结合式婚礼仪式主持词

主持人发言

尊敬的各位来宾,你们好,欢迎您来参加×××先生×××小姐的婚礼庆典。我是本场婚礼的主持人×××。首先,请允许我代表二位新人及双方的父母向各位来宾的到来表示热烈的欢迎和衷心的感谢!

朋友们,是玫瑰花的芬芳使我们相约在这里,是爱情的甜蜜让我们相约在这里。今天是一个为爱而举行的节日,也是一个为情而留住的时间。今天是 2012 年 12 月 30 日,一对相识了 10 年的有缘人,用他们的真爱收获了甜蜜的果实,组建了温馨的家庭。从今天起,在我们这座城市,华灯初上时,又多了一户人家的窗口亮起灯,透过窗子,我们还会看见在厨房里忙碌的身影。朋友们,温暖的画面即将上演,期待已久的时刻即将来临。首先,让我们带上深深的祝福,送上美好的祝愿,用热烈的掌声有请新郎幸福登场!

这一刻你梦了多少回,这一天你等了多少年,如今梦想就要实现,勇敢地走过去,去迎接你今生的挚爱吧!

此刻,站在新娘身边的正是她生命中陪她走过成长历程的男人,而向她对面走来的是将陪她走完后人生的男人,在我们的交接仪式中,新娘的父亲送女儿走向婚姻的殿堂,我相信父亲此刻肯定百感交集,父亲有什么要嘱咐的话给未来的女婿尽管说。也请新郎单膝跪地,大声说出你爱的承诺。

接下来请二位新人手挽手踏着这条神圣的玫瑰花路,走向你们人生最辉煌的时刻。请在座的来宾们用你们最热烈的掌声祝贺二位新人走向婚礼的殿堂,走向幸福之路!

站在舞台中间很幸福,也很荣幸啊!因为有这么多的宾客前来祝福。首先请×××代表所有的来宾向二位新人表示祝贺,念证婚词。

证婚人致辞

证婚人:请二位新人相对而立,四目相对,回答我爱的誓言。

新郎×××,你是否愿意娶你面前的这个女子,无论贫穷或富有,无论顺境或逆境,无论她此时年轻或岁月使她苍老,你都始终与她相亲相爱,相依相伴,一生一世,不离不弃。

新郎:我愿意。

证婚人:新娘×××,你是否愿意嫁给你面前的这位男士,无论贫穷或富有,无论顺境或逆境,无论他此时年轻或岁月使他苍老,你都始终与他相亲相爱,相依相伴,一生一世,不离不弃。

新娘:我愿意。

主持人发言

此刻,在这里,新郎可以张开你坚实的臂膀,拥抱并亲吻你美丽的新娘了,拥抱你们的幸福生活!朋友们,让我们再次响起长时间的掌声,感谢爱神将他们永远地结合在一起,并为他们的结合而祝福。

对于你们彼此的誓言,有天地为证,有在场的各位来宾做证,更应该有爱的信物为证,有请爱的使者,将新人的戒指送上舞台,请新郎先将戒指戴在你美丽的新娘的左手无名指上,接下来请新娘为新郎戴上戒指。

戴上信物的手紧紧地握在一起,请新人将手高高举起,面向所有来宾,展示一下你们永不褪色的爱情。朋友们,让我们祝福他们执子之手,与子偕老!

朋友们,让我们再次用掌声祝福二位新人在漫漫的人生旅途手挽手,肩并肩,共担生活中的寒潮、风雪,共享人生的阳光与彩虹。二位新人婚礼仪式上半场礼成,请新人沿着红毯走下去换装,准备下半场的仪式。请朋友们耐心等待。

(资料来源:王晶.口才训练实用教程[M].北京:清华大学出版社,2014.)

【思考与讨论】

(1)分析本婚礼主持词的风格。

(2)本婚礼主持词的成功之处表现在哪些方面?

(3)请写下你从本案例中获得的启示,并上传至群共享。

6. 会议主持稿范例

某大学经济贸易学院学生会会议主持稿

尊敬的各位领导、各位来宾、亲爱的同学们:

大家下午好!欢迎大家参加经济贸易学院学生会年度总结大会。

我是主持人××。

转眼间,两年已经过去,第十三届学生会的委员们在任职期间认真工作,开展各种活动,为同学们服务,为校园增添了许多亮丽的色彩。在此,我代表学生会全体干事向主席团一年多的辛勤工作以及尽心尽力培养我们的老师表示由衷的感谢,并且预祝这次大会圆满成功!

首先,介绍今天到场的嘉宾,他们分别是……

现在,我宣布经济贸易学院学生会年度总结大会正式开幕!

在这个垂柳依依的夏天,在这个栀子花开的季节。我们又迎来了一个离别的日子,经济贸易学院学生会第十三届的常委们,你们即将迈向你们人生的下一步,迎接人生更绚烂的季节。

一年的努力,一年的汗水,我们又迎来了学生会新的春天。下面让我们通过VCR和电子相册共同回顾一下这一年来我们一起走过的日子。

下面有请经济贸易学院学生会主席团常委讲话。

谢谢,×××主席的讲话。

下面进行大会的第二项议程:请大家掌声欢迎××(校领导)讲话。

……(讲话内容)

谢谢!

这里是终点,也是起点。未来的路是美好的,也是崎岖的,但无论如何,我们都不会放弃。接下来的路,我们将坚定地走下去,带着你们的期望、理想和眷恋,让我们的学生会,在将来的日子里,越来越好,越来越强。现在,我宣布,本次大会到此结束!谢谢!

(资料来源:王晶.口才训练实用教程[M].北京:清华大学出版社,2014.)

【思考与讨论】

(1)请分析上述会议主持词的成功之处。

(2)模仿上述主持词,为你参加的某会议设计主持词。

(3)请写下你从本案例中获得的启示,并上传至群共享。

7. 口才拔高了"营销之神"

在日本有个叫原一平的人，身高只有145厘米，是个标准的"矮冬瓜"。他的工作业绩却是相当惊人，曾连续多年占据日本全国寿险销售业绩之冠，被人誉为"营销之神"。

原来，原一平的身材虽然"低人一等"，但他的口才却不只高人一等。在营销寿险产品时他经常以独特的矮身材，配上刻意制造的表情和诙谐幽默的言辞，经常逗得客户哈哈大笑。他面见客户时通常是按以下方式开始的。

原一平："您好，我是明治保险的原一平。"

客户："噢！是明治保险公司。你们公司的营销员昨天才来过的，我最讨厌保险了，所以被我拒绝啦！"

原一平："是吗？不过我比昨天那位同事英俊潇洒吧？"原一平一脸正经地说。

客户："什么？昨天那个仁兄啊！长得瘦瘦高高的，哈哈，比你好看多了。"

原一平："可是矮个儿没坏人啊。再说辣椒是愈小愈辣哟！俗话不也说'人愈矮俏姑娘愈爱吗？'这句话可不是我发明的啊！"

客户："可也有人说'十个矮子九个怪'哩！矮子太狡猾。"

原一平："我更愿意把它看成是一句表扬我们聪明机灵的话。因为我们的脑袋离大地近，营养充分嘛！"

客户："哈哈，你这个人真有意思。"

凭着出色的口才，原一平就是这样与客户坦诚面谈，在轻松愉快的气氛中不知不觉拉近了自己与客户之间的距离，很快一笔业务就搞定了。

看来，一个人身材矮小用不着怨天尤人，只要他能用后天的努力来弥补先天的不足甚至缺陷，吃苦耐劳，时刻进取，有所作为，在别人的眼里形象一样很高大。

（资料来源：彭真平.口才拔高了"营销之神"[J].职业时空,2005(9).）

【思考与讨论】

（1）原一平在营销上有什么特色？他为什么能够拉近自己与客户之间的距离？

（2）请写下你从本案例中获得的启示，并上传至群共享。

8. 三位房产销售员

李先生一家三口想在市区买一套新房子，经过综合的分析和对比后，他选定了市区较为繁华地段的一个楼盘。李先生先后三次走进了楼盘的售楼处，遇到了三位不同的销售员：张明、李涛和王海洋。

第一次，他一个人先去售楼处考察了一下，张明接待了他。刚入职的张明很热情地询问了李先生的购房动机、家庭状况、孩子读书情况和爱人就业情况后，李先生想仔细了解一下房屋的建筑质量和房型，但苦于一直被询问，但看着张明热情年轻的脸，李先生想生气又生不起来气。

第二次，李先生跟好朋友再度考察了该楼盘，有着多年销售经验的李涛接待了他。李涛先是在售楼处门口热情地迎接了李先生，并及时递送了自己的名片，然后引导李先生到沙盘旁，对楼盘的整体情况作了简单介绍后，先退到了一旁，暂时休息一会儿，也给李先生考虑和观察楼盘的时间。这时,又进来几位看房者,李涛又忙着接待去了,李先生数次抬头想咨询李涛时,发现李涛分身乏术。李先生跟朋友有点失望地走出了楼盘。

过了大半个月,李先生带着家人一起第三次来到了售楼处,这次接待他的是王海洋,王海洋有着多年的楼盘销售经验,销售业绩一直都很好,是大家公认的"销售王者",他看到李先生一家下了车往售楼处门口走过来,他热情地走上前,跟大家打招呼,还拿了一个粉色的玩偶小礼品给了李先生6岁的女儿。他先引领李先生一家在等候区入座,并周到地为李先生准备了一杯绿茶,为李太太准备了一杯热乎乎的红茶,然后开始轻松地跟李先生一家交谈,先询问了李先生的购房目的,了解到李先生是想改善住房条件的二次购房者,并且对该楼盘比较看好,购买意向比较大。简单地介绍后,王海洋带领李先生夫妇二人仔细查看了沙盘及销售情况,筛选出备选房型,还介绍了该楼盘周边的规划建设和发展情况。看到李先生夫妇都表现出很满意的情绪后,王海洋带领他们参观了样板房,样板房的设计让李太太非常心动,看房过程中不停地在规划以后家里的布置和装饰。参观完样板房后,李先生夫妇脸上露出满意的笑容,王海洋这时告知近期公司在实行优惠活动,对于李先生想要购房的房型,这样的优惠活动平时是很少的,而且活动的期限很快就要到了,等活动一旦结束,就不能再享受这样的优惠了。李太太表示非常愿意当天就签订购房协议书,李先生还在犹豫,这时王海洋拿出近期的销售统计表,告诉李先生楼盘自推出后,销售一直非常火爆,他就算愿意帮李先生暂时保留这套房子,但不能保证一定能保留成功,如果有其他客户当场签订购房合同的话,他就无能为力了。李先生听了王海洋的介绍后,也表示今天就签订购房协议书,并提交了购房保证金。

(资料来源:徐静,陶莉.有效沟通技能实训[M].北京:中国人民大学出版社,2014.)

【思考与讨论】

(1) 三位售楼员在与客户沟通的过程中的区别体现在哪些方面?

(2) 为什么第三位售楼员王海洋能够成功,而其他两位售楼员却失败了呢?原因何在?

(3) 结合本案例谈谈,在与客户沟通的过程中应该注意哪些方面。

(4) 请写下你从本案例中获得的启示,并上传至群共享。

9. 只顾生意,不解人意

吉勒斯是美国著名的汽车推销员。一天,一位客人西装笔挺、神采飞扬地走进店里,吉勒斯心里明白,这位客人今天一定会买下车子。于是他热情地接待了这位客人,并为他介绍了不同品牌的车子,说明不同车子的性能、特点。客人频频点头微笑,然后跟随吉勒斯一起从展示场走向办公室,准备办手续。客人一边走一边激动地说:"你知道吗,我儿子考上医学院了,我们全家都非常高兴……"吉勒斯不顾顾客的兴致,抢过话题继续介绍汽车的优良的性能。没等他介绍完,客人就又说道:"我要买辆最好的车,作为礼物送给儿子……"吉勒斯接着客人的话说:"我们的汽车无论是款式还是性能都是一流的……"客人有些不高兴,他看了吉勒斯一眼,没等他说完,抢着说道:"我的儿子很可爱……"吉勒斯又说:"是啊,我们的车子也确实是最好的……"客人的脸色越来越难看了:"你这人怎么这样?""我……我们的汽车确实是……""你就知道汽车!

客人发火了,最后竟然拂袖而去。

(资料来源:洪艳梅.解"说"——浅谈对推销中"说"的认识[J].商业文化(下半月),2011(3).)

【思考与讨论】
(1)吉勒斯营销失败的原因是什么?
(2)请写下你从本案例中获得的启示,并上传至群共享。

10. 客户沟通的魔力

一位朋友因公务经常出差泰国,并下榻东方饭店,第一次入住时良好的饭店环境和服务就给他留下了深刻的印象。当他第二次入住时几个细节更使他对饭店的好感迅速升级。

那天早上,在他走出房门准备去餐厅时,楼层服务生恭敬地问道:"于先生是要用早餐吗?"于先生很奇怪,反问:"你怎么知道我姓于?"服务生说:"我们饭店规定,晚上要背熟所有客人的姓名。"这令于先生大吃一惊,因为他频繁往返于世界各地,入住过无数高级酒店,但这种情况还是第一次碰到。

于先生高兴地乘电梯下到餐厅所在的楼层,刚刚走出电梯门,餐厅的服务生就说:"于先生,里面请。"于先生更加疑惑,因为服务生没有看到他的房卡,就问:"你知道我姓于?"服务生答:"上面的电话刚刚下来,说您已经下楼了。"如此高的效率让于先生再次大吃一惊。

于先生刚走进餐厅,服务小姐微笑着问:"于先生还要老位置吗?"于先生的惊讶再次升级,心想"尽管我不是第一次在这里吃饭,但最近的一次也有一年多了,难道这里的服务小姐记忆力那么好?"

看到于先生惊讶的目光,服务小姐主动解释说:"我刚刚查过计算机记录资料,您去年8月8日在靠近第二个窗口的位子上用过早餐。"于先生听过兴奋地说:"老位子!老位子!"小姐接着问:"老菜单,一个三明治,一杯咖啡,一只鸡蛋?"现在于先生已经不再惊讶了,"老菜单,就要老菜单!"于先生已经兴奋到了极点。

上餐时餐厅赠送了一碟小菜,由于这种小菜于先生是第一次看到,就问:"这是什么?"服务生后退两步说:"这是我们特有的小菜。"服务生为什么要先后退两步呢?

他是怕自己说话时口水不小心落在客人的食品上,这种细致的服务不要说在一般的饭店,就是美国最好的饭店里于先生都没有见到过! 这一次早餐给于先生留下了终生难忘的印象。

后来,由于业务调整的原因,于先生有3年的时间没有再到泰国去,在于先生生日的时候,突然收到一封东方饭店发来的生日贺卡,里面还附了一封短信,内容是:"亲爱的于先生,您已经有3年没有来过我们这里了,我们全体人员都非常想念您,希望能再次见到您,今天是您的生日,祝您生日愉快。"

于先生当时激动得热泪盈眶,发誓如果再去泰国,绝对不会到任何其他的饭店,一定要住东方饭店,而且要说服所有的朋友也像他一样选择! 于先生看了一下信封,上面贴着一枚6元的邮票,6元钱就这样软化了一颗心。这就是客户关系管理的魔力!

(资料来源:佚名.酒店营销案例[EB/OL].[2019-10-25]. https://wenku.baidu.com/view/273f1d85c4da50e2524de518964bcf84b8d52d55.html.)

【思考与讨论】
(1) 泰国东方饭店与客户沟通有何独到之处?
(2) 请写下你从本案例中获得的启示,并上传至群共享。

11. 25分钟,25万美元

美国的"超级推销大王"法兰克·贝德佳,在三十多年的保险推销生涯中,赢得了"保险行销教父"的称号。有一次,贝德佳仅用了短短的25分钟,就谈成了一笔25万美元的保险。这笔交易在美国保险业界有口皆碑,堪称贝德佳的经典之作。

一天,贝德佳从朋友处获悉,纽约一位名叫布斯的制造业巨商为了拓展业务,向银行申请了25万美元的贷款。但银行开出一个条件,要求他必须同时投保同等数额的保险。

贝德佳迅速与布斯先生取得了联系,并电话约定次日上午10点45分在布斯先生办公室见面。然后他又打了个电话给纽约最负盛名的健康咨询中心,替布斯先生预订好了次日上午11点30分的健康检查时间。

第二天,贝德佳准时到达布斯的办公室。

"您好,布斯先生。""您好,贝德佳先生,请坐。"布斯打过招呼后,摆出一副等他说话的样子。

但贝德佳没有说话,采取等客户先开口的策略。

"恐怕你会浪费时间。"布斯先生指着桌上的一叠其他保险公司企划书和申请书说,"你看,我已经打算在纽约三大保险公司中选一家。你可以留下你的企划书,也许两三个星期后,我才决定。不过,坦白地说,我认为这是在浪费时间……"

"如果您是我的兄弟,我实在等不及想告诉您一些话。"贝德佳表情诚恳地说。

"哦,是什么话?"布斯很惊讶地问道。

贝德佳继续说:"我对保险这一行颇为熟悉,所以,如果您是我的兄弟,我建议您将这些企划书都丢到纸篓中去。"

布斯先生听后,更觉得大为诧异:"此话怎讲?"

"我可否先问您几个问题?"贝德佳接着说。

"请说。"贝德佳的故弄玄虚,果然勾起了布斯的兴趣。"据我所知,贵公司正打算贷款25万美元拓展业务,但贷方希望您投保同额的保险,是吗?"

"没错。"布斯答道。

"换句话说,只要您健在,债权人便对您的公司信心十足,但万一您发生意外,他们就无法信任您的公司可以继续维持下去。是这样吗?"贝德佳继续问道。

"嗯,可以这么说。"布斯答道。

"所以,您要立刻投保,把债权人所担心的风险转移给保险公司承担。这是眼前刻不容缓的事情。因为,如果您的生命未附上保险,而人又有旦夕祸福,我想债权人很可能会因此而减少贷款金额,或者干脆拒绝贷款,您说呢?"贝德佳又问道。

"很有可能。"布斯答道。

"因此您要尽快取得保证自己健康的契约,这个契约对您而言就相当于25万美元的资金。"贝德佳说。

"你有何建议?"布斯看上去有些坐不住了,但他仍在控制着自己。

"现在我为了您,正要安排一项别人做不到的事。我已替您约好今天11点30分去看卡拉伊尔医生。他可是纽约声誉极高的医疗检验师,他的检验报告获得全国保险公司的信任。如果您想只做一次健康检查,就能签订25万美元的保险契约,他是唯一的人选。"

"其他的保险经纪人难道不能替我安排这件事吗?"布斯怀疑贝德佳是否"别具用心"。

"当然,谁都能办到。但他们没办法安排好您今早立刻去做检查。这些经纪人肯定是先跟一向合作的医疗检验师联络,这些人可能只是一般的检验师。因为事关25万美元的风险,保险公司必定会要求您到其他有完善设备的诊所做更精确的检验。如此一来,25万美元贷款便要拖延数日,您愿意浪费这些时间吗?"

"我一向身体硬朗。"布斯仍下不了最后的决心。

"可是,我们难保自己不会在某天早晨醒来时,忽然喉咙痛或者患了感冒。即使您在保险公司所能接受的程度内恢复了,也难保他们不会说:'布斯先生,您已留下头痛的记录,在未确定您的病因是暂时性或长期性之前,我们想请您暂停投保3~4个月。'这样,您又可能失去这笔贷款。"

"是有可能。"布斯开始动摇了。

贝德佳故意看了看表,说:"11点10分了,如果我们立刻出发,可以按时到达诊所。如果检查结果正常,您就可以在48小时内签订保险契约。布斯先生,您今天早上看起来精神非常好。"

"是呀,我感觉很好。"

"既然如此,您为何不现在就去做检查呢?"

布斯陷入沉思,但没过几秒钟,他便取下衣架上的帽子,说:"好,我们走吧。"

(资料来源:佚名.25分钟,25万美元[J].传奇文学选刊·人物金刊,2007(5).)

【思考与讨论】
(1) 法兰克·贝德佳的营销沟通的秘诀是什么?
(2) 请写下你从本案例中获得的启示,并上传至群共享。

实训项目

1. 编制护患沟通方案

1) 病案资料

(1) 病人概要。病人,女性,42岁,大学文化,公务员,有一个儿子正在读高中,家庭经济条件好。

(2) 诊疗概况。病人因头痛伴恶心来院就诊,诊断显示为胶质瘤。入院后给予控制脑水肿,降低颅内压治疗。在一次静脉输液时,病人询问护士治疗药物的种类,并反映头痛得很厉害,护士没有及时回答药物的种类,简单地说了一句:"头疼,你不能忍一忍?!"第一次穿刺失败,护士未做任何解释,就准备第二次穿刺,这时病人大骂护士,与护士发生矛盾,引起病人头痛加剧,家属来探视时,病人对家属大发脾气,家属了解情况后非常生气,要求护士当面道歉,并要求领导对该护士予以处罚。

(3) 病人心理和表现如下。

① 由于恶性肿瘤是世界范围内危害人类健康的常见病、多发病,而且死亡率高,再加上患上脑部肿瘤,所以病人的心理创伤很大。

② 病人承受着疾病与心理的双重折磨,以往的美好理想成为泡影,促使病人克制力下降,易烦躁,易愤怒,有时因小事迁怒家属和护理人员。

(资料来源:佚名.护患关系[EB/OL].[2020-07-02]. https://wenku.baidu.com/view/a11baf1903f69e3143323968011ca300a6c3f6d5.html.)

2) 操作方法

(1) 全班分成若干小组,每组8人左右,指定一名组长。

(2) 小组成员根据"病案资料"讨论有针对性的护患沟通方案。

(3) 各组在全班宣讲自己的方案,最好教师讲评。

2. 模拟导游讲解活动训练

实训目标:通过定点导游讲解的训练,学生在接老年团和学生团后,能灵活地有针对性地进行礼仪服务。

讲解景点:大连星海广场(可以结合当地著名景点)。

情景模拟如下。

一是模拟一个老年旅游团队,让学生联系讲解针对老年团的星海广场的导游词。注意提醒学生训练时,第一,在语速、语调上注意适合老年人接受的特点;第二,在内容的选取上,要以历史沿革为主要线索,能够引起老年人回忆、共鸣。

二是模拟一个学生团队,让学生结合自身的特点,讲解星海广场的导游词。注意提醒学生,讲解时注意时尚、超前和各种刺激性的游乐项目内容,要引起学生的广泛兴趣。

实训地点:多媒体教室。

实训方法:播放星海广场的影像资料,让学生对照影像进行训练讲解。

内容与时间:包括星海广场景点内容、特色、周边的交通环境。每位学生3～5分钟。

用数码摄像机(或数码照相机)记录整个过程,然后大屏幕回放,学生自我评价,授课教师总结点评学生存在的个性和共性问题。最后评选"最佳讲解员"。

3. 文艺节目主持设计训练

训练目标:你所在的系拟举行迎新文艺晚会,请为之设计主持框架。

训练方法:确定演出主题、演出情景(时间、地点、场合、受众),确定节目单(演出者用真名),确定主持方式,设计出场语、连缀语和结束语。

训练要求:

(1) 每15人一组,分组拿出主持设计方案;

(2) 学生互评,教师及时点评;

(3) 选出一组较好的方案,大家共同完善,并付诸实施。

4. 主题班会主持设计训练

训练目标：你所在的班级拟举行一次主题班会，请为之设计主持框架。

训练方法：设定班会的主题、目的、情景，再为其设计开场白和结束语。

训练要求：

（1）每15人一组，分组拿出主持设计方案；

（2）学生互评，教师及时点评；

（3）选出一组较好的方案，大家共同完善，并付诸实施。

5. 手机销售

实训目标：通过同学间相互售卖手机的游戏，从中体会销售的技巧。

实训地点：教室。

实训准备：手机等。

实训方法如下。

（1）相邻座位的同学两人一组，分别扮演销售员和客户。销售员要将手中的手机成功地销售给客户，在营销过程中，客户提出各种疑问和拒绝，直到被销售员说服主动购买。时间为5分钟。

（2）邀请2~3组同学上台演练，请其余的同学仔细观察细节。

（3）表演结束后请参与者谈谈角色感受。

（4）总结销售各环节的技巧。

6. 净化水器销售

实训目标：通过同学间相互售卖净化水器的游戏，从中体会销售的技巧。

实训学时：2学时。

实训地点：教室。

实训准备：净化水器等。

实训方法如下。

（1）学生分别扮演不同情况的客户，如可以分为如下情况：①客户家装修精美，房屋面积大，家里很干净，还有一个保姆；②客户家装修普通，房屋又小，地面又不干净，几个子女与其住在一起；③客户房屋装饰以古典文化装饰的，有浓郁的传统特色……

（2）邀请3组同学上台演练，请其余的同学仔细观察细节，表演结束后请参与者谈谈角色感受。最后教师总结。

7. 测试：你受客户欢迎的程度如何？

请对下面的陈述做出"是""一般"或"否"的判断，测一测你受客户欢迎的程度。

（1）发型整洁

（2）衣着得体

（3）知道客户的业余爱好

(4) 了解客户的工作成就

(5) 能有针对性地称赞客户

(6) 言语得体，令客户愉快

(7) 充分尊重客户的意见

(8) 了解客户的行业特点

(9) 知道困扰客户的瓶颈问题是什么

(10) 能及时为客户反馈产品改进方案

(11) 以客户为中心

(12) 与客户交谈时面带微笑，亲切自然

(13) 每天上班前自我沟通3分钟，保持愉悦、自信的工作状态

(14) 用友善的态度来面对客户所在公司的每一位员工

(15) 通过小赠品传递友好的信息

(16) 通过小赠品完成公司对外的形象宣传

计分方法如表7-2所示。

解析：

(1) 总分为45~54分：你肯定是一位很受客户欢迎的业务员，你已熟练掌握了与客户沟通的技巧。

表7-2 受客户欢迎程度测试计分方法

题号	(1)	(2)	(3)	(4)	(5)	(6)	(7)	(8)	(9)	(10)	(11)	(12)	(13)	(14)	(15)	(16)
是	2	3	4	4	5	3	3	4	5	4	3	3	5	3	2	2
一般	1	1	2	2	3	2	2	2	3	2	2	2	3	2	1	1
否	0	0	0	0	0	0	0	0	0	0	0	0	0	0	0	0

(2) 总分为30~45分：你的沟通技巧受人称道，但还应进一步完善。

(3) 总分为15~30分：你与客户的沟通能力已经有了一定基础，但还有很多需要改进的地方。

(4) 总分为0~15分：这是一个令人沮丧的得分，你与客户沟通的能力的确不怎么样。不过别灰心，认真学习，不断实践，你会有很大的进步。

(资料来源：谢红霞.沟通技巧[M].3版.北京：中国人民大学出版社，2018.)

课后练习

(1) 实例分析。请写出以下实例给你的启示。

① 入院

一位高龄患者因脑出血昏迷而收治入院。三位家人神色慌张地将其抬到护士站。当班护士很不高兴地说："抬到病房去呀，难道你让他来当护士。"护士虽然不高兴，但还是带领家人将患者抬到了病房，并对患者家属说："这里不许抽烟，陪护人不能睡病房里的空

床……"此时，一位家人突然喊道："你是不是想把我们都折磨死。"

启示：_____

② 催款

对于我们经常碰到的欠费催款，可能会有以下两种情形。

护士甲：阿婆啊，我都告诉你好几次了，你欠款 2000 多元了，今天无论如何要让你的家人把钱交了，否则我们就停止用药了。

护士乙：阿婆啊，今天是不是感觉好多了？不要心急呀，再配合我们治一个疗程，您就可以出院了。噢，对了，住院处通知我们说您需要再补交住院费，麻烦您通知家人过来交一下。等家人来了，我可以带他去交的。

启示：_____

③ 了解病情

某护士向病人询问病情：

问：你现在腹部痛还是不痛？回答：不痛。

问：昨天吃饭好还是不好？回答：比较好。

问：你昨晚睡眠好不好？回答：不是很好。

启示：_____

④ 为患者祝福生日

康复科护士小芳在给患者王伯扎静脉点滴时，听到给王伯陪床的女儿对她说："爸，后天是你的生日，可我正好要出差，是和单位的同事同行，我就不能给您过生日了，等我回来后补上，现在就祝福您生日快乐！"王伯说："我这么老了，还过什么生日，又不是小孩子。"到了王伯生日那天中午 11 点 30 分，康复科的全体护士来到了王伯的床前，小芳手捧着鲜花，小丽提着蛋糕，她们齐声说道："祝王伯生日快乐！"王伯看到这情景，一时不知说什么好。

启示：_____

（资料来源：http://www.szjkw.net.）

（2）下面提供一些可供选择的交谈方法，试作比较、分析和评价。

选择 A："小邱，你很年轻，你的伤很快会好起来的，你没有理由这样灰心丧气。人的一生会有各种各样的挫折，这次摔伤对你来说也是一个考验，你应该坚强些。"

选择 B："小邱，你怎么眼泪汪汪的？这么大小伙子了，你的小腿骨折又不是什么大不了的重伤。功课嘛，等你伤好了，抓紧点补上去不就好了吗？用不着伤心流泪的……"

选择 C："唔，你在这么关键的时候受伤住院，真是不幸！我理解你的心情和感受……（略作停顿沉默，使双方可以调整一下情绪）不过，你并不是没有希望的。你的老师和同学送你来住院时，对你都很关心，你的老师也问到了你的功课，我想他们绝不会丢下你不管的。你看，你的同学不是把你的书和笔记都给你送来了吗？你的腿虽然伤了，但你的脑子是健全的，仍旧可以复习功课的。有什么不懂的地方，等你同学和老师来的时候可以问他们，他们一定会帮你的……"

（3）请你以家乡的某一自然风景或名胜古迹为介绍对象，运用有关导游讲解技巧，编写一则 1000 字左右的导游词。

（4）一个旅行团在某名胜古迹参观的途中，一位游客随手将一个空易拉罐扔出窗外，请设计一段话对游客进行善意批评。

（5）在网上搜集泰山的资料，向即将上泰山的游客作一番游前讲解，以激发游客的游览热情。

（6）观看或点评高水平主持的演出、谈话、综艺类电视节目或录像。

（7）某市民健身中心举行剪彩典礼时，主持人在宣布了嘉宾剪彩的时候，发现嘉宾的胸花脱落了。你如果是主持人，你怎样处理？

（8）轮流主持学校、系、班级的各项活动和会议，锻炼自己的主持能力。

（9）撰写主持稿。

小李是个号召力和语言组织能力较强的人，他刚刚进入新的工作单位，很希望能有机会在同事面前展示一下自己，让更多的人认识自己。恰巧单位要搞一次年终晚会，小李积极地向领导毛遂自荐，希望能担任晚会的主持人。

假设你是小李，请你为这次年终晚会设计思路，撰写主持稿，并模拟演示。

年终晚会的内容是：第一，表彰本年度的优秀员工；第二，颁奖仪式；第三，迎新年文艺节目14个，中间穿插游戏。（节目单：①开场舞；②歌曲《祝福祖国》；③小品《超生游击队新编》；④小合唱《兄弟》；⑤快板舞；⑥歌曲《海阔天空》；⑦游戏；⑧歌曲串烧；⑨现代舞《江南 style》；⑩魔术表演；⑪音舞诗画《爱的奉献》；⑫歌曲《牡丹江》；⑬健美操表演；⑭结束歌舞。）

（资料来源：王晶.口才训练实用教程[M].北京：清华大学出版社，2014.）

（10）你正在和一家百货商场的经理谈"速热"牌电暖器，他说："我的库房里已经有很多电暖器了。"对于这点"否定"，你怎样应对？

（11）如果营业员对顾客说的第一句话是：

A."你要什么？大点声说！"

B."你要什么？快说！"

C."你要买什么？"

D."您要看什么？"

请结合营销的语言艺术对这四句话分别进行评论。

（12）参加一家企业的营业推广或公共关系促销活动，观察和体验促销礼仪在这些活动中的作用，并写出实训小结。

（13）一位顾客硬说他在商场买的香烟是假的，而商场从进货渠道看根本不可能出现这样的情况。模拟演示商场接待人员接待投诉者的情景。

（14）你是一家房地产公司的秘书，这天有20多位住户认为你公司开发的房产有质量问题，集体闯到你的办公室，请演示接待的情景。

（15）登门营销的三种说法中，你认为哪种最好？为什么？

"先生，您需要高级食品搅拌机吗？"

"先生，我是想问一下您是否愿意购买一台高级食品搅拌机？"

"请问，您家里有高级的食品搅拌机吗？"

（16）汽车展销会上，一名营销员向前来看车的市民介绍公司的各款新车。人群中有人抱怨现在的油价太高,买车就是烧钱,于是营销员即兴发挥说:"现在油价这样高,买轿车当然是不合算的。或许最好的办法就是买辆自行车上下班,这样既便宜又不耗油,还能锻炼身体。"如果你是营销员,你怎样应对?

(17) 以下是顾客投诉表(表 7-3),请在日常商务沟通工作中加以运用,妥善处理顾客的投诉。

表 7-3 顾客投诉表

序号	投诉原因	自我分析	检讨(克服/不能克服)
1	你或你的同事对客户作了某种承诺而没有兑现		
2	客户心情不好,正巧又遇上了不好的服务,正想找个倒霉蛋出出气		
3	客户觉得,除非大声嚷嚷,否则就无人理睬		
4	客户觉得如果他嚷嚷就能迫使你满足他的要求		
5	客户总是与人过不去,处处看人不顺眼		
6	客户的期望未得到满足		
7	你或你的同事对客户冷漠、粗鲁或不礼貌		
8	多名销售人员对客户一人指东指西		
9	客户按照销售人员的指令行事,可结果是错的		
10	客户觉得他的话没人理睬,不被重视		
11	客户也许不喜欢你的发型、穿着、打扮等		
12	客户不信任你的公司,认为你的公司或你不诚实		
13	客户得到了不客气的答复		
14	客户在电话中受到了盘查和不停地询问		
15	当客户事情做得不正确时遭到嘲弄		
16	客户的信誉或诚实受到了质疑		
17	你或你的同事和客户发生了争辩		
18	没能迅速准确地处理客户的问题		

(资料来源:未来之舟.销售礼仪[M].北京:中国经济出版社,2009.)

参考文献

[1] 吕书梅.职业沟通技能[M].大连:东北财经大学出版社,2020.
[2] 谢红霞.沟通技巧[M].3版.北京:中国人民大学出版社,2018.
[3] 周彬琳.大学语文[M].2版.北京:清华大学出版社,2018.
[4] 高琳.人际沟通与礼仪[M].北京:人民邮电出版社,2017.
[5] 徐飚.沟通技巧[M].北京:电子工业出版社,2017.
[6] 龙璇.人际关系与沟通技巧[M].北京:人民邮电出版社,2016.
[7] 刘淑娥.演讲与口才[M].北京:首都经济贸易大学出版社,2016.
[8] 蒋红梅,张晶,罗纯.演讲与口才实训教程[M].3版.北京:清华大学出版社,2015.
[9] 周璇璇,张彦.人际沟通[M].厦门:厦门大学出版社,2015.
[10] 梁辉.有效沟通实务[M].北京:中国人民大学出版社,2015.
[11] 吕淑梅.管理沟通技巧[M].大连:东北财经大学出版社,2015.
[12] 张月霞,唐邈芳.秘书沟通实务[M].北京:高等教育出版社,2015.
[13] 史钟锋,张传洲.演讲与口才实训[M].南京:东南大学出版社,2015.
[14] 陶莉.职场口才技能实训[M].北京:中国人民大学出版社,2015.
[15] 张波.口才与交际[M].2版.北京:机械工业出版社,2015.
[16] 蒋雪艳.大学语文[M].北京:高等教育出版社,2015.
[17] 李元授.人际沟通训练[M].武汉:华中科技大学出版社,2014.
[18] 徐静,陶莉.有效沟通技能实训[M].北京:中国人民大学出版社,2014.
[19] 王晶.口才训练实用教程[M].北京:清华大学出版社,2014.
[20] 杜慕群.管理沟通[M].北京:清华大学出版社,2014.
[21] 杜慕群.管理沟通案例[M].北京:清华大学出版社,2013.
[22] 傅春丹.演讲与口才案例教程[M].北京:中国水利电力出版社,2011.
[23] 屈海英.新编演讲与口才[M].杭州:浙江大学出版社,2011.
[24] 张睫,周延欣.网络礼仪的构建原则[J].新闻爱好者,2010(7).
[25] 张文光.人际关系与沟通[M].北京:机械工业出版社,2009.
[26] 张晓明,袁林.沟通与礼仪[M].北京:科学出版社,2009.
[27] 张喜春,刘康声,盛暑寒.人际交流艺术[M].北京:北京交通大学出版社,2009.
[28] 杨凯.浅谈婚礼主持的语言技巧[J].高等函授学报(哲学社会科学版),2009(6).
[29] 梁玉萍,丰存斌.沟通与协调的技巧和艺术[M].北京:中国人事出版社,2009.
[30] 郭台鸿.高效沟通24法则[M].北京:清华大学出版社,2009.
[31] 宇琦,张南.向卡耐基学人际吸引力法则[M].北京:中国华侨出版社,2009.
[32] 赵景卓.现代求职礼仪[M].北京:中国物资出版社,2009.
[33] 邢延国.改变你一生的口才[M].北京:中国长安出版社,2009.
[34] 博文.有话要会说[M].北京:北京工业大学出版社,2009.
[35] 梅薇薇,梅雨霖.实用职业礼仪[M].北京:中国轻工业出版社,2009.
[36] 孙和.打动人心的160个口才技巧[M].北京:北京工业大学出版社,2009.
[37] 卢海燕.演讲与口才实训[M].大连:大连理工大学出版社,2009.
[38] 史振洪,朱贵喜.秘书人际沟通实训[M].北京:人民大学出版社,2008.

[39] 明卫红.沟通技能训练[M].北京：机械工业出版社,2008.
[40] 邹晓明.沟通能力培训全案[M].北京：人民邮电出版社,2008.
[41] 莫林虎.商务交流[M].北京：中国人民大学出版社,2008.
[42] 惠亚爱.沟通技巧[M].北京：人民邮电出版社,2008.
[43] 徐丽君,明卫红.秘书沟通技能训练[M].北京：科学出版社,2008.
[44] 高捍东.有效演讲口才技能[M].长沙：中南工业大学出版社,1995.
[45] 许爱玉.魅力来自沟通[M].杭州：浙江大学出版社,2008.
[46] 华阳.不只会说话更要说对话[M].北京：北京工业大学出版社,2008.
[47] 穆子青.最受欢迎的说话方式[M].北京：海潮出版社,2008.
[48] 黄琳.有效沟通[M].北京：中国华侨出版社,2008.
[49] 刘伯奎.口才与演讲系统化训练[M].北京：北京交通大学出版社,2008.
[50] 邰启扬.怎么活才不累[M].北京：社会科学文献出版社,2008.
[51] 许玲.人际沟通与交流[M].北京：清华大学出版社,2007.
[52] 徐卫卫.大学生交际口语[M].杭州：浙江大学出版社,2007.
[53] 陈秀泉.实用情景口才——口才与沟通训练[M].北京：科学出版社,2007.
[54] 李军湘.谈判语言艺术新论[M].武汉：武汉大学出版社,2007.
[55] 付冰峰.试谈幽默导游语言的修辞策略[J].湘南学院学报,2007(8).
[56] 阙庆华.浅谈几种修辞技法在导游语言中的运用[J].科技文汇,2007(10).
[57] 罗绚丽.论导游的语言艺术[J].法制与社会,2007(6).
[58] 李静.如何写好婚礼主持词[J].阅读与写作,2007(1).
[59] 刘维娅.口才与演讲教程[M].武汉：华中师范大学出版社,2007.
[60] 周彬琳.实用口才艺术[M].大连：东北财经大学出版社,2006.
[61] 李晓.沟通技巧[M].北京：航空工业出版社,2006.
[62] 黄漫宇.商务沟通[M].北京：机械工业出版社,2006.
[63] 林一心.导游语言与语境[J].厦门广播电视大学学报,2006(6).
[64] 李小萍.电视综艺节目的主持技巧[J].视听纵横,2006(3).
[65] 潘桂云.口才艺术[M].北京：旅游教育出版社,2006.
[66] 黄雄杰.口才训练教程[M].北京：高等教育出版社,2006.
[67] 马志强.语言交际艺术[M].北京：中国社会科学出版社,2006.
[68] 陈翰武.语言沟通艺术[M].武汉：武汉大学出版社,2006.
[69] 张韬,施春华,尹凤芝.沟通与演讲[M].北京：清华大学出版社,2005.
[70] 谭德姿.导游语言修辞八法[J].修辞学习,2005(3).
[71] 傅昭.熊友平论导游语言艺术美[J].青岛职业技术学院学报,2005(4).
[72] 杨忠慧.实用口才[M].合肥：合肥工业大学出版社,2005.
[73] 李晓洋.人际沟通[M].长沙：湖南科学技术出版社,2005.
[74] 王连义.幽默导游词[M].北京：中国旅游出版社,2003.
[75] 柳青,蓝天.有效沟通技巧[M].北京：中国社会科学出版社,2003.
[76] 刘伯奎,王燕.口才演讲——技能训练[M].北京：中国人民大学出版社,2002.
[77] 战晓书.开口说话：演讲制胜[M].长春：北方妇女儿童出版社,2001.